青岛市人民政协理论研究文集

第一辑

青岛市人民政协理论研究会　编

中国海洋大学出版社

·青岛·

图书在版编目（CIP）数据

青岛市人民政协理论研究文集．第一辑/青岛市人民政协理论研究会编 ．-- 青岛：中国海洋大学出版社，2020.7

ISBN 978-7-5670-2535-6

Ⅰ．①青… Ⅱ．①青… Ⅲ．①中国人民政治协商会议－理论研究－文集 Ⅳ．① D627-53

中国版本图书馆 CIP 数据核字（2020）第 136859 号

出版发行	中国海洋大学出版社		
社　　址	青岛市香港东路 23 号	邮政编码	266071
出 版 人	杨立敏		
网　　址	http://pub.ouc.edu.cn		
电子信箱	zhanghua@ouc-press.com		
订购电话	0532-82032573（传真）		
责任编辑	张　华	电　话	0532-85902342
印　　制	青岛国彩印刷股份有限公司		
版　　次	2020 年 9 月第 1 版		
印　　次	2020 年 9 月第 1 次印刷		
成品尺寸	185 mm × 260 mm		
印　　张	25.75		
字　　数	595 千		
印　　数	1～1500		
定　　价	80.00 元		

如发现印装质量问题，请致电 0532-58700168，由印刷厂负责调换。

本书编委会

主　　任　杨　军

副 主 任　杨宏钧　卞建平　于　萍

委　　员　（按姓氏笔画排序）

王纪刚　刘卫国　刘青林

陈月敏　徐万珉　谭龙生

主　　编　谭龙生

编　　审　王夕源　孙为武　李　轲

陈　立　吴　青

参编人员　宋善成　王　琦　张凤楠

乔大鹏　张欲晓　战美伊

郑　斌　薄文达

前 言

党的十八大以来，习近平总书记就加强和改进人民政协工作提出了一系列新思想新观点新论断，首次提出人民政协是社会主义协商民主的重要渠道和专门协商机构，是国家治理体系的重要组成部分，是具有中国特色的制度安排，首次阐明新型政党制度的特点和优势，着重强调正确处理一致性和多样性的关系，深刻揭示了人民民主的真谛在于有事好商量、众人的事情由众人商量，揭示了"中国之治"同中国政治制度的逻辑关系，凝结着坚持好、发展好人民政协制度的深邃理论思考，是党的人民政协理论的最新成果。

习近平总书记关于加强和改进人民政协工作的重要思想，深刻阐明了人民政协的地位作用、目标任务、职责使命和实践要求，科学回答了一系列方向性、全局性、战略性重大问题，是指引新时代人民政协工作的强大思想武器。

为了深入学习贯彻习近平总书记关于加强和改进人民政协工作的重要思想，把握其重大意义、丰富内涵和精神实质，切实在学懂弄通做实上下功夫，以理论学习、思想武装和行动指南来促进政协工作质量提升，切实担负起新时代人民政协的新使命。青岛市人民政协理论研究会分别于2018年10月和2019年9月组织召开了两次全市性的理论研讨会，共组织撰写论文100余篇，近60万字。为了深入学习贯彻习近平总书记关于加强和改进人民政协工作的重要思想，更好地发挥政协建言资政、凝聚共识的重要作用，青岛市人民政协理论研究会决定将近两年我市社科界和政协系统形成的最新研究成果编辑成册，以青岛市人民政协理论研究文集的形式公开出版。文集涵盖习近平总书记关于加强和改进人民政协工作的重要思想研究、协商民主理论研究、政协工作研究、界别工作研究、统战党派工作研究以及政协委员服务经济社会中心工作研究等,作者都是我市从事政协理论研究的专家、学者及长期从事统战、政协和党派工作人员。本书是我市政协理论研究工作者服务经济社会发展的重要理论成果,对于促进习近平总书记关于加强和改进人民政协工作的重要思想的深入研究,加强习近平总书记关于加强和改进人民政协工作的重要思想研究基地的建设,促进我市经济社会和政协工作的高质量发展具有重要的意义。

青岛市人民政协理论研究会

2020 年 2 月 28 日

Contents

目　录

下　卷

上　卷

浅析"上海精神"中的协商民主元素

——兼论中华"和合"文化对全球治理的贡献

祝在时

人民政协成立 65 周年时,习近平总书记在庆祝大会上曾发表重要讲话,系统阐述了"社会主义协商民主"的理论及其源头,并指出这一"植根于深厚土壤的中国优秀传统文化",将会是中华民族对于当代人类政治文明的一大贡献。2018 年初夏在青岛举行的上海合作组织(以下称"上合组织")成员国元首理事会第十八次会议(以下称"青岛峰会"),弘扬"上海精神",突出协商特色,充分显现了中华"和合"文化的伟大魅力。习近平主席在会上指出,"中华文化就其本质来讲,就是一种和谐文化,千百年来提供了源源不断的营养,滋润哺育着这块土地上的子民"。而"互信、互利、平等、协商、尊重多样文明、谋求共同发展"的"上海精神"和"大家的事大家来商量""寻求最大公约数"的协商原则,就是"源于中华传统优秀政治文化"的当代政治实践与世界发展进程紧密结合,同时吸取"人类政治文明成果"而凝成的中国式政治智慧。青岛峰会很好地诠释了"协商民主"在国际政治和外交领域的应用。

一、"协商民主"理论植根于源远流长、土壤深厚的中华"和合"文化

2014 年在纪念人民政协成立 65 周年时,习近平总书记曾指出,"众人的事众人商量"和"寻求最大公约数"是协商民主的"真谛",并指出这一"中国特有的民主形式""植根于深厚土壤的中国优秀传统文化",而"'和合'思想是中华民族传统文化的精髓。中华文化就其本质来讲,就是一种和谐文化"。

"和合"思想是中国传统思想文化中最富生命力的文化内核;其所强调的"天人合一"的整体哲学精神和辩证立场,对于当前消解纷纭复杂、纠缠不清的国际矛盾,缓解人类不同族群之间、人与自然之间的冲突纠葛,有着重要借鉴意义。

在青岛峰会欢迎晚宴上,习近平主席的祝词充盈着中华文化智慧,散发着中华文化的醇厚芬芳,激荡起"上海精神""和合"之美,引导与会嘉宾以"上海精神"与儒家文化

相融共生、共谋未来；次日会议上的主旨讲话，更是强调协商、平等、合作和共同发展，彰显了中华"和合"文化的无穷魅力，体现了中华文明与人类文明的交流互鉴，为上合组织和全球治理指明了方向。"和合"文化与中华传统的和谐观，既是我们不断改善地缘政治、逐渐做大"朋友圈"的法宝，也为当下完善全球治理提供了取之不竭的思想资源，有着重大的现实意义和参考价值。

儒家思想贵"和"尚"中"。《尚书》最早提出"平章百姓""协和万邦"的观点。用今天的话讲，就是治国安邦、昭明礼义，进而追求天下和谐、万世太平。司马迁在《史记》中援引《尚书》这一观点，颂扬帝尧"能明驯德，以亲九族。九族既睦，便章百姓。百姓昭明，合和万国"。意思是说，帝尧能够尊敬有善德之人，使同族九代相亲相爱；同族之人既已和睦，再去考察百官；百官政绩昭著，各方诸侯邦国便都能和睦相处。这是"合和"一词的最早出处。而"和合"一词最早见于《国语·郑语》，赞颂"商契能和合五教，以保于百姓者也"，是说商契能够和合"父义、母慈、兄友、弟恭、子孝"五教，即为父者有道义，为人母者慈爱，做兄长的友善，做弟弟的恭谨，做儿子的孝顺，使百姓都能和谐相处。又说"夫和实生物，同则不继"，即不同物种和谐共容才能催生世间万物；若所有东西都千篇一律甚至不分阴阳乾坤，世界也就无法衍生发展了。这种朴素和谐观所反映的对自然和社会多样性的认知，正是上合组织一贯倡导的"尊重多样文明、谋求共同发展"，拒绝"一尊独大"理念的文化基础和历史渊源！

在中国传统的"和合"理念中，"和"乃和谐、和平、祥和，"合"为聚合、合作、融合。推己及人、由近至远的思维，洞明着共赢共生的"和实生物"之道；"大道之行，天下为公"的理想，体现着超越民族、泽被世界的责任；"己所不欲，勿施于人"的观念，表达出互相尊重、互不干涉的原则；"和而不同""和衷共济"的主张，揭示的是求同存异、包容互补、和谐共存的价值取向；"先天下之忧而忧"的抱负，抒发着中华民族的济世情怀；"达则兼济天下"的胸怀，承载着成人达己的共享意识；"四海之内皆兄弟"的豪情，传递出朴素的平等愿望。这些"和合"思想，正是中国优秀传统文化的核心和精华，也是千百年来中华民族孜孜以求的理想世界。这与人民政协大团结大联合协力协作协商的理念又是多么契合！

"和而不同"是中国传统文化的重要理念，建设"天下大同"的和谐社会是中华民族的一贯追求。张岱年曾经说过，中国传统文化一向重视和追求人与自然、人与人之间的和谐与统一，"德莫大于和"，由此衍生出"八德"之说，即"格物、致知、诚意、正心、修身、齐家、治国、平天下"，并继而提出"大同"社会的远景目标。还有道家"无为而无不为"的和谐观与"以利治国，以奇用兵，以事取天下"的济世之道，都为我们实现中华民族伟大复兴，进而在推进全球治理进程中体现大国担当，提供了丰富的文化营养。

可以说，"上海精神"与儒家文化本质相通、目的相合；展望未来"和"与"合"的价值观必将重新定义国家交往的范式，引领人们共筑和谐共生的美好世界。崇尚"和合"理念，激荡"和合"之美，以"和睦""和平"推动"合异""合作"，全球治理和人类命运共同体的理念基石必将更加稳固。从"帆船之都"再次出发,"和合"理念与"上海精神"交相辉映,必将推动青春上合扬帆驶向世界大同的理想彼岸。

相较于西方文化更强调冲突性,中华文化的伟大之处就在于其更重视、更强调"和合"与"调和",使冲突各方能够兼容并蓄、并存共处、和生共济、注重和合。《周礼·天官冢宰》:"以和邦国,以统百官,以谐万民。"正是基于"和合""中庸"这一理念,衍生出"协和万邦"的政治理念和政治实践。自古以降,"以和为贵""亲仁善邻""协和万邦"等一直成为中华民族与周边民族和世界各国人民友好相处的传统理念支撑与基本道德基础。从先秦时期老子主张"大者宜为下"、《周易·乾卦》"首出庶物,万国咸宁",到西汉董仲舒主张"洽四国",再到唐高祖李渊主张对周边邻国行"宏仁恕之道"、宋代张载提出的"为天地立心……为天下开太平",等等,都主张与周边民族和国家和平相处、共同发展,主张以文德感化外邦,反对轻率诉诸武力的原则。这种以和为本、以诚信为德、以礼法为手段的"和为贵"的外交文化,与后世的"和平共处五项原则"乃"善于守拙,决不当头;韬光养晦,有所作为"方针相融相通、高度契合,体现了一种原则性和灵活性相结合的外交策略,是中国传统和合文化的精髓。

当然,凡事皆有"度"。近代晚清统治者"量中华之物力,结与国之欢心"的媚外政策,就是片面理解"和合"文化的败笔与历史教训。而当代领导人关于"合作共赢"的主张和"我们坚持走和平发展道路,不会走扩张主义和殖民主义道路,更不会给世界造成混乱"的明确表态,"不惹事也不怕事",不会拿"自己的核心利益做交易"和"老祖宗留下来的领土一寸也不能丢,别人的东西我们一分一毫也不要"的坚定立场,正是基于深厚中华传统文化对"和合"理念的全面理解与准确把握。

二、"协商民主"是中华文明与人类政治文明交流互鉴的当代成果

协商民主作为当今世界的一种新型民主形态,自 20 世纪中叶起,在东西方国家都有着实践上的探索和理论上的思考,但由于文化背景、历史传统和制度基础等方面的不同,使得协商理论在东西方的生成与发展过程中呈现出本质性的区别。习总书记以"拿来主义"态度吸纳西方协商理论并与中国优秀传统文化相融合,系统提出"社会主义协商民主"理论,继而指出,这种协商民主,完全可以应用于国际关系和国际交往中;如果取得成功,那将会是我们对人类当代政治文明的一大贡献。当时笔者就在现场,亲耳聆听了习总书记充满自信的阐释和宣告,也深切感受到那种以天下为己任的胸怀与情怀。

实际上,党的十八大以来我们在处理国际关系和国际交往中,更多更主动地体现了这一精神。例如,习近平主席曾指出,"'单则易折,众则难摧。'各方应该树立共同、综合、合作、可持续的安全观。""'和羹之美,在于合异。'人类文明多样性是世界的基本特征,也是人类进步的源泉……文明差异不应该成为世界冲突的根源,而应该成为人类文明进步的动力。"

习近平主席在联合国日内瓦总部发表的题为"共同构建人类命运共同体"的主旨演

讲中指出,"世界怎么了、我们怎么办?这是整个世界都在思考的问题","各方最殷切的诉求,就是扩大合作、共同发展"。习主席在这篇具有划时代意义的演讲中说,"宇宙只有一个地球,人类共有一个家园……地球是人类唯一赖以生存的家园,珍爱和呵护地球是人类的唯一选择。……我们要为当代人着想,还要为子孙后代负责"。

如何负责?习主席提出了"五个坚持"——坚持对话协商,建设一个持久和平的世界;坚持共建共享,建设一个普遍安全的世界;坚持合作共赢,建设一个共同繁荣的世界;坚持交流互鉴,建设一个开放包容的世界;坚持绿色低碳,建设一个清洁美丽的世界。这里第一个就是"坚持对话协商",20字"上海精神"的内核也是"协商"二字。由此可见,坚持集古今中外人类智慧大成的"协商"沟通,坚持摒弃"唯我独尊""一国独大",坚持避免"以邻为壑"的单边主义,争取实现最大限度的合作共赢,才是推进全球治理、共建人类家园的不二法门。

这些论述及其实践,都是习近平主席对中华"和合"文化的"创新性发展和创造性应用",是中华文化与人类当代政治文明的成功互鉴,是为推进全球治理贡献的中国智慧。

讨论东西方文明的交流互鉴,必先了解它们之间的差异。首先,西方文明是非农业文明,是基于渔猎游牧生活形态形成的对自然界的认知,这与古代中国基于农耕文明的"奉行天时、节制制用"的认知有极大不同。中国作为最早进入农业社会的国家,其文化注重人与自然的互动、相谐,强调天人和谐、天人合一的精神;其特点是强调自我控制、自我约束,以更好地适应外在环境,以求达成平衡共生的生活方式,表现在对其他国家的关系就是"协和万邦"。而源于渔猎游牧生活的西方文化,对环境有着与生俱来的征服占有欲望,把自然当作达到生活目的之工具,形成一种对立关系。这种认知,表现在文化方面,就是二元化、外在化、超越化和客观化,强调主观运动和唯心主义,形成了一神论的上帝观;表现在经济方面,则是功利主义和实用主义叠加,以市场竞争为主要手段,追求利益最大化;表现在政治和外交方面,就是积极向外追求扩张,采用霸权方式推进自身文化形态,把他者当成假想敌甚至以武力征服之。这是西方文明更多崇尚"弱肉强食""零和博弈"的"丛林法则",渲染新兴大国与守成大国竞争难避"修昔底德"定律的文化背景。

再从文化角度分析,西方文化强调的共同价值是自由和人权;中国文化强调的共同价值则是和谐与正义。在中西交往中,中国文化更能显示深沉广博的厚德载物精神,也更能体现刚健自强的开拓创造精神;这也是为什么中国古代"丝绸之路"带去的是文化交流和物品交换,而西方探险家带去的却是坚船利炮掩护下的抢掠与殖民。从这个意义上讲,中国文明是人类提早实现的"世界文明";基于儒道精粹思想的中国传统文化,具有价值的理想性与价值的规范性,可以成为人类进行群体生命整合的示范准则。也是从这个意义上,我们可以认为,中国文化担负着人类文明丰富化和世界人类一体化的重大道德责任,在人类理想社会的建设中扮演着不可替代的角色。

从历史角度分析,中国传统文化在源远流长的发展历程中,曾多次以"和合""包容"姿态融入大量外来文化,其中最为典型的例子当属对佛教的接纳融合,以至于很多学者都将"儒释道"并列为中国的原生文化元素。19世纪后半叶开始,伴随着西学东渐,一波又一波的西方思潮传入中国,直到"十月革命一声炮响送来了马克思列宁主义";但这传来的马克思主义在中国也逐渐与中国国情相结合,形成了具有中国特色的当代马克思主义。每当局势变幻,这种基于传统文化的"和合"理念便会与时俱进地更生并不断散发出智慧的光芒。20世纪八九十年代,国际局势急剧变幻,中国也面临着"怎么办""向何处去"等尖锐问题。针对这种局面,邓小平先生指出,"我们千万不要当头,这是一个根本国策"。后来又进一步提出了著名的"16字方针",即"善于守拙、决不当头、韬光养晦、有所作为",从而为中国赢得长达30年的和平发展期。由此可见,以"和平"理念争取和推动"合作",进而实现"双赢""多赢",方能避免和减少对抗。

当然,发展中的中国也引起一批又一批西方文化学者的极大兴趣,使他们萌生了将中国传统文化介绍到欧洲的愿望,并开始了大量译介中国"国学"典籍的行动,当年客居中国青岛的德国学者卫礼贤即为其中之佼佼者。卫礼贤先生在青岛期间,曾先后把《论语》《孟子》《庄子》《道德经》等译成德文,同时撰写了大量文章和著作,例如《孔子》《中国之灵魂》《中国文化简史》《中国的人生哲学》等。这种中西文化的碰撞交融,不但推动了中西文化的交流,也使中国传统文化中的"和合""中庸"理念在西方尤其是德国得到较为广泛的传播,这也就不难理解为什么西方的"协商民主"和"全球治理"理论会萌生于马克思的故乡了。2018年夏,以"和合"理念为动力的文化交流航船再次从青岛启航,把新时代的文明交流互鉴推向了一个新的高度。

三、与"和合"文化内在契合的上海精神为全球治理提供了新的坐标

习近平主席在青岛峰会上指出,儒家倡导"大道之行,天下为公",主张"协和万邦,和衷共济,四海一家"。这种"和合"理念与"上海精神"有很多契合之处。基于"和合"理念的"上海精神"在国际上获得广泛认同和支持,为地区和平与发展做出了卓著贡献,青岛峰会的许多"第一"见证了它的成功。

经过会前扩员,上合组织已成为全球人口最多、地域最广的综合性区域组织;对中国来说,其特殊意义还在于这是首个以中国城市命名的重要国际组织;这次峰会,是上合组织扩员后的首次领导人聚会,也是历次峰会中签订合作协议最多的一次。这么多"第一次"发生在山东这个孔孟之乡和青岛这座中西文化交融的现代城市,充分体现了"和合"文化"海纳百川,有容乃大"的魅力,是中华文化一向推崇的包容理念的巨大胜利。

青岛曾是东汉经学大师郑玄(字康城)讲学收徒之地,至今尚存康成书院遗址。儒家文化的传承,使青岛峰会呈现出别样的流风余韵。习近平主席在讲话中引用《尚书》《礼记》《论语》这些儒家经典,不仅是在重申中国文化的基本理念,宣示传统文化的博大精深,也赋予了这些古老思想以新的时代价值;而整个峰会所体现出的"上合智慧",更是充溢着儒家文化的哲学思维与历史思辨,体现了儒家处理相互关系的"和合"思想。

"上海精神"将"互信"排在首位,就充分体现了"和合"精神。这是因为讲求"和合","礼""信"为先。《论语》中,子贡问政孔子,在"足食""足兵""民信"三者之间,如何选择?孔子认为,"信"是优先选择,因为"民无信不立";国与国的关系同样如此,上合组织所走过的历程充分证明了这一点。从最初对于边界问题的成功解决,到应对恐怖主义、分裂主义和极端主义威胁,再到当前强调求同存异、合作共赢,"互信"是最重要的基础。

从儒家文化角度来看,"上海精神"中的"互利"是在"互信"基础之上的拓展。在"互信"建立之后,共同发展、合作共赢便成为"互利"的坚实基础。正如《周易》所说,"利者,义之和也"。这是一种体现儒家哲学思维、强调相互关系的新型国际关系原则,是对西方单边主义的克服与超越。实现"互利",首先要"推己及人"和"换位"思考,努力找到利益相关方的"最大公约数",如此才是"可大"之道,才是"可长可久之道";正是"互信""互利",使得上合组织国家真正成为好邻居、好伙伴,从而逐渐凝聚为上合组织命运共同体。今天,上合组织成员国之间在产业、能源、贸易、文化等方面的合作越来越多、互补性越来越强,就是最好的例证。

"上海精神"的深厚内涵,与儒家"和合"理念相通,为地区和平与发展做出了新贡献。当然也要看到,经济全球化的深入发展,带来国与国之间以及一国内部财富分配的问题,但解决之道不应是排斥经济全球化,而是如何改革与完善;"上海精神"正是针对这一弊病提出的矫治方案。《周易》强调"各正性命,保合太和",《论语》也有"己欲立而立人,己欲达而达人";经济全球化绝不意味着要抹杀文明的差异,而是求同存异的过程。在其他场合,习近平主席多次引用孔子"和而不同"的主张,这种倡导国与国之间秉持"平等、协商、尊重多样文明"的思想,对处理国际关系具有深刻启示。

习主席之所以用"国际关系理论和实践的重大创新"来定位上合组织贡献,就是因为上合组织让人们重新思考国际关系与全球治理的基本原则。在西方人搭建的当代国际关系理论体系中,利益关系和价值观是基本原则。但那种"简单而残酷"的"丛林法则",在今日"同此凉热"的地球村,只会走进"剪不断,理还乱"的困境。是当今世界不具备解决问题的资源?是我们找不到协调共赢的空间?还是人类缺乏解决问题的智慧?都不是。各种各样的"陷阱"之所以难以跨越,一个根本原因,是在"大发展大调整大变革"的新形势下,有些人却裹足不前,停留在旧的思维框架中。而上合组织掀开了国际关系史的崭新一页,通过构建不结盟、不对抗、不针对第三方的建设性伙伴关系,树立了相互尊重、公平正义、合作共赢的新型国际关系典范。习主席提出的"五观",即提倡创新、协调、绿色、开放、共享的"发展观",践行共同、综合、合作、可持续的"安全观",秉持开放、融通、互利、共赢的"合作观",树立平等、互鉴、对话、包容的"文明观",坚持共商共建共享的"全球治理观",更是赋予"上海精神"新的时代内涵。这也是中国近年来打造人类命运共同体、积极参与全球治理的"中国方案"。

从中国主办峰会所贡献的"中国智慧",到消除"和平赤字、发展赤字、治理赤字",

再到此次峰会提出推动建设新型国际关系的"五项建议"……胸怀天下、成人达己、知行合一的中国特色、中国风格、中国气派，正有力地改变着我们身边的世界。习近平主席将"和为贵""世界大同"等中华传统文化之精髓与中国长期主张的独立自主和平外交政策有机结合，既立足中国又放眼世界，完全契合国际社会求和平、谋发展、促合作、要进步的真诚愿望和崇高追求，已成为新时代中国引领时代潮流和人类文明进步方向的鲜明旗帜，也为全球治理提供了新的坐标。

四、努力倡导中华"和合"文化，积极推动全球治理和人类命运共同体构建

青岛峰会是上合组织扩员后召开的首次峰会，是 2018 年中国重要的"主场外交"。这次峰会凸显"和合"文化理念，坚持"上海精神"，在充分考虑成员国差异性的前提下，就共同关心的问题进行了深入沟通和广泛协商，为打造新型全球治理体系贡献了"上合智慧"，提供了"上合方案"，取得了重要成果。实践证明，"上海精神"不仅是上合组织的灵魂和上合组织及其成员国应对各种威胁与挑战、促进本国经济社会稳定发展、开创全新区域合作模式的基本遵循，对于国际社会更好地借鉴中华文化蕴含的治理智慧、有效应对当今复杂多变的风险与挑战、创新性完善全球治理，也具有很大启示作用。

习近平主席在青岛峰会上的重要讲话，体现了积极推进全球治理、构建新型国际关系和人类命运共同体的大国担当。在世界多极化和多元化带来更多争议、冲突乃至战争的背景下，"上海精神"以其文化共存、利益共享和责任共担的思维体系，得到了国际社会的积极评价和充分肯定，特别是印度和巴基斯坦这两个存在重大分歧的国家能够一起加入上合组织，是对上海精神的最好体现。上合组织已成为世界上幅员最广、人口最多的综合性区域合作组织，通过在国际事务中积极发挥影响，对共同关心的国际问题和地区热点发表看法，正成为世界多极化进程和完善全球治理的重要支柱。在青岛峰会上，成员国领导人签署、见证了 23 份合作文件，数目为历次峰会最多，涵盖政治、经济、安全、人文等各领域，不但对上合组织的未来发展将会产生重要影响，而且对推进全球治理、构建更加合理的新型国际关系，进而促成人类命运共同体，也必将产生积极作用。

全球治理最初由曾任联邦德国总理的维利·勃兰特提出，是旨在顺应世界多极化趋势、对全球政治事务进行共同管治的一种理论。其核心要素包括五个方面，即全球治理的价值、规制、主体、客体和效果。有学者把这五个核心要素归纳为五个问题，即为何治理、如何治理、谁来治理、治理什么、治理效果。

虽然全球治理的理论还不十分成熟，尤其是在一些重大问题上还存在诸多争议，但其具有的积极意义毋庸置疑。就实践而言，随着全球化进程的日益深入，各国的国家主权事实上已经而且继续受到不同程度的削弱，而人类所面临的经济、政治、生态等问题则越来越具有全球性，需要国际社会共同努力来加以克服；全球治理顺应了这一人类发展的内在要求，有利于确立全球化时代新的国际秩序。就理论而言，它打破了社会科学中

长期存在的"两分法"传统思维方式,即市场与计划、公共部门与私人部门、政治国家与公民社会、民族国家与国际社会等,把有效的管理看作两者的合作过程;它力图发展起一套兼顾国内和国际公共事务的新规制和新机制;它强调管理就是合作,认为政府不是合法权力的唯一源泉,公民社会也同样是合法权力的来源,把治理看作当代民主的一种新的现实形式等。所有这些,都为推动国际政治学的理论发展起到了非常重要的作用。当然,当前全球治理也面临着诸多制约因素,主要体现在:一是各民族国家在全球治理体系中极不平等的地位严重制约着全球治理目标的实现,富国与穷国、发达国家与发展中国家不仅在经济发展程度和综合国力上存在着巨大的差距,在国际政治舞台上的作用也极不相同,在全球治理的价值目标上存在很大分歧;二是"冷战"结束后"一家独大"的美国加紧奉行单边主义和贸易保护主义政策,对公正而有效的全球治理造成了负面影响;三是现有国际治理规制一方面还有待完善,另一方面也缺乏必要的权威性;四是全球治理的三类主体对于调节和约束各种国际性行为都缺乏足够权威;五是各主权国家、全球公民社会和国际组织各有其自身利益和价值,难在一些重大全球性问题上达成共识;六是全球治理机制自身,如管理、合理性、协调性、服从性和民主性等方面,也存在许多不足。

积极推进全球治理体系的变革,以更好地应对人类社会发展所面临的重大现实问题和挑战,既是顺应时代进步要求与世界各国人民的共同意愿,也是中国作为负责任大国的历史担当。习近平总书记审时度势,深入挖掘中华传统文化当中独特的治理智慧,结合当今时代特点,针对全球治理面临的重大现实问题和挑战,贡献中国智慧、提出中国方案,其核心原则就是充分体现平等协商和互利共赢,其植根土壤就是底蕴深厚的中华传统文化。在青岛峰会上,习主席再次指出,"尽管文明冲突、文明优越等论调不时沉渣泛起,但文明多样性是人类进步的不竭动力,不同文明交流互鉴是各国人民共同愿望",进而呼吁,"要树立平等、互鉴、对话、包容的文明观,以文明交流超越文明隔阂,以文明互鉴超越文明冲突,以文明共存超越文明优越"。习近平主席的讲话抓住当今世界和平发展的重要主题,立足当下,高瞻远瞩,为破解时代难题、化解风险挑战、完善全球治理,发出了中国声音,具有鲜明的时代特征和极强的指导意义。这与某些国家为了本国私利不惜以邻为壑、抛弃以《联合国宪章》宗旨和原则为核心的国际规则及制度的做法,形成鲜明对比。

在世界经济复苏步履维艰、反全球化和单边主义趋势抬头、地区安全情势堪忧的背景下,"上海精神"必将引领上合组织发挥积极作用,为完善全球治理体系,推动"一带一路"建设,优化成员国在安全、政治、经济、文化等领域的合作,做出新的贡献;而青岛峰会的成功举办,对于各成员国不忘初心,坚定弘扬"上海精神",推动新形势下上合组织的健康发展,必将起到积极作用。同时还必须牢记,按照辩证唯物主义的认识论,任何事情都是对立统一且可转化的,中华传统文化更不乏相关论述。《司马法》有云:"国虽大,好战必亡;天下虽安,忘战必危。"《周易·萃卦》曰:"夫兵不可玩,玩则无威;兵不可废,废则召寇。昔吴王夫差好战而亡,徐偃王无武亦灭。故明王之制国也,上不玩兵,下不废武。"意思是说,军事活动不可轻易启动,过于随意就会丧失其威慑力;但也不能放弃,更不可废弃,否则就会招致敌人的侵略。例如以前吴王夫差好战导致灭亡,而徐国的偃王由于忽视强军同样导致灭亡。所以英明的国王治理国家,既不能随意动兵,也绝不可放弃武备。

这方面大家耳熟能详的典故,除了前面提到的吴王夫差穷兵黩武,还有周幽王烽火戏诸侯的故事,这种"玩兵丧威"的直接后果就是加速了周王朝的覆灭。这着实说明兵不可黩。但我们的祖先也认识到,"有备则制人,无备则制于人"。好战必亡,是黩武所致;而止戈忘战,则会走向另外一个极端。所以我们挖掘中华"和合"文化中的传统智慧,提倡以"和平"理念推动"合作"措施的同时,切不可麻痹自我、放松警惕,正如古人所云:"正不获意则权。权出于战,不出于中人。"对传统文化中的"和合"理念,同样须以与时俱进的精神予以转化和发展,使之与当前形势任务相适应。在当今世界撕裂、单边主义和贸易保护主义抬头,个别大国肆无忌惮地推行贸易霸凌主义的情势下,"不惹事也不怕事",希望和平、寻求和解但决不拿"核心利益做交易",就是"和合"文化与协商理念在当下的创新性发展、创造性转化。正所谓以斗争求和平则和平存,以妥协求和平则和平亡;只有文武兼备,才能使国家、民族立于不败之地,使全球治理稳步推进。

展望未来,国际形势正经历数百年来未有之大变局,人类和平与发展事业面临新的机遇和挑战,中国传统文化尤其是"和合"文化必将在全球治理和人类命运共同体建设中发挥更大作用。作为有着深厚文化积淀和传统的负责任大国,中国更应大力倡导"和合"文化,推广"和合"理念,坚持共商共建共享全球治理观,努力将"和平"的文化瑰宝转化为"合作"的政策载体,为完善现有全球治理体系,推动人类命运共同体建设,体现古老大国的历史担当和情怀,贡献自己的智慧和思路。

参考文献

[1]习近平在庆祝中国人民政治协商会议成立 65 周年大会上的讲话.
[2]习近平在纪念孔子诞辰 2565 周年国际学术研讨会上的讲话.
[3]构建人类命运共同体——习近平在联合国第 71 次大会上的演讲.
[4]弘扬"上海精神" 构建命运共同体——习近平在上海合作组织成员国元首理事会第十八次会议上的讲话.
[5]习近平谈治国理政 [M]. 北京:外文出版社,2014.
[6]邓小平文选. 第三卷 [M]. 北京:中央文献出版社,1993.
[7]〔英〕亚当·罗伯茨,〔加〕本尼迪克特·金斯伯里. 全球治理——分裂世界中的联合国 [M]. 呈志成,等,译. 北京:中央编译出版社,2010.

［8］徐鸿武,谢建平.和合之道［M］.北京:中国人民大学出版社,2016.

［9］孙德汉,李行杰.青岛文化通览［M］.济南:山东人民出版社,2012.

［10］王振海.共识教育与智库建设［M］.北京:中国社会出版社,2017.

（作者单位:青岛市政协）

发挥人民政协作用　推进基层协商民主

张炳君

中共中央《关于加强社会主义协商民主建设的意见》明确提出,要"充分发挥人民政协作为协商民主重要渠道和专门协商机构的作用";习近平总书记在庆祝人民政协成立65周年的大会上指出,"要按照协商于民、协商为民的要求,大力发展基层协商民主,重点在基层群众中开展协商"。协商民主作为政治协商和民主监督的有机共同体,在"治理体系和治理能力现代化"的过程中发挥着重要的作用。人民政协作为专门的协商机构,涵盖了各党派、各团体及各族各界人士,其最广泛的民主协商形式决定了其在协商民主实践中的重要地位和特殊角色。

一、基层协商民主是社会主义民主政治的重要内容

中国民主政治的发展是一个不断探索的过程,随着社会形势不断变化,民主实现形式也更加多样。从基层权力运行来看,选举民主在某种程度上是一种纠错制度,民众在完成选举之后只能在下一次的选举中再次行使自己的政治权利。基层社会事务繁杂,仅仅靠几年一次的选举民主并不能实现利益的均衡,反而容易导致问题不断积累。基层协商民主拓宽民众参与渠道,为民众的利益表达提供了制度化的平台,为我国基层民主政治建设提供了有效的实现形式。

(一)推进基层协商民主是治理方式转变的需要

改革开放以来,我国的社会结构发生全面变迁,社会主体、价值、利益需求、社会矛盾等多元化进程加速,带来利益表达的诉求和政治参与的需求。由于缺乏有效的利益分配与整合机制、社会共识的生产机制等,使得社会矛盾相互交织、错综复杂。基层协商民主是一种强调公民参与的民主实现形式,民众积极参与协商过程,通过平等的对话交流、沟通协商将自己的利益诉求表达出来,最终达成大家都认可的共识。基层协商民主通过柔性解决问题的方式,使各方利益主体之间采用温和的方法调解利益矛盾,降低因矛盾激化所造成的社会风险。

（二）推进基层协商民主是民主政治建设的需要

基层是民主政治的发源地和试验田。作为社会细胞的基层是和民众进行广泛接触最直接的窗口，也最能直接体现执政为民。社会主义协商民主的起点在基层、根在基层，着力点也应该在基层。基层协商民主能够为我国民主政治建设以及政治体制改革提供实践经验和成熟模式。基层是各种社会冲突矛盾产生的源头，要想有效地疏导、化解各种社会矛盾冲突，就必须先从基层入手。实现中国民主政治的发展需将基层民主发展放在优先位置，通过发展基层民主，使民众不断积累政治参与的相关知识和经验，从而提高参与民主的思想意识和政治能力，为较高层次的民主政治提供深厚的基础和保障。

二、人民政协参与基层协商民主的优势

人民政协作为专门的协商机构，是各种组织中最具有专业性的协商组织，是其他各种协商形式的交汇点。通过加强与基层群众的密切联系，人民政协可以集中民意、民智、民力，使民众的利益诉求通过体制内的渠道顺畅地、经常地反映到决策部门中，使矛盾分歧得以化解、共识得以达成。

（一）人民政协的性质与基层协商民主相契合

人民政协是我国基本政治制度的重要机构，是我国政党制度的载体，在我国的政治生活中具有很高的政治地位。但人民政协不同于党委、人大和政府，既不是国家的权力机构，也不是行政部门、执法机构。这种在群众眼里"非官"同时在党政眼里"非民"的独特"双重性"，使人民政协拥有任何党政机关、群众组织、人民团体所不具有的上达中央、下通各界的独特优势。人民政协更具有亲民色彩，更容易得到群众信赖，加之政协与民众具体利益相关度较低，没有明显的利益纠葛，不受地区和部门利益的限制，具有超然、超脱的站位，能够以客观公正的立场与各界群众进行协商沟通，能够倾听到群众的真实声音，密切与群众的关系。在基层民主协商过程中，最终由政协通过协商形成的结论更加具有理性的色彩。因此可以说，人民政协的性质使其在参与基层民主协商过程中具有天然的优势。如果将政协的作用充分激活，其产生的效果将不可低估。

（二）人民政协的职能与基层协商民主相契合

人民政协的主要职能是"政治协商、民主监督、参政议政"。政协通过履行政治协商职能，可以将了解到的社会各界的利益诉求、意见和建议反映给党委、政府，党委和政府在制定政策时可以吸纳群众意见，使群众利益得以维护和体现。政协通过履行民主监督职能，可以有效地监督党委、政府的工作，督促党委和政府时刻以人民利益为重，为民谋利，依法办事，这样就可以从源头上降低党群之间、干群之间的矛盾。政协的参政议政职能在内容上较政治协商、民主监督更加丰富和宽泛，不仅包括国家重大问题，也涵盖人民群众最为关心的问题，这就使政协的参政议政不仅具有政治性，更具有社会性，通过发挥参政议政职能，反映社情民意，作为各界群众的利益代言人，推动各界群众参与到国家政

治生活中去。另外,政协履行职能工作方式多种多样,包括提案、视察、调研、反映社情民意、接受群众来信来访等,这些工作方式也成为政协及时捕捉群众诉求、畅通基层协商民主的渠道。

(三)人民政协的主体构成与基层民主协商相契合

人民政协的主体构成具有广泛的代表性,是由各党派、各民族、各阶层、各团体、各方面人士等代表组成,这使政协具有了广泛的社会基础。由界别构成是人民政协区别于其他组织的重要特点,这种组织形式打破了区域性和行政性的壁垒,使协商主体扩大到最大范围,成为以界别形式表达群体利益诉求的重要体制渠道。人民政协具有规模庞大、联系密切、上下贯通的组织体系,对于及时了解群众的意愿和诉求,在现有的体制框架内化解社会矛盾和问题,实现社会的协调平衡、稳定发展具有重要意义。基层政协的组成人员也具有明显的基层性,很多政协委员来自基层社区,在基层民主协商中,可以凭借其政治身份参与基层公共事务的协商过程,充分发挥其委员的作用和影响力。基层政协委员对基层的实际情况比较了解,与人民群众的关系密切,能够有效团结群众、反映民意、化解矛盾。

三、人民政协推进基层民主协商的典型案例分析

(一)杭州市健全政协委员联系界别群众制度

杭州市政协出台《杭州市政协委员联系界别群众实施办法》,通过健全政协委员联系群众制度,将委员的履职活动延伸到基层、推向群众,切实提高基层民主协商的实效。杭州市江干区政协通过组织开展“三访”活动,密切委员与群众的关系:一是组团式集中走访,通过“机关干部＋社区工作者＋政协委员”三方组合起来,形成一个团队,深入基层,了解基层的实际情况,倾听群众的意见建议,解决群众的实际困难。二是面对面定点接访,依靠区基层委员民情联系工作室、委员服务社区联络站等平台载体,通过制定委员接待日,定时、定点接待群众,面对面地听取群众的诉求。三是经常性走访联系,江干区政协要求每名委员要与5～10名界别群众建立起固定的联系,及时了解并反映群众的呼声。

(二)辽阳市成立“两代表一委员”工作室

辽阳市创新协商民主与基层社会治理融合发展模式,成立“两代表一委员”工作室,按照“有平台、有制度、有载体”的运行架构,实现工作室的全市覆盖。工作室以“察民情、知民意、解民忧、促发展”为主要工作内容,通过群众诉求在工作室反映,代表、委员作用在工作室发挥,走出一条社会协商治理的新路径:一是加强组织保障,成立领导小组,区(县、市)书记任组长,四大班子主要领导为副组长,把全市代表委员分配到各工作室。二是加快资源整合,推动工作室与镇(街)公共行政服务中心、社区便民服务大厅、在职党员活动站、志愿者服务工作站建成“五位一体”服务模式,形成阵地共建、制度共通、

人员共享、活动共办的"四共"服务格局。三是注重利用现代科技手段,通过建立QQ群、微信平台等网上工作室,让群众足不出户就能与代表委员面对面沟通交流,实现了小事儿不出门、大事儿不出社区的高效便民模式,实现了联系群众、服务群众网络全覆盖。

（三）宜昌市开展"两进三联"活动

宜昌市政协高度重视群众工作,从密切与基层群众的经常性联系着手,组织开展"两进三联"活动,建立起政协委员与群众、政协界别与基层的制度性联系。"两进"制度是从委员的角度来加强与基层群众的联系,推动政协委员进基层网格、群众进协商民主。宜昌政协将市、县（市区）两级政协2600多名委员进行联合编组,由2名市政协委员、2～3名县（市区）政协委员组合成一个组,按照方便联系的原则,每个组与城区社区和农村乡镇建立起"一对一"的固定联系,来实现政协委员对城市社区和农村乡镇的全覆盖。"三联"制度是从政协界别的角度来加强与基层的联系,将市、县两级政协的相关界别单位、界别活动组以及乡镇政协联络组分别与相关的企业、协会、商会和农村建立制度性联系,并设立为基层调研联系点,每半年进行一次走访调研。近年来,在"两进三联"的基础上,宜昌市政协又推行"四请两公开"制度,扩大政协协商的群众覆盖面,使普通群众通过制度渠道参与到协商、决策、执行、监督等过程中来,形成协商过程和民众参与过程良性互动,引导群众参与地方治理活动,减轻政府负担,促进政府提升工作效能。

四、人民政协推进基层民主协商的对策建议

（一）优化提升政协委员的协商能力

一是提高政协委员的政治把握能力,加强中国特色社会主义理论学习,提升政协委员的政治把握能力和政治鉴别能力。健全政协理论学习机制,加强对政协委员社会主义协商民主理论、人民政协历史与传统等的培训,提升政协委员政治素养和政治理论水平,强化专业先进性与界别代表性。二是推进人民政协理论研究会工作,建立人民政协协商民主研究智库,鼓励高校和科研院所开展人民政协协商民主理论研究,通过课题招标、学术交流、成果奖励等方式鼓励相关工作者和学术界从事人民政协协商民主理论研究。三是加强政协组织对政协委员调研工作的领导,制订调研视察计划和协商计划,针对性地组织开展调研视察工作。建立健全政协委员的教育管理与培训制度,定期组织政协委员到社会主义学院培训以及到各地的优秀政协工作单位交流学习。四是建立政协委员"通讯员队伍"机制,吸纳本界别范围内、热衷于政协工作、各方面较为优秀的从业者,作为政协委员经常联系对象。组织政协委员进企业、进工厂、进学校、进社区,积极与人民群众建立沟通与联系。

（二）完善人民政协协商民主制度建设

一是优化党政干部与政协委员的协商环境,将领导、参与与支持人民政协协商民主工作的情况纳入党政干部考评指标,通过制度规范和思想建设,优化协商民主生态环境,

杜绝协商过程的"一言堂"现象,营造党政干部与政协委员和谐平等的协商氛围。二是完善政协协商各环节监督机制,保障协商民主程序化开展,鼓励政协委员对协商全过程进行监督。进一步扩大政协协商的监督渠道,充分发挥同级党委与社会群众对政协协商的监督作用。人民政协协商民主的成果是否被采纳以及采纳的情况要通过电视、网络、报纸等媒体进行报道,并在人民政协的官方网站上进行公示,实现协商过程的透明化以及新媒体监督的有效性。三是保障政协委员的工作条件,提升政协委员履职的积极性。为政协委员参与调研、整合信息、凝练报告提供持续的财务保障和环境支撑,提升其参与工作的物质条件与政治生态环境。通过考评体系提升政协委员的积极性,根据政协委员的履职记录与履职成果,赋予其相应的待遇或者荣誉。

(三)拓展人民政协协商民主形式

一是加强政协工作会议与政协协商渠道的互动与配合,健全人民政协协商民主形式体系。明确界定和细化各协商活动的适用范围、具体要求、内容、程序等,解决好"纳入决策""知情协商""反馈落实"等突出问题,建立健全协调配套、科学管用的实施细则体系,使协商成果切实起到发扬民主、优化决策、推动执行的多重效果。二是完善政协委员与基层群众的联络服务制度,优化政协委员与人民群众的交流空间。在乡镇、街道建立人民政协工委或者联络工委,增强政协委员联络站建设。积极运用政协委员的专业才能为社区群众排忧解难,为社区群众疏解民意。在基层党和政府组织建设与重点工程项目推进、社区治理等工作中探索运用协商民主形式,协助基层党委和政府协调解决工作中的问题。三是以网络平台为重要载体,开展网络协商议政,健全人民政协的网络信息平台,及时将协商活动与协商会议的安排、民主的协商成果向社会公布,让人民群众充分了解政协委员的履职工作,公布各界别政协委员代表的网络联系方式,促进政协委员与人民群众在网络上的沟通。建立"网络议政日",通过人民政协的相关领导和政协委员出席知名网络媒介组织的网民互动活动,与网民进行在线互动,实现政协委员与社会群众之间的网络对话。

(作者单位:青岛市经济发展研究院、民建青岛市委)

完善政党协商　健全发展社会主义协商民主

庞桂美　闫晓君　薛　鑫

中国共产党领导的多党合作和政治协商制度是我国的一项基本政治制度,同时也是中国特色的政党制度。在这项制度中政党协商占有举足轻重的地位和作用,政党协商的完善与发展,直接关系到我国基本政治制度功能的实现,关系到社会主义协商民主制度的健全发展。

一、政党协商在我国协商民主实践中的历史地位

政党协商作为民主政治的重要部分和协商民主的主要形式,既是对新民主主义革命时期形成的协商民主传统的继承,又是共产党和各民主党派的自觉选择。

(一)政党协商是中国协商民主的开拓者

中国的政党协商制度缘起于新民主主义革命特定的政治生态环境。在新民主主义革命的历史进程中,共产党和民主党派共同支持的政党协商制度最终脱颖而出,凝聚了共产党与民主党派的伟大政治智慧,既独具中国特色又符合时代特点。

从新民主主义革命时期的"三三制"民主政权到新中国成立,是协商民主制度在我国的产生形成期,在此期间,政党协商扮演了民主开拓者的角色。

新中国成立初期的协商民主,也主要在共产党和各民主党派之间展开,同时涵盖了各民族、各团体、各方面人士,体现了广泛的民主性。中国共产党领导的多党合作和政治协商制度的实行,就是党派之间实行协商民主的一种制度安排,为新中国成立后多党合作的有效实行奠定了坚实的基础。

(二)政党协商是社会主义协商民主的"压舱石"

党的十八大报告强调,中国共产党领导的多党合作和政治协商制度是我国的基本政治制度,是中国共产党人根据统一战线理论与实际所创立的新型政党制度,是在我国民主制度建设过程中逐步形成的,是历史发展的必然结果。中国共产党是执政党,各民主党派是参政党。习近平同志关于"各民主党派是与中国共产党通力合作的中国特色社

会主义参政党"[1]这一论断,深刻揭示了中国特色社会主义与各民主党派的本质联系,明确肯定了各民主党派的中国特色社会主义性质,并将"中国特色社会主义"与"参政党"联系起来,形成对民主党派性质、政治地位的完整的、科学的表述,其内涵包含三个层面。[2]

在政党关系上,民主党派是合作党,不是反对党。这是中国政党制度与西方政党制度在政党关系上的根本区别,接受中国共产党的领导、与中国共产党通力合作,是我国国体、社会主义政党制度对民主党派的必然要求,也是民主党派在与中国共产党长期合作中形成的优良传统。

在政党与国家政权关系上,民主党派是参政党,不是在野党。"参政党"是我国政党制度理论体系中一个独创的概念,与西方国家的在野党有着本质区别,它不是以谋取国家领导权而是以参加和影响国家政权、协助执政党建设国家为目的;它不是通过竞争而是通过制度安排来获得权力。"参政党"概念的提出,突破了以往非执政党即在野党的思维定式,具有重要的理论和实践意义。

在政党的社会和政治属性上,民主党派是中国特色社会主义性质的政党。在新的历史时期,随着国内阶级、阶层状况的重大变化,民主党派的性质也发生了历史性变化。民主党派已经成为各自所联系的一部分社会主义劳动者、社会主义事业建设者和拥护社会主义爱国者的政治联盟,是自觉接受中国共产党领导,与中国共产党通力合作的中国特色社会主义参政党,是中国特色社会主义事业的亲历者、实践者、维护者和捍卫者。民主党派性质的变化,使建设中国特色社会主义事业成为中国共产党和各民主党派的共同奋斗目标,成为参政党政党协商的核心价值取向。

二、政党协商在国家治理体系现代化中的作用与实践价值

完善和发展中国特色社会主义制度,推进国家治理体系和治理能力现代化,是全面深化改革的总目标。国家治理体系现代化对协商民主制度提出了新的要求,为此,党的十八届三中全会对协商民主做了进一步论述,并指出,加强协商民主制度建设是当前中国政治建设的一个重要组成部分。在广泛的协商民主实践中,政党协商扮演着越来越重要的角色,成为推动协商民主建设的重要观察指标。积极拓展、不断创新和完善政党协商,对于推进国家治理体系和治理能力现代化具有十分重要的意义。

(一)政党协商在当代国家治理中的作用

政治协商是一种中国特色的政治活动和制度安排,是社会主义协商民主的重要形式,是在中国革命和建设过程中逐步确立和发展起来的。作为政治活动,它是中国共产党实行科学民主决策的重要环节,是中国共产党提高执政能力的重要途径,也是各民主党派在国家政治生活中发挥职能和作用的重要途径;作为政治制度安排,它是中国共产党领导的多党合作和政治协商制度的重要组成部分,由一系列具体的制度和程序所组成。《中国的政党制度》白皮书指出:"经过多年的实践,中国多党合作制度中的政治协

商形成了两种基本方式：一种是中国共产党同各民主党派的协商；一种是中国共产党在人民政协同各民主党派和各界代表人士的协商。"这表明，我国的政治协商包括两个层面的协商：一是中国共产党同各民主党派的协商，即政党协商；二是中国共产党在人民政协同各民主党派和各界代表人士的政治协商。政党协商是政治协商的重要组成部分。

政党协商是指政党通过彼此之间的信息交流与沟通，实现政党功能，履行治国理政的根本职责。2007年颁布的《中国政党制度白皮书》赋予了我国政党五项功能，分别是：政治参与功能、利益表达功能、社会整合功能、民主监督功能、维护稳定功能。政党协商贯穿于全部五项功能，因而，政党协商首先是实现我国政党功能的重要制度。其次，政党协商也是我国国家治理体系的一种重要体制设计：民主党派是参政党，通过"一个参加、三个参与"与执政党一道履行治国理政的职责。此外，政党协商不仅是中国共产党与各民主党派协商，也是各民主党派之间的协商，因而形成的不仅是直线双向的信息沟通与交流机制，也是"网络化"的信息沟通与交流机制，保证了保持共产党领导核心的一元性与各民主党派结构多元性的统一。

（二）政党协商在国家治理体系现代化中的实践价值

中国共产党与各民主党派、无党派人士共同创造的中国政党协商民主，对于推动新时代我国民主政治的稳步发展、推进国家治理体系现代化，具有重要的时代价值和实践价值。

一是有利于推进国家治理体系的现代化。国家治理体系是在党领导下管理国家的制度体系，包括经济、政治、文化、社会、生态文明和党的建设等各领域体制机制、法律法规安排，是一整套紧密相连、相互协调的国家制度。[3]协商民主制度作为我国民主制度的重要内容，是国家治理体系的重要组成部分，是国家治理体系现代化的重要方面，是实现国家治理现代化的题中应有之义。没有完备的协商民主制度，所谓国家治理体系现代化就是不全面的。

二是有利于推进国家治理体系的民主化。"衡量一个国家的治理体系是否现代化有很多标准，一个重要的标准就是民主化，即公共治理和制度安排都必须保障主权在民或人民当家作主，所有公共政策要从根本上体现人民的意志和人民的主体地位。"[4]协商民主制度的本义与国家治理体系的民主性高度契合，健全协商民主制度有助于推进国家治理体系的民主化。

三是有利于推进国家治理体系的法治化。法治化是国家治理体系现代化的内在要求和重要指标，也是实现国家治理体系现代化的必要条件。没有国家治理体系的法治化，也就没有真正的国家治理体系现代化。

三、政党协商在社会主义协商民主建设中的现实差距与完善路径

（一）影响政党协商质量和实效性的问题分析

我国的政党协商产生于中国近现代革命斗争之中，形成于中国共产党领导的多党合

作与政治协商制度之时,并在社会主义建设和改革发展的实践中不断成熟完善。近年来,中共中央高度重视政党协商,出台了《中共中央关于进一步加强中国共产党领导的多党合作和政治协商制度建设的意见》(以下简称 2005 年《意见》)、《中共中央关于巩固和壮大新世纪新阶段统一战线的意见》等规范性文件,政党协商得到了重大发展,并逐渐成为社会利益表达的有效途径和重大决策的重要环节。但是,当前仍存在一些制约政党协商质量的环节,其实效性还没有达到制度设计和人们期望的理想状态。政党协商发展的现状与国家治理体系现代化的目标尚有一定差距,在社会主义协商民主的健全发展中尚有很大的改进空间,主要表现在以下几方面。

1. 协商主体的平等性问题

主体地位平等是政党协商有效性的前提和基础,没有平等就不可能有真正意义上的协商。民主党派作为政党协商的主体之一,宪法和相关法律都规定了其在协商中的平等地位。但与此同时,民主协商的"平等",不仅需要协商双方法律地位和权利的平等,而且要求主体发起和参与协商能力的大致均等。尽管民主党派的协商参与者通常是主委或副主委,他们具有较高的知识水平和专业素养,但不可否认,部分民主党派协商者的协商能力与协商意识还难以适应与共产党领导平等协商的要求。此外,目前中央对有民主党派地方组织的区县层面是否要开展政党协商,尚没有明确规定,从而造成顶层重视、基层不足的局面。在此背景下,民主党派与中国共产党进行协商,无论是能力素质还是协商意识都存在困境。

2. 协商内容的明确化问题

协商内容是否明确是影响政党协商效果的重要因素。毫无疑问,政党协商的内容要服务于国家或者地方改革发展稳定的大局。在此前提下,2005 年《意见》和各地出台的实施方案均对协商内容进行了总体规定。

党的十八大报告也明确规定,"就社会发展重大问题和涉及群众切身利益的实际问题进行协商"。但这些规定都比较笼统,具体落实到各地,哪些属于"重要决定"、哪些属于"社会发展的重大问题"、哪些属于必须"同民主党派进行协商的重要问题",还没有相关的细化规定。

3. 协商程序的规范化问题

协商程序是指参与协商的各方必须遵循的流程,科学、规范的协商程序设计是达成协商效果的重要保障。尽管 2005 年《意见》对协商的程序已经有了大致规定,但这些规定比较原则性,如何把比较笼统的原则规定转换为规则性和操作化程度较强的程序,如何将目前政党协商相关程序进一步优化并以固定化的做法形成机制,目前仍是欠缺的。

（二）完善政党协商的路径实践

丰富政党协商民主的形式。首先,恢复并完善历史上行之有效的协商形式。我国协商民主中政党协商的最初形式是新中国成立初期实行的"双周座谈会"。十二届全国政协组成后,加快了协商民主的制度建设和制度创新,着力丰富和完善"协商民主"的形式和渠道,在增加协商频度和提升协商层次方面做了有益的探索,而重启"双周协商座谈会"就是一种制度创新。其次,拓展新的政党协商民主形式。推进协商民主广泛多层制度化发展是党的十八届三中全会做出的重要部署。2014年5月召开的党外人士专题调研座谈会,则是增加协商频度、提高协商成效、发展和完善政党协商的又一重大举措。

提高政党协商质量和实效。"开展政党协商,需要中国共产党和各民主党派共同努力。对中国共产党来讲,要加强对政党协商的领导,增强协商意识,更加善于协商。对民主党派而言,要努力提高政党协商能力,担负起政党协商参与者、实践者、推动者的政治责任。我们要共同努力,把政党协商这一社会主义民主的重要形式坚持好、发展好、运用好。"[5]提高政党协商的质量和实效性,首先要充分发挥执政党的作用,营造宽松和谐的协商氛围。其次要加强民主党派自身建设。只有民主党派自身提高素质,多出有见解、有说服力的意见,政党协商的实效才能真正实现。为此,要解决好政治参与热情不断提升与参与能力相对不足的矛盾,加强民主党派协商能力的培养,以提升协商的质量。

推进政党协商的制度建设。要进一步健全和完善政党协商,需在制度化、规范化、程序化上下功夫。

总之,在我国的政治制度中,政党协商占有举足轻重的地位,政党协商的完善与发展,直接关系到我国基本政治功能的实现,关系到社会主义协商民主的健全发展。

参考文献

[1]习近平同党外人士共迎新春[N].人民日报,2013-02-08(1).

[2]袁廷华."中国特色社会主义参政党"的提出、内涵及意义[J].中央社会主义学院学报,2014(2):17-19.

[3]习近平.切实把思想统一到党的十八届三中全会精神上来[N].人民日报,2014-01-01(2).

[4]俞可平.衡量国家治理体系现代化的基本标准[N].南京日报,2013-12-10(7).

[5]习近平.在中共中央召开的党外人士座谈会上的讲话[N].人民日报,2015-12-15.

（作者单位:青岛科技大学）

开展专题协商的路径创新与启示

即墨区政协

专题协商是由政协组织提供平台，以会议为主要形式，围绕某一特定专题，让民主党派、政协委员、专家学者同党政部门面对面平等对话的一种重要协商民主形式。2017年换届以来，即墨区政协把开展专题协商作为履职尽责的重要载体，作为服务即墨高质量发展的重要举措，对专题协商的内容、形式等进行了探索创新，充分发挥了人民政协作为协商民主重要渠道和专门协商机构的作用。

一、专题协商存在的短板

（一）政协委员的主体作用发挥不够充分

前几年，我区政协的专题协商工作是由政协组织各方共同开展，政协机关是会议的实际组织者和协调者，政协委员则是根据政协机关的组织和安排，相对被动地参加视察调研、准备发言材料、参与协商活动。同时，委员专题协商的发言材料的筛选、修改，也多由政协机关干部负责，在筛选和修改过程中很容易掺入政协机关干部个人的喜好或观点，使委员的发言材料被过度"加工"和"润色"。

（二）调研不够深入、全面

由于委员多有本职工作和社会兼职，日常工作往往比常人更加繁忙，但委员个人精力有限，再加上不同委员年龄、人生阅历、学历、调研能力等方面的差距，对事物的看法也不尽相同。这就导致有的委员调研掌握情况不全面、不系统，甚至带有个人主观色彩。比如有的委员遇上了交通事故，就会对整个交通管理和交通秩序产生负面看法，在调研中也往往抱有这种先入为主的认识，会更专注于并过度放大交通管理和交通秩序中出现的问题。这种调研中的不深入、不全面甚至以偏概全现象，也容易体现在协商之中，使协商提出的意见建议失去精准性。

（三）信息量传递不够多，表达不够直观、准确

专题协商是各方交流的平台，也就是党政部门、政协委员等都要在专题协商中表达

意见和观点。有时为了让各方都能表达意见,不得不提醒发言人注意控制时间,这就导致发言人不得不更加精简地表达意见和观点,甚至压缩或忽略掉一些信息,让人有表达不完全或意犹未尽之感。另外,委员在调研中看到的、听到的,有时很难以文字或语言全面、准确、直观地现场表达出来,也容易影响专题协商的效果。

(四)协商成果落实情况缺乏反馈机制

在专题协商中,经协商获得的共识能否影响决策,在一定程度上体现着协商的质量。如果协商的结果没有体现到政策中去,不仅耗费了人力、物力和时间,而且对委员的积极性也是不小的打击。但专题协商不像政协提案那样有比较明确、比较规范、比较健全的落实反馈机制,如果有关部门未能及时对一些未采纳的协商意见和建议做出解释和说明,就容易导致委员产生"提了也白提"的想法,影响专题协商的质量和委员参与协商的积极性。

二、创新专题协商的实践

(一)成立议政调研专项小组

2017年换届后,即墨区政协将协商议政的作为点与委员及政协机关的力量构成统筹考虑,在原来设立5个专委会基础上,新成立城建环保、财政经济、教科文卫、农业农村、社会法制5个议政调研专项小组。每个专项小组都由一名副主席担任组长,由专委会工作室主任和委员中的专业领导干部任副组长,从委员中遴选10～20名熟悉相关专业、综合素质高、具有较高议政能力的同志任成员。根据每个协商议题调研议政需要,各个小组还可以吸收小组成员外的其他委员参与。5个议政调研专项小组共吸纳了相关专业委员101名,占政协委员总数近30%。这一创新做法有效地突出了委员的主体作用,实现了"三为主":对确定的协商议题,组织视察调研以专项小组为主,撰写、筛选和修改协商议政发言材料以小组成员为主,专题协商议政的准备工作以专项小组为主;收到了"五大成效":对全年协商议题的视察调研的责任更明确了,为委员中专业人才履职尽责搭建的平台更大了,专业人才发挥其作用更充分了,协商议政的专业水准更高了,协商发言所指问题的针对性及所提建议的可操作性更强了。如对"全面提升农业高新区,打造全区农业发展新动能的强力引擎"这一议题的调研和协商工作,全部由区政协农业农村议政调研专项小组承担,参加这一小组的17名委员中,有13名是直接从事农业农村工作的委员,其中11名委员是农业专业公司和专业合作社的负责人。他们平日就掌握了大量情况,积累了丰富的实践经验,再加上参与专项小组的调研,形成的材料和所做的发言,在围绕这一议题的专题协商会上,得到了出席会议地区政府的高度评价。

(二)打造立体调研模式

主要做到了"三个结合":一是议政调研专项小组的调研与界别组、镇街委员联络室组织委员开展的调研相结合。围绕每次协商议题,由承担任务的专项小组提前将调研议题发给相关政协委员界别组、镇街政协委员联络室，让他们也组织委员围绕调研议题开展调研活动，调研情况直接报送纳入专项小组的调研成果，从而大大提高了调研情况掌握的广度和深度。如我们的界别组群团二组、经济三组围绕"加快推进全区制造业新旧动能转换"这一协商议题，通过组织委员深入调研，分别提出了"促进纺织服装服饰产业转型升级"和"加快互联网与工业融合发展"的建议，被财政经济议政调研专项小组吸纳进《关于推动我区纺织服装产业创新发展的建议》和《促进制造业与互联网融合发展加快实施新旧动能转换重大工程》协商发言材料之中。二是本区内的调研与外出考察调研相结合。2017年以来，5个议政调研专项小组围绕改进城区交通管理、加强诚信即墨建设、推进文化即墨建设、乡村旅游发展、提升城市品质、促进中小企业科技成果转化等协商议题，在本区内组织调研活动46次，到江苏、福建、浙江、陕西、河北、河南等地学习考察13次，召开座谈会28次。通过这种内外结合式的调研，借鉴先进地区经验，对照查找我们工作中存在的问题和不足，使协商议政提出的意见建议更有针对性、前瞻性和可操作性。三是专项视察与专题调研相结合。把常委会专项视察的议题与专项小组对重点协商议题的深入调研统一起来，既使常委会组成人员和有关委员能对面上的有关情况全面了解，又使专项小组成员能够对点上的情况做深入的调研分析。如在对"挖掘城区交通潜能，提高城区道路通行能力"这个议题进行专题协商前，我们先组织政协常委和部分委员围绕这两个议题有针对性地进行了视察，使所有视察人员对协商议题所涉及的有关情况有了直接的了解和把握。在此基础上，召开专题协商会议时，除了常委、委员做重点发言外，其他常委、委员也能通过视察时对情况的了解而有感而发，从而活跃了会议的协商氛围、增强了协商议政效果。与会的区政府领导和区直部门主要负责人都感到政协的协商议政氛围与以前大不一样，气氛好、讲得实、质量高。

（三）丰富协商议政方式

主要做到了"两大改变"：一是改变以往政协全体会议闭会期间一年只进行两三次专题协商议政的做法，实现了专题协商的常态化。2017年6月以后，建立了双月协商制度，现已召开专题协商会8次，形成协商成果101篇，有效拓宽了协商渠道，切实发挥了专门协商机构的作用。二是改变以往委员和有关部门在专题协商会议上念稿子的做法，让发言的委员和有关部门提前准备好发言提纲，并制成图文并茂的多媒体课件。会上发言时，委员和有关部门对着发言课件讲，其他与会人员看着课件听，既使会议发言变得生动、形象、直观，又使每个发言在较短时间透露出较大的信息量，大大提高了发言的质量和效果。

三、推进专题协商的启示

（一）创新是改进专题协商工作的主动力

"在继承中发展、在发展中创新"是政协组织长期以来在实践和发展中积累的宝贵经验,也是做好新时代政协工作需要不断弘扬的优良传统。改进专题协商工作也要以创新为驱动力,将提高效能作为出发点和落脚点。在创新的具体措施上,可以从组织领导、协商主体、协商方式、协商流程、成果办理反馈等方面入手寻求突破口。

（二）委员是做好专题协商工作的主力军

委员是政协工作的主体,政协的潜力在委员,实力在委员,活力也在委员。依靠委员,信任委员,充分发挥好委员的主体作用,是做好政协工作包括专题协商工作的关键。在专题协商工作中政协机关要善于调动委员的积极性,敢于放手让委员承担更多的工作任务和责任,真正让委员从始至终都当"主角"。特别是依托成立的议政调研专项小组,不仅可以成为专题协商会议的组织者,也可以在其他更多的政协工作中发挥作用,让委员的主体作用在更多的工作中得以体现。

（三）调研是做好专题协商工作的基础

调查研究是政协履职最主要、最关键的基本功,是做好专题协商的前提。搞好调查研究,既要"深下去",又要"走出去"。所谓"深下去",包括两个方面:一是调查过程要深下去。政协的调查研究,不单纯是跑几个部门了解一下情况就行了,更多的是要多找了解情况的委员、部门或其他相关的人员和群众,通过个别交谈、个别沟通交流、多到一线现场实地查看等各种行之有效的调研方式,真正把情况了解全、摸得透、掌握准,力戒走马观花、蜻蜓点水。二是研究论证要深下去。要系统学习掌握与专题有关的理论、政策、知识,包括其基本概念、基本内容,其内涵和外延;中央、上级和党委的部署要求;在本区域推进落实的情况,存在的问题和薄弱环节,基层和群众诉求和意见建议,等等,对这些基本的内容要研究深、研究透。所谓"走出去",就是要围绕调研议政议题或某项工作的开展,通过组织外出参观考察等形式,学习先进地区的经验做法,开阔视野、拓宽思路,在此基础上结合实际提出指导性、针对性、可操作性强的意见建议。也就是说,既要把本区域的情况研究透,也要把先进地区的好经验学到手。

（四）机制是做好专题协商工作的保障

推进人民政协专题协商,关键在于强化党的领导,不断巩固党委重视、政协牵头、各方参与、社会支持的良好格局。深入贯彻落实区委《关于加强人民政协协商民主建设的实施意见》《关于加强和改进人民政协民主监督工作的实施意见》,首先建立协商议题的提出和确定机制。坚持每年年初由政协各专委会、议政调研专项小组与对口联系部门和委员界别组、镇街委员联络室研究提出当年的协商议题,经政协党组、主席会议审定后,纳入政协年度重点工作统筹安排,报党委批准实施,作为开展协商活动的主要依据。其次建立协商活动的组织实施机制。研究制定了设立议政调研专项小组的决定、议政调研专项小组工作规则、议政会议组织实施办法,对搞好议政调研协商应该把握的原则、议题的确定、工作方式、工作程序等都提出了明确的规定和要求,保证了协商活动有序高质量开展。再次建立协商成果的转报、反馈机制。在每次协商后,由有关的工作室将协商议政的成果进行归类整理,形成综合材料,经政协党组会议和主席会议集体研究后,以政协党组的名义呈报区委;以区政协协商建议的形式转送区政府研究办理。为保证办理的效果,会同区政府研究出台了《政协建议和提案及社情民意的办理办法(试行)》。目前,已呈报区委的 8 个协商议政成果报告,被党政主要领导批示 12 次,260 余条建议已被区委区政府落实或吸纳到有关的决策之中。区政协也在第一时间将区委区政府领导批示、办理成果、协商成效等信息反馈给各议政调研专项小组、发言的委员,同时对落实不力或者落实过程中遇到的新情况新问题继续跟踪并及时报告,这样既充分调动了委员履职的积极性、主动性,又改进了相关单位的工作作风、推进了工作的落实。

找准定位，突出优势，全面提升政协协商的专门化水平

市北区政协

习近平总书记在庆祝人民政协成立 65 周年大会上的讲话中第一次提出"人民政协要发挥作为专门协商机构的作用"。定位已经明确，关键在于落实。在新时代条件下，要充分发挥人民政协作为专门协商机构的独特作用，必须抓住关键环节，把握好以下四个着力点。

一、准确把握人民政协在协商民主中的地位和作用

关于人民政协在社会主义协商民主中的作用，有两种密切联系的定位：其一是"协商民主的重要渠道"；其二是"专门协商机构"。这两种定位虽然联系在一起，但为体现人民政协的特殊作用，应当适度区别开来。因为，社会主义协商民主的重要渠道可以有很多，是一个完整的协商民主体系，包括政党协商、立法协商、行政协商、政协协商、团体协商和基层社会协商等，但专门协商机构则只有人民政协，将人民政协定位为专门协商机构，也就将人民政协在协商民主中的重要作用和重要地位进一步突出。

"重要渠道"与"专门机构"既有联系，也有区别。就联系来说，"重要渠道"与"专门机构"都是从民主的角度来为人民政协定位的。就两者区别来说，"重要渠道"是针对社会主义协商民主渠道而言：社会主义协商民主渠道很多，政协是重要渠道之一；"专门机构"是就协商机构而言，是指在从事协商的机构中，政协是专门协商机构，其他机构并非专门协商机构。这种区分，对于认识人民政协在协商民主中的作用和作用方式十分重要。只有准确地把握了这种区分，人民政协的独特作用才能充分发挥出来。

二、突出人民政协协商的特点

作为专门协商机构，人民政协的协商有 5 个突出特点：第一，这种协商是专业的，需要专业的知识和技能；第二，这种协商是专题的，针对专门问题；第三，这种协商是区别性的，不同于政党协商、人大协商、政府协商、社会协商，有着独特的功能；第四，这种协商是

全程的，贯穿于政协履行职能的全过程；第五，这种协商是制度化的，严格按照规范化、程序化要求进行。

由于政协协商所具有的其他协商机构不一定具有的特点和独特优势，在推进社会主义协商民主建设中意义重大，是其他机构所不可替代的。综合起来看，人民政协协商民主的特点主要体现在 6 个方面：一是以中国共产党领导的多党合作和政治协商制度为依托，与整个社会主义协商民主制度相配套，是一种制度性民主。二是党的群众路线在政治领域的体现，也是党联系群众的桥梁，始终坚持"与人民协商"和"为人民协商"，是一种人民民主。三是以统一战线大团结大联合为主旨的，坚持团结和民主两大主题，是一种合作型民主。四是坚持协商于决策之前和决策实施之中，强调有序性和参与性，能够避免竞争性民主互相攻讦、相互倾轧的弊端，是一种新型的参与式民主。五是以中华文化传统为根基的民主，是一种中国风格、中国气派的民主。六是追求和而不同、美美与共的境界，倡导求同存异、体谅包容的理念，实行平等协商、合作共事的方法，与中国传统文化相契合，有助于培养出理性包容、合作共赢的协商政治文化。

三、发挥人民政协协商民主的独特优势

（一）集思广益，科学决策

人民政协人才荟萃，参与主体是相当广泛的，他们来自各党派、各团体，并且联系着社会的各个阶层。国家治理现代化是一次整体性的社会改革，牵动着各阶层的利益，情况相当复杂。因此，要实现改革的科学性，坚持稳中求进、整体协调，就离不开政协的建言献策。各级党政机构要严格按照中共中央的要求，坚持协商于决策之前和决策实施之中。积极创造条件让社会各界的利益诉求能在政协得到充分表达，发挥政协在重大决策和重要事项形成过程中的独特作用。

（二）释疑解惑，形成共识

相对其他机构而言，人民政协位置能够更好地了解和阐释各方面的问题，最大限度地集中社会各界的利益诉求，在充分尊重各自意见基础上形成共识，扮演政策阐释者和推动者的角色。依靠人民政协这个大平台，从不同角度、不同界别、不同人群中把正确的意见收集好，把带方向性、根本性的意见确定好，使改革政策的出台、内容的确定更加科学。人民政协在改革发展中，勤于思考，勇于实践，知情明政，当好党委和政府的参谋，做好人民群众的代言者，或直接对一些疑难问题进行解释，让各界群众在一些改革重大问题上形成共识。

（三）化解矛盾，凝聚人心

人民政协作为党和政府联系群众的桥梁、窗口、平台，要充分发挥代表性强、联系面广、包容性大的优势，聚焦党和国家中心工作，发现全面深化改革中的重大问题和群众最为关切的问题，深入进行调查研究，努力为改革发展出真招、实招、高招。要积极宣传改

革发展的大政方针,引导所联系群众支持和参与改革发展,正确对待新形势下改革发展带来的利益格局调整,为改革发展凝智力、添助力、增合力。要敢于讲真话、进诤言、献良策,及时反映真实情况,勇于提出建议和批评,帮助查找不足、分析和解决问题,推动各项改革发展举措落到实处。

四、全面提高人民政协的履职能力

人民政协的履职能力集中体现为政治协商、民主监督、参政议政三大职能。在新时代条件下,应根据中共中央的要求和部署,由政协全国委员会研究制定规范政治协商、民主监督、参政议政的具体意见,认真贯彻中共中央《关于加强社会主义协商民主建设的意见》和《关于加强人民政协协商民主建设的实施意见》精神,结合推进国家治理体系和治理能力现代化的要求,着重提高以下四个方面的履职能力。

（一）提高政治把握能力

政治把握能力是把握政治方向的能力,主要体现为政治敏锐性、政治鉴别力、政治洞察力。这种能力主要靠学习理论和履职实践去提高。因此,要完善政协常务委员会会议和主席会议学习制度,组织委员专题学习研讨。加强委员对党的路线方针政策和宪法法律的学习,在履行职责的实践中,提高运用科学理论分析判断形势,运用法治思维和法治方式研究解决问题的能力和水平,坚定理想信念,增进政治认同。

（二）提高调查研究能力

调查研究能力是明情知政的能力,主要体现为及时准确地获取信息和分析信息的能力,它是人民政协履职的基本前提。因此,要坚持问题导向,重视调查研究,制定加强和改进调研工作实施办法。视察和专题调研课题应与政协年度协商计划和政协重点工作相衔接,由主席会议或主席办公会议统筹审定。优化调研队伍构成,采取集中调研、分散调研、蹲点调研等形式摸清真实情况。加强对调研成果的研究论证。加强人民政协智库建设,整合各级政协组织、政协委员等各方面智力资源,为党政决策提供有益参考。

（三）提高联系群众能力

联系群众能力是体察民情和反映民意的能力,主要体现为察民情、识民意、保民利、促民生。这是政协履职的立足点和出发点。因此,要坚持党的群众路线,建立健全社情民意表达和汇集分析机制,畅通和拓宽各界群众的利益诉求表达渠道,积极反映社情民意。修订政协反映社情民意信息工作条例。密切政协各专门委员会与人民团体等界别的联系,积极组织委员参与协商、视察、调研等活动,及时向有关部门反映其提供的相关信息和意见建议。有条件的地方可推广委员联系点、委员网上信箱等联系群众的新形式。委员应主动向群众宣传党的路线方针政策,解疑释惑,引导群众理性、有序、合法地表达诉求。

（四）提高合作共事能力

合作共事能力是对政协作为专门协商机构的特殊要求，主要体现为和合共谋、精诚团结、沟通包容。这既是政协工作的传统，也是政协履职特色和优势。因此，要完善工作机制，搭建更多平台，加强政协组织与党委统战部门的沟通协调，为民主党派委员和无党派人士委员在政协履行职能、协商议政发挥作用和创造条件。建立政协主席、副主席联系各界别委员制度，强化政协开展统战工作的职责要求。在工作中既增进对党的路线方针政策的共识，又包容不同意见的存在和表达，提高合作共事的质量和水平。

浅论提案工作在协商民主中的作用

王　淼

党的十八大以来,习近平总书记高度重视人民政协事业发展,对充分发挥人民政协作为社会主义协商民主的重要渠道和专门协商机构的作用发表了一系列重要讲话,构成了习近平新时代中国特色社会主义思想的重要组成部分。提案工作是政协履行职能的一项具有全局意义的工作,对推动协商民主的发展发挥着重要作用。

一、提案工作有助于拓宽协商民主领域

提案是履行人民政协职能的重要方式,是坚持和完善中国共产党领导的多党合作和政治协商制度的重要载体,是发扬中国特色社会主义民主的重要形式,是协助中国共产党和国家机关实现决策民主化、科学化的重要渠道。提案的广泛性和代表性,为拓宽协商民主领域发挥了重要作用。

首先,提案人代表性强,能够拓宽协商主体。提案人分别代表着不同的党派、团体、界别、系统和地域,是党委政府了解民情、集中民智的桥梁和纽带。政协委员和政协各参加单位通过提交提案履行职能,能够充分反映他们及其所代表的党派、团体及有关方面群众的意见和要求,组织上具有广泛的代表性,政治上具有广大的包容性,这就决定了提案在扩大人民群众有序政治参与中的平台作用,拓宽了协商民主的主体范围。

其次,提案内容涵盖面广,能够丰富协商内容。提案从不同的方面、在更深的层次上反映了各界群众的意愿和要求,内容涉及了政治、经济、文化、社会以及生态建设的方方面面。公开征集提案线索工作常态化以来,来自社会各界的大量信息进入了政协委员的提案选题视野,政协委员能够将视角对准基层群众,更加有效地代表广大群众行使依法参与管理社会各项事务的权利,调研加工后形成的提案与党和政府的当前工作更贴近、与人民群众的利益更密切,针对性更强、意见建议更实,充分体现了人民政协围绕中心、服务大局的主旋律。

再次,提案办理涉及面广,能够凝聚协商合力。承办单位、政协委员和各级政协组织通过提案办理在各自职责范围内密切协作、通力配合,提案人对专业领域和重点课题共

同调研，就重大问题和发展方向开展协商，就办理效果和落实情况进行监督，能够增强协商效果；党委政府的相关部门加强提案办理协商的组织领导，联合提案承办部门做好提案各环节的沟通协商，能够提高办理协商效率；新闻媒体加大对提案办理协商的宣传力度，能够增强办理协商的社会关注、公共参与和信息透明度，为党委重视、政府支持各方参与、社会关注的协商格局构建凝聚了合力。

二、提案工作有助于丰富协商民主实践

提案办理过程是党委政府联系群众、发扬民主、协商共识、改进工作的过程，它包含了协商民主所需的一切要素和特征，提案办理的过程实质上也是实现协商民主的实践过程或实践方式。注重在提案工作的各个环节融入更多的协商元素，放大其协商民主的载体作用，是我们提案工作的重点课题和努力方向。

（一）做好提案前置协商

做好提案选题的前置协商，常态化地征集提案线索、及时发布市情信息，做好选题引导，使提案人关注的问题切实反映百姓群众所想，建言献策切实符合党委政府所需；做好提案提交的前置协商，通过培训引导政协委员在熟悉领域和专业范畴提交选题准、论证深、建议实的委员提案，引导各民主党派、人民团体和各界别提交有价值有分量的高质量组织提案和界别提案；做好重点提案遴选的前置协商，对经过办理能产生较好的社会经济效益的提案进行仔细甄别，保证所选的重点提案立意高、选题准、建议实，经过督办落实后能够取得实实在在的效果。

（二）做好提案立案和交办协商

首先要明确立案协商的标准。在保护委员积极性的同时严格执行立案标准，克服审查片面性和随意性，妥善处理雷同和涉嫌抄袭的提案，积极协商和协助提案人对不规范、不完善的内容、格式进行补充和修改，实现了由注重提案数量向更加注重提案质量的转变；其次是建立党委、政府、政协联合交办机制，明确办理要求，落实办理责任，联合审拟承办单位、联合交办督办提案、联合协调难案办理、联合检查办理情况、联合通报办理进度、联合评选表彰优秀提案先进承办单位，确保提案交办准确、分办合理。

（三）做好提案办理的过程协商

一是实施"双互动工作法"，实现了承办单位与提案人之间的办理互动和交办机关与承办单位之间的工作互动，极大地促进了"提""办"之间和"交""办"之间的协商，使提案办理工作更加突出了协商民主的特征。二是推行"三方面复"。对一些党派组织提案、委员集中关注、人民群众普遍关切和委员不满意要求续办续复的提案，由承办方（承办单位）会同监督方（市政协提案办）、审核方（市政府办公厅）共同面复提案人，有利于提方和办方摆出矛盾、亮明观点、坦诚协商，进一步强化提案办理协商机制。三是倡导"三见面"的办理模式。即倡导承办单位集办前了解意图的个别协商、办中强化互动的沟通

协商、办后及时回访的办复协商于一体,使办理工作更加有的放矢。

三、提案工作有助于增强协商民主成效

习近平总书记指出,民主不是装饰品,不是用来做摆设的,而是要用来解决人民要解决的问题的。提案工作的过程实际上就是推动提案落实、解决实际问题的过程。

(一)分层办理提案强化多层协商

提案办理是推进提案办理落实的重要手段,在不同办理环节强化多层协商方式,有助于更大程度、更广范围凝聚共识。首先在督办环节,强化党委政府和政协领导领衔督办重点提案的高层协商方式,把那些委员集中关注、群众普遍关切、办理难度较大的提案纳入督办协商范围,推动办理落实;其次在评议环节,强化以双向民主评议为主要内容的民主协商,加强与党委、政府督查部门的协调配合,对提案质量和办理质量进行统计、评议和监督,将发现的问题带到办理协商活动中,增强评议实效,促进问题解决;再次在反馈环节,强化委员、党派、团体、界别多方参与的联合协商,发挥提案人专业优势、界别优势和对口优势,拓宽各界别和阶层群众利益诉求平台和民主协商渠道,广开言路,增进共识。

(二)聘请第三方专家开展评估协商

第三方专家评估本身既是民主协商又是民主监督的过程,它改变了承办部门自我检查和自我评价的传统办理模式,由社会组织代表组成的第三方评估专家组,每年对我市社会发展长期存在的、委员历年反复提出的以及办理结果不满意的提案,由专家们站在客观立场,发挥专业特长,对提案所提问题的历史沿革、发展现状以及办理解决中遇到的问题,进行深入调查论证,提出较为稳妥的解决措施。第三方专家评估机制有利于在达成共识、科学评价的基础上,充分利用提案资源破解重点难点问题,以协商促进办理,在办理中实现协商。每年评审后确定由市政府研究、重点督办落实的提案约占60%;由承办单位按规定继续办理的提案约占60%。很多办理中的"疑难提案"经过专家评估开展二次办理后,取得了实效。

(三)推进信息化建设探索网络协商

互联网与移动互联网作为新一代的传播载体,为我国民主政治协商制度提供了新的民主协商形式。积极探索网络协商、远程协商这种创新民主协商形式,是顺应互联网和新型通讯方式发展的必然趋势。我们首先以"掌上提案"APP为载体。升级了电脑版提案工作动态管理系统,开发提案提交系统的手机终端"掌上提案",政协委员可以通过电脑和手机实现提案的随时提交、查阅和信息反馈,打破传统协商过程中时间、地域的局限,实现了提案提交、审查、交办、督办、答复、反馈在移动平台上高效运作。其次是以"青岛政协微提案"为媒介。为顺应微信普遍应用的趋势,弥补提案动态管理系统和掌上提案只面向政协委员而不对市民开放的不足,开发了面向广大市民和政协委员的微信服务

公众号"青岛政协微提案",将市民的"微信息""微提案"进行整合,推荐给委员,帮助委员拓宽视野,经过调研加工形成提案。这一做法使人民群众通过网络更贴近透明地了解市情信息,更充分全面地表达对社会生活的想法,更及时便捷地参与到民主协商当中,为委员建言提供强大信息基础和舆论监督。

做好新形势下的政协提案办理协商工作,我们还要在以下几方面继续努力:加大研究深化协商,认真分析、深入把握、深刻总结提案办理协商的一般性规律和发展趋势,以理论创新推动制度创新和实践创新,推动解决实际问题;建章立制规范协商,从提案办理协商的总体要求、协商内容、协商形式、协商程序、组织保障等方面,不断探索和建立提案办理协商的全程机制,健全协商的运行机制,探索协商的融合机制,通过机制来规范和保证提案办理协商的效果;提升服务保障协商,发挥桥梁纽带作用,结合年度工作及时将提案办理协商纳入总体规划,利用走访、调研、视察、座谈、面复、督办、评议等机会,做好同提案人和承办单位的沟通协调工作,进一步做好信息化建设,在 APP 和微信使用功能上进行功能升级和探索,使整个协商过程趋向一体化、科学化、信息化的"整体推进"模式。

（作者单位:青岛市政协）

把协商民主贯穿人民政协履行职能全过程

唐 晨

习近平总书记在党的十九大报告中指出："协商民主是实现党的领导的重要方式，是我国社会主义民主政治的特有形式和独特优势。""人民政协是具有中国特色的制度安排，是社会主义协商民主的重要渠道和专门协商机构。"这意味着人民政协要在发展协商民主进程中承担起协商治国的新使命。在新形势下，人民政协如何在民主政治领域改革中进一步发挥作用，推动协商民主在新时代全社会广泛深入开展，助力全面建成小康社会、全面深化改革、全面依法治国、全面从严治党实现新的发展，需要我们不断丰富完善的理论体系，也要不断开拓政协的履职实践。

一、深刻把握人民政协与协商民主发展的历史进程

自 1949 年人民政协成立，并作为最早制度化的协商民主形式确立以来，人民政协与协商民主的思想和实践发展经历了一个不断拓展、深化的过程。这从根本上源于近代以后我国政治发展的独特现实进程，是中国共产党人把马克思主义基本原理同中国革命、建设和改革实践相结合的产物，是中国共产党领导下各党派、各团体、各民族、各阶层、各界人士在政治制度上的伟大创造，植根于中华民族的价值理念，深深嵌入社会主义民主政治全过程。

回顾发展历程，1987 年，中共十三大明确将建立社会协商对话制度作为政治改革与建设的重要内容；1992 年，"人民政协"内容首次载入中共十四大报告，提出："充分发挥人民政协在政治协商和民主监督中的作用"；1997 年，中共十五大报告第一次全面概括了人民政协三项职能；2002 年，中共十六大报告第一次提出"按照党总揽全局、协调各方的原则，规范党委和人大、政府、政协以及人民团体的关系"；2006 年，《关于加强人民政协工作的意见》（中发〔2006〕5 号），第一次提出了"协商民主"的思想；2007 年，《中国的政党制度》白皮书，第一次确认了选举民主和协商民主的概念；2009 年，在人民政协成立 60 周年大会上，"协商民主"的概念第一次得到了深化论述。

当前,党的十八大首次提出:"健全社会主义协商民主制度""推进协商民主广泛、多层、制度化发展"。中共十九大报告中提出"人民政协工作要聚焦党和国家中心任务,围绕团结和民主两大主题,把协商民主贯穿政治协商、民主监督、参政议政全过程,完善协商议政内容和形式,着力增进共识、促进团结"。习近平总书记将健全社会主义协商民主制度、加强社会主义民主政治制度建设作为中国特色社会主义政治发展和政治体制改革的重要内容进行部署,对充分发挥人民政协作为社会主义协商民主的重要渠道和专门协商机构的作用发表了一系列重要讲话,进一步指明了前进方向;使得人民政协的职能定位更加明确,履职主题更加明晰,制度化建设体系更加完善,是对社会主义民主政治理论和人民政协理论的重大创新,进一步拓展了新时代政协工作的广度和深度,构成了习近平新时代中国特色社会主义思想的重要组成部分。

二、深刻认识人民政协与协商民主的内在关系

在政协这个组织和平台展现的民主与协商民主所蕴含的基本特征、精神和价值理念是高度契合的。协商民主所规范的是人民内部各主体之间的协商,协商的民主特性是相对专政而言;从适用范围来看,协商民主在机制方面的主要适用领域,是多党合作的党际关系和政治协商会议的基本职能。而中国人民政治协商会议是中国共产党领导的多党合作和政治协商的重要机构,人民政协的协商民主即是在中国共产党领导下,人民内部各方面就国家、地方的大政方针和政治、经济、文化、社会生活的重要问题以及人民群众普遍关心的问题,在决策之前和决策执行过程中,进行充分协商,尽可能达成一致意见的民主形式。因此,它们体现出的价值、功能、形式,是相互包含、交叉和衍生的。

一是人民政协是开展协商民主的重要机构。人民政协的协商涵盖各党派、各团体、各民族、各阶层,无论各个政治主体价值观念是否具有相容性,通过充分、民主协商讨论,能最大限度地包容和吸纳各种利益诉求,达到各协商主体在重大问题上的共识性;作为中国共产党领导的多党合作和政治协商的重要机构,政治协商是人民政协的首要职能,在推进协商民主中具有不可替代的优势;作为发扬社会主义民主的重要形式,人民政协的协商为各界人士参与国事提供了平台。

二是人民政协是我国实践协商民主的重要制度平台。在我国民主政治实践中,有着多种协商民主制度,如立法听证制度、政治协商制度、民主恳谈制度。而人民政协的民主协商是一种制度化的、有序地于决策前和决策中进行的协商,为各党派团体和各族各界人士,围绕重大问题开展协商活动,扩大公民有序政治参与,提供了重要的渠道和平台作用,是我国组织化、制度化程度最高的协商民主形式。

三是人民政协履行职能的过程,就是发扬协商民主的过程。坚持团结、民主两大主题,履行政治协商、民主监督、参政议政职能,是人民政协的主要任务。人才智力密集、社会联系广泛、政治渠道通畅是人民政协的独特优势。围绕中心、服务大局是民主协商必须遵循的原则,通过界别各参与主体之间进行平等协商,人民政协既能包容协商过程

中的多元化,又能包容协商结果的多样性,充分兼顾各方利益,通过兼容并蓄,更真实地实现党派民主、界别民主、广泛民主,这与协商民主一脉相承。所以说,人民政协工作包含协商民主的所有成分,协商民主体现于政协工作的各个方面、各个环节,贯穿于政治协商、民主监督、参政议政的始终。

三、在新时代政协履职实践中推进协商民主新发展

一要坚持中国共产党的领导。人民政协事业是党的事业的重要组成部分,坚持党的领导,是人民政协必须恪守的根本政治原则,也是加强人民政协协商民主建设的根本政治保证。习近平总书记在庆祝中国人民政治协商会议成立 65 周年大会上指出:"做好人民政协工作,必须坚持中国共产党的领导。中国共产党的领导是包括各民主党派、各团体、各民族、各阶层、各界人士在内的全体中国人民的共同选择,是中国特色社会主义最本质的特征,也是人民政协事业发展进步的根本保证。人民政协事业要沿着正确方向发展,就必须毫不动摇坚持中国共产党的领导。"要毫不动摇地坚持中国共产党的领导,作为人民政协完善协商制度、开展协商活动的根本保证和根本前提,把习近平新时代中国特色社会主义思想作为统揽政协工作的总纲,有组织、有重点、分层次积极稳妥地推进各方面协商。要进一步完善落实党的全面领导的组织体系和制度机制,自觉把中央和市委各项决策部署贯彻落实到政协工作中去,确保把党的领导落实到政协协商民主工作的全过程和各方面。要积极地发挥政协优势,动员和引导全市政协组织、政协各参加单位和广大政协委员以及各界人士,用共同奋斗目标、共同历史命运、共同文化传承,自觉接受党的领导,凝聚起民主协商的磅礴力量。

二要把握人民政协协商民主的准确定位。习近平总书记强调,"人民政协不属于权力机关,不是参议院,不是西方那种分权机构,也不是反对党发出不同声音的地方,要在依照宪法法律和政协章程进行准确定位的基础上,积极主动、认真履行职能,做好各项工作"。因此,人民政协在发挥社会主义协商民主的重要渠道和专门协商机构作用中,要以宪法、政协章程为依据,以中国共产党领导的多党合作和政协协商制度为保障,通过协商寻求各族各界人士意愿和要求的最大公约数。在这一制度体系中,党委主导是前提、保障和关键,政协主动是内功、智慧和"助推剂",要进一步解放思想,围绕中心、服务大局,深刻认识人民政协这种协商民主的本质属性是什么、人民政协民主协商的目标是什么、怎样更主动有序地开展协商民主工作等。

三要完善人民政协协商民主体系建设。人民政协实践协商民主最迫切需要解决的就是建立保证这种民主形式有序开展并充分发挥作用的一整套制度、规范与程序。当前我们还面临许多这方面的问题。例如,政治协商制度原则性、宏观性较强,操作性不强;监督机制不够完善,特别是民主监督工作比较薄弱的等问题。正如习近平总书记强调的:"加强社会主义协商民主建设的目标是构建程序合理、环节完整的协商民主体系,为我国社会主义民主政治注入新的活力。"为此,我们要通过协商民主制度和体制机制的架构、

程序的搭建、运作、评价以及规范,把握和处理好要进一步明确协商什么、和谁协商、怎么协商,以及协商"之前、之中、之后"各个环节如何衔接等,使政协协商民主形式更加高效。"名非天造,必从其实",实现民主的形式是多样的。探索制度创新,按照有事多商量,遇事多商量,做事多商量,商量得越多越深入越好的要求,积极搭建大而结实、小而精彩的协商平台,通过各种途径、渠道、方式就改革发展稳定重大问题,特别是事关群众切身利益的问题进行广泛协商;认真研究政协的协商制度与其他协商制度,特别是与党委、政府相关制度之间的贯通和衔接,打破"隔山喊话、敲鼓"的困局;丰富协商议政形式,探索在会议协商之外更加活跃的协商形式,如听证、公示、评估、咨询、网络等多种方式,开辟协商民主更广的途径;积极探索发挥界别作用更加广泛、多层的方法和途径,搭建起界别的工作平台。

四要提高人民政协协商能力自身建设。人民政协自身建设的好坏,直接关系到协商民主这种重要的民主形式能否发挥出应有的作用。除了通过制度安排来解决、完善"要协商"的问题外,更要通过加强自身建设去提高"会协商"的能力,不断彰显人民政协作为协商民主重要渠道的地位和专门协商机构的作用。习近平总书记曾多次强调,要着力提高能力素质,懂政协、会协商、善议政。人民政协要充分发挥优势,按照懂政协、会协商、善议政的要求,将提高协商能力作为重要本领。组织政协委员学习履职所需的各方面知识,为发挥委员主体作用创造条件,广泛吸收社会各界人士在政协合作共事、参与政事。发挥好作为党联系群众的桥梁纽带作用,把密切联系群众、维护群众利益作为重要职责贯穿于协商履职的全过程,做实协商活动,用好协商成果,维护群众的根本利益。坚持问题导向,提高调查研究能力,科学分析论证,求真务实探索改革良策。推进智慧政协建设,善用智慧协商,努力搭建协商议政的公开平台,加大整合界别、专委会和委员的力量,形成和放大协商民主的"乘数效应"。

(作者单位:青岛市政协)

推动协商民主　助力率先发展走在前列

齐光辉

党的十八大报告提出了"社会主义协商民主是我国人民民主的重要形式"的论断，这是第一次在党的代表大会报告中正式提出和确立社会主义协商民主概念。作为推进协商民主的重要机构和主要渠道，人民政协拥有多年的历史积淀，具备广泛的社会影响，承担着重要的载体作用。

从青岛市政协开展协商民主的实践看，目前已形成许多行之有效的经验做法。如抓住党委政府关注的战略性问题开展专题协商，邀请市委、市政府领导及有关党政部门领导，与政协委员、政协参加单位和区市政协一起，就全市经济社会发展和人民群众生产生活中的重大问题面对面协商，委员建议直达高层，直接影响全市党政战略决策；建章立制创新提案协商，探索建立了向社会公开征集提案线索、领导督办重点提案、提案二次办理、提案工作双向民主评议、提案建议转化和跟踪落实等机制，提案办理过程更加公开民主，提案落实效果更加明显，推动了提案办理协商机制的完善。

协商民主的本质是人民当家作主，需要在实践中不断丰富完善。通过协商民主这个桥梁，推动公民有序政治参与实现民主决策，助力青岛率先发展，需要进一步立足实际，面向实践，不断创新，有力推动协商民主广泛、多层、制度化发展。

一是超前协商，双向互动，畅通渠道，为改革谋共识。《中共中央关于加强人民政协工作的意见》指出，"把政治协商纳入决策程序，就国家和地方的重要问题在决策之前和决策执行过程中进行协商，是政治协商的重要原则"。超前协商，即要协商于党委决策之前、人大通过之前、政府实施之前，真正做到先协商、后决策，先协商、后通过，先协商、后实施。特别是对涉及群众切身利益的重大决策，应当发挥政协联系广泛、渠道畅通、位置超脱的优势，进行社会稳定风险评估，充分听取群众意见和建议，充分考虑群众的承受能力，把可能影响群众利益和社会稳定的问题和矛盾解决在决策之前。双向互动，即是民主协商的决策者与参与者之间平等对话、相互理解、达成共识的过程。协商也是一种沟通，不能是简单的一方说、一方听，而是要达成一个双向交流、不断互动的循环，协商议题的提出、协商时间和地点的确定、参加人员的选择都应由党委、政府、政协、委员、利益攸关方共同确定、共同参与。商于前,议于中,善其后。通过协商求同存异,通过协商增加共识,从而形成改革发展的合力和动力。

二是平等沟通,信息对称,务实协商,为发展聚合力。协商民主最突出的特征就是平等,而信息对称是实现平等沟通的前提。平等协商首先要保障协商选题知情权。协商题目的选择和确定是协的源头,也在很大程度上决定了将来民主协商的走向和成效。协商题目既要围绕中心、服务大局,具有影响力,又要贴近民生、反映民意,具有亲和力。一般的选题程序,是由政协各专委会提出,经政协党组通过,报党委研究确定。青岛市政协在实践中建立了"三对接一沟通一汇报"机制,进一步吸纳了政府部门和政协委员的意见,使选题更加符合当地实情,更加符合群众意愿,成为一种行之有效的选题模式。协商内容知情权是保障协商成效的重要一环。协商不能空对空,开成务虚会。协商题目确定以后,必须要围绕协商内容做足功课,了解掌握实情,才能言之有物、言之在理、言之有用。从决策方看,需要提前了解各界对协商内容的各种反映,充分考虑可能影响决策的各种因素,以备在面对面协商中辩理、求真、定策;从参与方看,需要提前学习相关政策法规,听取党委政府情况通报,深入基层了解社情民意,以提出具有针对性、建设性和可操作性的协商意见。只有通过充分的酝酿、平等的沟通、务实的协商,才能达成协商的目的,凝聚发展的合力。

三是助推落实,注重反馈,成果转化为民生增实惠。扩大民主是为了更好地改善民生。协商的过程即反馈的过程。一方面是决策方听取各方意见建议、根据反馈意见不断修正决策的过程;另一方面是参与方了解全面情况、根据政策反馈重新调整自身认知,并予以宣传放大的过程,特别是对不适合或暂时未能纳入决策的意见建议,更应当及时反馈给其所代表的界别和群众,从大局出发做好解释说明工作。要建立协商后的反馈机制,对协商成果的转化反馈做出明确规定,科学设定批复时限、落实时限、反馈时限,防止"不说白不说、说了也白说"的现象发生。协商是为了更好地汇聚共识、凝聚合力、共推发展,政协和政协委员在其中应当发挥好助推落实的促进作用,切实为党委政府分担重担、分忧解难,为群众积极代言、解惑释疑。作为民主协商的成果,对党委政府的决策要全面认识、大力支持、积极贯彻,对决策推行中遇到的矛盾问题,要及时反映、深入研究、协力解决,对协商议政的成果,要推动转化、跟踪反馈、助推落实,使协商成效更多地惠及民生。

(作者单位:青岛市政协)

试论"和而不同"是社会主义协商民主的主要特点

陈　立

习近平总书记在十九大报告中强调,"人民政协是具有中国特色的制度安排,是社会主义协商民主的重要渠道和专门协商机构"。把人民政协的性质定位,写入党中央的报告中,这在历史上是首次,在新的时代条件下深化和拓展了人民政协性质定位的内涵,深刻揭示了中国特色社会主义制度的鲜明特点,阐明了我国政治制度区别于西方的特色和优势,为人民政协更好地履行职责、发挥作用提供了新的理论依据,充分体现了以习近平同志为核心的党中央对人民政协工作的高度重视,为新时代推进人民政协事业发展指明了前进方向、提供了广阔舞台。

习近平总书记高度重视政协协商民主在发展我国社会主义协商民主中的作用,强调有事好商量、众人的事情由众人商量是人民民主的真谛。协商民主是实现党的领导的重要方式,是我国社会主义民主政治的特有形式和独特优势。人民政协作为社会主义协商民主的重要渠道和专门协商机构,要适应推进国家治理体系和治理能力现代化的要求,坚持改革创新精神,把协商民主贯穿履行职能全过程,推进政治协商、民主监督、参政议政制度建设,不断提高人民政协协商民主制度化、规范化、程序化水平。社会主义协商民主作为我国人民民主的重要形式,是基于基本政治制度的实际而发挥重要民主功能的独立的制度形态,协商民主的主体涵盖社会各界、各方面人士,既反映多数人的普遍愿望,又吸纳少数人的合理主张,可以最大限度地实现最广大人民的民主权利,有助于拓宽民众有序政治参与渠道。

2006 年《中共中央关于加强人民政协工作的意见》中明确提出:"人民通过选举、投票行使权利和人民内部各方面在重大决策之前进行充分协商,尽可能就共同性问题取得一致意见,是我国社会主义民主的两种重要形式。"胡锦涛同志在庆祝中国人民政治协商会议成立 60 周年大会上强调了选举和协商这两种形式。2011 年中办下发的《中共政协全国委员会党组关于〈中共中央关于加强人民政协工作的意见〉贯彻落实情况的报告》中正式明确提出"协商民主"。

《论语》中说,"君子和而不同,小人同而不和",其中的"和而不同"较好地印证了协商民主的主要特色,"同"就是相同的、一致的,没有差别;"和"却是相对的一致性,是多中有一,一中有多,是各种相互不同、相互对立的因素通过相互调节而达到的一种统一态、平衡态,就是不同的东西合理搭配,形成最好的状态。如《左传》中晏婴关于论述"和"与"同"的例子:"君所谓可而有否焉,臣献其否以成其可;君所谓否而有可焉,臣献其可以去其否。"国君提出一个意见,臣子从不同的角度提出批评和修改的意见,纠正其错误,弥补其不足,以形成最佳方案,这是"和";"君所谓可,据亦曰可;君所谓否,据亦曰否。"国君说是就是,说不是就不是,没有不同的意见,这就是"同"。

"人民内部各方面在重大决策之前进行充分协商,尽可能就共同性问题取得一致意见",简单的一句话体现出了协商的主体(人民内部各方面)、内容(重大决策)、过程(充分协商)及所达成的结果——尽可能就共同性问题取得一致意见,即通过相互讨论、包容达成"和"的状态,但允许存在不同意见。

"协商民主"的途径主要体现在四个方面,一是作为执政党的中国共产党,就经济社会发展中的重大问题在党内外进行广泛协商,特别是加强同民主党派的协商;二是国家政权机关的立法、决策协商;三是人民政协的政治协商;四是基层组织的民主协商。无论是哪个途径的协商,都是为了一个共同的目的,广泛征求各方的意见,各方也从不同的角度提出批评,提出修改意见,然后经过反复讨论修改后,形成最佳方案,尽可能取得一致意见,这就是集思广益的结果,也就是"和"。

人民政协作为协商民主的重要渠道作用,在其自身特点及发挥作用等方面充分体现了其"和而不同"的特点。

一、从政协性质来看,制度上的"和而不同"

中国人民政治协商会议是中国人民的爱国统一战线组织,是中国共产党领导的多党合作和政治协商的重要机构,是我国政治生活中发扬社会主义民主的重要形式。人民政协这一中国特色的政治组织和民主形式,作为爱国统一战线组织,它具体包含两个范围的联盟:一个是大陆范围内,以爱国主义和社会主义为政治基础的团结全体劳动者、建设者和爱国者的联盟;另一个是大陆范围以外的,以爱国和拥护祖国统一为政治基础的团结台湾同胞、港澳同胞和海外侨胞的联盟,充分体现了在政治上的巨大包容性。

政协作为国家的一个基本政治制度平台,在坚持中国共产党领导地位的前提下,充分发挥各党派团体、各族各界人士的作用,对经济社会发展中事关全局重要问题和人民群众普遍关心的热点难点问题进行协商讨论,并在协商中深化认识、消除误解、增进共识。协商的过程,既是广泛听取各种不同声音、充分吸收有益意见建议的过程,也是让社会各方面了解和接受党的政治主张和路线方针政策的过程;既体现了执政党对人民意愿和人民权利的尊重,密切了党群关系,推动和改进了党的领导方式和执政方式,又使党和政府的决策更加科学、更加符合实际、顺应民意,从而也避免了一种思维形式、一个话语体系,达到了求同存异、和而不同。

二、从政协的组织构成来看,结构上的"和而不同"

政协是由界别组成的,这也是政协的一大特色和优势,政协现有34个界别,按照"大团结、大统一、囊括一切代表人物"的方针,广泛吸收各党派、各团体、各民族、各阶层、各界人士参与国事,很多界别都是特定社会利益群体的代表,也是我国人民以界别形式表达群体诉求的主渠道。

各个界别以协商的形式推荐代表担任政协委员,委员的产生是广泛听取不同意见、不断协商的结果,是各个界别的优秀代表,充分代表了所在界别的意见,得到界别一致认可。界别是政协委员活动的重要组织形式,政协通过界别渠道的优势,不仅可以收集到有关经济、教育、科技、文化、卫生、体育、环境等各个方面的意见,而且把各种利益表达,尤其是界别中不同层次的群体偏好和差异都纳入现有的制度框架中,既关注多数人的意见,又关注少数人的意见,拓宽了协商民主的广度和深度。而不同界别的委员,立足自身优势,深入联系所在界别的群众,察民情、听民意,对收集来的信息资料,进行再积累、再加工、再挖掘,以社情民意信息、提案等形式反映他们的呼声,提出有价值的意见建议,供党政部门决策参考,由于委员的界别特色,集聚了大量的人才资源,增强了所提意见建议的专业性和针对性,提升了协商品质,从而为经济社会的发展提供了强大的智力支持。

三、从政协的活动方式来看,渠道上的"和而不同"

政协各级委员会全体会议、常务委员会议、主席会议、秘书长会议、专门委员会会议和专题协商会是人民政协履职的重要方式。依据章程,各级政协委员会可根据中国共产党、人民代表大会常务委员会、人民政府、民主党派、人民团体的提议,举行有各党派团体的负责人和各族各界人士的代表参加的会议,进行协商,亦可建议上列单位将有关重要问题提交协商。

除会议以外,各种建议案、提案、社情民意信息等经常性工作是人民政协作为协商主体主动履职的形式。特别是各种建议案,是经政协各专门委员会研究讨论后提交主席会议确定的围绕经济社会发展中的热点、难点问题,在深入调研的基础上,由专门委员会、主席会议或常委会议审定之后,正式向党委、政府提出的专题性建议;利用政协组织位置超脱、氛围宽松的特点,整合各级政协组织、民主党派、工商联的整体合力,发挥委员的主体作用,深入基层了解各种情况,听取不同专家意见,经过充分协商后形成的一些重大的决策参考意见。

(作者单位:青岛市政协)

创新政协专题协商实践的思考

李沧区政协

中共中央办公厅印发《关于加强人民政协协商民主建设的实施意见》后,省委、市委、区委相继制定实施意见,对政协协商民主建设提出了新要求。习近平总书记在庆祝中国人民政治协商会议成立 65 周年大会上的讲话中指出,"要拓展协商内容、丰富协商形式,建立健全协商议题提出、活动组织、成果采纳落实和反馈机制,更加灵活、更为经常开展专题协商、对口协商、界别协商、提案办理协商"。专题协商,是人民政协履行职能,是政治协商职能的一个重要方式,是人民政协民主协商的四大平台之一,是被实践证明行之有效的协商民主形式。如何创新政协专题协商形式,丰富协商手段,提高协商质量,需要积极探索和实践。

一、基本情况

围绕经济社会发展中的重要问题进行专题协商,已成为人民政协在新形势下开展政治协商活动的一种行之有效的形式,凸显了人民政协民主协商、平等议事的特点和优势,在实践中取得了良好的政治成果和社会效果。近年来,着眼于推进专题协商的创新,李沧区政协在专题协商的主体、形式、内容、程序等方面积极探索和实践,彰显了专题协商的民主特色。

(一)精选议题重全局

选准议题是人民政协协商工作的首要环节。每年年初,在确定专题协商议题时,涉及国家和地方大政方针,大多是选取经济社会发展中具有综合性、战略性、前瞻性的重要问题进行协商。聚焦上级重大决策,力争党委、政府的部署有什么要求,协商工作就做什么响应;聚焦全面深化改革的重大任务,力争做到改革推进到哪里,协商工作就深入到哪里;聚焦事关民生改善的重大问题,力争做到群众的愿望集中在哪里,协商工作就推进到哪里。近年来,李沧区政协先后围绕建设花园式中心城区、政务服务等影响李沧发展大局的问题开展协商议政,为建设宜业宜居宜身宜心的创新型花园式中心城区献计出力。

（二）协商形式重多样

人民政协是专题协商的协商平台,通过全体会议、常委会议、主席会议等协商党委政府中心工作以及经济社会发展问题。全体会议主要协商涉及党和政府工作的一般问题和群众普遍关心的问题;常委会议主要协商涉及党和政府工作以及经济社会发展的重点、难点和热点问题;主席会议、政府与政协联席会议重点协商涉及党和政府重大决策以及经济社会发展过程中的重大问题。季度协商座谈会以专题为内容、以界别为纽带、以专委会为依托、以座谈为主要方式的协商形式,以其议题具体、氛围民主、讨论深入、成果丰富,成为政协协商民主的经常性方式,发挥了委员作用,活跃了政协工作。去年以来,共开展专题协商 10 次,议题涉及环境保护、中医药服务、食品安全、多元化调解等方面提出意见和建议。

（三）参与主体重广泛

参与专题协商的主体,不仅有党委政府领导、职能部门主要负责同志,还涵盖了区各党派团体、政协委员、有关专家、群众代表等。常委会专题议政会议,邀请区委区政府主要领导和相关部门主要负责同志参加;季度协商座谈会,邀请区政府分管领导和相关部门主要负责同志参加。每次专题协商,都重点安排民主党派委员发言。对群众高度关注、涉及群众切实利益的课题开展协商,邀请群众代表参加,听取群众意见,有着广泛的民意基础、代表广大人民群众的具体利益。比如,聚焦回迁安置房不动产权证办理,分别召开季度协商座谈会和专题协商会,市、区两级委员、社区代表与区建管局等部门负责同志进行互动交流,形成的协商意见、建议报送市政协和区委、区政府。去年以来,共有委员 78 人次、群众代表 4 人次参加了专题协商活动。

（四）协商过程重规范

每次专题协商,都要制定实施方案,明确协商主题、内容、方式、参与对象,做出调研安排。协商活动前,与政府相关部门加强联系和沟通,通报专题协商的相关事项,提请职能部门做好情况通报和委员调研准备工作。安排好重点发言,通知相关民主党派、界别和政协委员,根据协商内容,从不同侧面、不同角度认真准备好发言材料,保证建言质量,提高了建言献策的针对性。每次常委会专题协商,组织常委开展会前集中视察,内容涉及全区重点工程项目、重点工作、政府实事和重点提案办理等情况。每次协商座谈会召开前,由区政协领导带队,组织委员深入基层和相关单位,围绕协商议题开展细致的调查研究,掌握具体实情。比如,围绕"提升政务服务效能"开展专题协商前,区政协组织委员集中调研了解情况,委员个人还通过暗访、到区政务服务大厅亲身体验审批过程,掌握第一手资料,为推动我区政务服务提出了可供参考的借鉴性意见。

（五）协商成果重转化

协商工作重在落实,贵在成效。为推进成果的转化落实,区政协与党委政府职能部门加强工作衔接,防止建言流于形式、"协商成果止于会场",建立了政协委员意见建议反馈制度。对协商座谈提出的意见建议,及时以督办单形式转送职能部门,承办部门在 10 个工作日内反馈办理结果,并向委员面复。去年以来,共有 80 余件委员建议得到办理和落实。

二、专题协商存在的问题

(一)协商认识不充分

有的部门和单位对开展民主协商的认识不足,协商的主动性不够,存在着党政提交政协协商就协商、不提交政协就不协商的被动现象。

(二)协商质量有待提高

在开展协商之前,调研深度不够,广泛听取意见不够。有的委员调研的主动性不强,没有充分与群众面对面听取意见,存在所提建议针对性、前瞻性不高的问题。

(三)协商成果转化有待加强

政协对相关部门采纳和落实协商成果情况,没有及时跟进;对领导批示,督促有关单位跟踪落实力度不够,致使经过协商形成的意见和建议没有发挥应有的作用。对委员建议的采纳落实情况,存在反馈委员不及时的问题,影响了委员参与协商的积极性。

三、开展专题协商的有效途径

习近平总书记在 2014 年全国政协新年茶话会上的讲话中指出,"要加强协商民主制度建设,为各党派团体和各族各界人士搭建协商平台、丰富协商形式、创造民主氛围,为我国社会主义民主政治发展注入新的活力"。

(一)提高思想认识,着力营造良好的协商氛围

政协开展专题协商,要积极争取党委的领导、政府的支持以及部门的配合,建立党委重视、政府支持、政协主动、各方共同参与的协商民主工作机制。专题协商要紧扣中心,与政府相关部门紧密挂钩联系,实行专题协商的"无缝对接",形成政协专题协商的合力。同时,要加大宣传力度,通过电视台、新闻媒体、政协网站和微信等,大力宣传协商民主的好经验好做法、好成果,让社会各界了解政协、宣传政协。

(二)建立议题商定机制,着力提高选题的精准性

专题协商应一事一议、议题具体、研讨集中。在议题的选择上,要与党委政府的工作思路衔接起来,才能充分体现人民政协作为协商民主的重要渠道作用。党委、政府的主导性与政协的主动性要紧密结合起来。党委和政府就重大问题向政协出题目、交任务,从而明确专题协商的内容和重点。应在广泛充分征求各民主党派、各专门委员会、相关职能部门意见建议的基础上,列出拟协商的议题,编制年度专题协商计划,由政协主席会议审议,报经党委批准后由政协相关部门或专委会组织实施。

（三）建立会前调研机制，着力提高专题协商质量

要想建议提得准，必须实情摸得真。在召开专题协商会议前，应组织委员围绕协商议题深入基层、深入实际、深入群众，采取多种形式进行调查研究，客观掌握真实情况和存在的问题。在此基础上，反复讨论、广泛论证，形成协商意见。只有通过会前深入调研，才能在与有关部门负责同志协商互动时，真正做到把情况摸透、把问题找准、把建议提实，保证了协商建言的针对性、有效性。

（四）建立协同推进机制，着力提高参与的广泛性

开展专题协商，政协主要领导、分管领导和各民主党派负责人、有关界别代表人士和群众代表出席，并邀请党委、政府领导及相关部门负责人出席，促进各方面对协商工作思想更重视、参与更积极、准备更充分、交流更深入、成果更显著，可以有效促进协商意见建议更直接、更迅速地进入党政主要领导的决策视野。针对不同主题的专题协商，来确定专题协商的主体，增强专题协商主体的关联性，进而提高专题协商的成效。常委会专题议政应注重调动发挥各民主党派、各界别积极性，以民主党派和界别名义建言献策。季度协商座谈应注重发挥各专委会积极性，由专委会组织有专业特长的委员参与，搞好会前调查研究，组织协商会议，提报协商结果。

（五）建立跟踪落实机制，着力提高专题协商实效

协商的成效，最终取决于协商成果能否得以有效转化落实。有效打通协商"最后一公里"，将协商成果转化为对实际工作的推动。协商座谈会结束后，政协要及时整理并向党委政府报送相关意见和建议。根据办理情况，适时组织督办和跟踪视察，确保对意见建议的办理得到落实，使议政建言成果得到充分吸纳、进入决策，推动和改进工作。

论协商式监督的理论基础和独特优势

李广民　王文波

改革开放 40 多年来，人民政协秉承发扬社会主义民主精神的要旨，坚持政治协商、民主监督、参政议政的职能，在理论研究和具体实践中不断取得新的突破。其中，"协商式监督"就是在发展社会主义协商民主和人民政协民主监督的基础上正式提出的新理论新观点。协商式监督以社会主义协商民主和人民政协民主监督的相关理论为基础，现已成为人民政协民主监督新的性质定位。

一、协商式监督的理论基础

协商式监督，即以"协商"为方法和原则的监督，是改革开放进程中人民政协民主监督理论和实践的传承与发展。2018 年全国政协十三届一次会议中，俞正声主席提到，"加强政协民主监督，坚持协商式监督特色优势，把握好监督的方向和原则、节奏和力度，重点围绕中共十九大决策部署贯彻落实开展监督工作，增加监督性议题比重，融协商、监督、参与、合作于一体，更好发挥政协民主监督在党和国家监督体系中的独特作用"[1]，指明了接下来政协协商式监督的重点和方向。同时，会议通过的《中国人民政治协商会议章程修正案》中明确指出，"民主监督是对国家宪法、法律和法规的实施，重大方针政策、重大改革举措、重要决策部署的贯彻执行情况，涉及人民群众切身利益的实际问题解决落实情况，国家机关及其工作人员的工作等，通过提出意见、批评、建议的方式进行的协商式监督"[2]，正式将协商式监督纳入《中国人民政治协商会议章程》。针对协商式监督这一新论断，陈惠丰认为，协商式监督是对政协民主监督的重要新概括，提出这样一个论断意味着，在我国社会主义监督体系中，作为协商民主重要渠道和专门协商机构开展的政协监督，不是权力监督，但也不同于一般的社会监督，而是一种有国家政治制度保障、能够作为我国政治体制重要组成部分在国家治理体系中发挥重要作用的监督。[3] 协商式监督具有以下理论基础。

（一）社会主义协商民主

在我国，社会主义协商民主有着较为长远的发展历史，早在新民主主义革命时期，

"三三制"政权的建立就是其中一大尝试。后来在中共七届二中全会上提到"必须把党外大多数民主人士看成和自己的干部一样,同他们诚恳地坦白地商量和解决那些必须商量和解决的问题"[4],再到新中国成立前夕,新政协会议顺利召开,各党派和爱国人士通过协商民主凝聚社会共识,为新中国的成立做好各项准备。新中国成立后,尤其是改革开放后,社会主义协商民主呈现出多层次和制度化的发展趋向,并在我国社会主义民主建设中发挥越来越重要的作用。2018年3月15日,汪洋主席在全国政协十三届一次会议闭幕会上说:"人民政协是社会主义协商民主的重要渠道和专门协商机构,协商民主广泛多层制度化发展,为人民政协发挥作用开辟了广阔前景。"[5]人民政协为协商民主提供了良好的平台和空间,成为各民主党派、无党派的各民族、各行业、各领域爱国人士共商国是的重要场合。

（二）人民政协民主监督

人民政协民主监督与协商式监督最为密切的联系,在于2017年3月俞正声主席在全国政协十二届五次会议上所做的常委会工作报告。该报告对人民政协民主监督的性质进行了重新定位,提到"政协民主监督是在坚持中国共产党的领导、坚持中国特色社会主义基础上,参加人民政协的各党派团体和各族各界人士在政协组织的各种活动中,依据政协章程,以提出意见、批评、建议的方式进行的协商式监督"[6]。紧接着,中共中央办公厅印发的《关于加强和改进人民政协民主监督工作的意见》明确指出,政协的民主监督是"以提出意见、批评、建议的方式进行的协商式监督",这是我国首次在官方文件中将人民政协民主监督的性质定位为"协商式监督"。而之前,在2006年《中共中央关于加强人民政协工作的意见》中说,"人民政协的民主监督是我国社会主义监督体系的重要组成部分,是在坚持四项基本原则的基础上通过提出意见、批评、建议的方式进行的政治监督"[7]。从"政治监督"向"协商式监督"的转变,充分体现出我国民主监督理论更具有先进性、科学性。这不仅是对人民政协民主监督性质的重新界定,更重要的是在新形势下进行的有益调整和适切变更,为后续的民主监督指明了发展方向和方式,实现了人民政协民主监督与社会主义协商民主的有效联结,使我国政治文明建设迈上了新的台阶。

二、协商式监督的独特优势

（一）与党内监督的比较

党内监督包含政党系统内自上而下的监督、横向平行监督和自下而上的监督三种形式。在具体实践过程中,上级对下级的监督较为常见,但平级监督和下级对上级的监督则一直处于相对薄弱的状态。党内监督的重点即为党的各级领导机关和领导干部,横向平行监督和自下而上监督的缺失,极易导致权力滥用,滋生党内腐败,给国家和社会带来极大危害。党内监督只是党员内部进行的自我监督,而协商式监督则为监督主体结构的多元化和合理化提供了有益途径。人民政协本身就由各民主党派、无党派人士、人民团体、各少数民族和各界代表、港澳台同胞、海外侨胞及特邀人士等组成,代表了不同社会阶层、不同利益群体,成员皆为各界各领域的优秀人士、学者专家等,对国家发展能提出科学专业的意见和建议。另外,协商式监督可实现党派间的互相监督。这不仅因为各党派团体与中国共产党不存在从属关系,更因为两者长久以来的肝胆相照,荣辱与共,共同实现中国梦的目标与决心。

（二）与人大监督的比较

当前,我国人民代表大会的监督主要是通过听取和审议"一府两院"的工作报告、审查和批准决算、听取审议经济发展计划以及对其他情况的检查审查等进行,其中很多监督都通过投票的方式加以解决。投票能按"少数服从多数"的原则对各项事务进行快速决断,但同时也存在自身不足,尤其是关系到国计民生大事的决定中,用投票进行监督难免有些简单。投票前主要是通过听取计划和报告来做出判断,期间被监督主体进行单方面汇报,而监督主体却很少与之进行有效沟通。而且,我国人大代表都是非职业化的,容易导致部分"挂名代表""哑巴代表"的滋生,使投票流于形式。而协商式监督则是在监督过程中各监督主体进行充分的交流沟通,针对存在的问题进行充分讨论,解释、探讨、批评、建议都可充分呈现,因而监督程度更加深入。协商式监督本身就是各党派、各人民团体等通过相互协商的方式来达成共识,其民主监督的本质就决定了自身的非权力性监督,不具有强制性,而在于采用一种较为温和的方式对党和国家的工作提出批评建议,目的在于工作的改进,而非刻意的惩罚。在这种氛围下,各项监督工作更能自然顺畅地展开,取得更好的效果。

（三）与社会监督的比较

在社会监督中,人民群众可以通过多种渠道进行监督,并可通过各种传播媒介发表自身意见和看法,进行事件曝光。在互联网飞速发展的今天,舆论监督逐渐发挥出其前所未有的监督效力,通过网络进行监督已成为强有力的监督方式。但产生的弊端也由此立显。社会公众的诉求较为分散,监督方式多种多样,其意见和建议的表达呈现出一种较为混乱的状态,不能得到有效集中,这样既不利于被监督对象的信息捕捉,也使零散的意见得不到有效回应。此外,信息爆炸使某些事件的披露很快得到公众的关注,但很多事件不断发酵扩散,各种虚假信息充斥网络,远远超出了可控范围,给社会稳定带来了恶劣影响。同时,普通民众来自各行各业,对党和国家的监督也主要是涉及广大民生的建设,多从自身角度来看待党和国家的政策决议,更多的是争取自身的利益。个人利益与公共利益相互依赖,相互包含,但有时也会产生矛盾和冲突。在某些情况下,公众对国家的政策决议会产生误解,造成盲目监督。因此,组织有序的监督成为民主监督建设中的必然追求。人民政协包含各民主党派、各人民团体和各界爱国人士,是人民群众中的优秀代表,能对党和国家的各项事务站在理性和宏观的角度加以看待,他们能将人民群众的意见和建议通过合理合法渠道进行有效传达,保证监督工作的有序开展,具有重要意义。

三、进行协商式监督的意见和建议

(一)继续加强协商式监督的理论建设

一方面,要坚持社会主义协商民主和人民政协民主监督的相关定论,并根据时代发展产生的新变化和新需求不断进行更新,保持理论的科学性和先进性;另一方面,要针对协商式监督进一步完善其他理论依据,使协商式监督的理论基础更加扎实,旗帜更加鲜明。同时应当注意,人民政协作为我国政治体制的重要组成部分,其监督可以对国家权力的运行发挥制约作用,但因为政协是统一战线组织,而非国家权力机关,所以政协主要是依章程通过提出意见、批评、建议的方式进行监督,而不能实行带有强制约束力的监督;监督的目的也不是如西方多党制、两院制下的相互牵制和掣肘,而是为了在共同的大目标下改进工作、拒腐倡廉,有利于坚持中国共产党的领导和统一战线的团结。[8]

(二)充分发挥协商式监督的独特优势

协商式监督与其他监督形式相比具有自身的独特优势,更加务实有效。与党内监督相比,协商式监督能代表更多社会阶层的利益,能覆盖更广泛的社会群体,并具有相对独立性,不会受到工作关系的约束和牵绊;与人大监督相比,协商式监督中各代表能进行平等的对话和商讨,外加多样的监督形式和相对轻松的协商氛围,监督过程更加充分,程度更加深入;与社会监督相比,协商式监督具有更大的组织性、条理性和有序性,能够提出更科学专业、更有可借鉴性的意见和建议。因此,在我国的民主建设中,要充分发挥协商式监督的独特优势,不要忽视和压制协商式监督的自身特点,积极地给予协商式监督发挥空间,使其与其他监督形式相辅相成,互相补充,从而扬长避短,共同构建更加科学合理的社会主义监督体系。

(三)实现理论与实践的良性互动

在理论建设方面,协商式监督的理论基础尚需进一步奠定和挖掘,需要在实践过程中不断摸索、启发和总结,进而上升到理论层次,形成较为完整的协商式监督理论体系;而协商式监督在对党和国家事务的具体实行中,也需理论给予充分的支撑和支持,以更好地发挥自身独特优势,指导各项工作的开展。只有两者有机结合,才能取得理论和实践的进步,才能取得两者合力的独特效果。在政治实践方面,汪洋主席强调:"要善于调查研究,充分发挥政协人才智力优势,在调研的深度广度上下功夫,搞清协商议题的情况、成因、对策,使自己真正具有参与协商的发言权。要强化实践锻炼,丰富协商形式、培育协商精神、增强协商的本领和能力,努力形成协商民主完整的制度程序和参与实践。要创造协商民主的环境,让求真务实的行为受到褒扬,求真务实的意见得到重视,使求真务实在人民政协蔚然成风。"[9]针对协商式监督中的协商机制,要注意规范协商议题的提出机制、构建协商形式的选择机制、完善协商成果的反馈机制、落实协商运行的保障机制[10]，着力提高协商达成的效率和效力，保证协商议程的科学性、合理性。针对协商式监督中的监督路径构建，要注重新时代网络技术和大数据统计等新兴技术的运用，结合统计数据和调查结果，有的放矢、有理有据的实现更加合理有效的监督。

参考资料

[1] 新华网. 中国人民政治协商会议全国委员会常务委员会工作报告——在政协第十三届全国委员会第一次会议上 [EB/OL].http://www.xinhuanet.com/politics/2018lh/2018－03/16/c_1122544109.htmlBaike.2018-03-16.

[2] 中国政协网. 中国人民政治协商会议章程 [EB/OL].http://www.cppcc.gov.cn/zxww/2018/03/27/ARTI1522131885762644.shtml.2018-03-27.

[3] 陈惠丰. 协商式监督是对政协民主监督的重要新概括 [N]. 人民政协报，2017-05-17（008）.

[4] 毛泽东. 毛泽东选集（第四卷）[M]. 北京:人民出版社，1991:1437-1438.

[5] 中国政协网. 汪洋:在全国政协十三届一次会议闭幕会上的讲话 [EB/OL].http://www.cppcc.gov.cn/zxww/2018/03/16/ARTI1521160611449576.shtml.2018-03-16.

[6] 中国新闻网. 全国政协十二届五次会议在北京开幕俞正声作报（全文）[EB/OL].http://www.chinanews.com/gn/2017/03－03/8164809.shtml，2017-03-03.

[7] 人民网. 中共中央关于加强人民政协工作的意见（摘要）[EB/OL]. http://cppcc.people.com.cn/GB/34952/4155357.html，2006-02-08.

[8] 陈惠丰. 从统一战线把握人民政协的性质定位和作用 [J]. 中国政协理论研究，2017（1）:2-4.

[9] 人民政协网. 政协协商民主机制创新的路径探讨 [EB/OL]. http://www.rmzxb.com.cn/c/2018－05－22/2062298.shtml，2018-05-22.

（作者单位:青岛大学）

加强和改进政协民主监督工作的对策研究

王夕源

我国的政党制度保障了新中国成立以来的国家安全,助力我国保持改革开放40年来世界第一的经济发展高速,并创造了将落后的人口大国推上世界第二经济强国的奇迹。我国能集中力量办大事的政体已得到了世界其他各国的认可。

既然我国的政体优势多,为何还要坚持和发挥人民政协的民主监督的作用呢?这是因为,只有多党合作与同心同向的民主监督,才能携手不忘立党为公、执政为民的初心。对此,习近平总书记指出,中国共产党作为执政党,必须虚心接受各民主党派监督。只有这样,中国共产党才能更好地领导人民、服务人民,才能团结带领全国各族人民实现中华民族伟大复兴的中国梦。

新时代,要增强人民政协民主监督工作的系统性、主动性、针对性、创造性和实效性,就必须首先学习好习近平总书记关于加强和改进人民政协工作的重要思想,准确把握人民政协民主监督的方向、原则和重点,推动人民政协民主监督工作的创新发展,更好地服务于社会主义建设的伟大事业和中华民族复兴的伟大梦想。

一、人民政协民主监督的工作重点与不足

我国的民主监督,与党内监督、人大监督、行政监督、司法监督、审计监督、群众监督和舆论监督一起,构成了我国社会主义特有的监督体系。对此,习近平总书记指出,党内监督在党和国家各种监督形式中是最根本的、第一位的,但如果不同有关国家机关监督、民主党派监督、群众监督、舆论监督等结合起来,就不能形成监督合力。

显然,人民政协的民主监督不同于人大的法律监督、政府的行政监督以及司法和审计等机关监督,它是以人民政协章程为依据、以人民政协组织为载体、以批评和建议为特点的一种政治监督。习近平总书记在十八届六中全会上提出,要支持人民政协依照章程进行民主监督,重视民主党派和无党派人士提出的意见、批评、建议,鼓励党外人士讲真话、进谏言。全会审议通过的《中国共产党党内监督条例》也首次将"人民政协依章程

进行民主监督"写进了条例,成为执政党加强外部监督的一种有效形式和制度安排,充分体现了以习近平同志为核心的党中央全面从严治党,自觉接受人民监督的宽广胸怀,也赋予了新时代人民政协民主监督的新使命。

我国多党合作基本方针中的"互相监督"是双向的,由于共产党处于领导的执政地位,所以才更需要来自党外的多种监督。人民政协的民主监督,汇集了各领域的专家学者,具有广泛性、包容性、科学性、权威性、制约性和灵活性的鲜明特点,已成为我国民主政治生活中最常见、最实用和最高效的监督形式,其独特的智力、人才和组织优势是其他民主监督方式所不具备和不可替代的。

正是由于人民政协的民主监督具有不可替代的独特优势,才决定了这种监督不可追求全面,要有监督重点。为此,习近平总书记在中共十九大报告中提出,加强人民政协的民主监督,要重点监督党和国家重大方针政策和重要决策部署的贯彻落实。新时代,人民政协民主监督的重点,就是要围绕中共十九大决策部署的贯彻落实开展各级监督,所以说,监督就是抓落实。

近年来,虽然民主监督的形式和作用越来越受到重视,但民主监督仍存在着民主容易监督难、形式容易实效难、对下容易对上难、事后容易事前难、大事容易小事难、建议容易批评难、反映容易反馈难等问题,究其原因主要有以下几点。

1. 对民主监督的必要性认识不足

目前,少数地方的党政领导仍对民主监督认识不足、重视不够、落实不力,认为民主监督就是"座谈会,喝茶水",民主监督也成了表面形式。

2. 履行民主监督职能的意识不强

民主监督提出的意见或建议,得不到答复或落实,挫伤了监督者的积极性,产生了"提了也白提"的消极情绪,影响了民主监督的质量。在履行民主监督职能时,还有不少人习惯于赞扬或肯定,有些甚至利用监督之际替他人说情,贬低了民主监督的应有作用。

3. 民主监督缺乏制度与机制保障

目前,民主监督在运行模式、程序责任、信息公开、处理反馈等方面,尚未形成可操作的制度规范。没有制度和机制保障的民主监督,自然丧失约束性,带来敷衍性,造成随意性。

人民政协民主监督的这些不足,亟待我们坚持"四个自信"从认识、理论、制度和操作层面加以研究解决。

二、民主监督的概念本身来自非权力监督

我国《宪法》规定,公民对任何国家机关和国家工作人员,有提出批评和建议的权力;对于任何国家机关和国家工作人员的违法失职行为,有向有关国家机关提出申诉、控告或者检举的权力。

民主监督作为"自下而上"的非权力性监督,主要是通过提出批评或建议来协助党

和国家机关改进工作,提高效率。然而,因其不具法律约束力和纪律强制性的工作意义和作用,往往不被社会认识和理解,也往往得不到领导的重视和支持。

政协委员多是来自各界的精英,当政协委员受到社会尊重、群众寄予厚望时,许多委员就自然有了"居高临下"的潜在意识。在面对"参政议政有成果、民主监督无效果"的情况时,必然会产生"参政议政强、民主监督弱"的不满心态。

长期以来,非权力的民主监督,让社会各界有了"监督无力、无效或无用"的错觉,导致呼吁提高民主监督约束力的声音不断,甚至有专家、学者建议对民主监督"立法",利用法律手段来确保民主监督的实效性。

事实上,对民主监督立不立法不是由政治制度决定的,而是由民主监督的性质本身决定的。硬要给民主监督带上法定的帽子,反映了对民主监督概念和定义的错误认识。殊不知,对民主监督施加任何法定或强制措施,都将改变民主监督的本性,甚至会消灭"民主监督"的概念。

众所周知,参与民主监督的主体是多元化的,其监督的立场和视角也必然各不相同。更何况,民主监督既不能保证监督的意见合理,也不会承担监督的后果责任,因而凭什么要用法定手段来强制监督客体必须接受或执行没有隶属关系的监督意见呢?现实社会中有许多不容立法或立法就改变彼此关系的实例,就很能说明问题。

例如,在道路交通管理中,车辆和行人都要接受交警和协警的监管。其中,协警或称"协管员",不具有行政执法权,必须在交警的带领下监管交通。对于协警依据交通法规做出的"依法监督",监督客体依旧"可听可不听"。如果用法律手段来确保协警监管权的话,那么协警就失去"协管"的身份而变身交警了。由此可见,任何试图用法定手段来确保民主监督强制力的建议,都是对民主监督概念和定义的原始误解。

从认识和理论上搞清民主监督"不能立法"的本质因素至关重要。显然,不能立法的民主监督,不等于不能依法民主监督。事实上,"依法民主监督"的本意是,监督主体要依法确定民主监督的内容,而不是依法追求民主监督的权力。正如协警"依法"做出的交通督导意见,车辆和行人都应当服从,否则将受交通法规的处罚或强制纠正,这就保障了"依法"民主监督的实效性。反之,若选择没有法规保障的民主监督内容,没有实效的不确定性就是必然的了。

由此可见,人民政协只有依据法规或依照章程来确定民主监督的内容,才能获得有法规和章程保障的民主监督实效性。否则,非权力的民主监督就不该强求立竿见影的监督效果。未来,日益完善的执政为民工作绩效评价机制,将自然转变党政领导接受监督的观念,把民主监督的批评意见,视为替自己出谋划策的建议。因此,同心、同向、同行的民主监督意见,被重视、采纳和好评的实效性也必然大大提高。

三、改进人民政协民主监督工作的对策建议

习近平总书记强调,要继续加强民主监督。希望各民主党派、全国工商联、无党派人

士发挥好民主监督职能,继承和发扬优良作风,做中国共产党的净友挚友。对中共各级党政机关和党员领导干部遵守准则、贯彻落实条例情况实施民主监督,及时提出意见和建议。

目前,要切实增强人民政协民主监督的实效性,就必须在习近平总书记关于加强和改进人民政协工作的重要思想指导下,从认识、理论、制度和操作层面提出切实可行的对策建议。

1. 突出政协民主监督的政治本色

以往政协民主监督的议题涉及经济方面的议题较多,发挥政协民主监督在党和国家监督体系中独特作用的较少。未来,当人大及其代表全面履行对国家机关及公职人员的依法监督后,人民政协及其委员的民主监督议题,就应回归围绕落实党和国家重大决策部署开展民主监督的重点,突出人民政协民主监督的政治本色。

2. 增强辅助权力运行的监督职能

习近平总书记指出,全面从严治党永远在路上,要健全党和国家监督体系;增强党的自我净化能力,根本上要靠强化党的自我监督和群众监督。为此,人民政协的民主监督就要配合各级监察委员会的成立,实现对所有公职人员行使公权力的监督全覆盖。建议在深化政治巡视或巡察时,能吸收或增加政协组织和委员参与,以增强民主监督在全面从严治党中的政治作用。

3. 把自觉接受监督变为制度约束

习近平总书记提出,各级领导干部要主动接受各方面监督,这既是一种胸怀,也是一种自信。要增强人民政协民主监督的职能作用,并非一定要将民主监督的协商性变为强制性,而是要选好和选准民主监督的对象和内容,对执政党建设和权力运行形成有利的外部监督,把靠个人自觉接受民主监督的主观随意性,变为靠规章制度和程序规范的客观约束性。

4. 创建民主监督的双向考评机制

习近平总书记提出,要强化自上而下的组织监督,改进自下而上的民主监督,发挥同级相互监督作用。要把民主监督这项看似抽象、虚化的工作,变成一项看得见、摸得着、有成效的工作,就得虚功实做,通过细化、量化和程序化的双向考评制度,按照习总书记搞好民主监督要靠两方面一起努力的要求,对实施民主监督的主客体进行双向管理,并纳入绩效考核。

5. 完善依法民主监督的全覆盖

习近平总书记强调,要构建党统一指挥、全面覆盖、权威高效的监督体系,把党内监督同国家机关监督、民主监督、司法监督、群众监督、舆论监督贯通起来,增强监督合力。根据《中共中央关于加强人民政协工作的意见》,人民政协民主监督的主要内容就是针对国家宪法与法律、法规的实施,国家及省市重大方针政策的贯彻执行,国家机关及其工作人员的工作,参加政协的各单位和个人遵守政协章程和执行政协决议情况的监督。为此，人民政协的民主监督须将包括政协自身和民主党派在内的所有党群组织，一并纳入依法民主监督的全覆盖体制中，消除民主监督"灯下黑"的盲区，将所有的监督权力置于权力的监督之下。

人民政协讲真话、谏诤言的民主监督，能够让执政党及其执政团队听到不同声音、看到自身不足、做到日臻完善，保障重大决策更具科学性、前瞻性和可行性，就能起到其他监督方式所起不到的政治监督作用。

未来，只有坚持和把握人民政协民主监督的方向、原则和重点，才能通过大团结、大联合的协商民主，形成比"少数正确认识"更重要的社会广泛共识，按照习近平总书记"找到最大公约数，画出最大同心圆"的要求，实现人民政协最广泛凝聚共识、凝聚人心、凝聚智慧、凝聚力量的统一战线宏伟目标。

（作者单位：青岛市政协）

完善人民政协民主监督机制

黄 勇

改革开放40多年来，我国在经济、政治、文化、社会等各个领域取得了巨大成绩，回顾改革开放以来人民政协走过的40多年光辉历程，人民政协始终坚定地支持改革开放、服务改革开放、参与改革开放，为全面推进改革开放做出了重要贡献。

人民政协事业与国家的改革开放共同前进，是人民政协工作的动力和源泉。发挥好人民政协政治协商、民主监督、参政议政的重要作用，就要在深入改革开放的实践中显身手。民主监督是人民政协的基本职能之一，要充分发挥好民主监督的作用，关键是完善政协民主监督机制，提高监督实效，更新监督理念，突出监督效果，创新监督方法，完善监督形式，探索新的监督机制。

一、提高民主监督实效　完善"知情出力"机制

"知情"机制。知情是政协委员履职的前提条件，要加强学习、在"知情"上下功夫，要了解世情、国情、省情、市情等，能够阅读到与履行职能、发挥作用相关的政府文件并形成制度；党委政府及有关部门定期到政协通报情况，政协委员能够了解到经济社会发展和民生改善的情况；政协应组织相关政协委员经常学习党和国家重大决策部署，适时举办情况通报会，专题研讨会等，以问题为导向，研讨解决问题、薄弱环节和"补短板"，增强履职的针对性，使履职成果最大化。

"出力"机制。在"知情"基础上要出力，政协委员来自各条战线、各行各业"少长咸集、人才荟萃"，要主动深入基层、深入群众、深入实际，全面深入了解党的路线方针政策及党委政府的工作部署和工作进程，完善民主监督机制，通过提案建议、会议发言做到言之有物、言之有据、言之有理、言之有度，真正为民多建睿智之言、多献务实之策。

二、树立民主监督新理念　完善"协商监督"机制

民主监督理念上要清晰，人民政协民主监督是随着中国特色社会主义实践的发展而发展，是随着中国政治制度的完善而丰富。民主监督作为政治范畴，它是人民民主权利

的重要组成部分;作为目标追求,它是共同的政治基础;作为基本权利,它是柔性的提意见建议;作为价值取向,它是建设新时代中国特色社会主义为目的。新时代要运用好政治协商的民主形式和制度渠道,有事好商量、有事多商量、有事会商量,通过协商监督机制,凝聚共识、凝聚智慧、凝聚力量。

在现实运行中,针对民主监督不是权力制约不重要、没有独特作用"可有可无"等内生动力不足、外在难有成效问题,完善协商监督十分重要。一是民主监督应该是协商监督,围绕国家宪法、法律、法规的实施、重大方针政策的贯彻执行等进行协商监督,现行的主要是事务性监督;二是应该制定《特约监督员工作办法》,探索多种监督形式协调联动体系机制;三是加强执政党对民主监督工作的领导。民主监督,必须有党的领导和支持,也需要人民政协的探索与创新:一要提高认识,营造良好监督氛围;二要提升素质,提高监督能力,完善协商监督机制。

三、突出民主监督效果 健全"办理反馈"机制

民主监督办理反馈机制是最后关键节点,决定着民主监督的效果。要提高民主监督反馈机制重要性的认识,提炼、整合现有反馈机制,健全多样化、法制化、规范化的民主监督反馈机制,重点在"人权、事权、物权"上,加强民主监督,真监督、敢监督、会监督,发挥政协中的民主党派在精准扶贫、山东新旧动能转换方面的民主监督作用,发挥好党派成员中政协委员的作用,凸显民主监督的效果。一是政协主席会议或常委会等较重要的会议要根据需要,听取民主监督重点意见办理的情况通报;二是政协应将办理回复情况通报参加民主监督的有关单位和政协委员及委员所在单位;三是政协应当加强跟踪问效,敢于盯紧关键问题、关键环节、关键领域不放手,推动监督成果得到落实;四是办理单位应及时以书面、会议通报等形式反馈政协民主监督意见办理、采纳和落实情况;对提案、建议案、专题报告、社情民意等,党政相关部门应在规定时间内给予答复,并及时将采纳或办理情况反馈给政协;民主监督效果好,办理反馈机制健全,就会得到党政重视和支持,民主监督肯定有效果。

四、创新民主监督方法 完善"协调落实"机制

民主监督是我国社会主义监督体系的重要组成部分,是柔性监督,要创新民主监督方法,发挥其作用,就应当与党内监督、人大监督、行政监督、舆论监督、群众监督等监督形式相互协调配合,才能最大限度地发挥效力。与人大等权力性监督协调合作,增强刚性;与新闻媒体舆论监督合作,扩大影响力;与群众监督沟通,增加有效社会联系,准确收集反映社情民意信息等。善于运用科学的方法进行视察、评议和提出批评意见。在调研时主动联系,加强沟通,争取被监督者的配合与支持,了解到真实情况,让监督贴近现实、贴近实际,更具说服力;在监督意见的筛选上,要根据调研中了解的情况,以问题为导向,查找不足、分析原因、寻求办法,才能提出言之有物、言之有度、言之有据、言之有理、操作

性较强的意见；在监督结果的反馈上，政协组织应实事求是将政协委员提出的意见建议，反馈给被监督单位，必要时可以邀请党委、政府联合督办、跟踪视察，协调督促政协委员意见建议得以落实，增强民主监督刚性，提高落实成效。

积极发挥政协团结各界、联系面广的优势和特点，着力在民主监督组织实施过程中探索构建多项监督的联动机制，协调发挥好各方面智慧和力量，优势互补，形成合力，为开展民主监督创造有利条件。例如，建立政协机关各部门、专委会、民主党派、社会团体、界别及委员、有关方面专家协调落实机制，真对某一领域调研课题，组织该领域的专家学者和管理者深入调研，专家学者议政（追求理论值最大化）该领域的管理者权衡（追求可操作性最优化）两者优势互补，强弱项、补短板，就容易形成好的成果。再如，建立与人大监督、司法监督、监察监督、审计监督、舆论监督等单位部门协调落实机制，在创新民主监督方法上既相联系、又有不同，在"刚柔相济"协调落实监督的运行过程中，充分发挥政协民主监督的独特优势和作用。

五、完善民主监督形式　健全"权益保障"机制

采取"多管齐下"的民主监督形式，开展联合监督，形成监督合力，增强监督效果；民主监督与舆论监督相结合，发挥好《委员论坛》的作用，与新闻单位探索联办政协委员政治协商与民主监督等新节目或新栏目，使民主监督走出办公室、走出会场、走向现实、走向社会；组织政协委员中的专家学者成立专项工作监督小组，开展对重点部门、重要事项的全过程集体专项监督，提升政协民主监督的参与面与影响力。

民主监督通过政协大会、常委会、协商会议、专题会议、组织提案、建议议案、视察、调研、反映社情民意信息等形式，就相关问题提出意见和建议，从而履行民主监督职能。随着人民政协工作要聚焦党和国家中心任务，围绕团结和民主两大主题，协商民主要贯穿履行三大职能的全过程的任务越来越繁重，更加需要人民政协的民主监督，政协各界别，尤其是各民主党派及政协委员民主监督主体作用的发挥至关重要，为此，必须健全权益保障机制，激发政协委员民主监督热情。一是政协应当重视和发挥各界别、各党派以及政协委员的作用，依靠集体智慧和力量，提高民主监督的质量，持之以恒、常态化、具体化，发挥民主监督作用。二是尊重和保护政协委员履行民主监督职能的权利，正确对待政协、各党派、政协委员提出的意见建议，"有则改之、无则加勉"，正确对待善意柔性的意见建议。三是搭建平台、创造条件鼓励和支持政协委员，通过多种形式、多种渠道开展民主监督，客观、公正、务实、理性地提出意见建议，民主监督的重点应当放在"人、财、物"上，前瞻性地监督、提醒式地监督、"拉一把"式地监督，避免被监督者无意滑向深渊，这也是民主监督的价值所在、作用所在和力量所在。四是党委、政府及相关部门支持政协的民主监督很重要，民主监督列入党委工作议程，工作经费应列入政府每年的财政预算，监察委、法院、检察院、执法部门主动支持配合政协民主监督，出台相关制度，积极为政协民主监督创造条件、搭建履职尽责平台、健全权益保障机制，才能使政协民主监督这种特

殊形式的监督起到积极作用。

人民政协是具有中国特色的社会主义协商民主的重要渠道和专门协商机构。人民政协工作就是聚焦党和政府的中心任务,围绕团结和民主两大主题,把民主监督贯穿履职全过程,保障党和国家重大方针政策和重要决策部署的贯彻落实。围绕改革开放的重要领域、关键环节,聚焦广大人民群众最为关切的问题、难题,深度调研,积极协商议政,开展民主监督,为改革开放出招、谋策、建言,贡献智力支持,就能在不断深入进行的改革开放中发挥人民政协不可替代的重要作用。

(作者单位:民进青岛市委)

关于加强和改进政协民主监督的几点认识

——学习习总书记加强改进政协工作重要思想有感

祝在时　辛家鼎　王思成

党的十八大以来,习近平总书记就加强和改进人民政协工作提出了一系列新的论断、新的思想。认真学习总书记关于加强改进政协工作重要思想,对于我们加强和改进政协民主监督,进一步做好新时代政协工作,促进实现"两个一百年"奋斗目标具有重大意义。

一

民主监督是人民政协三大职能之一,作为"自下而上"的非权力性监督,政协民主监督主要是通过提出建议和批评来协助党和国家机关改进工作,提高工作效率,克服官僚主义。说它是一种"非权力性"监督,是因其不具有法律的约束力和纪律的强制性;也正因为这一特点,民主监督长期以来一直是政协工作的"短板"和"弱项",在实践中往往容易被忽视和弱化。

党的十八大提出实现中华民族复兴的伟大目标,十九大继而提出全面决胜小康社会、分两步走建设社会主义现代化强国。为更好实现这一目标,习总书记指出:"'众人拾柴火焰高。'中共十八大对巩固和发展最广泛的爱国统一战线做出了部署,赋予人民政协更重大的责任、更光荣的使命。参加人民政协的各党派团体和各族各界人士要切实把思想和行动统一到中共十八大精神上来,坚持和完善中国共产党领导的多党合作和政治协商制度,发挥人民政协协调关系、汇聚力量、建言献策、服务大局的重要作用,促进政党关系、民族关系、宗教关系、阶层关系、海内外同胞关系的和谐,最大限度调动一切积极因素,共同致力于实现中华民族伟大复兴。"他还指出:"有的同志习惯于把分管工作当成是自己的禁脔,觉得既然分管就没有必要报告了,也不希望其他人来过问……集思广益、群策群力,事情才能办得更好。""协商就要真协商,真协商就要协商于决策之前和决策之中,根据各方面的意见和建议来决定和调整我们的决策和工作,使我们的决策和工作更好地顺乎民意、合乎实际。"

《中国人民政治协商会议章程》规定了政协的职能是协商、监督、参政议政，是围绕事关改革发展稳定的重大问题和群众切身利益的实际问题，通过广泛沟通和交流，充分有序地表达各方面意见，以更好地完善决策、避免和减少失误；也明确规定，民主监督就是"通过建议和批评进行监督"，而监督的客体就是"国家宪法、法律和法规的实施，重大方针政策的贯彻执行、国家机关及其工作人员的工作"。这里有几个关键词，一是监督的"客体"；二是监督的方式："建议和批评"；三是监督的目的："充分有序地表达各方面意见，以更好地完善决策，避免和减少失误"。

既然《政协章程》有明确规定，习总书记也说"协商就要真协商，监督就要真监督"，不要把某些工作当成"禁脔"，那我们就不妨结合当前的热点话题——中美"贸易战"和"一带一路"，来反思一下政协履行职能的某些情况。

二

回顾人民政协的光辉历程，人民政协在不同历史阶段都曾发挥过重要作用，但对若干年来政协履职情况加以简单分析，能够明显感觉到有两大特点或者说两大缺憾，一是民主监督是一大短板，二是在工作安排上大家似乎心照不宣地避开某些"敏感地带"，国际关系、对外战略就是其一。就拿当前已然开打的中美"贸易战"来说，尽管大众广泛关注、社会舆情飞扬，党和政府也在排兵布阵、积极应对，但作为我国政治架构和国家治理体系的重要组成部分——人民政协，却似乎一直按兵不动、安如磐石。

中美所谓"贸易战"，虽然表现形式是贸易摩擦，是经济上的你来我往、刀光剑影，但实质上却是两种文化形态和思辨方式的冲突，是中美两国在政治、经济和文化等领域的全面对抗，也是在两国力量格局和国际大形势都发生重大变化的过程中，重新定义大国关系的艰难博弈。这种冲突呈现出愈来愈复杂尖锐之势。

面对中国的迅速发展，整个世界都为之吃惊，有人难免心有不甘。在这种情况下，我们更须稳住阵脚、保持定力，以最大诚意和努力争取打破"零和博弈"怪圈。这一点上，邓小平同志当年提出的"善于守拙，决不当头；韬光养晦，有所作为"的十六字方针，仍然具有现实指导意义。正是当年这一正确判断和思路，为我们赢得了极为宝贵的黄金发展期。当然，我们也不能忘记邓小平同志在中共十二大开幕式上讲过的一段话："中国人民珍惜自己经过长期奋斗而得来的独立自主权利。任何外国不要指望中国做他们的附庸，不要指望中国会吞下侵害我国利益的苦果，我们坚定不移地实行对外开放政策，在平等互利的基础上积极扩大对外交流。"当有些事情不以我们的主观愿望和善良意愿为转移时，那么合理的选择只能是挺身而战。在这场事关国家昌盛、民族复兴的重大决战中，人民政协不应当"缺位"，而是应当更好地承担起协商监督、参政议政、议政谋国的历史重任。

我们须牢记，中国之所以能在短短几十年中取得世人瞩目的巨大发展，正是取决于改革、得益于开放。今后要实现民族复兴的伟大目标，同样离不开坚持中国特色社会主义旗帜下的改革开放，无论"老路""邪路"都是死路。当然，这些言论的泛起与一些年来社会盛行的"三浮"即浮躁、浮夸、浮华之风也密切相关。浮华奢靡之风，通过这几年中央下大气力"反四风"和各级严格执行"八项规定"，得到了极大扭转。

再说推进"一带一路"倡议。在中央推进"一带一路"建设工作5周年座谈会上，习近平总书记出席并发表重要讲话，强调共建"一带一路"顺应了全球治理体系变革的内在要求，彰显了同舟共济、权责共担的命运共同体意识，为完善全球治理体系变革提供了新思路新方案。在贸易保护主义抬头的背景下，"一带一路"建设坚持开放理念，对于维护全球贸易自由化具有重要积极意义，反映了各国促和平、谋发展的愿望，搭建了多方合作的平台，对推动人类发展事业做出了巨大贡献。"一带一路"本是党和国家根据新的国际形势、出于国际战略博弈需要、借鉴历史文化和政治智慧而审时度势做出的战略布局，是新时代改革开放的"升级版"，但在全面推进过程中，须警惕一些不良现象的发生。

三

古人云，"善用众力则无敌于天下，善用众智则无惧于圣人"，"以天下之目视，则无不见也；以天下之耳听，则无不闻也；以天下之心虑，则无不知也"。在抗战胜利后著名的"窑洞对"中，毛泽东同志也曾指出，"只有让人民来监督，政府才不会松懈"。

保持清醒头脑，坚持改革开放，确保政府"不会松懈"，必须积极推进社会主义民主政治建设，更好地发挥人民政协作用。而政协在依法循章开展民主监督过程中，要准确把握政协功能定位，坚持平等协商民主议事，把握不制造对立、不扩大分歧、不激化矛盾的民主监督的正确方向。

如何提高政协民主监督的实效呢？根本还在于坚持党的正确领导、把握政协性质定位。习总书记指出，"中国共产党的领导……是中国特色社会主义最本质的特征，也是人民政协事业发展进步的根本保证"。新修订的《政协章程》对人民政协的性质定位在原来三句话的基础上又增加了两个表述，即"国家治理体系的重要组成部分"和"具有中国特色的制度安排"。

要更好地开展协商监督、发挥政协职能作用，在具体工作中，一是应处理好政治站位与工作到位的关系。在一些事关国家昌盛、民族复兴的重大决策和工作中，人民政协不能"越位"，但也不应当"缺位"，而是应当更好地承担起协商监督、参政议政、议政谋事的历史重任。有时政协的"不专业"反倒会因其"超脱"而具有"旁观者清"的优势。政协应该充分发挥这一优势，在一些重大问题上主动发声，特别是应善于和敢于发出"不同声音"。当然，这种"不同声音"绝不能简单地等同于"反对意见"，而是适当开展一些"不可行性论证"，创造和提供必要条件"充分有序地表达各方面意见，以更好地完善决策，避免和减少失误"。

二是应突出政治协商民主监督的政治特性，完善政协协商式监督的政治覆盖。习近平总书记指出："决胜全面建成小康社会，打赢防范化解重大风险三大攻坚战，有许多重大任务和举措需要全力推进,有许多问题需要深入研究。大家要找准切入点、结合点、着力点,深入调查研究,积极开展批评监督,推动各项决策部署落地见效。"以往政协监督涉及政治问题较少,应该回归围绕落实党和国家重大决策部署开展民主协商式监督,更多安排一些政治性、全局性问题,更好地突出政协的"政治"特质。

三是更好地发挥政协界别作用。人民政协既是"国家治理体系的重要组成部分",也是由各党派团体和各族各界代表人士组成的最广泛的统战组织;政协的统战属性与界别特色,既是我国基本政治制度的基石,也体现了与人大区域代表性的区别和互补。倾听反映"社会各方面意见",形成共识、凝聚合力,甚至积极开展人民外交,扩大国际统一战线,都是新时代政协工作题中之义。这方面各级政协外事委员会和"对外友好"界别,以及公共关系协会等社团组织应该发挥更大作用。

四是持之以恒地抓好委员队伍建设。政协委员是政协工作的主体。要改进政协民主监督工作、克服"短板"现象,必须把紧"入口",安排更多敢讲话、会讲话、讲真话的人进入委员队伍。

五是进一步加强制度约束。加强建章立制,使政协工作更好地有所遵循。在具体实践中尤其要注意克服"贴在墙上挂在嘴上印在纸上"的现象,确保制度真正"落地"。

六是真正建立健全和实行双向考评机制。根据习总书记"搞好民主监督要靠两方面一起努力"的要求,应努力创造条件对协商监督主客体实行双向管理,并将其纳入绩效考核体系。

(作者单位:青岛市人民政协理论研究会;青岛市市北区政协;
青岛广播电视大学)

关于进一步发挥民主党派民主监督作用的研究

刘明娟

《中共中央关于进一步加强中国共产党领导的多党合作和政治协商制度建设的意见》对进一步拓宽民主监督渠道提出明确要求,进一步明确了民主监督的十种形式。随着我国民主程序进程的稳步推进,民主党派民主监督影响力日益增加。习近平总书记曾经强调:"中国共产党同各民主党派和无党派人士团结合作,是建立在共同思想政治基础之上的。今天,我们的共同思想政治基础就是中国特色社会主义。中国特色社会主义事业越是向前推进,越需要凝聚最广泛的力量。""要继续加强民主监督。对中国共产党而言,要容得下尖锐批评,做到有则改之、无则加勉;对党外人士而言,要敢于讲真话,敢于讲逆耳之言,真实反映群众心声,做到知无不言、言无不尽。希望同志们积极建净言、做批评,帮助我们查找问题、分析问题、解决问题,帮助我们克服工作中的不足。中共各级党委要主动接受、真心欢迎民主党派和无党派人士监督,切实改进工作作风,不断提高工作水平。"

但毋庸讳言,按照实现中国梦的要求,按照实现"两个一百年"目标的要求,民主监督在广度、力度、权威性等方面都还有着很大的不足,相对于参政议政职能,民主党派民主监督职能却是"短板"、是"软肋"。为有助于克服这一"短板",我们对青岛地区民主党派民主监督作用发挥情况深入调研,并进行了一些探讨。

一、民主党派民主监督工作存在的不足

中共十八大以来,在地方党委政府和各民主党派的共同努力下,民主监督实践的形式和内容都有所丰富,民主监督在现行监督体系中的地位有所提升,监督渠道不断拓展,监督范围不断扩大,监督的可行性不断增强,监督的效率也不断提高。但不可否认的是,民主监督这一职能相对于参政议政还存在一定的差距,离中共中央的要求还有不小差距,个别地方还存在一些不容忽视的问题,主要表现在以下方面。

（一）民主党派对民主监督职能思想认识不足

有的民主党派认为，民主党派是在中共党委、政府领导之下，党派组织的人员安排、活动经费、活动场所等都是中共党委、政府说了算，为了多得到一些支持，意见还是不提为好、少提为妙；有时不仅不提批评意见，反而将监督变成了表扬和赞美。有的民主党派认为，民主监督是搞形式，说了也白说，因此选择不说。有的认为，中共党委、政府领导的经济、政治、文化、社会、生态等事业与自己没有多大关系，这些工作的对与错、好与坏，更无须民主党派来关心，表现为监督过程走马观花、敷衍塞责。有的民主党派，把自己的存在意义仅仅理解为当好中国共产党可靠的同盟军和政治合作者，因而把精力更多地放到参政议政上，而对自身存在价值重要体现的另一职能——民主监督，便自觉不自觉地弱化了。

（二）民主党派缺乏民主监督能力

一是理论水平较低。大部分党派成员虽然在各自的工作领域业绩突出，但由于对中央政策方针拿不准、吃不透，对党委政府的中心工作及社会状况了解不全面，致使建议往往提不到关键处、议不到点子上；或者可行性较弱，或针对性不强。二是文字功底差。大部分民主党派成员能干不能说，能说不会写，遇到撰写有关社会经济发展和民生方面的重大提案时，就像茶壶里的饺子"倒"不出来，表达不好。三是对党委政府有关工作动态关注不够，或者渠道不够通畅，导致信息不对称，情况了解不够，致使有些建议内容早已实施，成了标准的"马后炮"。四是基层民主党派存在人员较少、经费不足等问题，难以进行深层次的社会调研、考察论证等，导致民主监督在基层更加显得有心无力。

（三）少数地方党委政府成员对民主监督重视不够

一是少数地方党委、政府存在对民主监督认识不足甚至轻视的现象，工作中往往避重就轻，被监督事项中，事务性的多，法律法规的实施、一些重大方针政策的贯彻执行情况、地方党委政府依法执政行政及党政领导干部履行职责等方面的情况少；二是个别区（市）党委对接受民主监督不够真诚，政策制定前、制定中或人事任免前、任免中，向民主党派通报一下情况、象征性地征求意见；三是有的联系制度形式大于内容。年初，少数地方党委安排常委联系民主党派成员，以便及时沟通思想、交流信息，但个别党委文件送达了，就算完事了，基本不联系。

（四）民主党派民主监督机制不够完善

一是法制保障不健全。虽然民主监督有总的原则，监督途径与方式上也有了相关规定，但仍然缺乏具体的法制保障，监督工作往往会碰到法律依据不足的问题。二是评估机制不完善。评估是对监督绩效的考核，这是任何管理行为中不可缺少的环节。就目前而言，由于民主监督没有设定监督所要达到的目标和相关的评价标准，民主监督效果难以检验。三是缺乏追责制度。尽管我国的宪法和法律规定了民主党派民主监督的内容和形式，但民主党派并没有掌握哪些事项可以监督的主动权。

二、加强民主党派民主监督职能的几点建议

民主党派的民主监督职能得到了中共中央的高度重视,在政治生活中也发挥了一定作用,但从现实来看,民主党派的民主监督功能需要进一步加强和改进。

(一)增强民主党派民主监督意识

一是要有底气。充分认识民主党派是民主监督主体,把握好自己的政治地位和政治权利,积极履行民主监督职能,真正把民主监督纳入议事日程。二是要有勇气。民主党派要有胆量,不怕得罪人,敢于讲真话、谏诤言。三是要接地气。要注重学习,不断更新政治理论,学习、认识和把握经济发展新常态及发展理念。要深入调研,了解社情民意,了解群众关心的热点、难点问题,发现党委政府该贯彻没贯彻、该落实没落实上级的指示精神或有关法律法规的情况,关注党委政府该关心没关心、说重视没重视的有关事项,以便监督有的放矢。四是要有正气。从发展大局的角度,以大公无私的情怀和换位思考的雅量,密切联系群众,发现问题、思考问题、探讨问题,履行民主监督职能。

(二)提高民主党派成员自身素质

"打铁还需自身硬",要发挥好民主监督的作用,民主党派成员必须有过硬的道德修养、干事创业能力及愿监督、敢监督、能监督的水平。一是要做遵纪守法、爱岗敬业、服务社会的典范,不能像"手电筒"一样只照别人不照自己。二是要加强文化学习、理论学习、政策学习、法律法规学习,提高素养、更新观念、增长知识,吃透政策方针理论,掌握政策执行动态,以保障民主监督有理有据,有的放矢,不做无用功。三是监督履职尽责,遇事心平气和,注意讲话方式方法,讲求监督艺术和窍门儿。讲真话,不等于讲直话;忠言不一定非逆耳;诤言未必要伤人;理直可以不"气壮"。执政党领导是人不是神,他也会有情绪,也有盲点和误区,"肝胆相照",不是单指执政党对参政党,也指参政党对执政党。民主党派向执政党提意见、提建议,要坦诚,更要理解和包容。四是民主党派可参照人大、政协委室的设立方式,尝试建立专门的监督工作部门,同时建立监督制度,以便相关人员有所侧重地参与活动及政策研究,增强监督效果。

(三)党委政府为民主党派搭建民主监督平台

一是搭建学习交流平台。除定期安排民主党派成员到社会主义学院学习外,适当安排到中共党校培训或外地考察学习,参与与中共党员相同的经济、文化、社会事业方面的政策理论学习及能力提升培训,以增长民主党派成员的见识,开阔民主党派成员的视野,增长民主党派民主监督的能力。二是搭建知情平台。党委政府召开全体会议、重大事项部署,应邀请各民主党派主要负责人列席或请民主党派对口部门负责人参加;党委政府部门下发的文件应抄送各民主党派;政府部门就经济社会发展的重大问题开展调研、论证,重大工程招投标、关系国计民生问题举行的听证会等,应邀请民主党派中的相关专家参加;建立党委政府部门与各民主党派对口联系制度,及时交流沟通信息。三是搭建工

作平台。将上级统战部门要求的政府部门正职职位真正安排到位,并赋予其名副其实的法人名分,除了人事安排按照党管干部的原则与党委充分沟通研究外,相关业务大胆放手由民主党派正职负责,让民主党派成员得到真正的锻炼。四是加强民主党派后备干部的培养和储备,以保证民主监督人才的充足,避免换届时"现用现抓"。五是搭建监督平台。更多地推荐民主党派成员进入人大、政协、监察、公检法等担任代表、委员、特邀监察员、陪审员等,为更好地了解社情民意,监督党政方针政策、法律法规执行情况,营造监督环境。

(四)强化民主党派民主监督工作的制度保障

一是民主监督有法律依据。应重视立法监督,在立法程序中对听取民主党派组织意见的内容予以明确,使民主党派的监督工作有法律保障。可以在立法听证会上设立专属于民主党派的议席,各民主党派委派代表开展立法监督工作,在听证会上表达民主党派的组织意见。党派成员与党政部门面对面直接沟通,及时交换意见,并在决策后进行决策绩效的民意调查和专家考核,提出评估意见,为决策改进提供参考。

二是完善制度,加强管理。统战部门应加强对民主党派及成员履行民主监督职能情况的考核,并当好党派成员的后盾;大力推进特约监督员队伍的专业化和制度化建设,促进民主监督工作规范化,提高监督的整体效能。

三是对民主监督的知情权、沟通反馈等环节做出规定,使民主监督工作的衔接配合有章可循,增强其规范和操作性,包括:建立健全党委、政府及有关部门情况通报制度,进一步做好党务、政务公开工作,保证和落实好民主党派的知情权;建立健全党委、政府与民主党派对口联系等制度,坚持和完善民主党派向党政主要领导反映重要意见建议"直通车"制度。

四是建立民主监督的激励机制。确保民主党派成员提出批评、进行举报、发表不同意见的权利和自由,严惩打击报复的行为;奖励敢于监督和善于监督、在履行民主监督职能过程中做出积极贡献的民主党派成员或参加单位;表彰自觉接受民主监督、虚心采纳民主党派意见、积极改进工作的党政部门。

五是党委和政府积极探索建立接受民主党派民主监督的长效机制,加强民主监督的经常化、制度化、程序化、规范化建设,补齐民主监督的"短板"。

(作者单位:青岛市平度市政协)

在政协协商式监督中更好地发挥民主党派的重要作用

张　栋　辛家鼎

社会主义协商民主是我国社会主义民主政治的特有形式和独特优势,在我国社会主义革命和建设以及中国特色社会主义实践中发挥着不可比拟、不可替代的作用。基于我国新型政党制度——共产党领导的多党合作和政治协商制度的人民政协协商式监督,是我国民主政治中的一个创新之举,是推进国家治理体系和治理能力现代化的重要举措。作为政协参加单位的民主党派,理应在协商式监督中发挥重要作用。

一、准确把握协商式监督的新内涵

2017 年中办印发《关于加强和改进人民政协民主监督工作的意见》(以下简称《意见》),对政协民主监督提出了重要的新概括,即"人民政协民主监督是在坚持中国共产党的领导、坚持中国特色社会主义基础上,参加人民政协的各党派团体和各族各界人士在政协组织的各种活动中,依据政协章程,以提出意见、批评、建议的方式进行的协商式监督"。《意见》将政协民主监督与协商民主相联系提出协商式监督,既适应新形势新任务的要求,也符合人民政协性质的固有属性,是对政协民主监督性质定位的进一步确定,需要我们深入理解,准确把握。

一是明确了政协民主监督的性质定位。时任全国政协主席俞正声同志在全国政协十二届五次会议上的报告中指出:"政协民主监督与其他监督形式不同,是以提出意见、批评、建议的方式进行的协商式监督,是靠政治影响力开展的监督,而不是带有强制约束力的权力监督。民主监督的方式和原则是协商,手段和途径是监督,目的是协助党委、政府解决问题、改进工作、增进团结、凝心聚力。"这段讲话明确指出,政协不是国家权力机关,政协是依据政协章程通过提出意见、批评、建议进行监督,监督的效果不是靠强制约束力,而是靠政治影响力。

二是规定了政协民主监督的原则方法。即由政协的性质所决定,政协民主监督不能采用行政命令的方法进行,也不同于一般的舆论监督的发议论方式,而必须根据政协章程、依托政协组织、适应政协性质要求,坚持相互尊重、平等讨论、求同存异、理性包容的原则,通过提出意见、批评、建议的方式进行监督。当前,社会转型正在加速,社会利益日益多元化,只有在协商一致的基础上,达到社会利益的最大公约数,才能使党委政府决策更加科学化、民主化,从而达到国家治理现代化。将协商式监督作为国家治理现代化的重要手段,以实现不同群体民众利益与社会公众利益的最大统一为目标,寻求最大公约数,更好发挥人民政协作为国家治理体系重要组成部分的应有作用,成为协商式监督在实现民族伟大复兴背景下不断发展的动力源泉。

三是突出了政协民主监督的特点和优势。政协民主监督的目的,是协助党和政府解决问题、改进工作、增进团结、凝心聚力。我国的政党制度的实质是"共产党领导、多党派合作,共产党执政、多党派参政",这是一种具有中国特色的政党制度。民主党派在我国人民政协这个平台上的民主监督,是有组织、有重点地开展监督,发挥对国家权力运行和实施的制约和监督作用,既保证了政党政治参与的民主,又避免了西方多党制、两院制下的那种政党政治对抗、互相掣肘、权力角逐等西方政党制度常见的弊端。这种制约和监督与执政党党内监督、人大监督、行政监督、媒体监督等成为互为补充、相辅相成的监督体系,实现了加强监督、有效制约与保持集中领导、富有效率的有机统一。

四是提出了政协民主监督的主体。参加政协的各党派团体和各族各界人士是人民政协参与民主监督的主体,在政协组织的各种活动中依据政协章程进行人民政协的民主监督活动。至于政协本身,它是开展这样的民主监督的平台,而不是民主监督的主体,同时,它又要在其中承担起组织、协调的责任。

五是强调了政协民主监督的重点。《意见》首次提出了政协的监督是有重点的,这个重点就是"党和国家重大方针政策和重要决策部署的贯彻落实情况"。要充分发挥政协作为协商民主重要渠道和专门协商机构的监督作用,就更要注重在国家政治生活中对国家权力的运行和实施加以监督。习近平总书记在庆祝人民政协成立 65 周年大会的讲话中提出,"协商就要真协商,真协商就是要协商于决策之前和决策之中"。俞正声主席在全国政协常委会工作报告中提出,政协监督要"真监督",真监督不仅要"敢讲话、讲真话",而且要注意围绕"党和国家重大方针政策和重要决策部署的贯彻落实情况",有组织、有重点地进行监督。

深刻领会什么是协商式监督,是把握好人民政协民主监督定位的前提。我国民主党派作为参政党,是人民政协的重要参加单位,本文研讨民主党派如何更好地在政协这个平台上开展协商式监督有着重要意义。

二、民主党派在人民政协协商式监督中具有重要地位

我国的政党制度将"协商民主"融入其中,成为一种新型的政党民主方式。在这种政治框架下,执政党和参政党都有自己的角色定位。中国共产党是执政党,是国家建设的领导核心,居于我国政党制度的中心地位。各民主党派是参政党,虽然不直接执政,但

承担着参政议政、民主监督、参加中国共产党领导的政治协商的职能。而且,还有一定数量的民主党派人士进入各级政府部门担任领导工作。随着改革开放的逐步深入和社会主义市场经济的不断发展,我国社会利益的分化也越来越明显;在这种社会的转型期,民主党派作为中国特色社会主义参政党,更多了一份"利益表达"和"社会整合"的任务。因此,在建设具有中国特色"协商民主"中,民主党派责任重大。可以说,只有各民主党派的积极参与、有力推动、高效监督,才能够更好更快地实现"协商民主"。

我国各民主党派参与社会主义协商民主的渠道有参加中国共产党领导的政党协商、人大协商、政府协商和政协协商等多种形式,本文主要研讨的是民主党派在人民政协这个平台上开展的民主协商,以及基于此语境下的协商式监督。

中华人民共和国成立后 70 多年的实践证明,民主党派在政协协商式民主中有着不可替代的作用,主要表现如下。

一是民主党派在人民政协工作中的分量很重。目前全国政协共设置 34 个界别,8个民主党派界别占了将近四分之一。全国政协委员 2000 余人,民主党派界别委员近 400人,占总数的五分之一左右,在省、地、市(县)级政协中,民主党派界别的重要性同样如此。在各级历届政协会议上,由各民主党派提交的大会发言和提案的数量、质量都很高。各民主党派在人民政协协商民主中发挥的作用十分明显。

二是民主党派的政党功能使他们在协商民主实践中具有特殊意义。民主党派是有各自纲领(章程)、组织机构、党员队伍的政治组织,有各自的联系群体,有固定的活动机制,其具有的政党功能,与人民政协中的其他界别有明显不同,政党的组织行为和功能特点使民主党派在协商式民主实践中发挥的作用更加显著。

三是民主党派是协商民主的重要资源。在我国,民主党派的成分构成主要为文教科技以及工商界的人士,聚集了一大批优秀人才,他们关心国家事业,学有专长,富有智慧,知识和经验丰富,政治参与积极性高涨,这是协商民主实践中的宝贵财富。各民主党派以政党为参加单位,以党派名义开展活动;以党派名义在政协会议上进行发言,发表自己的意见和主张;以党派名义开展调研视察、提出提案、开展民主监督。民主党派的集体提案往往成为从中央到地方政协工作的"重头戏",也为公共决策提供了重要的参考依据或决策依据。

综上,民主党派在人民政协这一平台上肩负着独特的、不可替代的历史使命,因此,在协商式监督中要更加重视民主党派所提出的批评建议。

三、充分发挥民主党派在人民政协协商式监督中的重要作用

各民主党派在我国人民政协协商式民主监督中发挥着重要作用。但是,从现实看,由于缺少激励保障机制,仍然存在一些问题。例如,民主党派参与协商式监督的体制机制尚未健全;人民政协作为协商式监督重要渠道的作用发挥不够;协商式监督内容不够规范化,程序执行不够到位;协商式监督中民主党派的知情渠道有限,信息流动不顺畅,

建言献策的质量有待进一步提高等。

做好政协协商式监督,需要各民主党派和人民政协两方面的共同努力。

(一)作为政协重要参加单位的民主党派,要积极参加人民政协的协商式监督

1. 加强自身建设,提高参与人民政协协商式监督的能力

有为才能有位,作为民主党派,要在政协协商式监督中发挥其智力密集、人才荟萃的独特优势,才能更好地发挥其作为参政党不可替代的重要作用。一是要加强民主党派光荣传统的教育。我国各民主党派与中国共产党在长期革命、建设和改革过程中凝结成了"肝胆相照,荣辱与共"的共同价值理念。要对党派成员进行"不忘合作初心,继续携手前进"专题教育活动,搞好政治交接,继承老一辈民主党派领导人自觉服从坚决维护中国共产党领导、与中国共产党肝胆相照亲密合作的优良传统和报效国家无私奉献的高尚风范,坚定不移地走中国特色社会主义政治发展道路,用社会主义核心价值观统一广大成员的思想认识。二是加强民主党派领导班子建设。抓住民主党派领导班子这个"关键少数",提高其政治把握能力、参政议政能力、组织领导能力、合作共事能力和解决自身问题的能力,有效带动党派整体参与协商式监督的责任感和使命感。三是吸引高素质人才加入党派。要通过参政议政或开展党派活动等扩大影响力凝聚力,吸纳更多符合各民主党派界别特色的高层次人才加入民主党派,增强其政党意识。四是抓好民主党派机关这个枢纽。民主党派机关是带动民主党派履行职能的关键,机关整体履职意识的加强,可以有效辐射、带动各自党派成员更好地发挥参政履职作用。要加强机关工作人员的履职意识,为开展高质量的协商式监督做好服务工作。五是加强参政议政骨干队伍建设,发现和锻炼本党派的参政议政人才队伍,把他们培养成为民主党派开展协商式监督的主力军。六是搭建调研平台。多途径组织民主党派成员参与政府部门重大课题的调查研究,畅通民主党派成员表达意见和建议的渠道,最大限度汇集本党派成员的主张和看法,为各党派充分利用人民政协这一"载体""平台"更好地开展协商式监督提供精准的资料。

2. 强化政治意识,在协商式监督中彰显党派特色,敢于、善于、勇于做"诤友"

习近平总书记指出,"参加政协协商式监督的目标都是为了促进国家治理体系和治理能力现代化,全面建成小康社会,实现'两个一百年'奋斗目标和中华民族伟大复兴的中国梦"。随着我国民主政治的推进与政党协商要求的提高,"你好我好大家好"或"不疼不痒"的意见建议将不再适应形势需要。形势发展要求民主党派必须在扎实调研的基础上,以高度的参政党意识和参与者意识,敢于站出来做"诤友",成为"协商式监督"的有力推动者。

3. 围绕中心,积极提出协商式监督诉求

民主党派的优势在于位置超脱、人才荟萃。位置超脱决定了民主党派的调研可以超越既得利益与部门利益的束缚,以更加开放的视野和胸怀来审视调研内容,做到客观公正。人才荟萃决定了调研的专业性强、知识面宽,可以避免雾里看花,隔靴搔痒。民主党

派要密切关注党委政府中心工作和百姓关注的问题,结合界别特色或党派优势,观察和思考全局工作和社会热点问题,找准切入点,在深入调查研究的基础上敢于提出监督诉求。一方面对中共制定的大政方针,要认真学习其精神,紧密结合实际运行情况,为其贯彻实施提供监督式意见、建议,来保证和促使方针政策的贯彻执行;另一方面,在坚持社会公平的原则下,站在全体民众特别是弱势群体的立场上,积极寻求并提出让全体民众特别是弱势群体都能共享我国改革开放和社会进步发展硕果的对策办法,去克服、战胜存在的困难和阻力,最大限度地谋求社会各个阶层利益的平衡。

4. 完善参与政协协商式监督的工作机制

各民主党派应当运用自己的智力资源和智力优势,一是充分运用好参与政协民主监督的途径。通过参加政协组织的各种会议,通过大会发言、调研报告、撰写提案、反映社情民意等各种方法,积极参与政协民主监督,为推动协商式监督提供强大的智力支持。二是要积极寻标、对标,找到监督的切入点,主动发声,避"被动监督",以及说好话、说空话、走过场的现象。三是制定参与政协协商式监督的相关制度,完善开展监督的机制,加强政策引导,提升民主监督在党派工作的分量和重要性。四是在党派机关要设置专门部门、人员,主动与党委、政府、政协跟进对接,提升民主监督效果和质量。

(二)作为社会主义协商民主重要渠道、专门协商机构和国家治理体系重要组成部分的人民政协,要积极为民主党派参加政协协商式监督、更好地发挥政协"载体"作用,搭建更为坚实平台

1. 完善协商式监督制度建设,拓展协商式监督渠道

一是各级人民政协要根据《关于加强和改进人民政协民主监督工作的意见》的要求,尽可能多地为民主党派提供发表意见建议的机会,拓宽民主党派参与协商式监督的渠道。搭建好机制化、常态化的协商式监督参与平台,坚持和完善全体会议、常委会议、专题协商会、协商座谈会制度等,积极开展专题协商监督、对口协商监督、界别协商监督、提案办理协商监督等,探索网络议政和远程协商监督等新形式,使协商式监督更加广泛、多层、制度化地展开,更为灵活、经常性地进行。二是采取切实可行的方法,为民主党派知情出力提供平台,增强民主党派通过大会发言、提案和社情民意等途径提出监督意见建议的针对性和可操作性。三是保证民主党派成员在政协委员、常委和政协领导成员中占有一定比例,在政协机关和专委会中安排民主党派成员参加,并担任专职领导职务。四是针对社会对民主党派认知较低的现状,人民政协通过自己的优势进一步加大对民主党派性质、作用和具体工作的宣传报道,扩大民主党派开展协商式监督的社会影响。

2. 建立吸纳民主党派参与机制,为民主党派积极参与协商式监督创造条件

一是建立政协与民主党派联席会议制度,经常性通报政协工作情况、征求意见、沟通思想,使民主党派机关干部能到政协各级机关挂职锻炼、接受培养,使各民主党派与人民政协互相促进,互相了解,从而更好地发挥各自的作用。二是根据民主党派的特点和

要求,健全民主党派参与人民政协视察、调研等活动的机制,充分调动党派参政议政、开展民主监督的积极性。三是为民主党派学习提供机会,针对民主党派举办诸如以民主监督和参政议政为主题的专题培训班,政协举办读书会、专题讲座、机关业务培训时,视情组织民主党派成员参加。四是建立民主党派成员中政协委员的激励、监督和保障机制,对履行民主监督职责的优秀政协委员及时给予表彰,对不履行或不能正常履行职责的委员则依据有关规定及时予以诫勉甚至调整。

3. 建立完善上下"联动"机制,更好形成监督合力

一是要建立完善政协上下联动机制。应在加强同级党委对政协工作政治领导的基础上,进一步加强上下级政协之间的沟通联系和工作联动。二是要建立各民主党派之间和本党派上下之间的工作联动。如此,则可将上层信息通达、站位高远的优势与基层"接地气""听民情"之优势更好地结合起来,更好地形成协商式监督合力。

4. 建立成果转化和质量评估机制,切实提高协商式监督实效

完善协商成果采纳和反馈机制,通过专题报告、政协信息、新闻报道、大会发言等多种途径推动协商成果转化,对重要成果落实情况开展跟踪调研和民主监督,提高协商式监督的成效。建立和完善协商监督成果采纳、转化和反馈制度,推进协商成果转化为决策成果。政协应会同党委、政府制定协商成果采纳、落实和反馈办法。凡政协组织及委员书面提交的协商意见建议,有关部门及单位均应认真研究办理并回复。应与党委配合建立重大决策失误责任追究制度,对于那些拒不采纳民主党派所提出的监督建议而造成重大损失的决策者,追究其相应责任。应开展政协协商质量跟踪调查,对协商成果采用、转化情况予以评估,及时收集决策部门、实施部门对协商成果的意见、建议,并及时反馈给提出监督建议的民主党派,切实提高协商式监督水平。

5. 积极探索创新监督形式方法,注重营造开展协商式监督的民主氛围

团结和民主是政协工作的两大主题。政协协商式监督必须积极探索、不断创新监督方式方法,大力营造既畅所欲言、各抒己见又理性有度、合法依章的良好协商氛围。要坚持实事求是、敢于直言,摒弃非此即彼的思维定式,拒绝偏激偏执的极端言论,保持从善如流的坦荡胸怀,始终做到平等协商,不强加于人。要坚持体谅包容、求同存异,对于各种监督式意见和建议,只要是基于拥护中国特色社会主义事业、致力实现中华民族伟大复兴中国梦的共同思想政治基础,无论是赞成的还是反对的、无论是多数人提出的还是少数人主张的,都应该允许反映和表达,都应该得到尊重和包容。要坚持商以求同、协以成事原则,正确把握人民政协一致性和多样性的关系,切实加强协商互动和讨论沟通,促进不同思想观点交流交融,逐步增进了解、加深理解、消除误解、取得谅解,努力凝聚思想上的最大共识。

四、结 语

习近平总书记在党的十九大报告中强调,要"健全人民当家作主制度体系,发展社

会主义民主政治"，"有事好商量，众人的事由众人商量，是人民民主的真谛"。他在报告中还指出，"支持民主党派按照中国特色社会主义参政党要求更好履行职能"。这为民主党派在政协这一平台上开展协商式监督提供了基本遵循。民主党派是人民政协的重要组成单位，在建设有中国特色的社会主义事业中发挥着不可替代的重要作用。要注重把政协的平台优势和民主党派的参政党优势相结合，把政协的组织优势和民主党派的整体优势相结合，把政协的渠道优势与民主党派的智力优势相结合，让民主党派在政协协商式监督中发挥更大作用，在国家治理体系和治理能力现代化进程中充分发挥优势，为建设新时代中国特色社会主义贡献力量！

（作者单位：民盟青岛市委；青岛市市北区政协）

浅议加强特邀民主监督员队伍建设

张　明

中共中央《关于加强人民政协工作的意见》指出："人民政协的民主监督是我国社会主义监督体系的重要组成部分,是在坚持四项基本原则的基础上通过提出意见、批评、建议的方式进行的政治监督。"区(市)政协应邀为相关部门和单位选派特邀民主监督员,能够有效发挥政协民主监督作用,促进区内各单位及其工作人员依法行政和廉政勤政,也有利于政协加大民主监督力度,推进社会主义民主政治。这既是加强和完善中国共产党领导的多党合作和政治协商制度的必然要求,也是坚持依法执政、科学执政、民主执政的客观需要。

选派特邀民主监督员工作是人民政协履行民主监督职能的一种重要手段和具体形式。工作中我们意识到,把特邀民主监督员派到有关部门和单位,不是站在对立面去找问题、挑毛病、制障碍,而是寓监督于参与、支持、服务之中,其出发点和落脚点都是为了推进各部门和单位认真履行职责、察民意解民忧,在服务经济社会发展中尽职尽责,努力工作,使国家的法律法规和方针政策得到全面公正的贯彻执行。因此,我们要求推荐的特邀民主监督员在开展监督工作时,以协商讨论和批评建议为主要形式,采取"听、看、查、访、评"的方法进行,主要监督部门和单位贯彻落实党的方针政策、国家法律法规以及党委政府决策、决定的有关情况;监督部门单位的公正司法、依法行政、优化发展环境情况;监督部门单位工作人员的遵纪守法、廉政勤政、优质服务情况。被选派的特邀民主监督员要树立高度的责任感,发挥主观能动性,做到实事求是,敢于监督,善于监督。作为被监督单位来讲,要把民主监督作为促进和推动部门工作的一次机会,消除各种顾虑,主动热情地接受民主监督,支持民主监督。

几年来,崂山区政协把向有关单位推荐特邀民主监督员,作为区政协加强民主监督工作的有益尝试在实践中不断探索总结,在具体工作中把握了三点:一是找准定位。政协的民主监督活动,要服从和服务于全区大局,有利于加强和促进党的领导,有利于促进全区经济社会发展和维护安定团结的政治局面。特邀民主监督员开展民主监督活动要按照区政协的统一领导、在区政协委员工作室的具体指导下进行，不直接处理、决定问题，真正做到尽职不越位、帮忙不添乱、切实不表面。二是突出重点。区政协推荐选派的特邀民主监督员要紧紧围绕全区经济社会发展目标和区委区政府的中心工作，突出人民群众普遍关心的热点、难点问题，使政协的民主监督活动与区委区政府的工作部署同步，与被监督单位工作思路合拍，与人民群众的愿望和要求一致。在工作中，既要积极主动，又要量力而行，注意选择那些客观上需要、主观上又有能力做好的事来进行监督。三是加强领导。加强领导，是做好特邀民主监督员工作的根本保证。整个民主监督工作在区政协党组、主席会议领导下进行，各特邀民主监督员正确处理好单位的本职工作与监督工作的关系，统筹兼顾，以足够的时间和精力参加民主监督工作。区政协委员工作室作为选派政协委员受聘特邀民主监督员的责任部门，积极主动地加强工作指导，做好服务保障，努力为委员履行职责营造宽松和谐的氛围。

据不完全统计，本届崂山区政协委员先后有 70 余人次担任特邀民主监督员，都能以饱满的政治热情和强烈的社会责任感，较为圆满地完成肩负的光荣使命，受到社会各界好评，这得益于十二届区政协高度重视特邀民主监督员队伍建设，在日常工作中抓好以下三方面工作。一是加强学习，提高素质。特邀民主监督员工作有很强的政策性和政治性，提高监督员自身的素质至关重要。因此，区政协不断加强委员的学习培训，通过举办培训班、邀请专家学者授课等方式，使之熟悉和了解被监督单位的办事程序、法规、政策，不断提高委员的政策水平和监督水平，掌握监督工作的主动权。二是加强联系，互相支持。特邀民主监督员只有加强与被监督单位的经常性联系和沟通，相互多商量、多通气、多理解、多支持，才能形成长于协商、巧于协作、精于调研、善于建言的工作方法。为此，我们要求特邀民主监督员的工作计划和活动安排应主动征求被监督单位的意见，争取他们的支持，同时也要处理好监督与支持的关系，把握好"度"，既要敢于监督，又要善于监督。三是严格要求，不辱使命。特邀民主监督员是从全区政协委员中推荐出来的优秀代表人士，关系到区政协的声誉。作为政协履职的主体，应当懂政协、会协商、善议政，也应当守纪律、讲规矩、重品行。区政协在选派过程中，明确提出要严格遵守宪法法律和政协章程，尊重和服从政协组织的决议、决定，严守自己的思想、行为边界，做到尽职尽责、努力工作、清正廉洁、公道正派，做一个组织放心、被监督单位欢迎、人民群众满意的特邀民主监督员。

（作者单位：青岛市崂山区政协）

把握特色，认清差距，不断加强人民政协的民主监督

滕建泽

习近平总书记在庆祝中国人民政治协商会议成立65周年大会上的讲话中强调："要加强人民政协民主监督，完善民主监督的组织领导、权益保障、知情反馈、沟通协调机制。"人民政协的民主监督是政协的三大职能之一，是中国特色社会主义监督体系的重要组成部分。准确把握人民政协的民主监督特色，认清存在的差距，不断加强人民政协的民主监督，对于更好地发挥中国特色社会主义制度的优越性具有十分重要的作用。

一、准确把握特色

从人民政协的性质、组成和职能看，人民政协的民主监督具有以下特色。

一是鲜明的政治特色。人民政协的民主监督虽然是政协委员代表社会各界人民群众进行的监督，但它又不同于群众监督和舆论监督。"人民政协的民主监督是我国社会主义监督体系的重要组成部分，是在坚持四项基本原则的基础上通过提出意见、批评、建议的方式进行的政治监督。"因此，人民政协的民主监督具有鲜明的政治特色。

二是鲜明的党派合作特色。人民政协的民主监督是以中国共产党与民主党派长期合作共事为基础，是这种关系在统一战线中的延续和发展，也是新形势下处理执政党和参政党相互关系的必然要求。它是参加人民政协的各党派团体和各族各界人士通过政协组织对国家机关及其工作人员的工作进行的监督，也是中国共产党在政协中与各民主党派和无党派人士之间进行的互相监督。因此，人民政协的民主监督具有鲜明的党派合作特色。

三是较强的民意代表特色。人民政协是各民主党派、无党派民主人士、工商联、人民团体、各少数民族和各界代表参与国家大事的重要机构。政协委员是来自各族各界的代表人士，联系面广，代表性强，接触面宽，在社会上有一定威望和影响，能够比较全面、客观地反映民意。因此，人民政协的民主监督具有较强的民意代表特色。

二、认清存在的差距

近年来,在党委、政府的重视支持下,各级政协按照政协章程要求,切实履行民主监督职能,不断拓展民主监督领域,把人民政协民主监督寓于政治协商、参政议政之中,使它的作用更加充分地发挥出来。但是,就人民政协履行职能的情况而言,在三大职能中,民主监督仍然是一个薄弱环节,与发展社会主义政治文明的时代要求和社会期望仍有较大差距。

第一,认识上不到位。个别委员对民主监督的重要性认识不够,对提高自身民主监督的能力素质缺乏激情,对提出的意见建议调研不够、把握不准、论证不全面,存在谈不深、说不透和说服力、针对性、可操作性不强等问题。同时,有的同志往往认为民主监督就是对政府部门的监督,而在对党委工作的民主监督方面一定程度上存在缺位现象。

第二,机制不够完善。一是知情渠道比较单一。知情是监督的前提。从实施民主监督的主体看,政协委员掌握情况主要是通过听取情况通报和视察、调研等形式;从民主监督的客体看,被监督部门实施"阳光政务"的力度需要进一步加强、主动让政协委员了解情况的渠道需要再挖掘和拓展。由于知情渠道不广、情况掌握不够,一定程度上影响到民主监督的质量和实效。二是民主监督的方式手段需要进一步细化、明确。政协章程规定:"民主监督是对国家宪法、法律和法规的实施,重大方针政策的贯彻执行、国家机关及其工作人员的工作,通过建议和批评进行监督。"通常采取政协会议、委员视察、民主评议、参加检查活动、反映社情民意、特约监督员等方式进行监督。虽然,实施民主监督的方式多样,但这些方式和手段大多比较原则性,在具体实施过程中,缺少可供操作的实施细则。三是沟通反馈环节不够完善。被监督部门对政协委员提出的意见建议的可行性是否进行了认真论证? 反馈意见是否与政协委员进行了充分沟通? 是否得到了政协委员的真正认可? 这些方面都缺乏有效的制约措施。有些情况下沟通反馈环节流于形式,致使民主监督的力度弱化。

第三,"刚性"不够。人民政协的民主监督既不同于人大的权力监督,也没有党委政府党纪政纪的约束效力。民主监督是否有效,更多取决于被监督部门接受监督的自觉性。因此,人民政协的民主监督往往"刚性"不够,民主监督的效力存在不确定性。

三、不断加强人民政协的民主监督

(一)着力提高能力素质

政协委员民主监督的能力素质直接关系到民主监督的成效。一要增强政协委员开展民主监督的使命感、责任感。要使政协委员进一步明确,开展民主监督不但是人民政协职责所系,也是推进社会主义民主政治建设的需要,是帮助党委政府提高决策的科学化、民主化水平的需要。二要提高政协委员开展民主监督的素质。开展民主监督,作为监督主体的政协委员既要熟悉相关的工作和法律法规,更要提高发现问题和深入社会、深入一线开展调研的能力,提高建言献策的水平。

（二）不断探索完善民主监督机制

要在宪法、法律允许的范围内大胆探索完善民主监督机制。一是要建立民主监督的激励机制。鼓励政协委员敢于建言、善于建言、建有用之言，只要有利于经济社会发展的批评和建议都应该得到鼓励和支持。二是要完善民主监督的运行机制。进一步完善细化知情沟通反馈环节。要扩大知情渠道和情况通报内容的范围，进一步保障政协委员的知情权；完善民主监督的方式方法，细化民主监督的实施细则，使民主监督做到有章可循、有规可依。

（三）充分发挥民主党派在民主监督中的作用

人民政协是多党合作的重要机构。中国共产党与各民主党派合作的十六字方针中明确提出了中国共产党与民主党派要互相监督，加强同民主党派的合作共事，支持民主党派更好地履行参政议政、民主监督职能。2016年8月16日，习近平总书记在中共中央召开的党外人士座谈会上的讲话中指出，"希望各民主党派、全国工商联、无党派人士发挥好民主监督职能，继承和发扬优良作风，做中国共产党的诤友挚友，对中共各级党政机关和党员领导干部遵守准则、贯彻落实条例情况实施民主监督，及时提出意见建议"。2013年2月6日，习近平总书记在同党外人士共迎新春时的讲话中指出，"中共各级党委要主动接受、真心欢迎民主党派和无党派人士监督，切实改进工作作风，不断提高工作水平"。无论从中国共产党与民主党派长期合作共事的历史渊源、民主党派的职能、还是从加强党的建设、促进社会主义民主政治建设的现实需要来说，民主党派理应在民主监督中发挥重要作用。对此，党委政府要充分尊重民主党派的意见建议，支持民主党派依据政协章程积极开展民主监督，要鼓励民主党派人士敢于坚持正确的意见，做共产党的诤友。

（四）增强人民政协民主监督的权威性

习近平总书记《在党的十八届六中全会第二次全体会议上的讲话》中强调："要支持人民政协依照章程进行民主监督，重视民主党派和无党派人士提出的意见、批评、建议，鼓励党外人士讲真话、进诤言。"要进一步建立健全民主监督的法规制度，增强民主监督的约束性和权威性。被监督部门对政协意见建议采纳与否都要有严格的制度来规范，不被采纳的意见建议要提出合理的反馈意见；党委政府应将政协民主监督工作纳入议事日程，完善相关制度，并给予足够的重视和支持。

（作者单位：青岛市政协）

发挥政协优势　突出专项监督

——试论新时代政协民主监督工作

牛立章

人民政协有三项主要职能:政治协商、民主监督、参政议政。《中国人民政治协商会议章程》中规定,民主监督是对国家宪法、法律和法规的实施,重大方针政策、重大改革举措、重要决策部署的贯彻执行情况,涉及人民群众切身利益的实际问题解决落实情况,国家机关及其工作人员的工作等,通过提出意见、批评、建议的方式进行的协商式监督。

人民政协民主监督是在坚持中国共产党的领导、坚持中国特色社会主义基础上,参加人民政协的各党派团体和各族各界人士在政协组织的各种活动中,依据政协章程,以提出意见、批评、建议的方式进行的协商式监督。民主监督与政治协商、参政议政职能相互关联,又有所区别。民主监督的重点是党和国家重大方针政策和重要决策部署的贯彻落实情况,监督目的是协助党和政府解决问题、改进工作、增进团结、凝心聚力。人民政协民主监督是我国社会主义监督体系的重要组成部分,是社会主义协商民主的重要实现形式。

一、人民政协民主监督是社会主义监督体系中的重要组成部分

完善社会主义监督体系,推进社会主义民主政治建设,必须加强人民政协民主监督。中共十九大报告指出,"构建党统一指挥、全面覆盖、权威高效的监督体系,把党内监督同国家机关监督、民主监督、司法监督、群众监督、舆论监督贯通起来,增强监督合力"。可见,政协民主监督是整个监督体系中的重要一环,具有独特优势,发挥重大作用。人民政协的民主监督是我国社会主义监督体系的重要组成部分,是在坚持四项基本原则的基础上通过提出意见、批评、建议的方式进行的政治监督。它是参加人民政协的各党派团体和各族各界人士通过政协组织对国家机关及其工作人员的工作进行的监督,也是中国共产党在政协中与各民主党派和无党派人士之间进行的互相监督。对于我们党来说,更加需要接受来自各个方面的监督。

人民政协民主监督既是我国政治权力运行程序中的重要环节,又是人民监督权力行使的重要形式,与中国共产党的党内监督、人大监督、行政监督、群众监督、舆论监督等一起,共同构成我国社会主义监督体系。

二、人民政协民主监督是社会主义民主的重要实现形式

作为中国特色社会主义实践的伟大创造,人民政协民主监督是社会主义民主政治的重要形式,具备鲜明的中国特色和不可比拟的巨大优势。人民政协民主监督是社会主义自我完善的一种形式。与西方政党监督中执政党与在野党围绕权力展开无序竞争不同,我们在监督过程中遵循的仍然是我们所主张的"团结—批评—团结"公式,这种监督的目的是为了集思广益,促进决策的科学化、民主化,推动国家机关改进工作,提高效率,抑制腐败,保证法律法规和大政方针的贯彻执行,最后使大家团结在中国特色社会主义旗帜下,推动经济社会又好又快发展。这就比西方国家那种为了夺取政府公共权力,在政党之间形成的诘问谩骂式的所谓"监督"更加有序和高效,避免了"党争"的虚耗,体现了社会主义的优越性,并且作为一种体制内的监督渠道,人民政协的建议和批评更容易被国家机关的决策层所了解和接受,并迅速做出反应。

三、人民政协民主监督是中国特色政党制度的重要体现

人民政协民主监督体现的是执政党与参政党的关系,各民主党派和无党派人士通过人民政协的工作框架展开对中国共产党和国家机关及其工作人员的建议和批评。在中国共产党领导的多党合作和政治协商制度下,"长期共存、互相监督、肝胆相照、荣辱与共"已成为中国共产党和各民主党派及无党派人士处理关系的基本方针。作为实现执政党的中国共产党与参政党之间互相监督的一个平台,人民政协民主监督发挥了巨大的作用。

通过在人民政协中召开的各种会议、提出提案、进行视察等制度性形式,保障了民主党派和无党派人士能够自由独立地发表自己对于执政党的建议和批评,使党外意见可以通过有序安排进入党和国家的决策层,既巩固了中国共产党的领导地位和先进性,又保持了各个参政党的积极性和独立性,避免了各种矛盾的激化和无序参与带来的恶性后果。

人民政协民主监督的重要性十分突出,但是长期以来,在人民政协三项职能中,民主监督虽有许多探索、创新和发展,但仍然是个薄弱环节。主要存在认识不到位、机制不健全、横向合作不够等问题。表面上看,在具体实践中,不敢监督、不愿监督、不善监督的问题普遍存在,实质上是对人民政协民主监督缺乏深入系统的研究,没有从理论上弄清人民政协民主监督的性质定位、地位特点、工作重点、方式途径等基本问题。

因此,在新的历史条件下,加强人民政协民主监督,必须从无数的典型案例和工作实例中总结归纳,从实践经验中归纳理论逻辑,深刻认识人民政协在民主监督问题上的

使命和责任,追根溯源,正本清源,固本培元。

四、提高认识、准确定位、正确把握,加强政协民主监督工作的底气

民主监督与党内监督、国家权力机关监督、行政机关监督、司法机关监督和舆论监督等共同构成中国特色的社会主义监督体系,是一种有组织、高层次、不可或缺的政治监督。要深刻理解加强政协民主监督是社会主义协商民主建设的重要内容,把政协民主监督作为推进工作、改进作风、加强执政党建设的重要措施,力求监督在决策之前、执行之中、见效之后。加强顶层设计,推进制度化、规范化、程序化建设。建议在国家层面出台民主监督制度,地方政协也可以结合实际先行先试、大胆探索,制定民主监督工作规程,建立民主监督的运行机制和民主监督的保障激励机制。

五、突出专项监督,加强程序化建设,务求监督实效

专项监督是政协民主监督的重要形式,应该突出这一重点,真正体现监督实效。人们普遍认为人民政协的政治协商、民主监督、参政议政三项职能相互联系,政协开展的各项活动往往被认为既是政治协商,又是民主监督,也是参政议政。这种认识有一定的合理性,因为三项职能无论在履职内容上还是在履职形式上确有交叉,而且在本质上都是发扬民主、建言献策,为党政部门提供决策参考。但从政协章程上看,人民政协三项职能定位的侧重点是很清楚的。首先,三者履职的时间节点不同,政治协商侧重于决策之前和决策执行之中,民主监督侧重于决策之后,参政议政则不受时间限制。其次,三者履职的过程不同,政治协商侧重于商量问题、沟通交流、碰撞思想、提出建议,民主监督侧重于发现问题、批评缺点、推动整改,参政议政侧重于调查研究、反映社情民意、提供咨询。再次,三者建言的重点不同,政治协商侧重于提出建设性意见建议,民主监督侧重于提出批评性、监督性意见建议,参政议政侧重于反映情况。所以,加强和改进人民政协民主监督,首先应从定位上把民主监督与政治协商、参政议政区分开来,准确把握人民政协民主监督的侧重点。

长期以来,人民政协履行政治协商、民主监督、参政议政的形式趋同,提案、调研、座谈、视察、考察等通用于三项职能。由于没有专门的履职形式,缺乏有效抓手,才使得民主监督工作成效不够显著。为体现和凸显监督工作,使民主监督和政治协商、参政议政这两大职能相对区分,应该加强专项监督并使之制度化、程序化、规范化。在重点监督议题纳入政协年度协商计划的基础上,单独制订专项民主监督年度计划,增强监督工作的计划性。专项监督要有计划、有题目、有载体、有机构,形成监督闭环。

首先,要提升专项监督的制度化水平,集思广益,制定专项民主监督工作实施细则。围绕强化监督效果,从工作流程的规范、监督事项的甄选、参与人员的构成和监督成果的运用等方面加以规范。同时,在制定细则的过程中,要通过制度化的安排保障广大人民群众参与的广泛性和深入性,建立公开透明的监督机制。

其次,有条件的地方建议成立政协民主监督委员会。建议在委员中要善于选拔知情明政、敢于监督、善于监督的委员,成立专门的民主监督委员机构。并且,真正让这些委员广泛联系群众,从群众中汲取力量,同时加强和社会智库的沟通交流。队伍建设的目标就是为提高专项监督的实效提供坚强保障和智力支持。

再次,要构建协调配合专项民主监督工作机制。人民政协的民主监督不具有强制性,需要不断健全规范化体系。《意见》提出建立健全四套机制,即知情明政、协调落实、办理反馈、权益保障机制,目的就是要把政协民主监督纳入党委工作总体部署,确保在党委集中统一领导下有力有序有效开展。比如,建立办公厅会商制度,统筹协调政协民主监督议题、工作安排等重要问题;加强政协专门委员会就有关监督工作同党政部门等的对口联系;办理单位应及时以书面、会议通报等形式反馈政协民主监督意见办理、采纳和落实情况;政协主席会议或常委会议要听取重点监督意见办理情况通报;尊重和保障政协委员在参加民主监督工作中的知情权、参与权、表达权、监督权,维护政协委员对国家机关及其工作人员的工作提出意见、批评、建议的权利等。

综上所述,民主监督是政协工作的应有之义,也是当前政协工作中的“短板”,因此,以政协专项民主监督的强化为突破口,全面加强政协监督职能,就成为今后一段时间政协工作的重中之重。政协的协商式监督要想真正取得成效就必须从体制机制、队伍建设和规范化、程序化等方面全面加强,同时还需要相关部门的大力支持和配合。

政协是依据政协章程通过提出意见、批评、建议进行监督,监督的效果不是靠强制约束力,而是靠政治影响力。其次,协商式监督是讲政协民主监督的原则方法,即由政协的性质所决定,政协民主监督不能采用行政命令的方法进行,也不同于一般社会舆论、人民群众监督的发议论方式,而必须根据政协章程、依托政协组织、适应政协性质要求,坚持相互尊重、平等讨论、求同存异、理性包容的原则,通过提出意见、批评、建议的方式进行监督。第三是突出了政协民主监督的特点和优势,就是进一步表明政协的民主监督,既可以对涉及宪法法律和法规的实施,涉及人民群众切身利益的实际问题解决落实情况等,广开言路、畅所欲言,发挥政协民主监督广泛性、灵活性的优势,在国家政治生活中起到一种政治“寒暑表”、社会“解压阀”的作用;又可以围绕“党和国家重大方针政策和重要决策部署的贯彻落实情况”,有组织、有重点地开展监督,发挥对国家权力运行和实施的制约和监督作用。政协民主监督的目的,是协助党和政府解决问题、改进工作、增进团结、凝心聚力。

（作者单位:青岛市政协）

完善民主监督程序　增强民主监督实效

高绪华

2017 年,中共中央办公厅印发了《关于加强和改进人民政协民主监督工作的意见》（以下简称《意见》）,这是党中央颁发的第一个关于人民政协民主监督的专门文件,对新时期特别是中共十八大以来人民政协民主监督工作进行了理论总结和经验概括,深刻阐述了人民政协民主监督的重要意义和总体要求,明确了民主监督的内容、形式、程序、工作机制,突出强调加强党对人民政协民主监督工作的领导。在学习贯彻《意见》精神的过程中,加强民主监督程序建设、提高民主监督实效是关键。

长期以来,有些地方政协的民主监督职能,一直处于相对薄弱的状态。笔者认为根本原因是:政协民主监督制度不健全,特别在程序化建设方面尤显薄弱。民主监督工作是一项政策性、原则性、程序性非常强的工作,上级现有的相关文件对民主监督工作明确规定了民主监督的对象与范围、内容和形式等,而对如何开展和实施好民主监督的程序方面,规定相对不健全。因此,政协机关和政协委员在履行民主监督的工作中,实际存在着民主监督难开展、分寸难把握、工作难落实、效果难体现的现状。

要解决这些问题,关键在于按照"完善民主监督机制"的要求,不断健全民主监督组织程序,以推进"程序化"建设为抓手,切实加强政协民主监督。

一、健全民主监督运行机制,推进程序制度化

没有完备制度的监督是无序监督,没有法定程序的监督是无效监督。制度的可行性和约束力决定民主监督工作的质量和效果。因此,要履行好民主监督职能,必须把制度建设放在首位。

一是探索试行地方政协常委列席中国共产党地方（同级）代表大会制度。为认真贯彻中央关于协商在决策之前的要求,政协全体会议不仅要列席同级人民代表大会,还可以探索试行地方政协常委会或政协全体会议列席中国共产党地方（同级）代表大会。因为地方各级党代会不仅要讨论决定党的思想、作风、组织建设等重大政治问题,还要对一

个地区一段时期的经济社会发展、民主政治建设等做出重大决策。在决策前广泛听取政协常委或政协委员的意见、建议，更有利于决策的民主化、规范化、程序化和科学化。

二是要结合民主监督工作的基础和现状，制定改进监督和接受监督的制度。应该具体规定地方党委、政府接受同级政协民主监督的内容、形式和组织程序，明确民主监督双方的权利和义务。要通过对政协常委会议或主席会议的议案、专委会提案、党派团体的提案和委员的建言献策等不同形式，参照政协提案提出和办理的有益做法和经验，完善制度。凡属重大的、全局性的、综合性的议案或重点提案，同级党委办、政府办应直接办理和答复，属局部性的、行业性问题由相关部门办理和答复。同时要经常性地对各部门接受人民政协民主监督的情况进行调研和视察，对存在的问题要及时改进，以保证民主监督落到实处。

三是要建立完善沟通互动机制。政协组织要及时与同级政府就全年协商监督议题进行协商，政府也需将政协进行监督的内容提交政协，共同确定监督对象和内容。各专门委员会要主动与对口联系部门联系沟通，协商监督的内容和方法。在此基础上，政协要将全年工作要点，包括常委会工作安排及各专委会全年工作计划印发到党政部门，便于联系、协调、配合。

二、规范民主监督组织规程，做到程序规范化

人民政协对党委和政府机关工作开展民主监督，其目的是通过民主监督提高党委、政府的执政能力，加强民主政治建设，更好地落实科学发展观，促进经济社会又好又快发展，同时也是政协组织围绕大局、服务中心的重要工作。因此，开展民主监督必须在党委的领导下，在政府的支持下，在部门的配合下，有组织、有计划、有步骤地开展。

一是要健全民主监督机构。政协实施民主监督的途径很多，从主体上，既可以是政协组织或参加政协的党派团体，也可以是委员个人；从内容上，既可以是党委、政府以及地方经济社会中的重大问题，也可以是群众关心的具体问题；从形式上，既可以是全体会议、常委会议、专题座谈会提出意见、建议，也可以通过委员视察、提案、反映社情民意等方式开展。从目前政协机关的机构设置看，缺乏抓落实的体制和机制，如反映的社情民意有没有得到重视、提出的建议有没有得到采纳，提案办理的效果怎么样，基本上没有相应的组织保证。提案委员会只负责对提案的征集、归类、交办、督办以及满意度的收集反馈。委员对承办单位办理结果的答复反馈又常常碍于情面，而不能真实反映诉求。有的提案承办单位书面答复很好，但承诺后没有真正落实。鉴于目前政协民主监督工作开展得不太理想，以及实际存在的"有提无案""有议无果"的现状，可以探索政协机关设立专门的民主监督工作委员会，或把提案委员会扩大为提案和监督委员会，从组织上保证民主监督工作的正常开展并真正落到实处。

二是要规范民主监督方式。目前,已实行的民主监督方式比较多,在改革创新的同时,应根据监督对象内容、范围的不同,用活、用实、用好现有的监督方式,在实施监督的各环节中,可以运用专题听政、视察、座谈讨论、协商审议、反映社情民意等方式有序进行。要充分运用网络资源,采用网上征集的方式进行。开展委员活动日,要广泛运用听汇报、实地视察、协商座谈等多种方法,帮助委员全面、真实地了解被视察单位工作情况,进行"面对面"的互动交流,切实提高委员意见、建议的科学性、准确性和针对性。总之要运用各种有效的方式和途径,真实、准确、快捷地向同级党委、政府及有关部门如实反映参加政协的各民主党派、团体和社会各界的群众呼声和利益诉求,使党委、政府制定的方针政策、办法措施更加符合科学发展观,更加贴近实际,更能改善民生,更能符合群众的愿望和要求。

三是要建立委员知情机制。对一个地区的政治建设、经济建设、文化建设和社会建设的重大问题,有关国家法律、法规和地方性法规的实施情况、党的方针政策的贯彻执行情况、党政机关及其工作人员履行职责、遵纪守法、廉洁从政等方面的情况,党委或政府要适时向政协通报或协商。要尊重政协委员和民主党派的民主权利,积极支持政协组织的视察、专题调查及其他有关活动。根据工作需要,邀请政协委员参加党委、政府及有关部门相关的会议、调研、督查和评议活动。

三、增强民主监督力度,实现程序常态化

民主监督是政协组织的职责和权力,理当积极主动,富有成效地履行好。要从体制和机制上保证政协的个案监督与普遍监督相结合、重大事项监督与一般性问题监督相联系、阶段性监督与全程性监督相配套,努力实现民主监督程序常态化。

一是强化政协民主监督的职能和成效。可以尝试对地方政协常委会的建议案或政协主席会议确定的重点提案的办理结果,提交政协常委会审议票决。票决前,由建议案或提案承办单位的负责人到会通报办理的情况和结果,然后由常委以无记名投票的方式,对满意度进行表决,凡是票决不满意的应由相关单位重新办理。政协机关应对建议案或重点提案办理的审议票决结果按程序向同级党委和政府报告。这样可以有力地促进对政协组织建议案或提案办理机关的责任感和使命感,切实推动政协建议、提案的办理真正落到实处,办出实效。

二是要建立民主监督的保护机制。要使正常的民主监督免受不应有的干扰和伤害,使监督者的权利得到保护,确保民主监督工作顺利健康地发展。如重大问题的监督可通过政协组织向被监督部门的上级部门进行反映,政协组织要当好"娘家"和后盾。

三是建立民主监督与其他监督方式的良性互动机制。与人大监督结合方面,可建立政协提案转化为人大议案的机制;与群众监督结合方面,可以开通网站、微博、微信、信箱、热线电话等与群众直接快速互动。与舆论监督结合方面,可利用媒体以及与新闻媒

体合办专栏或节目,邀请政协委员、专家学者、各界人士评说社会热点,针砭时弊,反映群众呼声。与党内监督、行政监督结合方面,在条件允许的情况下,政协要积极组织民主党派和政协委员参加相关活动,从中发挥应有作用。

(作者单位:青岛市政协)

人民政协民主监督推动高质量发展的作用和方法路径

张凤楠

习近平总书记指出,现阶段我国经济发展的基本特征是由高速增长阶段转向高质量发展阶段。实现高质量发展,是保持经济社会持续健康发展的必然要求,是适应我国社会主要矛盾变化和全面建设社会主义现代化国家的必然要求。随着从高速增长向高质量发展迈进,中国经济正在开启新的时代。

人民政协民主监督是我国社会主义监督体系的重要组成部分,是社会主义协商民主的重要实现形式,是我国社会主义民主政治的独特创造和重要制度安排。2017年,中共中央下发了《关于加强和改进人民政协民主监督工作的意见》,为新形势下做好这项工作指明了方向。在当前中国特色社会主义进入新时代、中国经济迈向高质量发展的重要阶段,需要发挥人民政协民主监督的重要作用,助力助推高质量发展。

一、人民政协民主监督对推动高质量发展的重要作用

(一)政协民主监督有利于党委和政府围绕高质量发展科学民主决策

实现高质量发展,需要各级党委、政府依据中央顶层设计,结合各地实际,制定科学的发展规划,对高质量发展中面临的问题做出准确的研判和决策。

人民政协民主监督能够在重大决策的协商过程中履行监督职能,发挥政协以及政协委员的专业性、行业性、前瞻性,对决策形成提出政策性意见和建议,或提供决策选择方案,使党和政府的决策更具科学性,更能反映各方面的利益和诉求。

(二)政协民主监督有利于促进重大改革举措、重要决策部署贯彻落实

中国经济迈向高质量发展的成果实质上体现在党委政府制定的重大改革举措、重要决策部署能否贯彻到底、落实到地、执行到位。民主监督可以最大程度地发挥政协人才荟萃、智力密集的优势,从相对客观、公正的角度,对这些政策决策贯彻落实的力度、质量、效果做出评价,并通过监督职能督促单位和部门及其工作人员提升执行力,改进工

作、提高效率,将政策决策不折不扣落实到位。

（三）有利于加强团结合作,为推动高质量发展广泛凝聚正能量

高质量发展是一项涉及经济、社会、民生、生态文明等多个领域的重大工程,触及一部分人的利益藩篱,是全社会生产方式、利益再分配的过程,既需要全社会在内的各方力量共同努力,又需要处理好发展中的矛盾。政协作为最广泛的爱国统一战线组织,在履行民主监督职能过程中可以有效发现问题,发挥其广泛代表性和包容性的特点,将不同的意见收集起来,协调方方面面的资源和力量,统一思想、凝聚共识、化解矛盾,为推动高质量发展营造良好的社会环境。

二、应当厘清和把握的几个问题

（一）必须坚持以党建统领政协民主监督工作

民主监督作为人民政协三大职能之一,其政治属性与生俱来,作为一项重要制度安排,直接关系我国社会主义民主政治和基本政治制度。人民政协民主监督必须坚持中国共产党的领导,这是由中国特色社会主义最本质特征和共同思想政治基础决定的。人民政协民主监督坚持党的领导是政治原则,维护党的领导是政治规矩。因此,在助推高质量发展过程中,必须始终把党的领导摆在首位,以党建带动政协民主监督工作。

（二）注重处理好开展政协民主监督与助推经济社会发展的关系

开展政协民主监督,既要坚持问题导向,深入调查研究,实事求是反映情况,认真负责开展批评,严谨务实提出建议,也要坚持增进团结,促进联合,融协商、监督、参与、合作于一体,广泛凝聚共识、凝聚智慧、凝聚力量。政协民主监督的目的是为了党和国家重大方针政策和重要决策部署更好地贯彻落实,最终落脚点是助力实现经济社会更好地发展。要站在全局角度,既指出高质量发展存在的突出问题,又提出务实管用的建议,不能一味批评,也不能不顾大局简单批评,对于区域重大发展战略中存在的问题,要采取兼容并包和既要"看病"、又要"开方"的监督理念。

（三）着力解决当前政协民主监督工作存在的主要问题

一是民主监督意识薄弱。从监督主体的角度来看,存在着不敢监督、不愿监督、不易监督等动力不足问题;从监督客体的角度来看,少数部门对人民政协的性质、地位、作用等缺乏正确全面认识,接受民主监督的自觉性不强。

二是民主监督机制不健全。民主监督是一种非强制性监督,它通过的决议、提出的批评建议没有法律效力,规章制度对有关部门缺乏"刚性"约束力。因此,在工作运行程序上,存在随意性大且易流于形式、监督脱节等问题。

三是民主监督实效性有待加强。反馈是搞好民主监督的关键,完善和规范的反馈机制直接影响民主监督工作的实效性。对于政协提出的意见和建议,有些政府部门不会将

处理结果反馈给政协组织,甚至置之不理,影响了民主监督工作的正常运转。

要发挥政协民主监督对高质量发展的作用,需要党委加强对人民政协民主监督工作的领导,建立健全工作机制。竭力解决上述问题,才能使政协民主监督更好地发挥作用。

三、人民政协民主监督推动高质量发展的方法路径

(一)在监督内容上,重点监督中共中央关于推动高质量发展重大决策部署的贯彻落实情况

高质量发展的根本在于经济的活力、创新力和竞争力,供给侧结构性改革是根本途径。对于推动高质量发展和供给侧结构性改革,党中央、国务院出台了一系列重大决策、政策。政协开展民主监督,首先要明确监督内容,推动高质量发展的民主监督内容就是党中央、国务院关于推动高质量发展重大决策部署的贯彻落实情况,把全面深化改革、供给侧结构性改革、新旧动能转换、转方式调结构、创新驱动战略等重大战略作为政协民主监督的重中之重。政协组织和政协委员首先应当自身对这些政策学深悟透、把握精髓;其次要注重结合地方实际和政协工作实际,对每一个政策在本地的实施情况、落实情况、推进情况进行深入调查研究;再次是能够在掌握信息的基础上做出准确的判断,对民主监督过程中发现的问题提出专业性、前瞻性的意见建议。

(二)在监督形式上,不断创新,适应高质量发展的需要

要努力适应高质量发展的新形势、新特点,积极探索创新民主监督的新途径、新方法,充分运用"互联网+",探索以微信、微博等网络新媒体构建民主监督工作新平台。如,在会议监督形式中,关于高质量发展的专题性议政会议应增加监督性内容比重,可视情安排经济、科技等界别组(联组)专题讨论监督性议题。在视察监督形式中,对于涉及高质量发展的重大问题,政协应根据监督任务组织委员视察团(组),通过实地察看、座谈交流、听取意见等方式,提出监督意见、批评和建议。在专题监督形式中,要围绕高质量发展重要领域的重点问题,确定专项监督议题,成立专项民主监督团(组),开展监督性专题调研。在反映社情民意信息监督形式中,应当发挥社情民意信息"直通车"优势,把企业特别是中小企业具有代表性的监督性意见及时向党委、政府及有关部门(单位)集中反映,推动高质量发展中短板问题的解决。

(三)在监督程序上,注重跟踪监督问效的"高质量"

在确定议题环节,要广泛征求党派团体、政协界别、专门委员会、政协委员、党政部门、群众代表等各方面意见,经充分协商后提出建议,其中要确定高质量发展不同领域的重点监督议题,如深化供给侧结构性改革、激发各类市场主体活力、实施乡村振兴战略、实施区域协调发展战略、推动形成全面开放新格局、提高保障和改善民生水平等几大任务的议题。监督活动结束后,应运用监督报告、提案、协商议政专报、社情民意信息、大会发言汇编、会议简报等形式,及时向党委、政府及有关部门(单位)报送意见建议,相关部

门(单位)应认真研究监督意见反映的问题及建议,及时提出办理措施,以书面形式报送党委、政府。党委、政府督查部门要加强对民主监督意见建议办理、落实情况的督查。政协要主动沟通联系,跟踪掌握意见建议办理、落实进度,督促相关部门(单位)及时反馈,通过现场办公、视察调研、座谈走访等方式,跟踪检查并汇总整理跟踪问效情况,报送党委、政府。

（四）在监督机制上,确保协调落实、协同推进

围绕监督议题,政协应认真组织学习高质量发展重大决策部署,邀请专家学者提供咨询,了解情况、把握形势、熟悉法律、掌握政策、明确任务。加强人民政协民主监督与党委、政府工作的有效衔接,统筹协调政协民主监督议题、工作安排等重要问题。尊重和保障政协委员的知情权、参与权、表达权、监督权,维护和保障政协委员对国家机关及其工作人员的工作提出意见、批评和建议的权利,以及对违纪违法行为检举揭发的权利。对于干扰、阻挠政协委员参加民主监督,甚至压制、打击和报复的,应依纪依法追究责任。运用协商的方式和原则开展民主监督工作,把民主监督纳入政协协商民主工作全局,做到同规划、同部署、同推动、同落实、同评估,在协商中凝聚人心、增进共识,在监督中解决问题、促进工作,使协商式民主监督落到实处、取得实效。

（作者单位:青岛市政协）

发挥委员主体作用，全面提升政协履职能力

城阳区政协

政协委员是人民政协履职的主体，政协工作的活力在委员。政协工作的质量很大程度上取决于委员主体作用的发挥。习近平总书记在参加全国政协十二届三次会议联组讨论时对委员队伍建设提出明确要求：要勇于担当，着力提高能力素质、保持良好形象、增强委员意识，懂政协、会协商、善议政，做到建言建在需要时、议政议到点子上、监督监在关键处。这是新时期新形势下指导人民政协事业建设的最新论述，是新起点新征程上充分发挥委员主体作用的最新行动指南。如何发挥委员在政协工作中的主体作用，已然成为各级政协组织深入探索和研究的重要课题。

一、加强学习培训，真正让委员"懂政协"

提高委员的思想政治素质和履职能力，是充分发挥委员主体作用的前提。从当前各级政协组织的实际情况来看，不少委员在进入政协组织之前对人民政协的性质、地位、职能、作用和履职方式方法缺乏了解。加强政协委员学习培训工作显得尤为重要，培训的基本目的就是要让政协委员明白什么是政协、政协干什么、履职尽责如何落小落细落地落实。

一是要让委员明白政协委员不仅是一种身份和荣誉，更是一份责任与担当。政协委员具有智力优势和社会影响力，本职工作上应超越普通群众，政治觉悟上应引领普通群众，参政能力上应高出普通群众。当选政协委员后，不能把自己等同于普通群众，要切实发挥在本职工作中的带头作用、在政协工作中的主体作用、在界别群众中的代表作用。有了为加强经济建设和社会管理建言的意愿，为推进改革发展稳定建功的责任，为改善基层民生请命的担当，为履行政治协商、民主监督、参政议政职能的能力和水平，才能体现出政协委员的社会价值和地位，才能不愧于政协委员的身份和荣誉。一旦委员提出的建议意见批评被党委政府及其工作部门采纳和吸收，人民群众有序政治参与的积极性就会彻底释放出来，政协委员履职尽责的主动性就会极大调动起来，我国民主政治建设的

制度优势就会充分彰显出来。

二是要让委员懂得人民政协是大团结大联合的政治组织，是加强协商民主建设的重要机构，是发扬社会主义民主的重要形式。从人民政协的性质、地位和作用方面加强委员的学习培训，让委员们通俗易懂地明白三个深刻道理。第一是"帮忙，不添乱"。政协委员履职要服务党委政府的中心工作和人民意愿，决不能与人民的意志南辕北辙，决不能与党委政府的大局背道而驰，决不能做反面的、消极的、泄气的工作。第二是"只求说得对，不求说了算"，按照习近平总书记"要敢于讲真话、讲诤言，及时反映真实情况，勇于提出建议和批评，帮助查找不足、解决问题，推动各项改革发展举措落到实处"的要求动脑筋、想办法、出主意，切忌没调查研究就信口开河，切忌为了一己一地之私就汇假报、说假话，切忌心有顾虑而藏着掖着。第三是"只献策，不决策"，懂得凝聚智慧、凝聚力量、凝聚群众是政协和政协委员的根本所在，懂得知民情、解民忧、暖民心是政协和政协委员的职责所在，懂得政协和政协委员的工作是为了推动问题解决、而不是亲自去解决问题。

三是要让委员知道，要在推进国家治理体系和治理能力现代化中发挥更大作用，就必须坚持推进履职能力建设。要认真贯彻落实习近平总书记在庆祝中国人民政治协商会议成立65周年大会上提出的具体要求，探索推陈出新的方式方法，采取灵活多样的形式，不断提高政协委员的政治把握能力、调查研究能力、联系群众能力、合作共事能力。近年来，在委员的学习培训中，我们按照"缺什么补什么"的原则，在学习内容上突出三个重点，即：习总书记系列重要讲话和党的创新理论，统一战线和人民政协理论及其规章制度，与委员履职相关的经济、文化、社会、法律、科技、管理等方面知识。通过增强学习培训内容的针对性打牢委员履职的素质基础。

二、注重体系建设，真正让委员"会协商"

一级政协组织，不外乎具有全体会议、主席会议、常委会议、专题协商会议、委员活动联组、界别活动小组的组织体系和架构，政协的议政、协商、监督、视察、调研活动都脱离不了这个组织体系，政协委员充分发挥在政协工作中的主体作用也离不开这个平台和载体。因此，注重政协组织体系的设计、优化、实用、有效，显然成为政协和政协委员会协商的重要环节。

一要让政协委员的智慧在政协全体会议上释放和迸发。一般而言，县市区级政协全体会议的会期为3天左右，除有条不紊地进行规定议程外，明显存在大会发言时间短、委员讨论时间少的问题，不利于社情民意的充分集中，不利于委员智慧优势的彻底释放，不利于矛盾问题的深入探讨。总体来看，基层政协全体会议对政协、政府、人大、检察院、法院、财政、计划报告的讨论，客观上存在不太深入、不太细致的问题，这既有委员对情况不太熟悉、对政策不太了解的原因，也有会议讨论时间太短的问题。全体会议作为政协和政协委员履职尽责的重要平台，还未能完全把潜力和作用发挥出来。县市区这一级处于宏观之末微观之首的位置，面对的问题和矛盾更具体，掌握的情况更真实更全面，政策落地的感受和反映更直接，利用大会发言、分组讨论、提交提案、约谈部门负责人等方式，让委员的智慧在碰撞中产生火花，让委员的主张在交流中得到纠偏和完善，让委员的能力在协商中提升，才能更加全面地发挥委员的主体作用。

二要切实增强议政性常委会议和专题协商会议的实效。政协常委会议和专题协商会议是政协组织和政协委员履行职能最常用的方式，但实践中往往存在委员想说不会说、想说不敢说、想说不愿说的矛盾和困惑，存在发言内容站位不太高、思考不太深、层次不够清、观点不够明的顾虑和缺陷，存在政协内设机构梳理分析不到位、总结提炼不到位、建言献策不到位的问题和差距，使协商会议本身的实效打了折扣，也使政协组织和政协委员为党委政府当好参谋助手的职能作用受到影响。倡导委员在会前下功夫多调研、深调研，把情况弄清弄明，把问题找实找准，把对策谋准谋精，并坚持亲自撰写和反复修改发言提纲，做到发言有胆量、协商有底气、献策有根据、质询有风度。坚持不揪辫子、不打棍子、不放过错误思想和言论的协商原则，鼓励委员说真话、讲实情、建诤言。政协工作机构要认真对待每一次协商会议的成果，精打细磨，深入推敲，反复讨论，向党委政府报送高质量、有水平的建议和意见，力求建言建在需要时、议政议到点子上、监督监在关键处。

三要坚持经常性开展界别小组活动。委员是政协组织的基本细胞，界别是政协组织的基本单元。以界别为单位开展形式多样、丰富多彩的活动，是最大程度发挥委员在政协工作中的主体作用的基本方式，也是加强人民政协事业建设的重要内容。在界别设置前，尽量做到把主席会议成员候选人平均安排到各个界别，界别组成后优中选优确定活动召集人，为界别小组开展活动提供人员安排上的权威和保障，从而使界别小组活动深入扎实、成效突出。近年来，我们不断加强专委会与界别的对口联系，多次组织专委会和界别活动，增强了委员的界别意识，畅通了界别意见建议表达的渠道。注重发挥委员特长和优势，组织委员深入社区、深入群众，体察民情、关注民生，开展爱心助学、支教义诊、结对帮扶、咨询服务等社会公益活动，促进了社会和谐稳定，树立了政协委员的良好形象。

三、搭建履职平台，真正让委员"善议政"

人民政协经过几十年的建设与发展，其基本职能确定为政治协商、民主监督、参政议政，三项职能你中有我、我中有你，相互联系，相互补充，相得益彰。政协和政协委员履行职能是组织行为与个人作为的完美结合，需要政协组织加强履职平台建设，为政协委员明上情、知下情提供充分保障，为政协委员"接天线""接中心""接地气"营造良好条件。

一是搭建好协商议政平台。充分利用政协全委会议、常委会议和专题协商议政会议，组织委员就事关全区改革发展和社会民生的重大问题进行协商讨论，积极建言献策。近五年来，共收到委员大会发言材料81篇、提案722件、社情民意信息300余条，不少意见建议得到党委政府重视并纳入决策参考。2017年9月，我们召开了首次季度协商座谈会,邀请有关委员围绕"临时用工安全生产问题"进行专题协商,取得较好效果。

二是搭建好视察调研平台。组织委员围绕区委区政府的重点工作和关系民生改善的热点和难点进行专题视察和调研活动,是委员知区情、知民意的有效途径,在此基础上议政建言更有针对性和操作性。近年来,我们组织的一些重点视察调研活动都要吸收相关委员参加,为委员履职搭建了平台,也收到良好的参政议政效果。

三是搭建好界别履职平台。结合实际制定了《关于加强政协界别工作的意见(试行)》,将区政协27个界别按照工作相近关系划分为12个界别活动组,依托区政协各专委会开展界别活动,要求每个界别活动组每年至少开展两次活动,切实让各个界别活起来,让每个委员动起来。

四是搭建好岗位建功平台。研究制定了《关于在区政协委员中开展"双岗双责双作为"活动的实施意见》,要求委员既要在本职岗位上建功立业,又要为政协事业增光添彩。2018年区委做出建设"阳光城阳"的决策部署后,我们在全体政协委员中开展了"我为'阳光城阳'建设做贡献"和"为城阳发展献计策'金点子'"活动,收到了较好效果。

五是建立"委员来吧"手机APP平台。为进一步方便委员履职,加强交流互动,今年我们开发了"委员来吧"手机APP平台,设置"我的履职、政协快讯、通知公告、知情明政、委员圈、委员签到、委员名录"等栏目,委员通过手机就可以提交提案和社情民意,接收会议活动通知,进行会议活动签到,查询自己的履职活动和履职考核得分,该平台集学习、管理、履职、考核于一身,方便快捷,受到委员普遍欢迎。

不忘初心,牢记使命,进一步发挥好政协委员
主体作用

任　川

进一步发挥政协委员主体作用,不仅是贯彻落实习近平新时代中国特色社会主义思想和党的十九大精神,特别是习近平总书记关于加强和改进人民政协工作的重要思想的一项重要措施,也是青岛建设宜居幸福创新型国际城市对政协工作的客观要求。

一、进一步发挥政协委员主体作用亟待研究和解决的问题

(一)部分委员对政协作用、地位等在认识上有偏差

一些委员不同程度地存在对政协地位和作用的模糊认识,影响了委员主体作用的发挥。比如,有的把政协看作安排、照顾老同志和各界代表的荣誉性机构,把政协委员当作荣誉称号;有的认为政协没有党委政府的决策权、执行权,也不及人大机关的监督优势,远离权利核心,可有可无;还有的觉得政协就是"二线机关",协商监督、参政议政虚功多实效小;部分委员中存在履职初期热情高、后期热情低,新委员热情高、老委员热情低等突出问题。

(二)委员履职能力参差不齐

政协委员受教育程度、知识结构、工作岗位和工作经验的局限,参政议政能力参差不齐,存在不平衡的问题。例如,有的委员在本专业、行业领域是专家能手,但对于国计民生、社会问题等则了解甚少;有的委员事务缠身,深入基层不够,调研走马观花,信息渠道不畅,所提意见建议缺乏针对性、操作性和可行性;有的委员视野狭窄,从本地区、本部门利益出发考虑问题多、从大局和全局考虑问题少,要求解决问题的多、关注创新发展的少;个别委员埋头本职工作,忘记委员职责,成为徒有虚名的"挂名委员"。

(三)委员履职平台和活动载体不够丰富

由于受调研、视察等活动规模的限制,导致委员参与活动的范围不够广,一些重要

课题调研一般以相关委员为主,其他委员参与较少。政协在安排活动时,常规的偏多,内容和形式还不够丰富,缺乏吸引力。界别特色彰显不够,以界别为单位组织的参政议政活动较少,个别的界别委员基本上"一年开一次会、一年见一次面",日常交流研讨的机会不多。有时以委员身份去基层调研或考察,缺乏有力的支持和保障机制,委员知情明政的渠道和途径受限。

(四)委员管理及考核机制操作性不强

由于政协章程对不能正常履行职责的政协委员没有明确规定具体的处理办法和退出程序,对履职较好的委员缺乏切实可行的奖励机制,致使在强化委员履职管理上存在薄弱环节。目前,对一些不作为的委员做出辞去委员资格等处理也大都停留在要求层面,难以真正落到实处。对委员的考核缺乏刚性要求,考核工作的科学性、系统性、操作性不强。

(五)委员联系的渠道在广度和深度上有差距

委员之间缺乏主动联动机制,履职合力不够强;部分委员参与履职活动少,委员主动履职氛围不够浓厚,履职压力小;委员之间竞争态势尚未完全形成,缺乏专力履职的动力。

(六)委员履职环境仍需改善

一方面,由于政协委员大多具有"兼职性"的特点,在参加政协活动的时间、经费等方面的保障,易受所在单位领导"政协意识"强弱的限制;另一方面,个别单位的领导对政协委员工作不了解,认为委员监督是形式,可有可无;有的甚至认为是在"添麻烦"。在委员意见、建议的办理过程中,个别承办单位不是积极主动地去办理,而是通过做工作,让委员在提案办理反馈表上违心地填上"满意",挫伤了委员提意见、建议的积极性,对委员履职产生了消极影响。在委员调研过程中,部分单位在提供资料和介绍情况等方面不够认真,有应付的现象。

二、进一步发挥政协委员主体作用的对策建议

(一)进一步完善政协委员学习培训机制

认真贯彻落实党的十九大精神,根据新时代政协工作对委员履职的要求,牢固培养、树立起政协委员在政协学习中的主体意识,完善机制、改进方法。着力引导提高委员在学习中坚定正确的政治方向,主动思考问题、主动提出问题、主动分析问题、主动解决问题。建议增加委员年度专项培训经费,通过开展一系列"走出去"参加有针对性的委员培训班、专题学习研讨班;举办"请进来"辅导的高端学习报告会、情况通报会;积极开展委员们喜闻乐见的界别活动等形式,并利用青岛政协官网、青岛政协微信公众号、订阅有关政协方面的刊物等媒体平台,完善丰富学习培训的内容,并严格做到专款专用,持之以恒地推动委员学习,不断巩固参加人民政协各党派、各界人士共同思想政治基础,推动

形成新的共识,凝聚委员队伍正能量,发挥好委员在政协工作中的主体作用、界别群众中的代表作用和本职工作中的带头作用,努力建设一支牢记使命、敢于担当,懂政协、会协商、善议政,建言有力度,议政有广度,监督有深度的高素质委员队伍。

（二）健全政协委员协商推荐机制

1. 完善委员产生机制,把好政协委员"入口"

健全由政协党组和党委组织、统战部门等共同组成的委员推荐、协商、审核工作班子,规范委员产生的操作程序。从提名推荐开始,严格把控委员条件,协商推荐各界别中政治素质和专业素质好、热心政协事业、有较强参政意识和议政能力的优秀人士参加政协组织,为发挥好政协委员主体作用奠定坚实基础。

2. 建立委员退出机制,探索改进委员的"出口"

严格程序、严格考核、严格管理,加强对委员履职情况的考核。在文件中做出相应规定,对不能参加政协组织的会议和活动、不履行义务、失去代表性的委员,采取通报、约谈、告诫直至取消委员资格等方式给予组织处理。特别是在政协换届决定留任委员时,应以政协党组的意见为准,改变委员干好干坏一个样的状况。

（三）健全和完善委员知情明政机制

1. 完善组织体系,畅通履职渠道

通过政协讲堂、委员专题学习研讨班、专门委员会和委员界别活动组情况通报会等形式,邀请党政部门负责同志和有关专家学者,向委员及时通报经济、政治、文化、社会、生态文明建设等情况。

2. 完善委员应邀参会制度

积极推荐有担当、善建言的委员参加市委、市政府及职能部门召开的征求意见会、听证会及工作发布会;每次市政协常委会应尽可能多地邀请优秀政协委员及界别群众代表列席,并参与分组讨论,为委员把握形势、知情明政创造条件。

3. 建立健全"政情月报"制度

通过青岛政协官网、青岛政协微信公众号、政协报刊等多种形式和渠道,及时向委员通报中央和省、市委有关政协工作的重要部署和要求、政协会议有关决定、市政协年度工作要点、有关重要文件和领导讲话等,为委员履职提供好资讯服务。

4. 完善委员履职反馈机制

完善已有的建议案、提案、社情民意、调研报告、民主监督、协商民主等意见建议的落实、反馈机制。改变提案答复即办结的做法,在提高落实率上下功夫,对承办单位的承诺是否兑现、措施是否落实等进行跟踪,进一步完善协商成果采纳、落实和反馈机制。

（四）健全政协委员服务保障及管理机制

1. 提升素质,严格要求

认真贯彻落实好中央、省、市委有关加强人民政协工作意见的精神要求,结合新形势、新任务的要求,进一步加强政协领导班子、常委会、委员队伍、机关干部队伍自身建设;不断强化政协机关干部的服务意识和履职能力,为委员发挥好主体作用提供有力支撑。

2. 在改进现有的委员履职平台基础上,用好"互联网＋政协",完善委员履职工作规则,加强委员履职信息系统建设

搭建互联网电子平台,充分利用网络联络服务委员,将年度视察、调研活动主题、双月座谈会主题提前发布,让委员根据专业特长、兴趣爱好自主选择参与相应活动,并积极推进开展"菜单式"履职活动,提高调研、视察等活动内容的广度和深度。将委员培训和学习内容通过公众号发布,拓宽委员学习渠道。通过委员 QQ 群、微信平台,搭建网上委员之家,提升委员互动频率和效果。

3. 充分尊重和保护好委员的履职权利

鼓励委员畅所欲言、坦诚己见,保障委员的真知灼见落到实处。尊重委员的首创精神,充分发挥其在履职活动中的积极性和创造性;注重听取委员的意见建议,认真帮助委员们解决履职实践和岗位建功中遇到的实际困难和问题,做到政治上关心,工作上支持、生活上体贴。

4. 健全委员约束与激励机制

进一步完善对委员"日常跟踪管理、年度履职评议、届终考核测评"的综合评价体系。对委员参加会议、提供社情民意、撰写提案、参加视察、提交调研报告等提出明确要求,并进行综合考核。利用好委员履职动态管理考核系统,定期向委员单位、界别组织、党委和统战部门通报委员履职情况。发挥好典型引领作用,对履职成绩突出的委员及时给予表彰宣传,增强委员自信心和荣誉感。

(五)进一步改进委员联络机制和办法

发挥好主席会议成员、秘书长会议成员和专门委员会等职能部门以及委员界别活动组联系委员的作用,形成覆盖全体委员的联系网络。与委员联系的过程中,注意听取委员对政协工作的意见和建议,认真研究落实,及时向委员反馈。市政协领导同志考察调研,可视情邀请当地相关同级政协委员参加。定期向港澳地区委员通报政协工作情况。有针对性地组织开展委员跨界别活动,为委员合作互助创造有利条件。指导和协调基层政协建立健全委员联络机构和相关制度,通过开展各项履职活动,密切与当地市政协委员的联系。定期举办基层政协工作座谈会,立足与群众联系紧密、对基层情况感知灵敏、民主政治参与平台的优势,不断推进基层政协工作创新,强化委员履职整体合力。

(六)进一步推进机关干部交流任职

近几年来,我市在党政机关与政协机关干部交流方面取得了良好的成效,有力促进了委员履职和主体作用的发挥,应进一步有计划、有比例地加以完善。一方面,党政干部熟悉党和政府机构运行情况,到政协机关工作后在为政协委员服务、促进政协委员更好

地参政议政、发挥委员主体作用等方面可以发挥自身优势，同时党政干部到政协机关工作，还能受到政协相对更加民主和谐的氛围熏陶，进而得到更加全面的锻炼和提高。另一方面，政协机关干部在为政协委员服务的过程中，在广大政协委员人才济济的环境影响中，在政协多年形成的相对团结、民主、和谐氛围中，形成了较好的尊重知识、尊重人才及团结民主和谐的思维方式。因此，将表现突出的政协机关干部交流到党政机关，有利于改善党政机关干部队伍的结构，有利于激励广大政协机关干部安心并努力做好本职工作，为委员充分发挥主体作用提供有力支撑。

进一步发挥好政协委员主体作用是个大课题，任重而道远，人民政协要按照习总书记适应全面深化改革的要求，以改革思维、创新理念、务实举措大力推进履职能力建设，努力在推进国家治理体系和治理能力现代化中发挥更大作用。

（作者单位：青岛市政协）

论人民政协在推进国家治理体系和治理能力现代化中的独特优势与作用

九三学社青岛市委

党的十八届三中全会明确把完善和发展中国特色社会主义制度、推进国家治理体系和治理能力现代化作为全面深化改革的总目标。中国要实现这一伟大事业必然需要社会各界同心同德、凝心聚力,人民政协作为中国共产党领导的多党合作和政治协商机构,是国家治理体系的重要组成部分,在国家治理体系和治理能力现代化建设中肩负着重要使命。2014年,习近平总书记在庆祝中国人民政治协商会议成立65周年大会上的讲话中指出:"人民政协是国家治理体系的重要组成部分,要以改革思维、创新理念、务实举措大力推进履职能力建设,努力在推进国家治理体系和治理能力现代化中发挥更大作用。"[1]由此可见,人民政协在推进国家治理体系和治理能力现代化中具有重要作用,肩负着党和国家的重托,只有充分发挥自身的独特优势与作用,积极履行宪法所赋予的政治协商、参政议政和民主监督职能,才能不负党之重托,不辱国家使命。

一、人民政协在推进国家治理体系与治理能力现代化中的重要地位

国家治理体系和治理能力现代化是一项宏伟的系统工程,既需要先进政党的正确引导,也需要社会各界的携手奋斗。人民政协作为统一战线组织和政治协商的专门机构,是中国具有合法地位的可行使参政议政职能的政治组织,在国家治理体系和治理能力现代化建设中肩负着重要使命,具有不可替代的重要地位。

(一)人民政协是国家治理体系的重要组成部分

国家治理体系和治理能力是一个国家制度和制度执行能力的集中体现。习近平总书记曾明确指出,国家治理体系是在党的领导下管理国家的制度体系,包括经济、政治、文化、社会、生态文明和党的建设的各领域体制机制、法律法规安排,也就是一套紧密相连、相互协调的国家制度。人民政协是中国共产党领导的多党合作和政治协商制度的重要组成部分,自然也是国家治理体系的一部分。古语云:"能用众力则无敌于天下矣;能

用众智则无畏于圣人矣。"人民政协作为最广泛的爱国统一战线，拥有广泛的群众基础，可以凝聚各民族、各党派、各阶层的核心力量，是推进国家治理体系与治理能力现代化的强有力后盾。正确认识、清晰定位人民政协在国家治理体系中的地位，明确人民政协组织是国家治理体系的重要组成部分，对于推进国家治理体系和治理能力现代化至关重要。

（二）人民政协是推进国家治理体系和治理能力现代化的重要组织载体

推进国家治理现代化，需要借助于一定的组织载体，只有通过组织载体的运作，国家治理体系和治理能力现代化才会得以实现。人民政协作为国家非权力机构，它是团结广大人民群众汇聚爱国力量的统一战线组织，也是在中国共产党统一领导下，保证各党派、各人民团体、各族各界人士等参政议政和民主协商的重要组织机构[2]，这表明人民政协具有鲜明的党派性和社会性，而且其以界别为单位组成，打破了区域性和行政壁垒，有助于更广泛的将国家政策传递到各个阶层。"顺风而呼，声非加疾也，而闻者彰"，人民政协就是国家治理体系中的"风"，党中央的思想传达到各党派、各民族，因此，人民政协无疑是推进国家治理体系和治理能力现代化的重要组织载体。

二、人民政协在推进国家治理体系和治理能力现代化中具有独特的优势

（一）地位优势

人民政协由各党派、团体、各族各界人士组成，是沟通社会各界的重要桥梁，是调节社会关系的重要纽带，在国家治理中具有独特的政治地位。人民政协不是具有法律地位的国家政权机关，也不是一般的人民团体，正如李瑞环主席所说："政协有许多特色，说它是官又不是官，它没有决定权；说它是民又不是民，它参与国家重大问题的决策。"人民政协的这种超脱的社会地位能够使其更好地亲近群众，想群众所想，做群众所做，及时化解社会转型期的各种社会矛盾。政协委员来自社会各个阶层，在履职过程中既能够自上而下传递国家意志，又能够自下而上传递社情民意，这种亦官亦民的独特政治地位使政协委员在协调各方关系中具有不可替代的天然优势。

（二）智力优势

要推进国家治理体系和治理能力现代化，实现全面深化改革，离不开人才的支撑。人民政协吸纳了社会各界的优秀人才，被外界誉为"人才库""智囊团"，可以广泛集结各方智慧，为国家决策提供智力支持。一方面，政协委员大多是某一界别的代表，是各行各业的精英或各领域的专家学者，他们熟悉所在领域，具有较强的分析问题和解决问题的能力，能够围绕政府的工作大局提出前瞻性的建议[3]；另一方面，人民政协根植于人民群众，以界别为渠道来倾听社会各界人士的心声，通过研究社会发展和各界人士所关切的问题，为政府决策提供参考建议，使协商于决策之前和决策实施之中，不断增强人民政协协商民主的实效性[4]。总之，人民政协组成人员的广泛性和专业性，使他们有能力、有

条件就党和国家、广大人民群众所关心的问题提出建设性建议,为国家治理现代化提供智力支持。

(三)组织优势

国家治理现代化要求多元主体协同参与,人民政协的人员构成比较多元化,吸纳了学术界、商界、科技界等各界精英人士,与社会各界联系广泛,可以广泛收集人民群众的意见,是反映社情民意的直通车。人民政协具有扁平化组织结构,涉及广泛的人民群众而没有严格多级的行政层级约束,有助于直接吸纳基层意见。当前人民政协已形成完备的组织系统,建立了五级纵向一体的组织体系,形成了规模庞大、上下协同、联系紧密的组织网络体系[5]。人民政协既与各级党委、各级人大和各级政府共同构成国家治理体系的主体,又独立于社会主义民主政治体系之外,具有独特的组织优势。

三、人民政协职能的发挥是推进国家治理体系与治理能力现代化的重要保障

人民政协是符合中国国情的特设机构,地位卓越、优势突出,在推进国家治理体系与治理能力现代化中有举足轻重的作用。人民政协作用的发挥主要是通过履行政治协商、民主监督、参政议政职能来实现。

(一)政治协商,民主决策的基础

协商民主是实现党的领导的重要方式,是中国社会主义民主政治的特有形式。中共十八大以来,党中央始终强调把政治协商放在国家治理的重要环节,保证决策的民主性和科学性。一方面,政治协商能为科学民主决策提供制度保证。人民政协不断丰富政治协商形式,规范参政议政行为,把政治协商纳入决策程序,对于经济和社会发展中长期规划做到先协商后决策,对于重大人事安排和关于人民群众切身利益的重大问题要先协商后决定,对于重要地方性政府法规要先协商后通过,增强民主协商的实效性。另一方面,政治协商为推进科学民主决策提供组织保障。按照增强协商意识、丰富协商内容、拓展协商渠道、提高协商质量的要求,利用各种协商载体,组织开展各种形式的协商活动,为科学民主决策提供组织保障。

(二)民主监督,治国理政的保障

毛泽东同志说过:"只有让人民来监督政府,政府才不会松懈。"人民政协的民主监督是社会主义监督体系的重要组成部分。中共十八大以来,中共中央高度重视人民政协的民主监督工作,习近平总书记在庆祝人民政协成立65周年大会上明确指出,要加强人民政协民主监督,完善民主监督的组织领导、权益保障、知情反馈和沟通协调机制。人民政协作为我国具有合法监督职能的组织机构,其民主监督具有界别优势、党派优势、群众优势和上达党政、下连各界、位置超脱的特点[5]。人民政协独立于国家权力机构之外,较少受部门或地域利益的局限,可以客观、独立、公正地进行监督,在民主监督方面具有独

特的作用。

（三）参政议政，建言资政的阶梯

"以天下之目视，则无不见也；以天下之耳听，则无不闻也；以天下之心虑，则无不知也。"人民政协参政议政是中国共产党听取各界人士意见和建议的重要途径。人民政协联系广泛，囊括了社会各界的精英，协商主体具有广泛的代表性和巨大的包容性，能够广开言路，博采众谋，更加全面地向上传达各界人民群众的利益诉求。一方面，人民政协是中国共产党和其他各党派交流、协商的平台，有利于各党派间协调利益关系，促进政党合作；另一方面，政协委员生活在人民群众之中，与人民群众直接联系，可以及时听取并反映人民群众的心声，既维护人民群众的根本利益，又照顾各方面的具体利益[6]。人民政协献策不决策，参政不行政，这种超然独立的地位保障了参政议政的客观性，在调查实情、摸清实况方面具有独特的优势，很少受到部门或者地域利益的局限，能够敏锐地发现政府工作中存在的问题，为国家治理献言献策。

四、人民政协事业的发展创新是推进国家治理体系与治理能力现代化的持续动力

习近平总书记要求："人民政协要主动适应推进国家治理体系和治理能力现代化的要求，以改革创新的精神，大力推进履职能力建设。"人民政协事业的发展创新是推动国家治理体系和治理能力现代化的持续动力。

（一）优化界别设置，扩大界别影响力

人民政协由界别构成，界别属性是人民政协的基本组织属性，界别特色也是人民政协最大的特色[7]。人民政协要进一步优化界别设置，使人民政协包含更多的利益群体，提高界别凝聚力。

（1）提高界别设置的科学性，增加界别的代表性。提高对新兴行业的关注，将其中的精英人士吸纳到政协队伍中来，扩展原有的界别，提高界别设置的科学性。综合考虑政协委员个人的界别、年龄、职业等特点，优化政协委员的结构，使政协委员能够涵盖各个界别，代表社会各个阶层，彰显人民政协的包容性和广泛的代表性特征。

（2）提高界别之间的凝聚力。界别之间的紧密合作是人民政协发挥作用的基础。政协内部可以考虑建立"一对一"的专门服务界别活动的工作机构，以促进界别活动的顺利开展。同时，要创新界别活动方式，增加活动频率和活动深度，增加界别内的联系与交流，以更好地提高界别之间的凝聚力。

（二）创新政协机制，打造高效发展平台

人民政协应创新机制，为政协委员履职提供一个更高效的平台，以充分发挥政协委员推动国家治理现代化中的主体作用。

（1）创新沟通机制。反映社情民意是政协委员参政议政的主要形式，充分利用"委

员专栏""委员信箱"、微信公众号等互联网平台,拉近政协委员与群众的距离,听取群众意见,反映民生需求。在与执政党的沟通方面,政协委员要提高提案质量,真正为国家治理提供切实可行的建议。

(2)创新监督机制。创新监督方式,将委员个人对政府工作的监督上升至政协组织层面的监督,提升政协监督影响力;创新监督手段,运用现代化工具,开启协商议政"云时代",通过一网一端一号(政协官网、APP 客户端、微信公众号),打造"集约高效、互联互通、智能安全"的智慧政协[7],提高民主监督效率。

(三)提高政协委员履职能力

政协委员是人民政协的主体,也是推动国家治理体系和治理能力现代化的关键。政协委员只有不断提高履职能力,才能促进国家治理能力的有效提升。

(1)改进政协委员的履职方法。政协委员要注重履职思维理性化,保持动态发展的思维模式,强化主体思维和责任思维意识;要注重履职方式法制化,做到依法合规;要注重履职手段信息化,提高履职效率;要注重履职目标共识化,寻求各方利益之间的"最大公约数"[8]。

(2)提升政协委员的履职能力。政协委员素质是政协履职能力的基础,应切实增强政协委员的依法履职意识,鼓励政协委员积极参与贴近民情的社会调查,积极参与委员培训,不断提升政治认知能力、宏观把握能力及调查研究能力。同时,要通过委员联络机构加强委员之间的沟通,促进信息交流与共享,促进政协委员整体履职能力的提升。

"大厦之成,非一木之材也;大海之阔,非一流之归也。"推进国家治理体系与治理能力现代化任重道远,需要社会各界的共同努力。人民政协作为沟通社会各界的重要桥梁,在推进国家治理体系与治理能力现代化中具有不可替代的作用,只有充分发挥人民政协在政治协商、民主监督和参政议政中的作用,不断创新人民政协工作机制,提高政协委员履职能力,才能提高国家治理能力,实现国家治理现代化的目标。

参考文献

[1]习近平.在庆祝中国人民政治协商会议成立六十五周年大会上的讲话[EB/OL]. http://cppcc.people.com.cn/n/2014/0922/c34948-25704726.html, 2014-09-22.

[2]郝连儒.在国家治理体系中充分发挥人民政协的优势作用研究[J].求实,2015(11): 18-23.

[3]李爱国.发挥人民政协在国家治理体系中的作用[J].文史博(理论),2014(3):13- 14.

[4]魏晓文,徐凤月.国家治理视阈下人民政协协商民主功能及其优[J].中州学刊, 2015(11):21-25.

［5］赵连稳.人民政协是国家治理体系的重要组成部分 [N].学习时报,2018-03-26.

［6］黄加忠.人民政协在国家治理体系与治理能力现代化中的重要作 [J].文史博览（理论）,2014（4）:15-18.

［7］王琦.青岛市政协开启协商议政"云时代" [N].联合日报,2018-01-08.

［8］吴水霖.关于人民政协履职能力现代化的理论研究与实现路径 [J].中国政协（理论研究）,2016（1）:42-46.

坚持团结联合初心　创人民政协工作新局面

辛家鼎　张　栋

中国共产党人的初心和使命是什么？中共十九大报告中，习近平总书记开宗明义，强调了共产党人的初心和使命——"为中国人民谋幸福，为中华民族谋复兴"。人民政协作为中国人民爱国统一战线的组织、中国共产党领导的多党合作和政治协商的重要机构，是我国政治生活中发扬社会主义民主的重要形式，其初心就是团结一切可以团结的力量，实现全国各族各阶层人民的大团结大联合，共同致力于"为中国人民谋幸福，为中华民族谋复兴"的伟大征程。人民政协的初心与中国共产党的初心是完全一致的。

2018年是改革开放40周年，也是"五一口号"发布70周年，在中国人民站起来、富起来、强起来的伟大历程中，人民政协在中国共产党的领导下始终坚持大团结大联合主题，始终遵循初心，凝聚了统一战线的磅礴力量。

一、"五一口号"吹响各民主党派参与建设新中国的集结号

1948年上半年，人民解放军战略进攻的辉煌胜利、解放区土地改革的深入进行、国统区爱国民主运动的蓬勃开展，标志着中国革命新高潮的到来。4月30日，中共中央发布纪念"五一"劳动节口号，提出："全国劳动人民团结起来，联合全国知识分子、自由资产阶级、各民主党派、社会贤达和其他爱国分子，巩固与扩大反对帝国主义、反对封建主义、反对官僚资本主义的统一战线，为着打倒蒋介石建立新中国而共同奋斗！"[1]"各民主党派、各人民团体、各社会贤达迅速召开政治协商会议，讨论并实现召集人民代表大会，成立民主联合政府。"[2]中国共产党发出的号召，表达了中国人民的要求和愿望，也反映了各民主党派和所有爱国人士的政治主张，成为在新的革命高潮到来时进一步扩大人民民主统一战线、推动人民革命战争胜利的重大举措，为把全国各民主党派、各人民团体团结起来打倒国民党反动派，筹建新中国，凝聚了最大的政治力量，也为中国共产党与各民主党派合作共事、协商建国奠定了基础。各民主党派和社会贤达积极响应中国共产党的号召，李济深、沈钧儒、马叙伦、郭沫若等55位民主党派领导人和社会贤达很

快发表《我们对时局的意见》，表示"愿在中共领导下，献其绵薄，贯彻始终，以冀中国人民民主革命之迅速成功，独立、自由、和平、幸福的新中国之早日实现"。

"五一口号"的发布及民主党派与社会贤达的响应，标志着中国共产党领导的多党合作和政治协商制度这一新型政党制度初现端倪；而中国人民政治协商会议的正式召开，标志着这一制度的正式建立。

1949 年 9 月 7 日，周恩来在《关于人民政协的几个问题》的讲话中指出："政协是沿用了旧的政治协商会议的名称，但以它的组织和性质来说，所以能够发展成今天这样的会，绝不是发源于旧的政协。"他说，中国人民政治协商会议是中国共产党过去所主张的民族民主统一战线的形式。它绝对不同于旧的政治协商会议，旧的政治协商会议已经让国民党反动派破坏了。可是大家熟悉这一组织形式，所以今天我们沿用了这个名称，而增加了新的内容。

二、新中国建立初期到全国人民代表大会召开后政协的发展

（一）新政协会议召开，标志着人民政协正式成立和多党合作制度的正式建立

1949 年 9 月 21 日至 30 日，中国人民政治协商会议第一届全体会议在北平召开。这次会议包括各党派、各地区、人民解放军、各人民团体和特别邀请人士 46 个参加单位的 662 位代表，其中有正式代表 585 人，候补代表 77 人。中国人民政治协商会议第一届全体会议在当时还不具备召开普选的全国人民代表大会的条件下，代行全国人民代表大会的职权，通过了具有临时宪法性质的《中国人民政治协商会议共同纲领》，通过了《中国人民政治协商会议组织法》和《中华人民共和国中央人民政府组织法》；做出了关于中华人民共和国国都、纪年、国歌、国旗 4 个重要决议；选举产生了中华人民共和国中央人民政府委员会和中国人民政治协商会议第一届全国委员会；宣告了中华人民共和国的成立，开辟了中国历史的新纪元。

这次会议上，中国共产党与各民主党派就建立新中国的指导原则和成立民主联合政府等重大政治问题进行了充分的政治协商和民主讨论。一些民主党派领导人和无党派民主人士担任了中央人民政府的领导职务，充分体现了中国共产党领导下的大团结大联合。这次会议标志着中国革命取得了历史性的伟大胜利，标志着中国人民不仅在思想上、政治上而且在组织形式上形成了坚强的团结，标志着中国共产党领导的多党合作和政治协商制度的正式建立。

从 1949 年人民政协成立到 1954 年全国人民代表大会召开前，是人民政协历史上非常重要的时期。这一时期，人民政协依据《中国人民政治协商会议共同纲领》和《中国人民政治协商会议组织法》，认真履行自己的职权，卓有成效地开展工作，在团结、动员全国各族人民和一切爱国力量，巩固新生的人民政权，发展人民民主统一战线等方面，做出了重要贡献。这一时期人民政协协助政府动员人民群众开展各项社会改革运动，巩固新生的人民政权，恢复和发展国民经济；就统一战线内部的重大问题进行协商，协调各民主

阶级与阶层之间、各党派之间、政协全国委员会与地方委员会之间有关团结和工作的关系。此外,还推动抗美援朝运动和保卫世界和平,并为全国人民代表大会的召开进行准备,有效凝聚了全国上下各方的力量。

（二）全国人民代表大会召开后的人民政协

1954 年 9 月,第一届全国人民代表大会在北京召开,会议通过了《中华人民共和国宪法》。人民政协根据国家最高权力机关业已组成和人民民主统一战线更加广泛的新情况,需要对自己的组织和职能做出调整。对此,周恩来在政协第二届全国委员会第一次全体会议上的报告做了明确阐述。他说:"现在全国人民代表大会第一次会议已经召开,中国人民政治协商会议代行全国人民代表大会职权的政权机关作用已经消失,但中国人民政治协商会议本身的统一战线作用仍然存在……中国人民政治协商会议今后需要在中国共产党领导下,继续作为团结全国各民族、各民主阶级、各民主党派、各人民团体、国外华侨和其他爱国民主人士的人民民主统一战线组织,发挥它应有的作用。"[3] 人民政协作为人民民主统一战线组织的性质规定了它既不同于国家权力机关,也不同于一般的人民团体,而是党派性的统一战线组织,是各党派的协商机关。从职能上讲,人民政协主要是由代行人民代表大会职权和开展统一战线工作两项职能,转向开展统一战线和政治协商工作这一项职能。人民政协性质和职能的变化,使它在国家政治、经济、文化和社会生活中,能够继续发挥独特的重要作用。

1956 年 4 月,毛泽东同志在中共中央政治局扩大会议上所做的《论十大关系》的讲话,提出中国共产党和各民主党派要"长期共存,互相监督"。1957 年 2 月,毛泽东在最高国务会议第十一次（扩大）会议上《关于正确处理人民内部矛盾的问题》的讲话中,对"长期共存、互相监督"方针的提出及其重要意义做了深刻的阐述。政协第二届全国委员会第三次会议以决议的方式提出,必须根据"长期共存,互相监督"的方针,继续发扬民主,发挥互相监督的作用,健全国家政治生活,加强全国人民大团结。会议开过之后,积极采取措施认真贯彻会议精神。政协系统掀起了学习热潮,并在人民政协的工作中得到贯彻执行。这进一步调动了各民主党派和各方面人士建设社会主义的积极性,也使人民政协的工作更加生动活泼。

三、社会主义现代化建设新时期人民政协的恢复和发展

（一）人民政协的历史性转折

以中共十一届三中全会为标志,我国进入了以实现现代化为中心任务的新的历史时期,人民政协也进入了一个新的历史阶段。1979 年 6 月,政协第五届全国委员会第二次会议举行。这次会议的主旨是明确新时期统一战线的范围和人民政协的任务,进一步动员和团结全国各族人民和一切爱国力量,促进社会主义现代化建设。邓小平在开幕词中,分析了 30 年来我国社会阶级状况的根本变化,明确了新时期统一战线的范围。他指出,

我国的统一战线已经成为工人阶级领导的、工农联盟为基础的社会主义劳动者和拥护社会主义的爱国者的广泛的联盟。在会议上明确了新时期统一战线和人民政协的任务。这就是要调动一切积极因素,努力化消极因素为积极因素,团结一切可以团结的力量,同心同德,群策群力,维护和发展安定团结的政治局面,为把我国建设成为现代化的社会主义强国而奋斗。全国政协五届二次会议,是在中共十一届三中全会决定党和国家的工作中心转移到社会主义现代化建设上来之后召开的首次全国政协会议,是一次在历史转折关头召开的具有重大意义的会议。邓小平的开幕词为新时期人民政协事业的发展奠定了理论基础,是新时期统一战线和人民政协工作的行动纲领,具有极其重要的指导意义。这次会议之后,人民政协工作沿着正确轨道蓬勃发展,掀开了新的历史篇章。

1982 年 9 月,中共十二大报告确立了中国共产党与各民主党派"长期共存、互相监督、肝胆相照、荣辱与共"的十六字方针。1982 年 12 月,政协第五届全国委员会第五次会议通过了修订的《中国人民政治协商会议章程》。章程指出了新时期人民政协存在和发展的历史依据,明确了人民政协的性质地位、根本任务、政治基础、主要职能、组成原则和工作原则等基本问题。1982 年,人民政协的性质、作用被庄严地载入《中华人民共和国宪法》,为人民政协履行职能、开展工作提供了根本的法律依据。

这一时期,全国政协坚持以经济建设为中心,在协助拨乱反正、落实统一战线政策、实现"一国两制"构想、开展人民外交等方面做了大量工作,开创了人民政协事业的新局面。

（二）改革开放新的历史进程中,人民政协的进一步发展和完善

中共十三届四中全会后,在以江泽民同志为核心的中共中央领导下,继承和发扬老一辈无产阶级革命家的优良传统,着眼于国内外形势的变化和建设中国特色社会主义实践的发展,对新形势下的统一战线和人民政协工作做出了一系列重要论述,卓有成效地运用统一战线这个法宝为中国特色社会主义事业服务。这一时期,中国共产党领导的多党合作和政治协商制度被确立为我国基本政治制度,并把这项基本政治制度在宪法中确认下来,规定这一基本政治制度将长期存在和发展。修订政协章程,把参政议政同政治协商、民主监督并列为人民政协的主要职能,进一步拓宽了政协工作的领域;颁布实施《中共中央关于坚持和完善中国共产党领导的多党合作和政治协商制度的意见》,批转《政协全国委员会关于政治协商、民主监督、参政议政的规定》,明确了政协工作一系列方针、政策、原则和要求。各级政协围绕中心,服务大局。履行职能的各项工作逐步走上制度化、规范化、程序化轨道,在专题调研、建言立论、反映社情民意方面,进行了开创性工作,取得了丰硕成果。人民政协工作呈现出深入、扎实、活跃、有序发展的新局面。

中共十六大以来,以胡锦涛同志为总书记的中共中央,进一步加强和改善对人民政协的领导,把人民政协工作纳入中国特色社会主义事业的总体布局,做出一系列重要部署,在新的历史起点上,继续推动人民政协事业向前发展。中共中央先后颁发了与人民

政协事业发展密切相关的三个文件《中共中央关于进一步加强中国共产党领导的多党合作和政治协商制度建设的意见》《中共中央关于加强人民政协工作的意见》《中共中央关于巩固和壮大新世纪新阶段统一战线的意见》。其中，《关于加强人民政协工作的意见》是人民政协成立以来中共中央第一次专门就人民政协工作颁布的文件，为新世纪新阶段人民政协事业的发展夯实了基础、提供了政策依据和制度保障，成为指导人民政协事业发展的纲领性文件。文件突出团结和民主两大主题，努力促进我国政党关系、民族关系、宗教关系、阶层关系、民族关系、海内外同胞关系的和谐。这一时期，人民政协与时俱进地改进和创新履行职能的形式和内容，不断巩固和壮大爱国统一战线，进一步提高政治协商、民主监督、参政议政的实效；把促进发展作为履行职能的第一要务，围绕党和国家的中心任务选择综合性、全局性、前瞻性重大课题建言献策，为推动科学发展、促进社会和谐、推进"一国两制"的实践和祖国和平统一大业做出了重要贡献。

中共十八大以来，以习近平同志为核心的中共中央高度重视人民政协工作。习近平总书记立足时代和全局高度，着眼坚持和发展中国特色社会主义、建设社会主义政治文明，就人民政协工作发表一系列重要讲话，科学回答了人民政协事业面临的一系列重大理论和实践问题，为人民政协工作在新的征程上开拓奋进指明了前进方向、提供了基本遵循。人民政协事业在继承中发展、在发展中创新，呈现出团结民主、务实进取、蓬勃发展的生动局面。《关于加强社会主义协商民主建设的意见》《关于加强人民政协协商民主建设的实施意见》《关于加强和改进人民政协民主监督工作的意见》等重要文件相继出台。人民政协协商民主的制度化、规范化、程序化水平不断提高，社会主义协商民主的重要渠道和专门协商机构作用得到充分发挥。人民政协还加强同各民主党派、无党派人士合作共事，开展联合调研，加大党派提案与大会发言等工作力度，加强党外知识分子、新的社会阶层人士和非公有制经济人士的团结引领工作。人民政协性质定位的不断明确、拓展和深化，表明了人民政协作为统一战线卓有成效的组织形式，在不同的历史时期，始终发挥着大团结大联合的功能。

四、在实现中华民族伟大复兴的新征程中，继续发挥政协统一战线优势

追溯至"五一口号"发布的 70 年前，大团结大联合就始终是人民政协的初心，未曾改变。改革开放 40 年来，人民政协一如既往地坚持团结联合初心，在中国共产党的领导下，将一切可以团结的力量凝聚起来，共同致力于改革开放伟大事业，使得人民政协的事业与国家的改革开放一道前进。人民政协始终坚定地支持改革开放、服务改革开放、参与改革开放，为全面推进改革开放做出了重要贡献。另一方面，改革开放使人民政协事业重新焕发了蓬勃生机和旺盛活力，给人民政协工作开辟了广阔舞台和绚丽前景。

现在，我们比历史上任何时期都更接近、更有信心和能力实现中华民族伟大复兴的目标。新时代呼唤新作为，人民政协要继续坚持大团结大联合初心，以共同目标寻求最大公约数，以大团结大联合画出最大同心圆，以协商民主凝聚强大正能量，以改革创新激

发工作新活力,努力把不同党派、不同民族、不同阶层、不同信仰的海内外中华儿女凝聚起来,形成致力于实现祖国统一和中华民族伟大复兴中国梦的最广泛的爱国统一战线。

（一）聚焦学习贯彻习近平新时代中国特色社会主义思想,狠抓共同思想政治基础建设

学习贯彻中共十九大精神,是当前和今后一个时期人民政协的首要政治任务。贯彻中共十九大精神的灵魂和主线,是习近平新时代中国特色社会主义思想。要组织和推动政协各参加单位和各界委员进行大学习,引导各界委员深刻理解这一思想的时代背景、历史地位、科学体系、精神实质、时间要求,明确时代担当,形成求真务实作风,勇于创新精神和科学方法论,尤其要注重学习领会习近平总书记关于加强和改进人民政协工作的重要思想,不断夯实共同思想政治基础,用以指导新时代人民政协各项工作。

（二）聚焦解决发展不平衡不充分的问题,为实现高质量发展更好地发挥人民政协优势

当前,我国社会生产力水平总体上显著提高,社会生产能力在很多方面进入世界前列,更加突出的问题是发展不平衡不充分,这已经成为满足人民对美好生活需要的制约因素,也是我国社会矛盾的主要方面。近年来,青岛市政协认真贯彻"专注发展、专心民生、专力履职"工作理念,充分发挥协商民主重要渠道和专门协商机构的作用,聚焦解决好发展不平衡不充分问题,组织实施协商年度工作计划,开展协商议政、建言献策;积极发挥民主监督的特色和优势,重点监督相关重大方针和重要决策部署的贯彻落实,着力增进共识、促进团结、激发全社会创造力和发展活力,努力实现更高质量、更有效率、更加公平、更可持续的发展。

（三）聚焦发展爱国统一战线的组织作用,努力找到最大公约数、画出最大同心圆

人民政协是我国最广泛的爱国统一战线组织,在巩固和发展中国共产党领导的统一战线中肩负着重大责任。做好新时代人民政协工作,就要高举爱国主义、社会主义旗帜,牢牢把握团结和民主两大主题,坚持一致性和多样性相统一,聚焦发挥人民政协的统战功能,努力找到最大公约数、画出最大同心圆。坚持长期共存、互相监督、肝胆相照、荣辱与共,积极创造条件、搭建平台,大力支持民主党派在人民政协履行政治协商、民主监督、参政议政职能。

（四）聚焦改革创新,不断提高人民政协工作质量和水平

事业发展出题目,深化改革作文章。随着人民群众对民主、法治、公平、正义、安全、环境等方面的要求日益增长,民主意识、公平意识、法制意识、参与意识、监督意识越来越强,人民政协作为国家治理体系的重要组成部分,必须主动适应发展新方位、矛盾新变化的要求,坚持改革创新精神,推进人民政协理论创新、制度创新、工作创新。在不断加强

制度化规范化程序化建设的同时,积极推进政协工作的专业化、现代化和社会化。

(五)加强政协组织党的建设,为人民政协事业发展提供坚强政治保证

坚持党对人民政协的领导,必须加强政协组织党的建设,认真落实党要管党、全面从严治党的要求。做好政协工作,要贯彻落实新时代党的建设总要求,不断提高政协组织党的建设质量和水平。切实加强政协党组自身建设,认真贯彻落实加强和维护党中央集中统一领导的有关文件精神,加强党对政协工作的全面领导,严格落实全面从严治党的政治责任,进一步严肃党内政治生活,发挥党组领导核心作用,认真履行把方向、管大局、保落实责任,积极探索加强中共党员委员队伍建设,探索发挥政协委员中的共产党员先锋模范作用的协同机制。深入推进政协机关党的建设,以提升组织力为重点把基层党组织建设成为坚强战斗堡垒,加强纪律教育,强化纪律执行,努力营造良好政治生态。

(作者单位:青岛市市北区政协;民盟青岛市委)

坚持大团结大联合　服务"一带一路"建设

九三学社青岛市委

"一带一路"的重大提议是习近平总书记于 2013 年 9 月和 10 月在出访东南亚和中亚各国期间提出来的，是新时期我国扩大对外开放促进自身发展的重大战略举措。"一带一路"沿线国家和地区发展程度差异大，国情和区情千差万别，我国政府与企业的投资面临较大不确定性，人民政协需要发挥大团结大联合的作用，广泛团结各方力量，联合社会各阶层力量，服务于"一带一路"建设。

一、大团结大联合是新时期做好人民政协工作的要求

中共十一届三中全会以后，邓小平同志说："新时期统一战线和人民政协的任务，就是要调动一切积极因素，努力化消极因素为积极因素，团结一切可以团结的力量，同心同德，群策群力，维护和发展安定团结的政治局面，为把我国建设成为现代化的社会主义强国而奋斗。"新时期，我国社会主要矛盾已经转化为人民日益增长的美好生活需要和不平衡不充分的发展之间的矛盾，全面提升发展水平，是新时期化解社会主要矛盾的关键。均衡充分的发展需要全社会各方面力量的参与，形成合力，共同推动。人民政协是最广泛的爱国统一战线组织，统一战线人才荟萃、智力密集，可以说是一个大智库，统一战线并不是为了"好看"，而是要真正发挥作用，只要把这么多人团结起来，我们就能为实现"两个一百年"奋斗目标、实现中华民族伟大复兴的中国梦增添强大力量。做好人民政协工作，必须坚持大团结大联合，大团结大联合是统一战线的本质要求，是人民政协组织的重要特征。

在中国共产党统一领导下，人民政协大团结大联合"可以广泛形成人民群众参与各层次管理和治理的机制，有效克服人民群众在国家政治生活和社会治理中无法表达、难以参与的弊端；可以广泛凝聚全社会推进改革发展的智慧和力量，有效克服各项政策和工作共识不高、无以落实的弊端。这就是中国社会主义协商民主的独特优势所在。"新时期、新形势下，人民政协要牢牢把握大团结大联合的主题，着力构建大统战工作格局，巩固和发展最广泛的爱国统一战线，要坚持在热爱中华人民共和国、拥护中国共产党的

领导、拥护社会主义事业、共同致力于实现中华民族伟大复兴的政治基础上,最大限度调动一切积极因素,团结一切可以团结的人,汇聚起共襄伟业的强大力量。

二、人民政协服务"一带一路"建设的理论基础

(一)统一战线是推进"一带一路"建设的重要法宝

习近平同志指出,"统一战线是党的事业取得胜利的重要法宝,必须长期坚持。要高举爱国主义、社会主义旗帜,牢牢把握大团结大联合的主题,坚持一致性和多样性统一,找到最大公约数,画出最大同心圆"。人民政协是统一战线的重要组织形式,大团结大联合是人民政协和统一战线工作的重要主题。广泛的团结、联合与协商是增强党的阶级基础、扩大党的群众基础、巩固党的执政地位的重要法宝,是实现中华民族伟大复兴中国梦的重要力量。

"一带一路"重要战略是一项旨在促进区域合作、增强互联互通的伟大方略。大团结大联合之所以能够服务和推进"一带一路"战略布局,就是因为统一战线是"一带一路"战略的重要法宝,统一战线应当在服务"一带一路"战略中发挥重要作用,从根本上说,"一带一路"战略需要统一战线的大力支持。统一战线始终是党凝聚各方面力量的重要法宝,统一战线始终与党同心同德、同心同向、同向同行,统一战线的智慧力量凝聚在党和国家的中心工作中,当前,积极服务和协调推进"一带一路"战略布局,是统一战线重要法宝的传统,也是一项新的是历史使命。

(二)大团结大联合的根本任务是围绕中心、服务大局

习近平同志指出,"巩固和发展最广泛的爱国统一战线,是我们战胜困难、夺取胜利的重要法宝。统一战线追求的团结,是广泛的团结,也是坚强的团结,是沿着正确政治方向、向着共同目标前进的团结"。围绕中心、服务大局是大团结大联合的根本任务,也是人民政协工作的根本点和着力点。人民政协要围绕党的事业,凝心聚力,促进政党关系、民族关系、宗教关系、阶层关系、海内外同胞关系等社会各方面关系的和谐发展。作为国家重要的发展战略举措,"一带一路"战略不仅能够促进国家经济的转型升级,更有利于推进"四个全面"的战略布局,不断开拓改革开放的新局面。协调推进"一带一路"战略,是当前人民政协要服从和服务的中心和大局之一。

三、人民政协推进"一带一路"建设的着力点

"一带一路"战略将会构建区域利益共同体,加强中国与沿线国家和地区的经济合作。人民政协在凝聚人心、汇聚力量方面具有独特优势,因此,找准人民政协发挥作用的着力点,凝聚各国共识、深化合作领域、推进合作步伐,是当前推进"一带一路"建设的有效举措。

(一)充分发挥海外华人华侨优势资源的作用

习近平同志指出,"我们十三亿人,八千二百多万党员,包括海外同胞,大家能凝聚

共识,本身就是力量"。人民政协广泛联系着海内外同胞,目前,全球有 6000 多万华人华侨,其中,"有近 4000 万分布在'一带一路'沿线国家和地区",仅东南亚就有 3000 多万人,他们大多数深怀赤子之心报国之情,时刻不忘祖国才是自己的根,只要有机会都愿意回报祖国。另一方面,华人华侨走出国门后对祖国和所在国的国情均有比较深入的了解,因而成为连接中国与外界的"天然桥梁和纽带",在传播中国文化、推动民间交流、消除偏见与误解、抵制敌意宣传、促进民众互信方面均可发挥积极作用。在工作中,"我们要尊重人民首创精神,最大限度集中群众智慧,把党内外一切可以团结的力量广泛团结起来,把国内外一切可以调动的积极因素充分调动起来,汇合成推进改革开放的强大力量"。

首先,发挥华人华侨的经济优势。引导海外华人华侨积极参与"一带一路"建设,借助他们的商业网络和资本优势,加强与沿线企业的合作,加快构建产业园和示范区,使得"一带一路"建设的优势尽快发挥出来,切实提高区域经济一体化的水平。这就要加强对海外华人华侨的统战工作,发挥好中华海外联谊会的作用,加强与他们的沟通交流,及时传达党的方针政策,保护合法权益,服务好这支特殊的海外力量。

其次,发挥华人华侨的人才优势。海外华人华侨对祖国文化的认同和爱国之情仍然浓厚,并且,他们对侨居国的历史、民俗、语言、文化、社会和法律都比较熟悉,在增进中外文化交流、增进合作共识方面具有独特优势。在推进"一带一路"建设过程中,加强海外华人华侨的统战工作,发挥他们语言、熟悉当地法律制度的优势,减少与沿线国家合作方面的障碍。

最后,发挥华人华侨的桥梁纽带优势。目前,我国推进"一带一路"建设遭到许多国家的质疑和阻碍,阻碍了区域合作的步伐。这也要加强与海外华人华侨的沟通,向他们宣传党推进"一带一路"建设的科学性,增进世界各国对"一带一路"的理解和支持,为中国顺利推进"一带一路"建设营造良好的舆论氛围。

（二）高度重视党外代表人士的智囊作用

习近平同志指出,"加强党外知识分子工作,做好新的社会阶层人士工作,发挥他们在中国特色社会主义事业中的重要作用"。推进"一带一路"建设,需要发挥党外代表人士的智囊作用。鼓励党外代表人士参与"一带一路"建设,充分发挥他们建言献策的作用。鼓励党外代表人士深入实地调查研究,帮助国家制定切实可行的实施策略。党外代表人士的实地调查,把他们的智慧与沿线地区的资源优势结合起来。另外,沿线国家的民族矛盾、宗教矛盾、生态环境矛盾等各种矛盾错综复杂,处理好这些问题是合作的重要条件。党外代表人士一般都是在某一领域具有很高造诣的专家学者,发挥他们的优势作用,有利于"一带一路"建设能够在稳定的国际环境中顺利开展。

（三）引导非公有制经济走出国门

需要充分发挥非公有制经济灵活、快速、适应能力强的优势,引导非公有制经济积极参与沿线国家的基础设施建设，构建"亲""清"新型政商关系，促进非公有制经济健康发展和非公有制经济人士健康成长。有的非公企业已经在沿线国家建立了自己的商业网络，并树立了良好的企业信誉，这就可以引导非公有制经济充分利用自身优势，加快与沿线国家企业的合作。对沿线一些贫穷落后的国家和地区，非公有制经济可以充分发挥自身的技术优势，运用先进的科学技术和发展理念帮扶他们，增强双方的合作共识。

（四）加强民间交往和对话

首先，加强宗教界对"一带一路"建设的国外传播。沿线各国存在着不同的宗教信仰，宗教渗透到人们的日常生活中因而深刻影响着人们的认识和价值取向。全球化时代宗教在构建区域和国家间的关系中发挥着日益重要的作用。要发挥宗教界人士和信教群众在促进经济社会发展中的积极作用，最大限度团结一切可以团结的力量，鼓励我国宗教界向海外宗教界宣传"一带一路"建设的意义和价值，有助于赢得世界宗教界及其信徒"一带一路"建设的理解与支持。人民政协可团结联合宗教界人士积极开展多渠道的宗教外交，与"一带一路"沿线国家搭建起国际宗教文化交流的平台，并借助这一平台正面宣传我国的各项方针政策，促进族群之间的平等、包容和相互理解，引导沿线各国民众对"一带一路"战略进行正确认识，达到减轻阻力增进合力目的，助力"一带一路"长远和可持续发展。

其次，加强中国与沿线国家文化交流和人文合作。组织、引导民间人士，广泛开展文化交流、学术互动、旅游合作等多种形式的人文合作，增强"一带一路"文化纽带的作用。整合人民政协、统一战线外交资源，充分发挥民间团体在对外交往中的作用，通过发展与国外民间友好团体的联系，积极发展同国外商会、贸促会、行业协会等民间组织的交往，发展与知名人士、国家和地方前领导人、国际组织要员、著名科学家、跨国公司等的交往关系，实现民间交往对象的多元化。

关于增强新时代人民政协界别代表性的几点思考

宋善成

党的十八大以来，以习近平同志为核心的党中央高度重视加强政协界别工作。2013年11月，习近平总书记在《关于〈中共中央关于全面深化改革若干重大问题的决定〉的说明》中指出，要更加活跃有序地组织专题协商、对口协商、界别协商、提案办理协商，增加协商密度，提高协商成效。2014年9月，习近平总书记在庆祝人民政协成立65周年大会上发表重要讲话强调，要适应经济社会发展和统一战线内部结构变化，深入研究更好地发挥政协界别作用的思路和办法，扩大团结面、增强包容性，拓展有序政治参与空间。2017年10月，习近平总书记在十九大报告中突出强调，要"增强人民政协界别的代表性，加强委员队伍建设"。习近平总书记强调指出的"增强人民政协界别的代表性"是新时代发挥政协界别作用的必要条件，也是政协"扩大团结面、增强包容性，拓展有序政治参与空间"的要害和关键，为做好新时代人民政协界别工作提供了根本遵循和行动指南，需要在履职实践中重点深刻领会、突出抓好贯彻落实。

一、深刻认识增强政协界别代表性的重大意义

按界别组成，是人民政协的基本特点，也是政协组织区别于我国其他政治组织（如人大）的显著特征。界别利益协商是政协协商民主的重要体现，也是协商能否保持活力的关键。在新的时代条件下，只有增强政协界别代表性，才能使政协作为社会主义协商民主重要渠道和专门协商机构的作用和优势得到充分发挥。

（一）政协发挥团结引领、凝聚共识作用亟须增强界别代表性

习近平总书记指出，"我们坚持发展最广泛的爱国统一战线，发展独具特色的社会主义协商民主，有效凝聚了各党派、各团体、各民族、各界人士的智慧和力量"。政协委员是由界别协商产生，按照界别分组，代表着界别群众行使民主权利。界别包括了各党派团体和各族各界人士，涵盖了我国统一战线的所有方面，界别的这种设置充分体现了人民政协作为爱国统一战线组织的广泛团结面和政治包容性，进一步丰富了人民民主形

式、深化了人民民主内涵。全国政协设有 34 个界别，青岛市政协设有 31 个界别，可以说，每个政协界别都代表着特定的社会群体，一个界别就是一条民主渠道。增强界别代表性，有利于保障和扩大社会各界有序的政治参与，正确处理一致性和多样性的关系，寻求社会最大公约数，不断巩固和发展团结奋斗的共同政治思想基础。

（二）政协做好新时代群众工作亟须增强界别代表性

习近平总书记指出，协商民主是党的群众路线在政治领域的重要体现。界别基本涵盖了社会的各个阶层、行业和领域，通过界别履职，了解了各个界别的意见，就基本上了解了各族各界群众的意见。反过来讲，只有掌握各个界别的情况，才能掌握社会各个阶层、各个领域的情况，政协才能抓住各族各界群众关心关注的热点难点问题，有效履职尽责。增强界别代表性，将使政协更好地发挥作为党联系群众、团结各界的桥梁和纽带作用，通过做好"上情下达"和"下情上达"的工作，充分调动人民群众的积极性、主动性、创造性。

（三）政协协商实效的提升亟须增强界别代表性

界别是政协协商民主的履职支撑点和活力所在，是委员提升履职效能、发挥主体作用的重要载体。通过增强界别代表性，开展具有界别特点的活动，充分体现出界别"横向独立性强、纵向专业性强、内部联系性强"的特点，可以更好地发挥界别联系广泛、智力密集、位置超脱的优势，从全局的高度、专业的深度出发，使政协的议政建言更具全局性、代表性、专业性、科学性，从而提高人民政协的整体工作水平。

（四）委员主体作用发挥亟须增强界别代表性

政协界别代表性的增强将促使委员的界别意识得到加强，使委员在履职中主动加强与界别群众的联系，深化对界别、行业等专业领域知识的学习和运用，使所提的意见建议不仅体现个人的观点，更反映本界别群众的意愿和建议，切实发挥委员在政协工作中的主体作用、本职工作中的带头作用、界别群众中的代表作用。

二、积极探索增强界别代表性的有效路径

从近些年地方政协履职情况看，界别代表性虽然得到了一定的加强，但与新时代的新形势新要求相比，仍有一些不足之处，影响着政协协商民主实效的整体发挥。应从调整界别设置、强化界别意识、增强界别协商实效三个方面入手，着力增强界别代表性，不断激活界别的履职潜能和特色优势。

（一）关于界别设置的调整

习近平总书记在中共十九大报告中提出"打造共建共治共享的社会治理格局"，强调完善党委领导、政府负责、社会协同、公众参与、法治保障的社会治理体制。在当前经济社会快速发展、群众利益诉求日益多元的新形势下，增强政协界别代表性，发挥运用好协商民主的独特优势，推进地方社会治理创新，显得尤为迫切和重要。近些年来，调整界

别设置的呼声越来越高,受到了越来越多的政协实务工作者和专家学者的关注。目前有的界别设置已经滞后于新时代的社会结构变迁,不能完全涵括现有的社会阶层,也不能完全适应社会发展的新变化及各种利益群体的诉求。2015年中央办公厅印发的《关于加强人民政协协商民主建设的实施意见》强调,要"深入开展调查研究,在条件成熟时对政协界别适当进行调整"。青岛市委《民主法制领域改革专项小组2018年工作要点》也提出,要深化落实政协界别调整意见,增强人民政协界别的代表性。

毋庸置疑的是,在新时代,研究调整界别设置的目的,是为了更好地突出人民政协团结、民主两大主题,进一步扩大团结面和包容性,推进政协协商民主向纵深发展。科学调整优化界别设置,离不开做好社会结构多元化进程跟踪与社会阶层分布现状分析。主要的调整方法有合并、增加、删减等,总体原则是确保各社会阶层、各职业群体和有关重要方面在政协中都有相应的界别归属,充分保障各阶层的愿望和利益诉求在政协界别中都得到有力的代表和体现。在这方面,有的地方政协已领先迈出了一步。早在2011年7月,中共广东省委、广东省人民政府发布的《关于加强社会建设的决定》中就提出"拓宽依法参政议政渠道,鼓励有条件的市、县(市、区)政协设立新社会组织界别"。依法治国是我国的基本方略,为了充分发挥律师、法官、检察官、公证员等法律专业人士在政协协商民主中的作用,有必要增设法律界别。另外,对一些设置重叠的界别,如共青团界别、青联界别,科协界、科技界,可考虑合并。

在调整优化界别过程中,既要在参照社会阶层现状的基础上合理设置界别,又要注意优化界别内部结构,使界别内部各阶层委员分布比例保持大致上的平衡,进而做到最大限度包容、涵括各阶层。客观地说,在各级政协各界别的内部构成中,存在着比较突出的"精英化"现象,农业劳动者、农民工、产业工人、自由职业者等阶层的委员数量偏少、比例偏低。新时代人民政协正从"精英聚会"模式向开放、互动、对话的协商民主"空间"和"平台"转变,顺应这一趋势,应不断拓展协商民主的覆盖面,逐步增加"草根"阶层委员的数量,使各阶层的比例在政协中更趋合理平衡。

(二)关于增强界别意识的问题

目前,一些委员的界别意识较为淡薄,缺乏界别利益整合及表达的主动性和自觉性,没有充分意识到自己的界别代表的身份,与界别群众的联系不紧密,与同界别其他委员的沟通联系也不够密切。委员履职多以个人的名义进行,在政协组织的各种履职活动中,以界别为单位组织的较少,没有形成界别履职的整体合力。

政协的存在,就是为了通过有效协商解决人民内部的矛盾分歧、促成共识;而政协委员的存在,就是为了代表意见分歧的各方面来表述意见、增进共识。从某种意义上说,政协委员的基本职责之一,就是保持自身的界别代表性,发挥其在界别中的模范引领以及民意代言作用。其代表性,可以大于界别,以至于代表更大范围人民群众的民意,却不应小于界别。为此,首先要进一步强化委员的界别意识。一些委员缺乏界别意识,极少数委员甚至并不知道自己是以什么界别代表的身份参加政协的,缺乏主动自觉地了解、收集和反映本界别意愿和利益诉求的意识。这就需要进一步完善委员推选的制度。2015年中央办公厅印发的《关于加强人民政协协商民主建设的实施意见》指出,要"完善委员推荐提名工作机制,优化委员构成。改进委员产生机制,严把委员素质关,真正把代表性强、议政水平高、群众认可、德才兼备的优秀人士吸收到委员队伍中来"。可借鉴前些年深圳市的试点经验,探索在委员的推荐环节适当引入选举机制,让各推荐方通过选举提出推荐名单。通过优化委员产生机制,拉近委员同所在界别群众的关系,促使委员进一步深入到群众中去,使委员始终意识到自己是界别群体的代表,在政协平台上代表本界别群体行使各项权利、履行各项职能。

其次,政协委员不仅要为自己所处的界别和联系的社会群体代言,更要关心弱势群体的合法利益和社会公共利益,避免出现"强势者"的利益过度代表、"弱势者"的利益代表不足。习近平总书记指出,"人民群众是社会主义协商民主的重点","凡是涉及群众切身利益的决策都要充分听取群众意见,通过各种方式、在各个层级、各个方面同群众进行协商"。这就要求界别委员时刻以人民群众利益为重、以人民群众期盼为念,不但深入了解本界别的情况,也要注意广泛听取人民内部各方面的意见和建议,围绕人民群众生产生活中的热点难点问题认真履职。

(三)关于增强界别协商实效

习近平总书记指出,要更加灵活、更为经常地开展专题协商、对口协商、界别协商、提案办理协商,提高协商实效。相比较而言,界别协商在这几种协商形式中相对薄弱,需要引起足够重视,尽快补齐短板。界别代表性只有在界别协商实践中才能得到增强,而增强界别代表性也将促进界别协商的深入开展。在履职实践中,应突出抓好以下几个方面。

1.围绕中心履职尽责要增加界别分量

习近平总书记强调,要"坚持紧扣改革发展献计出力""着力服务全面建成小康社会、全面深化改革、全面依法治国、全面从严治党的战略布局"。开展界别工作,关键是"三个找准":找准在大局中的位置,找准自身的角色定位,找准自身的优势所在。政协各界别应站在全市经济社会发展全局、站在政协工作的全局考虑问题,自觉地把界别的工作、把界别作用的发挥与深入学习贯彻习近平新时代中国特色社会主义思想和中共十九大精神结合起来,与贯彻落实党委政府重大决策部署结合起来,按照大局之所需、群众之所盼、界别之所能这个基本的原则开展工作,真正把各自界别的特色彰显出来,把各自界别的优势发挥出来,为改革发展稳定积极作为。

2.协商议政要发出更多界别声音

政协的全体会议、常委会议、专题协商会和双周(月)协商座谈会等是协商的重要形式,也是发挥界别作用的重要途径。要通过各种例会,把各界群众普遍关注的热点难点问题以及反映比较集中的意见和建议,以界别的名义提出来。全会分组讨论最好严格按照界别进行编组,并适时组织界别联组讨论,更好地凸显界别的代表性,为同一界别内部或不同界别之间的委员提供更多的沟通交流机会,也方便委员就本界别或各界别共同关注的问题深入探讨、谋策建言,进一步增强界别协商的深度和力度。在大会发言和专题座谈中突出界别的重要地位,有计划地安排委员以界别身份发言,反映各界意愿诉求,彰显政协界别特色。鼓励各界别结合自身特点探索创新协商方式。例如,青岛市政协创新开展了界别协商监督,研究出台了《市政协社法委界别协商监督工作规则(试行)》,将民主监督和界别工作紧密结合,围绕"推动我市社会保障和福利事业发展"首次开展了界别协商监督活动,得到市委市政府的肯定和界别群众的好评。

3. 调研视察要突出界别特色

各界别要结合自身的特点和优势,以本界别共同关心、专业性较强的问题为选题,"少而精"地确定年度调研视察课题,深入基层、沉到一线,用事实和数据说话,做到言之有据、言之有理、言之有度、言之有物。专委会在开展重点调研视察过程中,要积极吸纳专业性、行业性强的界别参与。对一些涉及面较广的课题,可以多个界别进行联合调研,也可以邀请相关部门参与,力求达到调研内容与界别优势的结合和互动。各界别形成的专题调研报告,可以政协界别的名义通过规定程序报送党委、政府或相关部门,为党政提供决策依据和参考。

4. 提案和社情民意要扩大界别比重

政协各界别委员分别代表着不同利益群体,联系着一部分群众,能够反映其他渠道不易反映的意见建议,收集其他渠道难以收集的社情民意。目前,地方政协中的"界别提案"还比较少。为此,一方面要鼓励和引导各界别围绕共同关注的问题,在深入调研的基础上,以界别名义提出提案,并加大界别提案的办理力度。另一方面,要切实发挥不同界别的作用,鼓励和引导社会各方面,特别是新的社会阶层、民间组织主动加强与政协相关界别的沟通联系,从多方面、多层次、多角度听取和收集社会各界群众的意见和愿望,挖掘具有界别特色的社情民意信息,积极探索界别群众工作,扩大界别影响面,使界别履职更接地气。

5. 团结民主实践要彰显界别优势

各界别召集人要带头坚持团结与民主两大主题,在讲团结、促合作上严要求、做表率,坚持有事好商量、众人的事情由众人商量,积极拓展界别协商方式,广泛开展咨询议政、团结联谊、社会公益等活动,将党委、政府的决策部署及时传递给各界群众,将各界群众的智慧和力量汇集起来,达到增进共识、凝心聚力的目的。

三、完善"增强界别代表性"的制度机制,形成界别履职合力

要将界别建设作为加强政协自身建设的关键方面,加强组织协调和制度建设,集思

广益、齐心协力把界别工作做好，将界别代表性提高到一个新水平。

（一）发挥好界别召集人的组织协调作用

增强界别代表性，召集人的作用很关键。选聘召集人的目的就是使界别日常活动有人牵头、有人策划、有人组织，将相对松散的界别凝聚成有机的整体，形成界别的整体合力。各召集人应珍视界别群众的信任，珍重自身肩负的职责，切实增强责任意识和主观能动性，进一步密切联系本界别的委员，搞好组织筹划、沟通协调，争取界别工作的主动，促进各项界别活动经常性开展。

（二）发挥好专委会联系界别的纽带作用

政协专委会应强化服务意识，将自身工作与所联系界别工作有机结合，加强与界别的沟通协作，指导帮助各界别活动开展，并及时了解活动情况。主要包括：积极协助制订界别工作计划，组织年终工作总结和述职测评；协助组织相关调研、视察、协商活动；帮助联系有关政府部门、企事业单位、基层组织，开展界别活动；召开有关情况通报会、研讨会、座谈会，帮助界别委员知情明政；协助妥善安排界别活动工作人员、活动场地等。

（三）推进界别之间的协同合作

鼓励不同界别之间选择共同关心的热点、难点问题，以课题研究为纽带，开展联合调研，撰写联合提案，提高整体履职水平。各界别在加强合作和交流的同时，还要加强横向的"比、看、学"：在思路上比，看谁的视野宽、点子多；在内容上比，看谁的活动内容丰富、效果实在；在方法上比，看谁的方式灵活多样、受到委员欢迎；在成效上比，看谁的参会率高、提案信息多、调研成果实，努力在界别委员中形成学习先进、比学赶超的生动局面。

（四）抓好界别履职机制建设

习近平总书记强调，要尊重和保障委员民主权利，完善委员联络制度，健全委员联络机构，为委员履职尽责创造良好条件。为此，要健全界别委员履职的激励约束机制，给予界别活动经费保障，配置界别联络员，通过开展委员在界别活动中的年度述职考评、"优秀政协委员""优秀界别（活动组）评选"等方式，提高委员履职的积极性。按照习近平总书记提出的"懂政协、会协商、善议政，守纪律、讲规矩、重品行"的要求，引导界别委员提高素质和能力。落实新修订政协章程"建立委员履职档案，采取适当方式通报履职情况"等规定，健全委员参与界别活动的出勤、履职成果等方面的制度，促进界别工作规范有序地开展。善于运用现代信息技术手段创新工作机制和工作方法，鼓励各界别建立微信群，在群内定期发布界别活动相关信息，随时听取委员意见建议，加强委员之间的交流沟通，增强界别履职实效。

（作者单位：青岛市政协）

人民政协在推进精准扶贫、精准脱贫中的作用

九三学社青岛市委

2013 年 11 月,习近平总书记到湖南湘西考察时首次提出了"精准扶贫"的重要指示,要求各级政府部门要"实事求是、因地制宜、分类指导、精准扶贫"。精准扶贫是相对于以往粗放式扶贫而提出的新的扶贫理念,是指针对不同的贫困区域、不同的贫困户,运用科学有效的程序进行精准识别、精准帮扶、精准管理的治贫方式。精准扶贫、精准脱贫工作的开展对中国共产党带领全国各族人民走向小康社会,实现共同富裕的奋斗目标具有重要战略意义,然而在精准扶贫工作的具体实施过程中,却面临着精准识别困难、扶贫资金管理不规范、脱贫效果不佳等难题,需要各民主党派发挥各自的优势,共同参与精准扶贫工作。人民政协作为多党合作和政治协商的重要机构,在社会治理上具有独特的优势,应充分发挥人民政协在精准扶贫、精准脱贫中的作用,协同推进精准扶贫、精准脱贫战略的顺利实施。

一、精准扶贫、精准脱贫工作的难点

中共十九大提出,"确保到 2020 年我国现行标准下农村贫困人口实现脱贫,贫困县全部摘帽,解决区域性整体贫困"。脱贫攻坚时间紧任务重,任重而道远。虽然整体上国家的精准扶贫工作推进顺利,然而存在的一些难点问题在一定程度上影响了精准扶贫、精准脱贫战略的实施效果。

(一)精准识别贫困户困难

精准扶贫贵在精准、重在精准,因此精准识别扶贫对象是精准扶贫工作的首要任务。我国地域广阔、国情复杂,精准扶贫工作也异常复杂,以家庭年人均纯收入为基础的贫困户筛选指标实际执行操作存在困难,且过于单一。一般而言,低于国家制定的具体贫困户年人均纯收入标准就可以划分为贫困户,而高于此标准就不可以划入贫困户。但实际执行操作中,准确获知一个家庭真实的纯收入是有困难的。而且单一通过纯收入的高低判定贫困户过于片面,需要考虑家庭除了生产经营性支出之外的其他支出。另外,

人为活动也影响了贫困户的精准识别。精准扶贫精准脱贫政策可能会给一些因贪图私利去获取国家便利的人有机可乘,有些家庭为了享受国家优惠政策,不惜违背党和国家的方针政策,通过各种途径托关系将自己划分为贫困户,影响国家脱贫攻坚战的顺利开展。

(二)贫困户缺乏自主脱贫能力

通过对贫困户的资金支持尽管能够帮助其实现脱贫,但是治标不治本,必须提高贫困户自身的"造血"能力。目前大部分贫困户文化水平不高,缺乏一定的知识和技能,不具备自主脱贫的能力,需要通过产业扶贫、技术脱贫的方式来帮助他们实现脱贫。

(三)扶贫资金管理不规范

扶贫资金管理方面不够细化,对于扶贫资金和扶贫项目的使用对象以及使用范围缺乏精准的要求,存在擅自改变扶贫项目资金用途、将项目资金用于非扶贫项目,随意扩大扶贫资金的使用范围,违背专款专用原则等不良现象。对扶贫资金的监管不到位,存在挪用套取现象,导致资金利用效率低,扶贫效果差。

针对精准扶贫、精准脱贫实施过程中遇到的难点问题,人民政协作为爱国统一战线组织,应充分发挥自身的协调与监督作用,利用自身的独特优势,协助执政党化解精准扶贫、精准脱贫工作中的难点问题。

二、人民政协在精准扶贫、精准脱贫工作中的优势

人民政协是中国共产党领导的多党合作和政治协商的重要机构,是社会主义民主的一种重要形式,在国家的精准扶贫、精准脱贫战略实施中,发挥着不可替代的作用,具有以下独特的优势。

(一)雄厚的智力基础

政协委员都是各界精英代表,是各行各业的代表、专家学者等,可谓人才济济。因此人民政协可以充分发挥其智力优势,参与到精准扶贫工作中,利用自身的专业技能和社会资源帮助贫困户精准脱贫。

(二)广泛的社会联系

人民政协具有由不同界别组成的显著特色,具有巨大的包容性,吸收了各阶层、各党派团体的优秀代表,具有广泛的社会资源。政协委员能够凭借其在各自领域的影响力和自身的社会地位带动和影响各自界别的人民群众,具有广泛的群众基础,同时能够围绕党和国家的工作重点,及时搜集民意,反映广大群众的真实需求和意见,具有广泛的代表性。因此,人民政协丰富的社会资源和独特的影响力有助于精准扶贫、精准脱贫工作的顺利开展。

(三)"亦官亦民"的特殊地位

人民政协是协调社会政治关系的重要纽带,其既不是国家权力机关,也不是一般的

社会团体,可以用"说官亦官,说民亦民,亦官亦民,非官非民"来形容人民政协的地位。正是由于其"亦官亦民"的特殊地位,在社会生活中,很少受到一些限制和局限,既可以自上而下传递国家的重要方针政策,又可以自下而上表达社会民意,在精准扶贫、精准脱贫工作中,能够发挥不可替代的协调作用。

三、人民政协在精准扶贫、精准脱贫工作中的作用

（一）"智囊团"作用——精准扶贫、精准脱贫工作的智力支持者

人民政协是"人才库""智囊团",聚集了社会各阶层的优秀代表人士,荟萃了大批高级知识分子、专家学者和社会管理人才,积极参与脱贫攻坚、为精准扶贫、精准脱贫服务是人民政协在新时代的重要责任和伟大使命。政协委员应当充分发挥自身在智力扶贫上的作用,为脱贫攻坚战出谋划策,为党和国家科学民主科学决策提供依据。

（二）民主监督作用——精准扶贫、精准脱贫工作的保驾护航者

人民政协的民主监督是我国社会主义监督体系的重要组成部分,体现了社会主义政治文明,是自上而下和自下而上相结合的监督,虽然其不具有强制性,但是能发挥重要的作用。充分发挥人民政协的民主监督作用,及时发现精准扶贫、精准脱贫政策在推进过程中的不足并加以批评指正,有助于使扶贫工作真正惠及人民群众。

（三）桥梁纽带作用——精准扶贫、精准脱贫工作的上传下达者

人民政协具有广泛的社会联系,能够将不同界别的人民群体汇聚起来,为了共同的奋斗目标而努力。在具体的精准扶贫、精准脱贫工作实施过程中,人民政协能够发挥党和政府与各界群众联系的桥梁纽带作用,密切党与贫困人民群众的关系,增强贫困群众对党和国家的信任感,促进精扶贫、精准脱贫工作的渠道畅通。

（四）帮扶——精准扶贫、精准脱贫工作的带领引导者

政协委员作为社会各界的精英,可以根据自己所在领域的优势,找准帮扶结合点,尽心尽力地贡献自身才能,帮助培养贫困群众的一技之长,通过创业帮扶、就业帮扶、技术帮扶等一系列帮扶手段,激发贫困群众的脱贫积极性,提高贫困群众自我脱贫意识和自我脱贫能力。

四、充分发挥人民政协在精准扶贫、精准脱贫工作中的作用

目前我国已进入脱贫攻坚的决胜阶段,尚未脱贫的对象大都是贫困程度较重的,需要着重去解决的贫困户,打赢脱贫攻坚战,关键在于最后这几年。人民政协应充分发挥自身在精准扶贫、精准脱贫工作中的作用,保障精准扶贫效果。

（一）加强民主监督,提高民主监督实效

民主监督作为人民政协三大职能中相对薄弱的环节,有待进一步加强。在精准扶贫、精准脱贫工作中要充分发挥人民政协的民主监督职能,展现自身话语权,使民主监督

真正发挥实效。首先,加强对政协委员的培训教育提升民主监督能力;其次,建立民主监督考核和激励机制激发政协委员民主监督的积极性和主动性;最后,通过多种形式的增强民主监督的效果,在将提案、反映社情民意等传统的民主监督形式继续深化的同时,不断探索新的民主监督形式,如邀请普通群众旁听政协会议等,使监督方式更加灵活,增强民主监督的实效。

（二）增强透明度,确保贫困对象的精准识别

各乡镇政协组织应通过向群众积极宣传党和国家的精准扶贫、精准脱贫政策,增强广大群众对政策的理解,在充分征求人民群众意见的基础上,经过讨论、协商,做出普遍认同的符合实际情况的判断。所有评判标准与评判过程都要公开透明,保证广大群众的知情权,消除影响贫困对象识别的人为因素。

（三）发挥专业优势,提高贫困群众的自主脱贫能力

政协委员应充分利用自身的智力和技能优势,助力脱贫攻坚。具体来说,农业领域的政协委员可以通过对特色产业的发展,推广农业科学技术,增强贫困群众农业创收能力;在企业的政协委员自觉承担社会责任,解决就业问题,有合适的岗位优先安排贫困群众,对于有能力、有条件的贫困群众可以引导其自主创业;医疗界的政协委员向贫困群众宣传疾病预防措施,安排免费体检活动等,帮助贫困群众做好医疗卫生方面的保护措施;其他领域的政协委员也要凭借自己的专长和能力,大力宣传教育扶贫政策,畅通支教渠道和平台,鼓励更多的高素质人才深入基层,促进贫困地区教育事业发展,培养贫困户的一技之长,增强贫困户自身的"造血"能力。

（四）创新资金管理模式,提高扶贫资金利用效率

充分发挥人民政协联系经济界的优势,创新扶贫资金管理模式,如利用区块链交易溯源、不可篡改的优势,将精准扶贫、精准脱贫的资金管理与区块链相结合,实现扶贫资金专款专用、各环节公开透明,确保扶贫资金落实到位。与此同时,区块链技术还能够实现资金的高效管理,精准到人、精准到户,避免以往资金监控不到位的情况。

人民政协在推动"一带一路"建设中的作用

孙丕杰

在"一带一路"建设中如何更好地配合政府、服务企业、牵线搭桥、鼓劲宣传,已成为各级政协当前值得关注的大事。

一、充分发挥政协的智力优势

实施"一带一路"战略,要求建立沿线国家高端智库合作机制,汇聚国内外智慧,在战略研究、政策咨询、合作规划和重点项目实施过程中发挥沟通、咨商和斡旋作用。人民政协汇聚各行各业的代表人物,本身具有一定的智囊作用。因此,人民政协的智力优势可以对社会共识的形成产生重要影响。在参与"一带一路"战略实践中具体需要从三个方面来把握。

(一)注重操作性

把"一带一路"战略面临的任务、机遇和挑战,分解成具体问题,选择"切口较小、视野宽、关注度高"的议题进行系统的研究。比如,当前与国际交往合作主要停留在团结联谊、引资引智等传统路径上,但如何助推中国企业"走出去"也是摆在我们面前的一项重大课题,不光是简单的一句话,肯定会遇到诸如对当地政治经济、投资环境、法律条文不熟悉,海外项目专业人才匮乏,"走出去"的配套政策和机制滞后等一系列"水土不服"问题。因此,为更好地服务企业参与"一带一路"建设,应积极与企业对接,提供可行性参考,避免盲目规划与过度投资。

(二)增强主动性

政协是一个平台,提供了各民主党派、各团体、各阶层、各方面人士参政议政的舞台,"一带一路"建设应注重平时的相容和整体合力的形成,实现各类资源的有效整合、各方力量的互动配合、各种优势的有机结合,努力提高"一带一路"研究建言的质量和水平。

（三）加大联动性

社会组织,联合高校、科研院所和民营企业,如高校、科研院所委员数量多、分布广、视野开阔、信息量大,且不隶属于所属体制内,研究、把握脉动准确,共同构建"一带一路"战略背景下政、产、学、研一体化的研究平台,定期举办专题协商会,加强成果转化,可以起到事半功倍的效果。

二、牢固树立政协核心价值理念,当好"一带一路"战略的宣传员

大量事实说明,"一带一路"战略带来的不光是物质发展,更有理念融合、民心相通,民心相通建设是"一带一路"建设的社会根基和重要支撑。民心相通是指一国民众具有相似或相同的习俗、宗教信仰、生活方式等,若将这些进行升华,抽离内化为民众的共同思维,就可以指导民众的行为。人民政协文化中的核心价值理念,如凝心聚力、团结合作、以和为贵、协调各方、同舟共济、荣辱与共等,都与构建国际命运共同体的核心价值理念完全一致,而且与协商民主本质要求内在一致,这就要求人民政协要秉持协商民主理念,当好"一带一路"战略宣传员。

（一）当好引导者,凝聚丝路共识

协商民主的本质就是用公共理性引导多元、分歧、差异带来的冲突,让参与国充分展示自己的观点,提出可行性理由,使所有参与国的观点向趋同性方向发展,共识程度加深。因此,人民政协可利用广泛的人脉,积累民意资源,让民主协商、团结合作的方式赢得更为广泛的认同,使"一带一路"成为连接不同文明的纽带。

（二）当好阐释者,弘扬"丝路精神"

综观人民政协成立的过程,不难看出人民政协与各界群众有着天然联系,"人民"与"政协"密不可分,由此可见,人民政协与沿线各国不同利益、观念的社会群体之间进行文化交流和沟通具有明显的优势。因此,要把握和选准时机,开展主题鲜明、形式多样的宣讲活动,以点带面,营造氛围,有声有色地解读政策,消除认知误差,使沿线国家达成"一带一路"建设应团结互信、平等互利、包容互鉴、合作共赢、共享和平、共同发展的共识,深切感知"丝路精神"的丰厚内涵和恒久魅力。

（三）当好推动者,促进丝路合作

巩固人民政协对外交流交往渠道,积极与外国友好组织建立友好合作关系,一方面推动沿线国家民间组织合作,另一方面也加深各国对中国文化、历史和风俗习惯的认识。同时,注重加强与华人华侨新生代的交流,邀请海外侨胞列席政协全会,组织各类寻根之旅、文化之旅等联谊活动,致力于培养一支友好力量,支持、引导和帮助"一带一路"沿线国家的华人华侨参与战略实施,深度融合。

三、加强人民政协之间的横向联系,为"一带一路"战略在各地间开展合作搭建平台

常言道,全国各地的政协是"一家",各级政协历来有着横向联系的传统,这不仅扩大了全国各地政协之间的联系,也使各地政协在相互交流中开启思路,取长补短。当前,就是要利用这一传统优势,围绕"一带一路"的战略统筹规划等共同关注的重要问题联合开展调查研究,形成合力,促进"一带一路"既形成区域协调发展又体现差异性的"错位"发展,尤为重要的是要以阶段性特殊地位的节点地区为轴,努力形成远近点梯次联合的合作格局,逐步形成与之相适应的辐射、带动的梯次效应。一般来说,所谓节点,就是指从地理区位看,处于"一带一路"沿线的门户省市,比如,发挥陕西、甘肃、青海、宁夏、新疆等地人文优势,形成面向中亚、南亚、西亚国家的人文交流基地;发挥云南的区位优势,将其建设成为面向南亚、东南亚的辐射中心;发挥福建在推进海上丝绸之路建设中独特的优势等。

(一)以关联性强的课题为纽带,发挥整体合力

协商选择涉及"一带一路"区域经济社会发展等共同性问题,比如,围绕推进区域统筹规划一体化、基础设施相联相通、产业发展互补互促、资源要素对接对流、公共服务共建共享、推进扶贫攻坚、财税支持、企业转型升级等需协同发展方面的课题,有力给予催化。

(二)以重点提案为发力点,彰显政协优势

人民政协的建议内容丰富,但不可能面面俱到。因此,要紧紧围绕"绿色丝绸之路",践行绿色发展理念;围绕"健康丝绸之路",深化医疗卫生合作;围绕"智力丝绸之路",关注人才培养,形成全方位、多主体、多层次的立体格局,从而有效助推不同行政区域存在的各自为政、权责不清等矛盾的解决。

(三)以加强信息建设为抓手,扩大政协触角

多渠道及时主动收集信息,是人民政协参政的先决条件。应建立各级政协组织信息互通的统一网络平台,拓宽信息征集渠道,整合、积累,建立稳定可靠的数据库,从而有效地借助信息平台,及时向国内外传递信息,共享信息资源。

(作者单位:青岛市黄岛区政协)

如何认识人民政协在统一战线工作中的地位和作用

郝兴利

人民政协是我国的爱国统一战线组织,是中国共产党领导的多党合作和政治协商的重要机构,是我国政治生活中发扬社会主义民主的一种重要形式,也因此决定了人民政协的性质,在统一战线工作中占有举足轻重的地位和不可或缺的作用。

一、从把握人民政协的性质定位来认识其在统一战线工作的地位和作用

习近平总书记强调:"要深入学习领会党中央关于人民政协工作部署要求,准确理解和把握人民政协的性质、地位、职能、作用,坚持在宪法法律和政协章程范围内履行职能、开展工作,确保人民政协事业的正确政治方向。"要坚决贯彻习近平总书记重要指示,深刻领会其核心要义和精神实质,准确把握人民政协性质的定位,才能确保人民政协在统一战线工作中发挥作用。

(一)从发展社会主义协商民主的维度来认识和把握

社会主义协商民主是我国人民民主的重要形式,是我国社会主义民主政治的特有形式和独特优势,是实现党的领导的重要方式。社会主义协商民主所追求的价值目标,与中华民族长期形成的天下为公、兼容并蓄、求同存异等优秀政治文化所包含的思想内涵存在相通之处,是我国共产党人在我国革命、建设、改革进程中协商民主实践经验的理论总结,是我国共产党人一以贯之的理论主张,也是新中国成立后各党派、各团体、各民族、各阶层、各界人士在政治制度上共同实现的伟大创造,具有深厚的文化基础、理论基础、实践基础、制度基础,是我国社会主义民主政治中独特的、独有的、独到的民主形式。在我国,有事好商量、众人的事情由众人商量,是人民民主的真谛。

自党的十八大以来,以习近平同志为核心的党中央高度重视发展协商民主,为协商民主这一党的传统执政优势注入新的时代内涵,协商民主的优势逐渐转化为治理效能。中国特色社会主义进入新时代,人民政协事业也需要与时代相适应、同进步,需要加强党对协商民主的顶层设计和组织领导,形成更为完善的协商民主制度程序。

政协章程增写了关于社会主义协商民主和政协协商民主的内容,明确政协是社会主义协商民主的重要渠道和专门协商机构,非常及时、十分重要。要坚持把协商民主贯穿于履行职能全过程,探索和丰富协商形式,更加灵活地开展专题协商、对口协商、界别协商、提案办理协商,积极探索网络议政、远程协商等新形式协商,求真务实提高协商能力水平,进一步推动人民政协协商民主在实践中的发展。

(二)从坚持和发展新型政党制度的维度来认识和把握

习近平总书记指出,中国共产党领导的多党合作和政治协商制度作为我国一项基本政治制度,是中国共产党、中国人民和各民主党派、无党派人士的伟大政治创造,是从中国土壤中生长出来的新型政党制度。这个新型政党制度是马克思主义政党理论同中国实际相结合的产物,其显著特征是共产党领导、多党派合作,共产党执政、多党派参政能够有效避免旧式政党制度代表少数人、少数利益集团的弊端,有效避免一党缺乏监督或者多党恶性竞争的弊端,有效避免旧式政党制度囿于党派利益、阶级利益、区域和集团利益决策施政导致社会撕裂的弊端。

我们可以清醒认识到,新型政党制度不仅厚植于我国土壤,体现着我国文化,在制度建构层面更体现着中国创造和中国智慧,走出了我国政治文明独特的发展道路,这是对人类政治文明发展的重要贡献,具有无比优越性和强大生命力。

宪法修改重申了我国基本政治制度,政协章程修改充分体现了坚持和发展新型政党制度的要求,宣示了我们党坚如磐石的道路自信、理论自信、制度自信、文化自信。

人民政协要团结引领参加政协的各党派团体、各族各界人士,增强坚持和发展新型政党制度的政治定力,坚定走中国特色社会主义政治发展道路,把中国共产党领导的多党合作和政治协商制度坚持好、完善好。

(三)从巩固和发展最广泛统一战线的维度来认识和把握

政协章程充实完善了统一战线内容。统一战线是中国共产党夺取革命、建设、改革事业胜利的重要法宝,也是实现中华民族伟大复兴的重要法宝。

当前,实现中华民族伟大复兴、实现中国梦,需要凝聚各方面的力量共同奋斗。只有把全体社会主义劳动者、社会主义事业的建设者、拥护社会主义的爱国者、拥护祖国统一和致力于中华民族伟大复兴的爱国者都团结起来、凝聚起来,实现中国梦才能获得强大持久广泛的力量支持。

人民政协作为最广泛的爱国统一战线组织,统战性既与生俱来又与时俱进,要坚持一致性和多样性相统一,把发挥团结统战功能融汇于政协各项工作之中,把增进和凝聚共识作为检验政协履职实效的重要标尺,助力党政寻求最大公约数、汇聚强大正能量、画好最大同心圆,最大限度凝聚人心和共识、汇聚智慧和力量。

(四)从推进国家治理体系和治理能力现代化的维度来认识和把握

推进国家治理体系和治理能力现代化是全面深化改革的总目标。党的十九大报告在我国社会主义现代化目标中首次强调了国家治理体系和治理能力现代化。明确提出，到2035年基本实现现代化时，国家治理体系和治理能力现代化基本实现；到2050年把我国建成富强、民主、文明、和谐、美丽的社会主义现代化强国时，实现国家治理体系和治理能力现代化。我们党要更好地领导人民进行伟大斗争、建设伟大工程、推进伟大事业、实现伟大梦想，必须加快推进国家治理体系和治理能力现代化。

政协章程的修改，明确了人民政协是国家治理体系的重要组成部分。人民政协作为中国共产党领导的各党派、各团体、各民族、各阶层、各界人士大团结大联合的组织，是团结凝聚各党派团体和各族各界人士为实现党的总任务总目标服务的政治组织和民主形式，要适应推进国家治理体系和治理能力现代化的要求，以改革精神推进理论创新、制度创新和工作创新，努力在推进国家治理体系和治理能力现代化中发挥更大作用。

因此，正确把握人民政协的性质定位，充分发挥人民政协在统一战线工作中的地位优势，为我国社会主义事业的全面发展起到积极的推动作用。

二、从人民政协的主要职能来认识其在统一战线工作中的地位和作用

人民政协自1949年9月成立以来，发挥着政治协商、民主监督和参政议政的主要职能。其中，政治协商是对国家和地方的大政方针以及政治、经济、文化和社会生活中的重要问题在决策之前进行协商和就决策执行过程中的重要问题进行协商。政治协商是我国共产党领导的多党合作的重要体现。民主监督是对国家宪法、法律和法规的实施，重大方针政策的贯彻执行、国家机关及其工作人员的工作，通过建议和批评进行监督。它是参加中国政协的各党派团体和各族各界人士通过政协组织对国家机关及其工作人员的工作进行的监督，也是我国共产党在政协中与各民主党派和无党派人士之间进行的互相监督。参政议政是对政治、经济、文化和社会生活中的重要问题以及人民群众普遍关心的问题，开展调查研究，反映社情民意，进行协商讨论。通过调研报告、提案、建议案或其他形式，向我国共产党和国家机关提出意见和建议。参政议政是人民政协履行职能的重要形式。

特别是在民主监督中，笔者有着切身的体会和深刻的认识。作为一名政协委员，同时也是一名法律工作者，在肩负着政治使命的同时也肩负着法律赋予我们的使命。两个身份同样神圣，同样需要有责任感、有担当，才不枉国家、政府、人民给予我们的信任。

民主监督对于司法建设和法治推进有着显著的效果，例如，不少人民法院已在进行试点，邀请特约监督员走进法院，和法院"亲密接触"，"零距离"接触法官，对司法工作进行民主监督，或者受聘为人民陪审员参与进案件的审理当中，有效地增进了社会各界对法院、法官的了解，增强了人民法院工作的透明度与公开度，真正使司法更民主、更阳光。通过监督员的参与，架起了法院和人民群众沟通的桥梁，拓宽了群众呼声进入人民法院的渠道。

监督员在监督过程中了解到的人民法院工作情况和亟待解决的问题通过政协提案或调研报告等方式向有关方面传达，使全社会更多更深入地了解人民法院工作，有力地促进了司法公正，保障了人民法院工作的科学发展。

为保证监督员充分履行职责、发挥作用，人民法院把特约监督员工作纳入工作计划，统筹安排和组织一系列行之有效的活动，坚持"集中与分散相结合"工作模式，积极为特约监督员依法履职创造条件，确保监督事项件件有落实、事事有回音；不断拓展和创新工作方法，把特约监督员参加重要会议、观摩庭审、参与接访等活动规范化、常态化，确保特邀监督员制度长期发挥作用。

聘请特约监督员对法院工作进行民主监督，对于落实习近平总书记提出的"努力让人民群众在每一个司法案件中都感受到公平正义"的要求，具有十分重要的意义，人民法院在行使审判权力过程中，将自觉接受民主监督，虚心听取社会各界的意见。同时进一步增进了社会各界对法院工作的了解、理解与支持，夯实了法院工作接受民主监督的基础。

人民陪审员制度是人民法院接受群众监督、保证司法公正、促进社会和谐的有力措施，既监督法官，也防止政府滥用权力，以此保持法治和民主的相互联系，同时也架起了法院和人民群众联系的桥梁，起到了对人民群众进行法制教育的作用。

在不断参与案件的过程中，人民陪审员的专业水平日益提高，已有明显的突破，在一起邻里纠纷案件中，因一方经常发出噪声，影响他人的正常生活，并且多次因此发生口角，邻里关系十分不融洽，后邻居诉至法院。人民法院在了解案件具体情况之后，由从事多年社区调解工作的人民陪审员一同审理此案。在调解过程中，人民陪审员通过入情入理的法律宣传，使当事人对法律的规定产生了认同心理，最终原、被告双方达成了和解协议，握手言和，从根本上化解了矛盾。

但要真正履行法律人的职责，就必须熟透法律，细心揣摩参与陪审的每一起案件，努力提高自己的法律素养，为公正参与处理案件打下坚实的基础，充分发挥制度优越性，为法治建设添砖加瓦。

人民政协不仅在法治建设中发光发热，在统一战线工作中更加助力于实现伟大的中国梦，作为政协的一员，期待中华民族的伟大复兴。

（作者单位：北京市盈科（青岛）律师事务所）

浅析我国新型政党制度的中国特色

农工党青岛市委

2018年3月4日,习近平总书记在看望参加全国政协十三届一次会议的民盟、致公党、无党派人士、侨联界委员时指出:"中国共产党领导的多党合作和政治协商作为我国一项基本政治制度,是中国共产党、中国人民和各民主党派、无党派人士的伟大政治创造,是从中国土壤中生长出来的新型政党制度。"苏联和原东欧社会主义国家都曾长期处于共产党(或工人党)的领导之下,在具体的政党制度类型上,由于各国国情的差异性,形成了一党制和多党合作两种类型,然而只有我们中国共产党领导的多党合作和政治协商制度得到了成功实践,为世界政党政治发展提供了有益借鉴。那么,我们作为中国特色的社会主义政党制度在哪些具体制度方面彰显了中国气派、中国智慧,笔者希望通过对不同政党制度进行比较分析,研究我国新型政党制度的特色之处。

一、苏联和原东欧社会主义国家的政党制度

(一)苏联的政党制度

《共产党宣言》指出:"共产党人到处都努力争取全世界的民主政党之间的团结和协调。"马克思、恩格斯在科学总结无产阶级革命斗争的基础上,解决了无产阶级自身团结和争取同盟军的问题,开创了无产阶级统一战线思想。列宁就当时俄国无产阶级同强大的国际资产阶级和国内敌对势力的力量对比,继承和发扬了马克思、恩格斯统一战线理论,明确提出"社会主义不是少数人,不是一个党所能实施的""工人政党有权利和义务领导小资产阶级民主政党(包括农民政党在内)不仅同专制制度做斗争,而且同背叛成性的自由派资产阶级做斗争""参加联合政府的小资产阶级政党必须是坚持社会主义方向的基本方向的政党"等观点。十月革命以后,列宁并没有建立一党制,而是邀请了左派社会革命党人参加政府,形成了布尔什维克领导下坚持社会主义基本方向的政党合作关系,这种合作关系从1917年底持续到1918年7月,期间由于两党在对待《布列斯特合约》和粮食专卖法令上的严重分歧,两党的合作气氛消失了,左派社会革命党人甚至在全俄

苏维埃第五届代表大会上号召对苏维埃政府投不信任票的动议遭否决后,炸死德国驻苏俄大使米尔巴赫,并且在几个城市发动武装叛乱,但很快遭到了镇压,随后一部分左派社会革命党人加入了布尔什维克,一部分投入到了公开的反革命阵营,1920年9月,共产国际第二次代表大会决定"每个国家只能有一个共产党",1922年俄共(布)第十一大宣布"俄国共产党是国内唯一合法的政党",至此苏联一党制形成。

(二)原东欧社会主义国家的政党制度

"二战"中,东欧各国共产党人广泛团结各种爱国民主力量,包括社会民主党和小资产阶级民主党派,将争取本民族独立、实现人民民主同社会主义道路密切联系起来,并在取得反法西斯战争伟大胜利后,在大多数国家形成了多党联合执政的局面。随着"冷战"的开始,东欧各国开始实施苏联模式的政党制度,形成了无产阶级政党对国家、社会绝对领导的政治体制。在具体的政党体制类型上,由于各国国情的差异,形成了一党制和两党或多党合作制两种类型。

原东欧社会主义国家中实行一党制的有匈牙利、罗马尼亚、南斯拉夫和阿尔巴尼亚。匈牙利、罗马尼亚、南斯拉夫在原君主立宪的政治体制下也产生过一些政党,"二战"期间共产党也与某些政党合作过,随着这些国家的民族解放,有的政党与共产党合并,有的则出现分化,其中的进步分子加入了共产党,也有的政党拒绝与共产党合作,反对社会主义道路,甚至策动政变企图推翻人民政权,因而被取缔或自行解散了。南斯拉夫在"二战"中完全是由铁托领导共产党来争取民族解放的,所以南斯拉夫共产党在人民群众中有巨大的影响,随着"冷战"的开始及九国情报局的成立,原有各政党相继停止活动或自动解散,逐渐形成了共产党的一党执政。阿尔巴尼亚因原来经济文化落后,历史上除1941年成立了共产党外,未产生过其他政党。

原东欧社会主义国家中实行多党合作制的有波兰、保加利亚、民主德国、捷克斯洛伐克。波兰统一工人党在确保对国家的领导的前提条件下,与统一农民党、民主党组成政党联盟,形成了多党合作体制;保加利亚共产党在反法西斯斗争中,曾建立了由工人党、农民联盟、社会民主党等组成的广泛统一战线,在全国成立了祖国阵线委员会,1949年保加利亚由多党合作制过渡到共产党领导下的两党制,只剩下工人党和农民联盟,农民联盟一直拥护保共纲领,积极与保共合作,在东欧剧变前在国民议会一直占有约25%的议席;民主德国自1946年形成了统一社会党领导的其他四个联盟党参加的多党合作体制;捷克斯洛伐克共产党自1949年与社会民主党合并以后,与三个民主政党在民族阵线内活动,各政党在政治上接受共产党领导并只在议会中有一些席位。

二、我国新型政党制度的中国特色

从上文对苏联和原东欧社会主义国家的政党制度的分析中我们可以看到,坚持共产党的领导和社会主义道路是社会主义国家政党制度的共同特征,多党合作在苏俄建立初期及原东欧部分社会主义国家已经实践过,那么我国新型政党制度的特色体现在哪里?

笔者认为只有从中国特色社会主义民主政治的制度层面入手,以中国共产党领导的多党合作和政治协商制度的成功实践为视角,才能正确认把握我国新型政党制度的民族特质和中国智慧。

（一）"长期共存、互相监督、肝胆相照、荣辱与共"的基本方针是我国新型政党制度的中国特色

习总书记指出:"新型政党制度,新就新在它是马克思主义政党理论同中国实际相结合的产物,能够真实、广泛、持久代表和实现最广大人民根本利益、全国各族各界根本利益,有效避免了旧式政党制度代表少数人、少数利益集团的弊端。""十六字方针"正是对马克思主义政党理论同中国实际相结合的产物,是把马克思、列宁关于多党合作是一种短暂性、阶段性、策略性为特征的制度形式发展成为长期性、根本性、战略性的以国家政治制度为特征的制度形式,反映了一种新型的社会主义政党关系,是中国共产党人在长期革命、改革、建设、发展中积累起来的思想政治智慧的结晶,是中国的独创和特色。

一些原东欧社会主义国家的多党合作体制虽然一直持续到东欧剧变,但这些国家的共产党在思想上一直没有与其他政党长期共存的战略规划,他们不是真诚地与其他政党长期合作,而是极力限制其他政党的发展直至自行消亡,没有胆识和气魄从理论和实践中建立共产党与民主政党良性互动的体制机制,也不可能上升到基本政治制度的深度。而且,在这些国家只能是共产党监督其他政党,绝不允许其他政党监督共产党,再加上苏联的严格控制,其他政党很难有所作为,沦为政治摆设。

周恩来总理在《长期共存,互相监督》中指出:"长期共存、互相监督的方针,实际上是扩大民主。我们六亿人口的国家,要把六亿人的生活搞好,建设社会主义,没有互相监督,不扩大民主,是不可能做到的。因此,互相监督的面还要扩大,不能缩小。""十六字方针"符合我国社会主义民主政治发展的客观要求和价值取向,为中国共产党领导的多党合作格局的巩固提供了坚实的政策基础,这一方针从根本上解决了民主党派的存废问题,中国共产党与各民主党派同呼吸,共命运,中国共产党充分保证民主党派的法律地位、政治地位,民主党派不会消失,而是随着新时代中国特色社会主义事业的发展而不断壮大。

（二）"中国特色社会主义参政党"概念的提出和无党派的科学界定是我国新型政党制度的中国特色

习近平总书记指出:"新型政党制度,新就新在它把各个政党和无党派人士紧密团结起来、为着共同目标而奋斗,有效避免了一党缺乏监督或者多党轮流坐庄、恶性竞争的弊端。"西方两党制和多党制以不同政治利益集团通过选举和竞争掌握权力为基本特点,这决定了其政党之间必然要为争取选民、夺取政权而相互倾轧,实行一党制的国家,大多不允许其他政党存在和发展。我国民主党派"中国特色社会主义参政党"地位的确立,一方面将我国民主党派与西方国家在野党和反对党区别开来,另一方面也同多党制

国家和东欧一些实行多党合作制国家的联合执政党做个完全不同的划分,形成了一种新型的合作性政党关系,呈现出"共产党领导、多党派合作、共产党执政、多党派参政"的基本特征,而无党派人士被界定为"没有参加任何政党、有参政议政愿望和能力、对社会有积极贡献和一定影响人士",其作为我国新型政党制度重要组成部分的特殊意义在于:我国的公民即使不组建新的政党、不加入任何现有党派,依然可以发挥自己的界别优势参加国家的政治生活和关注群众的利益、反映群众的诉求。

1989 年 12 月,《中共中央关于坚持和完善中国共产党领导和多党合作和政治协商制度的意见》,第一次从国家政治制度的高度明确了民主党派在国家政治生活中的地位是"参政党",并明确指出了民主党派参政的基本点为"一个参加,三个参与"。2013 年 2月,习近平总书记在同党外人士共迎新春时指出:"各民主党派是同中国共产党通力合作的中国特色社会主义参政党。"《中国共产党统一战线工作条例(试行)》中也明确,民主党派是接受中国共产党领导、同中国共产党通力合作的亲密友党,是中国特色社会主义参政党。这是多党合作和民主党派工作理论在继承基础上的重大创新,将有助于民主党派和无党派人士作为单独的界别按照建设中国特色社会主义参政党的目标提高履行职责和自身建设的水平,有助于各级党委从思想上重视、尊重民主党派及其无党派人士在国家政权中的地位,推动统一战线、多党合作事业蓬勃发展。

"中国特色社会主义参政党"概念的提出及无党派人士的界定在世界政党制度中是独有的,是中国共产党人对马克思列宁主义政党理论的丰富和发展,是我们自己的独创和特色。

(三)作为中国共产党领导的多党合作和政治协商的重要机构,中国人民政治协商会议是我国新型政党制度的中国特色

习近平总书记指出:"新型政党制度,新就新在它通过制度化、程序化、规范化的安排集中各种意见和建议、推动决策科学化民主化,有效避免了旧式政党制度囿于党派利益、阶级利益、区域和集团利益决策施政导致社会撕裂的弊端。"中国特色社会主义民主实行的是人民代表大会制度与中国共产党领导的多党合作和政治协商制度。参加人民政协的各民主党派、各人民团体、各族各界人士都接受中国共产党的领导,不是反对党也不是反对派,均是在中国共产党领导下共同致力于实现中华民族伟大复兴的中国梦。人大选举民主和政协协商民主的相得益彰就是制度化、程序化、规范化安排的生动体现。

《中国人民政治协商会议章程》总纲中明确指出:"中国人民政治协商会议是中国人民爱国统一战线的组织,是中国共产党领导的多党合作和政治协商的重要机构,是我国政治生活中发扬社会主义民主的重要形式,是国家治理体系的重要组成部分,是具有中国特色的制度安排。""中国人民政治协商会议是实行中国共产党领导的多党合作和政治协商制度的重要政治形式和组织形式。""协商民主是我国社会主义民主政治的特有形式和独特优势,中国人民政治协商会议是社会主义协商民主的重要渠道和专门协商机

构。"而像波兰、保加利亚等一些原东欧社会主义国家虽肯定了共产党和民主政党联合执政的方式,扩大了其他政党在国民议会中的一些权利,但只是形式上的补充,仅仅是扩大了其他政党在国民议会的名额,始终没有建立起能够充分进行利益表达、社会整合以及充分发扬民主的制度平台及相应体制机制。

我国新型政党制度以协商、参与、合作为基本精神,以爱国、民主、团结、进步、和谐为本质属性,是中国共产党和中国人民在民主实现形式方面的伟大创造。中国共产党同各民主党派和无党派人士就事关国计民生的重大问题进行直接协商,在人民政协同社会各界人士广泛协商,能够在中国特色社会主义共同目标下把中国共产党领导和多党派合作有机结合起来,实现了广泛参与和集中领导的统一、选举民主与协商民主的统一,社会进步和国家稳定的统一,充满活力和富有效率的统一,体现了我国社会主义政治制度和政党制度的特色和优势。

综上所述,"十六字方针"的提出、参政党和无党派人士的科学定位、人民政协作为社会主义协商民主的重要平台既符合当代中国实际,又符合中华民族一贯倡导的天下为公、兼容并蓄、求同存异等优秀传统文化,是对人类政治文明的重大贡献,是我国新型政党制度的中国特色。

发挥政协优势　加强人民群众联系

李　群

人民政协事业是中国特色社会主义事业的重要组成部分,与党的事业相互依存、息息相关。作为政协工作主体的政协委员,面对新形势下的新任务、必须进一步增强做好群众工作的自觉性,从思想意识、工作作风、履职履责等方面下功夫,深刻认识密切联系和服务群众是新形势下政协委员履行职责的任务,是发挥政协组织做好群众工作、发扬优良传统作风的桥梁纽带。

一、加强思想认识,把服务群众作为政协工作的着力点

一是把服务群众作为人民政协工作的出发点和落脚点。牢固树立群众观点,坚持思想上尊重群众、感情上贴近群众、工作上依靠群众,增强开展群众工作的本领,把服务大局与服务群众更好地结合起来,推进党委、政府决策的科学化、民主化。以维护群众利益为出发点,设身处地为群众着想,真心诚意为群众说话,实实在在为群众办事,认认真真做好联系群众、服务群众、团结群众的工作。

二是把完善群众利益和诉求表达功能作为人民政协做好群众工作的切入点。进一步畅通和拓宽广大人民群众利益和诉求表达渠道,有序扩大社会各界的政治参与,使各界群众的愿望和要求在人民政协这个平台上反映出来,让各界群众的意见和建议在人民政协这个平台上表达出来,通过充分协商集思广益、增进共识,更好地促进社会公平正义,促进经济社会发展,促进民生改善和社会和谐。同时,通过人民政协这个平台做好沟通思想、解疑释惑、理顺情绪的工作,引导各界群众正确认识和积极适应改革发展中利益格局的变化。

三是把加强和创新社会管理作为人民政协做好群众工作的重要着力点。紧紧围绕进一步健全和完善党和政府主导的维护群众权益机制、加强和完善流动人口和特殊人群管理和服务、加强和完善基层社会管理和服务体系、加强和完善公共安全体系、加强和完善非公有制经济组织和社会组织管理、加强和完善信息网络管理、加强和完善思想道德建设等重点工作,选择人民政协有条件、有能力、有优势做好的课题,开展调查研究,提出

意见和建议,为加强和创新社会管理、做好新形势下的群众工作尽责出力、做出贡献。

二、认真履职尽责,切实做好新形势下的群众工作

一是坚持把调查研究作为人民政协履行职能的基础。深刻认识调查研究是人民政协发挥优势、联系群众、认真履职的前提,深刻认识不深入群众、不重视调查研究、不了解工作真实情况就不可能进行正确的领导和决策,努力养成为群众服务、对群众负责、遇事同群众商量和同群众同甘共苦的工作作风。始终坚持把调查研究作为履行职能的基础环节,坚持从群众中来、到群众中去的工作方法,深入实际、深入基层、深入群众,到群众中找对策,到实践中寻答案,使建言献策具有更坚实的群众基础、更符合客观实际。

二是规范政治协商的程序。按照协商在决策之前的要求,切实把政治协商纳入决策程序,完善操作规程,在研究决定涉及群众切身利益的重要政策、重大改革举措、重要工程建设项目等重大事项之前到人民政协充分听取意见建议,以程序规范来确保决策科学、民主。

三是完善民主监督的机制。真正把民主监督寓于提案、视察、反映社情民意信息、特邀监督等活动之中,加强对涉及群众切身利益的政策执行情况的民主监督,及时提出改进意见,使群众积极性得到充分发挥、群众意愿得到充分尊重、群众利益得到充分保障,最大限度地防止因决策和执行不当而造成群众利益受损害的现象发生。

四是进一步发挥好界别作用。建立健全政协委员通过界别联系群众的制度和机制,利用电子信箱、热线电话、网络视频等方便快捷的联系方式,加强政协委员与界别群众的联系,促进政协委员在做好群众工作中发挥更大作用。拓宽政协委员服务群众的渠道,组织政协委员开展不同层次、形式多样的科技、教育、卫生、文化、法律服务及扶危济困等活动,扩大参与面,增大受益面。密切与新的社会组织和社会阶层的联系,邀请他们参加政协的相关活动,积极反映他们遇到的困难和问题,引导他们有序参与。在深入研究的基础上,积极推动完善委员遴选机制、优化政协界别设置,扩大政协的代表性和包容性。

五是完善畅通人民政协反映社情民意信息机制。深入研究信息化、网络化条件下人民政协开展群众工作的特点和规律,提高人民政协运用网络开展群众工作的能力,增强主动策划意识,提高舆情汇集、分析、研判能力,及时发现苗头性、倾向性问题,促进把各种矛盾消除在萌芽状态,努力使反映社情民意信息成为密切联系人民群众、反映群众意见和诉求的重要渠道。

进一步加强人民政协自身建设。加强党的群众观点和群众路线教育,强化只有善于做群众的学生、真心实意向群众学习才能团结更多群众、凝聚更多群众的意识。坚持和完善政协领导干部联系委员、群众的制度和政协领导干部下基层调研制度,努力促进解决人民群众最关心最直接最现实的利益问题、一些久拖不决的遗留问题、影响安定团结的重大问题、阻碍科学发展的根本问题。以开展创先争优活动为契机,使政协机关干部熟练掌握新形势下群众工作的基本知识、政策要求和实际本领,努力成为群众工作的行

家里手。加强对年轻干部的锻炼,组织新进政协机关的年轻干部分期分批到信访部门和基层一线挂职锻炼,真正做到在基层了解掌握情况、在基层解决问题矛盾、在基层提高能力、在基层增进与群众的感情,在服务群众、做好群众工作过程中不断推动人民政协事业发展。

（作者单位:青岛绿色硅谷科技有限公司）

论人民政协在我国政治生活中的重要作用

民革青岛市委

习近平总书记指出,中国共产党领导的多党合作和政治协商制度作为我国一项基本政治制度,是中国共产党、中国人民和各民主党派、无党派人士的伟大政治创造,是从中国土壤中生长出来的新型政党制度。作为我国一项基本政治制度,该制度在我国政治生活中起到重要作用。人民政协是中国共产党领导的多党合作和政治协商制度的重要政治形式和组织形式,既是最广泛的爱国统一战线组织,也是多党合作和政治协商机构。人民政协在我国政治生活中起到"四梁八柱"的重要作用。

一、人民政协与新中国以及人民政权产生的法理基础

1948年4月30日,中共中央通过纪念"五一"劳动节,提出迅速召开新的政治协商会议。1949年9月21日,中国人民政治协商会议第一届全体会议召开,通过了《中华人民共和国中央人民政府组织法》,做出关于中华人民共和国国都、国旗、国歌、纪年四个重要决议,选举中华人民共和国中央人民政府委员会,宣告中华人民共和国的成立。中国人民政治协商会议在当时肩负起执行全国人民代表大会职权的重任,完成了建立新中国的历史使命。其通过的文件和选举活动,既是新中国和人民政权产生的法律依据,也是毛泽东、周恩来等老一辈革命家最初担任国家领导人的法律依据。也就是说,人民政协在中国共产党的领导下建构了新中国及人民政权的法理基础。在中共中央提出坚持依法治国基本方略的背景下,对新中国和人民政权的法理分析和解释具有十分重要的现实意义。

二、人民政协与中国共产党"先锋队"的作用

根据马克思主义政党学说,任何政党都有特定的阶级属性。政党都代表一定阶级、阶层和社会集团的利益和诉求。但是中国共产党作为我国唯一的执政党是人民和历史的选择,这就决定了中国共产党不仅是工人阶级的先锋队,也是中国人民和中华民族的先锋队。为此,中国共产党坚持发展最广泛的爱国统一战线组织,发展中国特色的社会

主义协商民主,通过人民政协联系包括海内外华人华侨在内的最为广泛的各界群众,有效凝聚了各党派、各团体、各民族、各阶层、各界人士的智慧和力量,实现了内容广泛、层次丰富的人民当家作主,维护了宪法关于"中华人民共和国的一切权力属于人民"规定的权威,突出体现了中国共产党作为中国人民与中华民族先锋队的伟大历史担当。

三、人民政协与国家治理体系和治理能力现代化

国家治理体系是由众多子系统构成的复杂系统,这个系统的核心是中国共产党,"党政军民学,东西南北中,党是领导一切的"。治理主体方面,中国共产党的领导是实现国家治理能力现代化的根本保证,各民主党派和无党派人士是中国共产党的好参谋、好帮手、好同事。决策机制方面,我国独具特色的社会主义协商民主,形成了了解民情、反映民意、集中民智、珍惜民力的决策机制。政策的执行监督方面,要加强人民政协民主监督,重点监督党和国家重大方针政策和重要决策部署的贯彻落实。依托人民政协的制度平台,完善民主监督的组织领导、权益保障、知情反馈、沟通协调机制。推进权力运行公开化,让人民监督权力,让权力在阳光下运行,实现公共权力运行的制度化和规范化。

四、人民政协与我国社会主义民主制度

早期的中国共产党人,在"五四"时期就率先提出"德先生"和"赛先生",开始了对中华民族前途命运和中国政治制度的思考和探索。十月革命的一声炮响,给中国送来了马克思主义列宁主义。中国共产党人始终坚持马克思主义同我国具体实践相结合,坚定不移地走自己的路,实现了历史性的进步和飞跃。其中,协商民主就是中国共产党人和中国人民的伟大创造,是我国社会主义民主政治的特有形式和独特优势。协商民主源自中华民族长期形成的天下为公、兼容并蓄、求同存异等优秀政治文化,源自近代以后中国政治发展的现实进程,源自中国共产党领导人民进行革命、建设、改革的长期实践,具有深厚的文化基础、理论基础、实践基础、制度基础。协商民主在我国政治制度中的独特性、独有性和独到性,决定了它是最适合我国国情、最有发展潜力和最有旺盛生命力的一项社会主义基本政治制度。

五、结　语

总之,中国共产党领导的多党合作和政治协商制度,是在我国政治生活中起到"四梁八柱"作用的基本政治制度。中国共产党领导的多党合作和政治协商制度,是马克思主义政党理论同中国实际相结合的产物,能够真实、广泛、持久地代表和实现最广大人民的根本利益和全国各族各界根本利益。该制度把各个政党和无党派人士紧密团结起来、为着共同目标而奋斗。通过制度化、程序化、规范化的安排集中各种意见和建议,推动决策科学化、民主化。人民政协创造了辉煌的历史,也必将创造更加辉煌的未来!

抓好"四个坚持",提高"四种能力",不断推进政协履职能力建设再上新台阶

任宝光

习近平总书记在庆祝人民政协成立65周年的讲话中指出,人民政协是国家治理体系的重要组成部分,要适应全面深化改革的要求,以改革思维、创新理念、务实举措大力推进履职能力建设,努力在推进国家治理体系和治理能力现代化中发挥更大作用。讲话中明确要求,人民政协要提高政治把握能力、调查研究能力、联系群众能力和合作共事能力。这四种能力,是人民政协最关键、最核心的能力,是提高政协履职质效的重要保障。面对新形势新要求新任务,市南区政协从抓好"四个坚持"入手,努力践行专注发展、专心为民、专力履职的工作理念,以更高追求、更强动力、更好状态,不断加强履职能力建设,切实改进履职方式、提高履职能力、增强履职实效,为推动区域经济社会发展持续贡献政协力量。

一、坚持旗帜鲜明讲政治,不断提高人民政协的政治把握能力

人民政协是中国共产党领导的多党合作和政治协商制度的重要政治形式和组织形式,旗帜鲜明讲政治是人民政协的本质要求。中国人民政治协商会议这个庄严的名称,清楚地界定了它的性质和作用。只有准确把握这个名称、这项制度赋予我们的使命,才能不断提高人民政协的政治把握能力,确保人民政协事业始终沿着正确方向发展。

一是始终坚持中国共产党的全面领导,坚决维护习近平总书记的核心地位和领袖权威。中国共产党的领导是包括各民主党派、各团体、各民族、各阶层、各界人士在内的全体中国人民的共同选择,是中国特色社会主义最本质的特征,也是人民政协事业发展进步的根本政治保证。必须坚定维护以习近平同志为核心的党中央权威和集中统一领导,牢固树立"四个意识",坚定"四个自信",在事关道路、制度、旗帜、方向等根本问题上统一思想、统一意志、统一步调,确保人民政协事业始终在中国共产党的领导下沿着正确的政治方向发展,使中国共产党领导的多党合作和政治协商制度在新时代得以坚持和完

148

善,更好发挥社会主义制度优越性,汇聚起共襄伟业的强大力量。

二是不断加强思想理论建设,为政协组织和政协委员发挥作用夯实基础。把学习贯彻习近平新时代中国特色社会主义思想作为重中之重,着力在学通弄懂做实上下功夫。认真学习好习近平总书记关于人民政协工作的重要思想,深刻把握其作为新时代人民政协事业发展的科学理论指导和行动指南的重要地位,学深、学透地学以致用,更好发挥政协组织的优势和作用。组织政协各参加单位和全体政协委员,通过多种形式学习宣传和实施新修改的宪法、新制定的监察法和新修订的政协章程,坚持中国共产党的领导、人民当家作主、依法治国有机统一,不断提高人民政协依宪、依法工作的水平和能力,保障政协各参加单位和全体委员能够依照章程更好履行职能、更好发挥作用,切实做好新修订章程施行第一年的"委员作业"。

三是落实政协党组政治责任,自觉把党的各项决策部署贯彻人民政协工作全过程。一方面,不断加强政协党组建设,充分发挥好核心作用和"头雁效应",着力引导政协各参加单位和政协委员不断强化政治意识和责任担当,进一步夯实团结奋斗的思想政治基础,不断增强对全体委员和各界人士的凝聚力和感召力,为高起点、高水平履职提供坚强的政治保障。另一方面,坚持围绕中心,服务大局,把中央、省、市、区委的重大决策和工作部署贯彻落实到政协工作的方方面面。市南区政协充分利用区委、区政府、区人大、区政协四大班子主要领导周例会和区委常委会、全委会等全区性重要会议,紧紧把握当前工作的中心和要点,在确保正确履职方向的基础上,充分发挥政协组织的主体作用,积极参政议政,建言献策。

二、坚持服务大局不松劲,不断提高人民政协的调查研究能力

调查研究是政协工作的"压舱石",是政协组织和政协委员的基本功。调查研究的质量越高,政协履职的成效就越好。在调查研究的过程中,只有坚持围绕中心、服务大局,将党政所需、群众期盼和政协所能统一起来,切实做到基调准、选题精、落地实,才能真正把调研的过程变成宣传政策、凝聚共识、促进问题解决的过程,促进委员履职尽责落到实处。

一是要聚焦大事。政协工作必须立足发展大局、与时俱进,才能有所作为。在区委的领导下,市南区政协深刻把握、主动对接中央、省、市、区委重大决策部署,将新旧动能转换重大工程这一全省全市全区当前和今后一个时期内的发展大事纳入年度协商计划。2018 年 3 月,市南区下发了《全区新旧动能转换重大工程实施意见(征求意见稿)》(简称《实施意见(征求意见稿)》),区政协快速反应、迅速行动,经过深度调研、反复讨论、征求意见,于 4 月 17 日召开"加快新旧动能转换,助推区域经济发展"协商座谈会。会上,10 名政协委员围绕市南区如何加快新旧动能转换建言献策,同时也对《实施意见(征求意见稿)》提出了中肯的意见建议。这些建言成果汇总上报至区委后,得到区委主要领导批示。习近平总书记视察山东并发表重要讲话后,区政协围绕全区加快建设中央活动

区、总部经济核心区、财富管理核心区、文化产业集聚区、海洋经济强区、时尚消费中心区的目标任务，开展专题调研，为区委区政府决策提供科学依据。近一年来，区政协先后有1篇调研报告得到市政协主要领导批示；2篇调研报告在市政协专题议政会上交流发言；2篇调研报告得到区委主要领导批示并进入相关部门决策程序。

二是要紧盯要事。政协履职尽责应当具有时效性，既要抓宏观、看长远，又要抓重点、急当下，紧紧围绕党委政府当前的重点目标和重大任务开展专题调研，把作用发挥到点子上。市南区作为上合组织青岛峰会主会场所在地，从2017年下半年开始，工作重点就是服务保障峰会。区政协按照"一切服从峰会、一切服务峰会、一切保卫峰会"的要求，结合开展政协委员"双岗双优"活动，充分发挥政协特色和优势，积极参与上合组织青岛峰会服务保障相关工作。2018年1月，区政协在第十三届二次全会上，就做好峰会服务保障工作进行了总体部署和全面动员，委员们深受鼓舞，积极建言，三天内共提交相关提案十余件，会议闭幕后又收到各界别委员专题建言和各类社情民意近百条，合计四万余字。多次召开专题党组会、主席会、常委会，研究部署区政协系统在上合峰会期间如何配合区委区政府做好相关服务保障工作。3月，区政协十三届九次常委会通过了《关于深化政协委员"双岗双优"活动聚力服务保障峰会的决议》，号召区政协系统、全区政协委员发挥主体作用，做服务保障的宣传者、助力者、示范者。区政协班子成员分别牵头参与了综合协调、市容环境整治提升和外事服务工作，并亲自带领各界别委员，紧紧围绕后峰会时期新旧动能转换新思路、后峰会时期提升城区国际化水平等议题，就城区环境品质提升、城市亮化提升工程、卫生服务保障等项目开展专题视察调研，掌握第一手资料，为区委区政府决策提供科学参考。在2018年第一次峰会服务保障和后峰会时期专题协商议政常委会上，有11位委员分别从市南区整体宣传推介、文化发展"时间窗口"把握、后峰会时期城市常态化管理升级、加快文化产业发展、时尚产业升级、峰会后场馆再利用、旅游产业深耕、抓住机遇发展对外贸易等议题建言献策。部分专题发言材料汇总上报后，得到青岛市政协和市南区委主要领导的肯定性批示。部分建议在峰会期间得到采纳落实，部分建议纳入后峰会议事日程。

三是要关注"民"事。政协委员是各界别的优秀代表，来自群众，理应做好群众的"代言人"，从群众关心的热点难点问题入手，抓住民生领域重要问题开展调查研究，扎实推动改革发展成果更多更公平惠及全体人民，协助区委、区政府促民生谋发展。近年来，我们积极倡导调研选题"浮"、戒"空"、戒"旧"，切实引导委员树立无调研不发言、无依据不议政、无新意不献策的理念，紧紧围绕城区环境综合品质提升、西部老城区复兴发展、养老服务、城市智能交通建设、中小学教育改革、精准扶贫和慈善事业等老百姓关心的难点热点问题开展专题调研视察。2017～2018年，开展专题视察调研40余次，撰写调研报告30余篇，收集反映社情民意的信息300余条，提出具有前瞻性、代表性和可操作性的意见建议100余条，"关于探索'1+X帮'扶贫工作模式，完善扶贫协作机制案"被确定为重点提案。这些调研成果，为推动全区民生事业发展提供了有力的智力支撑，充分体现了委员履职的力度和作用。

三、坚持以人民为中心不动摇,不断提高人民政协联系群众的能力

人民政协是人民民主的重要制度,必须以人民为中心履职尽责。联系群众是政协工作的本质要求之一。习近平总书记强调,人民政协要协助党和政府破解民生难题,增进人民福祉,做到人民政协为人民。在工作中,我们注重引导委员放下架子,挑起担子,充分利用自己在界别、党派和群众中的优势,走街道、下基层、入社区、进家庭,到一线访民情、看实情,使委员履职尽责更贴实际、更接地气、更有实效。

一是深入基层知民情。保障服务上合青岛峰会,既是一次锤炼党性、锻炼队伍的机会,也是一次政协干部深入一线、了解民情的机会。从峰会服务保障筹备初期到峰会召开,市南区政协所有副区级领导、全部6名委办主任和部分委办工作人员被抽调至各个重要岗位开展工作,分别负责片区巡查、制高点监控、社区安保维稳、亮化美化、宣传联络、外事服务、督导检查等。其中,在全区50个社区阵地专班中,有12%的阵地专班由区政协领导班子成员和委办主任担任专班班长。他们承担的具体工作都需要反复与群众沟通、协调、联系,通过参与峰会的保障服务工作,极大增强了政协机关干部联系群众的能力和服务群众的水平。

二是参政议政解民意。人民政协一头连着党委、政府,一头连着人民群众,是民情、民意、民智集中汇聚的渠道。政协应把群众最需要解决的问题作为履行职能的第一选择,把关注民生、推动民生改善作为履行职能的重要内容。市南区政协积极参与上级和全区统一安排的协商议政活动,使委员以此为契机进一步了解和掌握基层情况。如协商讨论区政府工作报告、全区重点项目规划实施和为民办实事项目落实情况,参加全市"三民"活动等监督评议工作,选聘特定领域专业委员担任市南区信访事项听证员、征兵工作监督员,积极参与公办幼儿园报名电脑排位特邀监督工作,旁听"上赢"公司非法集资案公开审理等。可以更全面地了解全区中心和重点工作、基层和群众工作的方方面面,为今后更好履职尽责奠定良好基础。

三是深入社区暖民心。"与大地贴得更近,看天空才会更远。"实际工作中,我们充分运用政协联系广泛、沟通各界的独特优势,把倾心服务大局与真情服务群众结合起来,深入实际、深入基层、深入群众,真诚倾听基层群众的呼声,真实反映基层群众的意愿,真正关心群众的疾苦。按照联系社区党委工作规范,积极参与城市基层党建工作,支持街道、社区重大工作,开展结对共建,组织在职党员参加社区服务。进一步完善街道区域活动组制度,深入开展"六送六进",组织委员当好大政方针的宣传员和改善民生的推进者,增强委员对基层的归属感和责任感,提高履职尽责的积极性,为改善民生环境、推进街道社区管理体制改革增添力量。

四、坚持开拓创新不懈怠，不断提高人民政协合作共事的能力

人民政协是最广泛的统一战线组织，合作共事能力是人民政协的基本能力，新修订的政协章程也对此进行了进一步的充实和强调。在工作中，必须把增进思想共识摆在更加突出的位置，牢牢把握团结和民主两大主题，通过各种平台，为各界别人士在政协履职创造条件，鼓励委员主动承担区域经济社会发展责任，为促进社会繁荣和谐汇聚更强大的新合力。

一是充分发挥界别作用。界别是人民政协的一大优势，对于了解民意、汲取民智、广开思路、发挥统一战线作用意义重大。而要发挥好界别作用，首先要搞好专委会建设。我们注重持续推进专委会工作的制度化和规范化，不断提高专委会的界别工作能力，特别是在懂业务、能协调、会服务的方面下功夫，对内对外发挥好联系、协调、整合、保障的功能，充分发挥界别优势，最大程度为委员履职提供方便，从而推动人民政协政治协商、民主监督和参政议政整体发展。

二是充分发挥特色平台作用。一方面，全力做好区政协人文历史研究会、书画艺术名家联谊会、女书画家联谊会、微尘•市南基金理事会、徒步协会等特色组织的培育发展工作，充分发挥这些平台凝聚人心、汇聚合力的作用，汇聚政协正能量，发出政协好声音，为全局工作助力服务。如人文历史研究会开展《见证青岛解放》口述采集活动，编纂出版《青岛城市化早期步履》《市南人文历史研究》等文史资料，总结形成的《建立创新机制 拓宽文史工作》的经验材料，为城市历史文化保护传承和西部老城区复兴发展献计献策，得到区委主要领导批示肯定。成立28年的书画艺术名家联谊会和成立21年的女书画家联谊会编印出版各类书画集和艺术作品，共同为全区文化艺术建设添砖加瓦。微尘•市南基金捐助儿童启智中心，连续数年为贫困学生和春蕾女童发放慰问金；女书画家联谊会免费为新市民子女开设书画公益课堂，合力为全区公益事业做贡献等，凸显界别特长，凝聚界别智慧，贡献界别力量。另一方面，不断加强"智慧政协"平台建设，利用"互联网＋"、大数据优势，全面升级网站、开通市南政协微信公众号，积极探索"微协商""微建言"和"微监督"，建立委员信息库和履职档案库，不仅让政协走到百姓身边，为百姓打造了了解政协、知晓委员的窗口，更是为委员搭建了了解政策、沟通交流、倾听民意的便捷平台。

三是全力抓好机关队伍建设。政协机关的主要职责是做好服务和协调，政协机关的工作质量直接影响到政协履职水平。因此，加强政协机关队伍建设也是加强政协履职能力建设的必然要求。我们紧紧抓住"不忘初心、牢记使命"主题教育活动和"大学习 大调研 大改进"活动的契机，打造机关干部交流思想、展示自我的平台，着力提升政协班子和机关干部队伍的思想境界、工作标准、责任担当，营造风清气正、主动作为、奋发向上的良好氛围。在机关内部开展多种培训活动，切实提高统筹协调、综合服务的能力和水平，在同频共振、助力发展上担当作为，为委员服好务，为他们提供坚强有力的履

职平台和保障。

人民政协是实现国家治理体系和治理能力现代化的重要组成部分。推进政协履职能力建设,既是人民政协的重大时代使命,也是国家治理体系和治理能力现代化建设的题中应有之义。前不久,习近平总书记在视察山东时发表了重要讲话,赋予了新时代山东引领改革发展的新使命,为青岛推动高质量发展指明了方向,这是我们做好各项工作的总遵循、总定位、总航标。我们一定要牢记总书记的殷切嘱托,在区委的坚强领导和省市政协的有力指导下,进一步强化"走在前列"的责任担当,充分发挥政协人才智力优势,努力以更高站位、更高标准、更严要求、更强担当、更实作风,推动政协工作迈进新时代、展现新气象、实现新作为。

(作者单位:青岛市市南区政协)

新时期如何坚持和把握人民政协的性质定位

姜世国

近期,笔者深入学习了习近平总书记关于加强和改进人民政协工作的重要思想,重点研读学习了习近平总书记关于坚持人民政协的性质定位、聚焦党和国家中心任务履职尽责和紧扣保障和改善民生献计出力等重要章节。通过学习,对如何坚持和把握人民政协的性质定位有了清醒的认识。

一、准确把握人民政协的性质定位是做好政协工作的关键所在

党的十八大后,习近平总书记对政协委员履职提出了新要求,即政协委员要"懂政协、会协商、善议政"。其中"懂政协"是"会协商、善议政"的前提。而如何才能做到"懂政协"?关键的一点就是要准确把握人民政协的性质定位。这个性质定位就是:"人民政协是统一战线的组织,是多党合作和政治协商的机构,是人民民主的重要实现形式。"按通俗一点理解,就是政协不是权力机关,也不是决策机构;政协不是靠"说了算",而是"说得对";政协是协商载体而不是协商主体,是在政协协商,而不是与政协协商,政协只是作为一个平台和桥梁在发挥着重要作用。习近平总书记还指出,做好人民政协工作,必须坚持大团结大联合,必须坚持发扬社会主义民主。从1949年人民政协成立至今,团结和民主一直是人民政协的任务和使命。政协章程明确规定团结和民主是政协的两大主题,进入新时代更需要政协把团结和民主两大主题贯穿于工作的各环节和全过程,正如习近平总书记指出的那样,"我们的目标越伟大,我们的愿景越光明,我们的使命越艰巨,我们的责任越重大,就越需要汇聚起全民族智慧和力量,就越需要广泛凝聚共识、不断增进团结"。总之,我们要不断筑牢共同思想政治基础,巩固已有共识、推动形成新的共识,扎扎实实做好争取人心、汇聚力量的工作。这些工作不是"显绩",有时候还看不见摸不着,但人心是最大的政治。毛泽东同志说,政治就是把支持我们的人搞得多多的,把反对我们的人搞得少少的。这种润物无声、潜移默化、不显山不露水的工作,也是政协工作意义所在。

二、坚持围绕中心服务大局是人民政协履行职能的基本遵循

围绕中心服务大局是中共十八大以来党中央始终强调的人民政协履行职能必须遵循的重要原则。政协具有代表性强、联系面广、包容性大的优势,具有广泛的社会基础,联系社会的方方面面;政协委员多是各方专业人才,智力密集,称得上综合性的人才库和智囊团;政协作为重要平台,能够广泛汇聚各家之言,为党和国家的大政方针建言献策,为改革发展凝聚各方力量。习近平总书记从紧扣改革发展、"四个全面"战略布局、"十三五"时期的发展以及全面建成小康社会,打赢防范化解重大风险、精准脱贫、污染防治三大攻坚战等方面进行点题,要求"大家要找准切入点、结合点、着力点,深入一线调查研究,积极开展批评监督,推动各项决策部署落地见效"。习近平总书记在党的十九大报告中特别提出,人民政协工作要聚焦党和国家中心任务进行协商民主。黄岛区政协紧密结合承接军民融合、新旧动能转换、乡村振兴等国家战略,聚焦新区经济社会发展的重大问题,组织政协委员开展深入调查研究,真诚协商、务实监督、深入议政,提出了许多具有较强针对性和可操作性的对策建议,并转化成实实在在的工作成效。今后还要紧紧围绕工委管委重大决策部署进行协商,尤其将更加关注、促进社会全方位的发展,努力为解决好发展不平衡不充分问题出点子、想对策,努力在协商中达成共识、形成合力,促进决策更好地顺乎民意、合乎实际,产生实效。

三、始终坚持以人民为中心是做好人民政协工作的本质要求

中共十八大以来,以习近平同志为核心的党中央提出以人民为中心的发展思想,彰显了人民至上的价值取向。作为党领导的政治组织——人民政协,必须贯彻落实习近平总书记这一治国理政新理念新思想新战略,真正把增进人民福祉、促进人的全面发展作为履职出发点和落脚点,真正把以人民为中心的发展思想落到实处,在服务人民中履行好人民政协的职能。习近平总书记明确指出:"全心全意为人民服务,始终代表最广大人民根本利益,是我们能够实行和发展协商民主的重要前提和基础。""民为邦本,本固邦宁",政协委员心中要有"人民"二字,这就要求我们的重大工作和重大决策必须识民情、接地气。要以人民群众利益为重、以人民群众期盼为念,真诚倾听群众呼声,真实反映群众愿望,真情关心群众疾苦。政协委员和政协工作人员要像习近平总书记要求的那样:"坚持工作重心下移,深入实际、深入基层、深入群众,做到知民情、解民忧、纾民怨、暖民心",广泛了解民情,多方反映民意,为保障和改善民生多建有用之言,多献务实之策,多谋长远之道,切实推进社会关注和人民群众关心问题的解决,把为人民群众谋利益的好事办好,实事办实,让人民群众得到实实在在的好处。

学习习近平总书记关于加强和改进人民政协工作的思想重在学做结合,知行合一,融会贯通。要在深化认识上下功夫,提高学习的主动性、自觉性;要在学懂弄通做实上下功夫,以理论大学习、思想大武装促进工作质量大提升;要在确保实效上下功夫,把学习成果转化为推动人民政协事业发展的实际成效。首先必须把讲政治放在首位,既要政

治过硬,也要本领高强,时时刻刻把说实话、讲真话、谏诤言作为履职准则,自觉按照"懂政协、会协商、善议政"和"守纪律、讲规矩、重品行"的要求,必须时时以高度的政治责任感、强烈的委员意识和良好的精神风貌认真履职、扎实工作。其次,要认真扎实地做好革命传统教育基地建设情况专委会调研、文化产业与旅游产业融合发展情况重点调研工作;积极开展书画联谊、摄影交流活动;继续做好《老家(丛书)》的拍摄、编辑、出版工作;加快推进《西海岸名人》的编纂工作;编纂出版文史专辑《温度》,讲好委员故事;高质量地完成《青岛西海岸新区改革开放亲历记》的征编任务,力争打造成精品之作。以不忘初心、牢记使命,永不懈怠的精神状态和一往无前的奋斗姿态,为新区经济社会的高质量发展贡献智慧和力量。

（作者单位:青岛市黄岛区政协）

开拓创新　扎实做好新区政协工作

范存滨

党的十八大以来,党中央对健全社会主义协商民主制度、充分发挥人民政协协商民主重要渠道作用做出了部署,提出了新的更高的要求,这对于推进社会主义民主政治发展具有重要的指导意义,同时也对如何以改革创新精神做好政协工作提出了新的要求。如何在新时代新形势下做好政协工作,是每一位政协工作者及政协委员们深入思考的问题。结合多年的政协工作经验,我认为做好新时代政协工作,应从以下几个方面着手。

一、做到"五个强化",切实增强政协履职责任感

(一)强化学习意识

加强学习是人民政协巩固共同思想政治基础和提高履职能力的重要途径。当前我国的改革和发展正处于关键时期,人民政协也面临许多新情况新问题,做好新时代人民政协工作,要求广大政协委员、政协机关干部必须加强学习。要认真学习党的路线、方针、政策,特别是深入学习贯彻党的十八大以来,习近平总书记关于加强和改进人民政协工作的重要思想,关注经济、文化、社会的发展趋势,不断提高自身理论素养和业务水平。特别是在西海岸新区飞跃发展的新形势下,更要通过学习提高委员的素质,加深对履职内容、形式、方法的理解和把握,不断提高思想政治水平和参政议政能力,以适应新时期人民政协工作需要。

(二)强化大局意识

围绕中心服务大局,是人民政协履行职能必须遵循的原则,是政协工作不断开创新局面的基础。当前,我们要严格按照"一条主线、五个率先、七大实效"的工作要求,继续奋战,乘势而上,加快建设军民幸福、干部自豪、令人向往的美丽新区。紧紧围绕我区承接新战略、培育新产业、加快新旧动能转换等战略,聚焦高质量发展、聚焦创新引领、聚焦改革开放、聚焦生态环境保护、聚焦保障改善民生、聚焦自身建设等,一切从最广大人民

群众根本利益出发,一切从促进经济和社会发展大局出发,深入调查研究,为党政决策提供可靠参考和依据。

(三)强化为民意识

实现和维护最广大人民群众的根本利益,是政协工作的出发点和落脚点。政协委员要经常深入群众,体察民情,贴近基层,贴近群众,了解群众的疾苦,特别要关注困难群体,了解和反映他们的意见和诉求,积极促进人民群众最关心、最直接、最现实的利益问题的解决。要积极发挥各自优势、热心公益事业,为群众多办实事好事,使履职的各项工作充分代表人民的根本利益,真正做人民群众的"贴心人"。

(四)强化团结意识

团结和民主是政协两大主题。政协委员必须高举大团结大联合的旗帜,多做团结方面的工作,做好倾听民声、反映民意、化解矛盾、稳定人心的工作。各界别活动组、联络室要坚持团结、民主两大主题,不断加强自身团结,形成上下联动、内外协同、共同推动的工作格局。同时要及时了解和反映不同群体、社会阶层的各种愿望及利益需求,尤其要在环境保护、拆除违建、征地拆迁等工作中积极主动地宣传党和国家的方针政策,协助党委政府做好协调关系、化解矛盾、理顺情绪的工作,为营造有利于经济社会更好更快发展的和谐氛围献计出力。

(五)强化责任意识

要严格落实党风廉政建设责任制,用党纪国法的高压线、做人处事的底线及心电图式的波浪线来约束自己。要充分履行自己的权利与义务,做参政议政的模范,决不能只挂名不履职,更不能只要权利而放弃责任。

二、做到"三个创新",切实激发政协工作活力

(一)思想观念上要创新

在看到西海岸新区获批以来取得众多成绩的同时,也要清醒地看到当前经济社会发展中存在的一些突出问题,树立"敢于拼搏、敢打硬仗、敢于破解难题"的劲头,发挥敢啃"硬骨头"的精神,对如何做好政协工作进行深入思考,使思维方式、思想观念跟上新区发展的需要,砥砺前行,奋勇争先,推动政协工作上新水平。

(二)工作方法上要创新

要突破机关工作的老思维和旧习惯,贯彻科学发展观统筹兼顾的基本方法,在整体推进各项工作的同时,确定重点议题,创新工作载体,推动政协工作的项目化运作。要针对工作内容制定具体的实施细则,把总体任务加以分解,进行量化,明确工作的目标、步骤、时限,加强督查考核,确保工作实效。

（三）工作作风上要创新

建设新区,推进政协工作,要大力弘扬求真务实的作风,倡导实干苦干的精神,制定科学的工作规则,明确工作任务,提高工作标准。要大力弘扬精简高效的作风,开短会、讲短话、写短文,在社会各界树立政协机关的新形象。要大力弘扬艰苦奋斗的作风,廉洁自律,厉行节约,勤俭办事。

三、处理好"五个关系",实现政协工作良性互动

（一）处理好"内与外"的关系

做好政协工作既要激活内力,又要借助外力。一方面要充分发挥政协党组的领导核心作用、政协委员的主体作用和政协机关的保障作用;另一方面要积极争取党委的重视,争取人大、政府的支持和社会各界的积极配合,以沟通促了解,以交流促共识,努力形成有利于政协事业发展的良好局面。

（二）处理好"点与面"的关系

履行政协职能,既要着眼于区域经济社会发展的整体情况,又要把主要精力放在解决改革发展稳定深层次问题的分析上,放在对党委、政府关注的大事难事的对策研究上,放在人民群众关注的热点、难点问题的深入思考上,通过以点带面,点面结合,全力促进政协工作的有效开展。

（三）处理好"虚与实"的关系

人民政协的性质、职能决定了政协主要是通过提案、建议案、调研视察报告等形式来参与和促进社会经济发展,这是一项以研究讨论、建言立论为主要形式的务虚性工作。但在履职的实践中又必须做到虚功实做,虚中求实。一方面要深入基层、深入实际、深入群众、掌握实情,切实提出对党委和政府有参考价值的履职成果。另一方面要强化督促,跟踪问效,努力促进政协的意见建议转化为实实在在的社会效益。

（四）处理好"热"与"冷"的关系

这里所说的"热"是指党政重视、社会关注的重点难点问题,"冷"是指那些党政部门暂时没有想到或没有精力顾及的问题。首先要选择"热",紧扣党政工作重点,围绕经济建设这个中心,精心选择调研课题,做到与党政目标一致,与部门工作同步,心往一处想,劲往一处使。其次要兼顾"冷",拓宽思路,关注群众期待解决而党政部门没想到或暂时无暇顾及的领域,做好拾遗补阙工作。

（五）处理好"为"与"位"的关系

有作为才能有地位,有地位才能更加有作为。有位与有为是一对辩证统一的关系。随着2018年全国"两会"精神的深入贯彻,各级党委对政协工作更加重视,政府对政协

工作更加支持,政协组织应当倍加珍惜。当前政协事业发展面临良好机遇,要积极履职,主动作为,竭忠尽智建诤言,一心一意谋良策,推进经济社会又好又快发展,实现有为、有位的良性互动。

(作者单位:青岛市黄岛区政协)

按照四个"铁一般"要求，加强政协机关自身建设

孙　琳

习近平总书记指出，实现全面建成小康社会奋斗目标、实现中华民族伟大复兴的中国梦，关键在于培养造就一支具有铁一般信仰、铁一般信念、铁一般纪律、铁一般担当的干部队伍。四个"铁一般"要求，对于充分发挥人民政协作为协商民主重要渠道和专门协商机构作用，围绕加强人民政协协商民主建设做了一系列重要的新部署，这为做好新时代人民政协工作提出了新任务新要求。

一、按照四个"铁一般"要求，加强机关干部的学习和业务能力的提升

实现共产主义是中国共产党的信仰，也是每一个共产党员的信仰。共产主义远大理想和中国特色社会主义共同理想，是中国共产党人的精神支柱和政治灵魂，是保持党的团结统一的思想基础。人民政协是一个爱国统一战线的组织，创建学习型政协是促进人民政协事业蓬勃发展的动力，履行好政治协商、民主监督、参政议政职能，首要的就在于不断学习，具备较高的政治素养，提高工作能力和水平。一方面，政治理论学深。把马列主义、毛泽东思想、邓小平理论、"三个代表"重要思想、科学发展观，特别是习近平总书记系列重要讲话精神作为学习的主要内容，通过原原本本学、深入细致学，引导树立正确的世界观、人生观、价值观。党员干部作为开展统一战线工作、促进大团结大联合的主力军，更应该清醒认识到自己代表着党的形象，要有强烈的党员意识，要有对党员政治身份的认同感，有严格履行党员义务的责任感，有贯彻党的路线方针政策的使命感，筑牢对党绝对忠诚的铜墙铁壁，不断增强坚定走中国特色社会主义政治发展道路的信心和决心，做到"不忘初心、牢记使命"。另一方面，业务知识学精。人民政协事业是党的事业的重要组成部分，机关承担多种职责，这就要求机关干部有爱岗敬业的思想，有做好工作的责任感和使命感，要勤学善思，学深学透理论政策，丰富完善知识结构，深入开展调查研究，努力提高自身素质和业务水平，做到一专多能，力求把自己培养锻炼成能学、能思、能说、能写、能干的复合型人才。

二、按照四个"铁一般"要求,强化各项制度的完善和落实

没有理想信念或理想信念不坚定,精神上就会"缺钙",就会得"软骨病"。规范管理、制度约束、按程序办事,是政协机关做好服务工作的重要保障,建立健全各项规章制度,规范机关工作人员的行为,是机关建设的关键环节。一是落实上级的。认真学习上级机关的有关规章制度,对现有制度进行必要的修改、补充和完善,培养机关干部依据制度规定开展工作的习惯。二是借鉴友邻的。积极学习借鉴友邻单位经验的总结和积累,建立一套科学规范、切实可行的管理制度,对政策规定、工作措施及各类业务档案登记,要完整保留,保持工作的连续性和规范性。三是形成自己的。创新开展经常性工作机制,把扎实做好经常性工作作为政协工作质量和水平的重要途径,建立健全调研考察、社情民意等高效工作机制,使经常性工作质量再上台阶。四是建立健全容错纠错机制,为敢于担当的干部撑腰鼓劲,把关心关爱干部的各项措施落到实处。制度建设不能生搬硬套、依葫芦画瓢,要结合实际深化细化,制度机制建设要具有系统性、可操作性,更重要的是持续加大制度落实和执行的力度。

三、按照四个"铁一般"要求,锤炼机关干部的工作作风

党的纪律不仅是一种规范性的社会实践,更是一种价值的选择、思想的尊崇、信念的坚守和精神的力量。一是学党规。中国共产党党章是最根本的党规党法,集中概括了党的先进性,体现了党员先进性的基本要求。党规是党员必须恪守的底线。每一个共产党员必须尊崇党章、遵守党规,严守政治纪律、组织纪律、廉洁纪律、群众纪律、工作纪律和生活纪律,严格按照党章要求规范言行,深入践行"三严三实"要求,心存敬畏、手握戒尺,廉洁从政。二是见行动。行动体现信仰的力量。要始终把纪律规矩顶在前,严格按党的政策、按规章制度办事,做到有令必行、有禁必止。严格落实《准则》和《条例》等党规党纪要求,加大违反纪律和规定处理力度,始终保持高压态势,使党员干部不想、不能、不敢有跨越"红线"的思想和行为,使党员干部始终处于严格的监督管理之中,让党规党纪立起来、实起来、严起来。三是管思想。遇到事情多思考,多总结,多研究规律,要常怀如临深渊、如履薄冰的心态,时刻把工作想细、做细。强化政策纪律观念,洁身自好、廉洁自律,时刻保持清醒的政治头脑,严格按章程和有关法律办事,自觉增强拒腐防变的能力。

四、按照四个"铁一般"要求,提高机关干部的服务意识

党员干部有挑起千钧重担的"铁肩膀",努力创造经得起实践、经得起人民、经得起历史检验的工作业绩。作为政协机关的一员,应当强化服务意识,站在统战工作的大业和国家的全局的高度上,坚持围绕中心,服务大局,更好地为经济社会服务。一方面,一切从实际出发。充分发挥人民政协人才荟萃、智力密集的优势。政协委员是政协工作的主体,社会知名度大、关注度高,一言一行都具有影响力和示范性。要尊重和保障委员民

主权利，完善委员联络制度，健全委员联络机构，在组织各项会议和活动时，从小处入手、从细节入手，为委员履职提供周到细致的服务，为委员履职尽责创造良好条件。另一方面，坚持以人为本。把维护人民群众的根本利益作为政协工作的出发点和落脚点，广泛关注人民群众的生产生活问题，重点围绕事关人民群众切身利益的热点、难点问题，开展专题视察调研和专项民主监督，提出意见建议，积极协助党和政府解决群众的实际困难。

（作者单位：青岛市政协）

适应新时代、新任务，努力开创人民政协事业新篇章

赵 军

新的起点，孕育新的希望；新的起点，也必然会遇到新的挑战。习近平总书记在同党外人士共迎新春时曾指出，一个篱笆三个桩，一个好汉三个帮。实践证明，建立新中国，建设新中国，开拓改革路，实现中国梦，都需要各党派团体和各界人士齐心努力。越是处于改革攻坚期，越需要汇集众智、增强合力；越是处于发展关键期，越需要凝聚人心、众志成城。当前，青岛面临千载难逢的重大发展机遇，全市政协组织应解放思想、带头担当，突出重点、切实把习近平总书记"懂政协、会协商、善议政，守纪律、讲规矩、重品行"的要求落到实处，为建设更加富有活力、更加时尚美丽、更加独具魅力的青岛做出积极贡献。

一、解放思想，努力在提升思维格局上下功夫

解放思想，是推动经济社会又好又快发展的时代召唤，也是新形势、新任务对人民政协工作的必然要求。政协事业要想在发展中有所作为，就必须与时俱进，跟上时代的步伐。如果不增强解放思想的紧迫感和危机感，习惯于墨守成规，满足于看摊守业，政协的观念思维、认识水平、调研能力就会停滞不前甚至僵化，也就无法继续卓有成效地履行政治协商、民主监督、参政议政职能。当前，以新旧动能转换重大工程和上合组织青岛峰会成功举办为机遇，推动青岛经济社会向更高层次跨越的号角已经吹响。全市各级政协组织应把团结各界、凝聚人心、共同开创青岛现代化建设的新局面作为政协工作的重点，积极发挥政协组织联系面广和位置超脱的作用，责无旁贷地协助党委和政府，多做沟通协商、达成共识的工作，多做理顺情绪、化解矛盾的工作，多做凝聚人心、维护稳定的工作。一是应在服务党委决策、支持政府工作，围绕中心履职、服务发展大局上解放思想。积极引导社会各界协调各方面的利益关系，正确认识和处理好个人利益和集体利益、局部利益和整体利益、眼前利益和长远利益的关系，促进政党关系、民族关系、宗教关系、海内外同胞关系的和谐，始终做到与市委、市政府思想上同心同德、目标上同心同向、行动上同心同行。二是应在主动适应社会阶层结构出现的新变化上解放思想。应利用和借助政协组织与社会各界联系广泛的优势，不断汇聚共同干事创业、服务大局的合力，特别

是应加强与"三胞"的联络联谊，充分调动海内外人士参与全市建设的积极性。三是应在激励政协主体和释放机关干部工作热情能力上解放思想。把政协组织中所蕴藏的智慧资源有效凝聚起来，把委员的真知灼见及时汇集起来，把政协人才库、智囊团的作用充分发挥出来，凝成一股劲、聚成一股气、拧成一股绳，共同为青岛在新时代新征程中率先走在前列汇聚正能量。

二、带头担当，努力在强化自身建设上下功夫

政协要想有所"为"、有所"位"，必须进一步加强自身建设，敢于带头、勇于担当，以过硬的素质和扎实的作风，展形象、做表率。

（一）带头讲大局、树正气

把责任担当与政协履职尽责结合起来，自觉地想大局之所想、急大局之所急、做大局之所需，多说有利于大局的话，多做有利于大局的事。市政协领导班子和领导干部应以身作则、率先垂范，引导和带领政协常委、政协委员自觉维护全市改革发展稳定的大局，拥护市委、市政府的战略决策和部署，切实做到市委和市政府工作推进到哪里，政协工作就跟进到哪里，把政协的政治优势、人才优势、智力优势转化为促进青岛经济社会发展的动力优势。

（二）带头讲团结、聚合力

把责任担当与团结和民主两大主题结合起来，贯穿于政协工作的一切方面和全过程。从政协领导班子、政协常委、政协委员，到政协机关，都应做好凝聚共识、凝聚力量、凝聚智慧、凝聚民心的工作，最终形成强大的履职合力。应鼓励和支持各民主党派、工商联、人民团体和无党派人士在政协的各种会议上充分发表意见，高度重视党派团体提出的提案和反映的社情民意，积极协助有关方面为党派团体解决参政议政方面的实际问题，进一步发挥好党派团体参政议政的作用。

（三）带头能干事、有作为

把责任担当与政协工作结合起来，以机不可失、时不再来的紧迫感、责任感，落实、落实、再落实，推进、推进、再推进，带头创新创业创优，立足本职岗位建功立业，扎实开展"双岗双责双作为"活动，用实实在在的业绩为人民政协事业增光添彩。坚持把促进发展和服务发展作为政协履行职能的第一要务，做到政治协商从发展着眼，民主监督为发展助力，参政议政为发展服务。选择党政重视、群众关注、政协有条件做好的课题，深入调查研究，努力探索破解发展难题的新招数，为青岛跨越发展献计献策，为市委、市政府科学决策提供参考。

三、突出重点，努力在真抓实干上下功夫

全市政协组织应充分发挥团结统战功能，为青岛走在前列汇集广泛持续正能量，形

成和衷共济、合作共事、合力创业的良好局面。

（一）找准结合点

人民政协的性质和地位决定了政协的主要任务就是发挥自身优势、团结各界群众、凝聚各方力量、促进决策落实。政协组织不同于党委、政府，也不同于具体的工作部门，要靠平等协商、靠人格魅力、靠团结实干。性质虽不相同，出发点和落脚点都是为了谋求发展和实现广大人民群众的根本利益。全市政协组织应发挥好党和政府联系群众的桥梁纽带作用，把实现好维护好发展好最广大人民群众的根本利益作为政协工作的落脚点和出发点，协助党和政府保障民生、改善民生，密切关注社会各界人民群众生产生活中的突出困难，善于用民主方法，向群众宣传党委、政府重大决策，与群众沟通思想、解疑释惑，细致入微地做好群众工作，真心实意为群众排忧解难，及时反映群众的意愿和诉求，切实维护人民群众的根本利益。

（二）把握切入点

新时代、新任务，政协为加快发展建言献策的任务越来越重，政协的地位和作用日益重要，政协履行职能的内在要求越来越高。当务之要，政协履行职能应在履职尽责中，准确把握政协工作的政治方向，紧密联系政协自身工作的特色和优势，找准工作定位，发挥政协工作的主观能动作用，献策而不决策，为推进决策的科学化、民主化服务；立论而不立法，广泛深入开展调查研究，提出真知灼见；议政而不行政，通过协商监督，促进各项工作的落实。

（三）夯实着力点

政协机关特别是领导干部，一定要把思想认识统一到中央对国内外形势的科学判断上来，把力量凝聚到贯彻落实中央的决策部署上来，在大是大非问题上保持清醒头脑，在路线原则问题上保持坚定立场，更加自觉地与党中央始终保持高度一致，不折不扣地按照党中央和省、市委的工作部署抓好落实。要与学习贯彻习近平总书记重要讲话精神结合起来，与落实省委市委重点工作结合起来，围绕新旧动能转换、保障改善民生、增进各界团结、促进社会和谐等重大问题全力推动，确保与党委政府一个声音、一个步调、一起鼓劲，助力市委、市政府各项战略决策部署的有效落实，为全市经济社会的发展聚力给力。

（作者单位：青岛市政协）

习近平新时代中国特色社会主义思想指导下青岛市政协的探索与实践

王 琦

党的十八大以来,以习近平同志为核心的党中央高度重视人民政协事业的发展,在汲取过去工作经验的基础上,对人民政协理论、性质定位、协商民主体系、履职能力建设、努力方向等做出了重要部署,掀开了人民政协事业发展的新篇章。

本文简要分析党的十八大以来,在习近平新时代中国特色社会主义思想指导下,基层政协在思想建设、协商民主、履职能力、自身建设等方面进行的创新探索与取得的实际成果。

一、坚持党的领导,明确性质定位,牢牢把握人民政协履职的正确方向

一是坚持党的领导是人民政协工作的灵魂。中国共产党是中国特色社会主义的领导核心,是人民政协事业发展进步的根本保证。人民政协作为政治组织,要旗帜鲜明讲政治,进一步增强"四个意识",坚决服从维护以习近平同志为核心的党中央权威和集中统一领导,提高政治站位,坚守政治信仰、站稳政治立场、保持政治定力、强化政治担当,始终坚持党对政协的全面集中统一领导,始终坚定人民政协事业的正确政治方向。人民政协要自觉接受党的领导,自觉将履职活动置于党委工作大局中谋划和推进,制定的年度工作计划,要报党委会议研究决定,纳入工作总体部署。基层党委要加强和改善党对人民政协的领导,及时研究并统筹解决同级政协工作中的重大问题,支持人民政协依照章程开展工作。党的十八大以来,青岛市委切实加强对政协工作的领导,认真研究和解决政协工作的重要问题,积极支持政协履行职能,加强自身建设,推动政协事业不断取得新进步。市委常委会定期研究政协工作,听取汇报,做出部署。市委书记、市长每年到政协调研,并与市党政班子领导同志一起参加政协会议活动,对政协工作特别是对政协报送的提案建议做出批示。市政府把支持政协履行职能,作为加强和改进政府工作的重要途径,将政协协商纳入决策程序和施政环节,及时通报有关情况,认真办理政协提案,为

政协开展工作创造了良好条件,推动了政协事业全面发展。

二是准确把握性质定位是发挥政协作用的关键。2018年全国两会修订的政协章程修正案在人民政协"是中国人民爱国统一战线的组织,是中国共产党领导的多党合作和政治协商的重要机构,是我国政治生活中发扬社会主义民主的重要形式"的表述后,增加了人民政协是国家治理体系的重要组成部分、是具有中国特色的制度安排、是实行中国共产党领导的多党合作和政治协商制度的重要政治形式和组织形式,进一步明确了人民政协在我国政治体制中的重要地位和作用。政协的话语权、影响力,在推进协商民主、汇聚各方力量、突现中心任务方面有着不可替代的显著优势。十三届青岛市政协结合新形势新任务提出"专注发展、专心为民、专力履职",按照中央、省市委要求,结合青岛实际,紧紧围绕全市改革发展稳定大局,认真开展政治协商,积极推进民主监督,有效组织参政议政,传递政协好声音,凝聚社会各界共识,增强了政协工作的原则性、系统性和方向性,有力地推动了人民政协事业的发展。

三是加强思想政治建设是政协把握方向的基础。毫不动摇坚持党对人民政协工作的领导,不折不扣贯彻落实党中央对人民政协工作的决策部署,其根基在思想政治建设要抓得紧、跟得上。青岛市政协党组制定学习计划、贯彻方案,深入学习贯彻党的十八大、十九大和习近平总书记系列重要讲话精神,不断加深对中国特色社会主义理论体系和习近平总书记新时代中国特色社会主义思想的认识,确保中央和省、市委重大决策部署贯穿政协工作全过程。认真贯彻落实《中共中央关于加强社会主义协商民主建设的意见》,贯彻落实省、市委政协工作会议精神,按照"求正、求实、求畅、求聚、求严"的要求,确保学在深处、谋在新处、干在实处,推动新时期基层政协工作创新更上一层、更进一步。

二、丰富履职载体,拓展履职平台,推进协商民主实践不断深入

一是协商民主制度更完善。推进政协协商民主制度建设,可以有效避免协商活动的随意性,确保政协协商民主更加规范有序。因此,青岛市政协始终把加强制度建设作为推进协商民主的重要基础性工作来抓,参与起草制定了市委《关于加强社会主义协商民主建设的实施意见》;协助市委召开了全市政协工作会议,制定了《关于进一步加强和推进人民政协工作的意见》;推动有关内容进入《市委关于贯彻落实党的十八届三中全会精神的意见》,明确规定"各级党委和政府、政协制定并组织实施协商年度工作计划,就一些重要决策听取政协意见";先后制定下发了双月协商座谈会、加强政协界别工作、专题调研工作办法等多项制度,修订完善了全体会议等会议制度,完善规范了协商议题确定、协商主体和协商时间安排等工作程序,使政协协商民主工作更加制度化、规范化、科学化。

二是协商民主选题更规范。协商选题是协商的起始环节和关键环节,直接关系到后续协商活动的科学性、针对性和最终成效。青岛市政协在协商选题的原则上,主要是围绕全市改革、发展、稳定方面的重大问题和民生方面的实际问题,选择具体、实在、管用的

议题开展协商,更好地促进党委、政府科学决策和政策落实。在协商选题的内容上,坚持尽力而为、量力而行,选择政协有能力做并且能够做好的议题,探索实行了"一上一下、上下结合"的选题方法。"上"就是"上揽全局",聚焦推动科学发展和全面深化改革,选择全市经济社会发展中综合性、全局性、前瞻性的问题作为履职题目。"下",就是"下接地气",政协开展各项工作,需要把群众的呼声和要求作为第一信号,把群众最需要解决的问题作为履行职能的第一选择,围绕改善民生、促进和谐扎实履行职能。在协商选题的程序上,建立了"三对接、一沟通、一汇报"的选题机制,即与党政部门、政协委员、社会各界对接,同市政府沟通、向市委汇报。每年的协商议题和调研视察题目,都是市政协各专委会与党政相关部门、市政协委员、社会各界多次对接协商,各分管副主席与市政府各分管副市长沟通对接的基础上提出来,又经过市政协务虚会、秘书长会议、党组会议和主席会议研究,经市委常委会研究同意后,以文件形式印发执行。

三是协商民主形式更新颖。与时俱进地创新协商民主形式,才能使政协工作更加活跃、更富成效,才能更好地发挥政协作为协商民主重要渠道的作用。俞正声主席曾在全国政协十二届一次常委会议上提出,"建立一种以界别为基础、以专题为内容、以对口为纽带、以座谈为主要方法的协商形式"。青岛市政协积极探索协商新形式,更加活跃有序地组织专题协商、对口协商、界别协商、提案办理协商。在全国地方政协中,较早探索举行"双月协商座谈会"。每年年初围绕市委、市政府关注的重点重大问题、人民群众关心的热点难点问题,确定"双月协商座谈会"的专题,围绕专题组织相关界别的政协委员进行深入的调查研究后,召开"双月协商座谈会"。邀请市委、市政府有关领导和有关部门的负责同志与政协委员进行"面对面"协商交流,共谋解决问题的良策。几年来,先后围绕"深化行政审批制度改革""实施'一带一路'战略"等专题举办了"双月协商座谈会"20余次,有效促进了相关问题的解决。青岛市政协不断拓展政协协商民主新内容,把民主协商议政的内容从改革、发展、经济、民生等向精神文明建设、党风廉政建设、民主法治建设等方面拓展。围绕做好新形势下群众工作、优化法治环境等议题,邀请市委有关部门与委员开展协商议政。探索在法治领域开展民主协商,与市人大、市政府联合下发了《青岛地方立法协商工作办法》和《关于在政府法制工作中开展民主协商的试行办法》,组织政协委员参与了城市风貌保护条例等20部地方性法规、政府规章制定前的民主协商。

三、激发委员热情,突出界别特色,打造全媒体时代的"智慧政协"

一是委员建功展风采。习近平总书记反复强调政协委员要"懂政协、会协商、善议政,守纪律、讲规矩、重品行"。青岛市政协把发挥委员作用、鼓励委员岗位建功作为一项重点工作来抓。近年来,先后出台了《关于在市政协委员中开展"岗位建功"活动的意见》《政协青岛市委员会关于在全市政协委员中开展"双岗双责双作为"活动的实施意见》《关于市政协"双岗双责双作为"活动工作事项责任分工的通知》等文件,鼓励政委员既认真履行委员职责，努力成为议政建言的优秀委员，又立足本职岗位，争取成为工作领域的先进表率。为确保活动深入推进，青岛市政协及时研究解决"三双"活动中的问题，定期召开"三双"活动领导小组工作调度会，有力促进了"三双"活动的有序开展。制定"三双"情况考核评选细则，明确要求建立委员"三双"情况考核档案，每年组织一次"三双"工作考核，作为委员履职评价和评选先进的依据；每两年组织开展"三双"先进个人评选，并以政协青岛市委员会的名义进行表彰。通过这些制度的措施，增强了"三双"活动的针对性和操作性，推动了委员争先创优的积极性，促进了"三双"活动的顺利开展。"三双"活动开展以来，市政协在搭建履职平台，汇集委员智慧，贡献委员力量，突出活动效果等方面做了大量的工作和探索，广大政协委员积极响应，踊跃参与，在调研视察、协商议政、民主监督、岗位建功等活动中奋发作为。活动开展以来，委员参加有关会议、协商活动400余人次，形成大会发言170余份，发挥了委员在政协工作中的主体作用，在界别群众中的代表作用，在本职工作中的带头作用。

　　二是界别联动有特色。界别构成是人民政协的基本特点，界别作用的发挥，是协商能否保持活力的关键。青岛市政协持续深化对加强界别工作的认识，加强对界别作用的引导与发挥，扎实推进政协界别协商。出台了《关于加强政协界别工作的意见》，专门召开了加强政协界别工作会议和委员界别召集人会议，在全体委员中部署加强界别工作。建立起了市政协领导、机关和专门委员会联系界别制度，明确了市政协领导和各专委会负责联系的界别，建立了界别履职的考核激励制度，选配了界别召集人和联络员，并为界别活动提供必要经费。市政协各位分管主席带头参加界别活动，每年至少参加一次所联系界别的活动，各界别每年至少要组织委员开展一次调研、撰写一件界别提案、进行一次述职活动。在协商实践中，注意把界别协商与专题议政建言会议、双月协商座谈会等协商会议有机结合，与常委会、主席会、专委会工作有机衔接，尤其注意发挥好政协界别的领域深度性、行业专业性和阶层代表性优势，以界别工作的新成绩不断提升政协工作的整体水平。

　　三是智慧政协有开拓。随着人工智能、大数据的快速发展，人民政协工作要适应新时代新发展。十三届市政协换届后，青岛市政协提出了建设"智慧政协"的构想。以政协网站、手机 APP、微信公众号"一网、一端、一号"为载体的网络履职活动全面展开。2017 年 11 月，青岛市政协十三届四次常委会议审议通过了《政协青岛市委员会关于建设智慧政协的意见》。《意见》对建设"智慧政协"的主要路径和目标任务做出了部署安排，就组织领导、机制保障等方面提出明确要求，并绘制了"智慧政协"框架图。"智慧政协"首先是智能履职的新手段。在初步实现了"一网、一端、一号"的建设与融合后，将继续探索全媒体资讯工作室、"智汇·金点子"平台、政协大数据中心等的建设，在政协履职中融入更多智慧智能元素。网站、微信公众号提供了向群众展示政协的窗口，也打通了政协了解民情民意的路径。通过建设专业智库、委员自由组合"微智库"和"政协委员论坛"，集合各类智库的专业、组织、人才和网络，形成委员、专家、机构、媒体、民间

"五智汇"服务决策的新格局。2018年市政协十三届二次会议,青岛政协APP正式投入使用,会议通知、签到、考勤都通过"智慧政协"的智能化手段来实现。"智慧政协"使委员从一年开一次会变成365天随时随地参政议政,青岛市政协将持续全力打造"集约高效、互联互通、智能安全"的智慧政协,使人民政协更好地汇聚各方智力资源服务党政中心工作。

四、深度调研视察,积极参政议政,提高履职尽责的质量和水平

一是调研视察聚焦关键。调研视察是人民政协履行职能的重要形式和有效手段。青岛市政协紧扣中心,力求调研视察选题科学合理,注重与党政工作同心、同向、同步;力求调研视察深入有效,从前期准备、确定方案,到参与人员、跟踪视察,保证调研视察连贯深入、切实有效;力求调研视察成果转化落实,着力形成高质量调研报告,通过多种形式、不同渠道,寻求建议采纳落实。2017年7月上旬,市政协主席杨军参加了青岛市党政考察团到深圳、杭州学习考察;9月下旬,又带领市政协考察团赴长沙、成都、重庆学习考察。围绕供给侧结构性改革、加快新旧动能转换、提升政协履职能力等重点进行考察。报送的关于在新旧动能转换中加快推进青岛全域旅游发展、高度重视培育发展集成电路产业等系列调研报告、建议案,得到了市委市政府主要领导的高度重视和有关部门的推进落实。组织委员对加快西海岸新区创新发展、打造高品质精致城市、胶东国际机场建设与临空产业发展情况等课题,开展了20余次视察调研活动,形成了一批调研报告和协商议政专报。提出的探索建立"街长制",把城市精细化管理责任落实到"最后一米""最后一人"的建议,被市政府采纳并付诸实施,全市首批负责2600条道路的926名街长已到位落实管理责任。

二是参政议政关注民生。人民政协来自人民,必须坚持履职为民的理念,树牢群众观点,坚守民生情怀,把工作放在区域发展大局中去谋划和开展,力求做到政为民所议、言为民所建、策为民所献、力为民所出。青岛市政协始终把实现好、维护好、发展好最广大人民的根本利益作为政协工作的出发点和落脚点。充分发挥渠道通畅、联系广泛的优势,坚持深入基层、深入实际、深入群众,运用提案、视察、调研、反映社情民意信息等形式,及时反映人民群众的实际困难和问题,推动群众最关心、最直接、最现实利益问题的解决。定期召开全市政协宣传和社情民意信息工作会议,建立"四级联动"的信息员、特邀信息员队伍。围绕构建"亲""清"新型政商关系、美丽乡村建设等事关人民群众利益的重点问题,积极向全国政协、省政协、市委、市政府报送信息,社情民意信息工作在全国副省级城市中名列前茅。组织政协委员"进社区、进乡村、进企业、进学校、进军营,送科技、送文化、送健康、送爱心、送服务",进一步密切了政协与人民群众的联系。

三是民主监督形成合力。民主监督是人民政协的三大职能之一。近年来,青岛市政协积极探索把民主监督寓于提案、调研视察、反映社情民意信息、界别等工作中,形成了民主监督的工作合力。探索建立了提案动态管理系统,实现了提案的提交、审查、交办、

反馈、评估各环节全过程网络化运行,建立了第三方评估提案办理机制,对"提案人反复提出"或"办理结果不满意"的提案进行第三方评价。同时,实行政府与政协领导重点提案督办制度,起到了以点带面、整体推进的效果。探索建立了四级政协委员、市和区(市)两级政协组织、市政协机关各部门与市各民主党派工商联等三个联动机制,所有调研视察选题在确定承办部门时,均明确 1～2 个民主党派作为协办单位,组织相关界别参加,既能多方联动、优势互补,又利于形成民主监督大格局,把民主监督寓于各种协商会议之中。

全委会议、常委会议、专题协商会等会议形式,由于邀请了党委政府领导和有关部门负责同志出席,能够通过面对面协商沟通,既交流思想,又监督落实。特别是 2017 年以来,贯彻落实中共中央、省委、市委关于加强和改进人民政协民主监督工作的部署和要求,在全省率先出台了加强和改进人民政协民主监督工作的具体实施办法,切实推进政协民主监督工作的制度化、规范化、程序化。创新界别协商监督,研究出台了《青岛市政协社会和法制委员会界别协商监督工作规则(试行)》,将民主监督和界别工作相结合,围绕"推动我市社会保障和福利事业发展"首次开展了界别协商监督活动,形成的决策建议得到市政府领导的肯定。

(作者单位:青岛市政协)

以习近平总书记加强和改进政协工作的重要思想为指导，努力做好新时代政协民族和宗教工作

习近平总书记关于加强和改进人民政协工作的重要思想，科学回答了人民政协事业发展面临的方向性、全局性、战略性重大问题，是习近平新时代中国特色社会主义思想的重要组成部分，为新时代人民政协事业发展提供了科学理论指导和行动指南。紧密联系政协工作实际，深入学习、深刻领会习近平总书记关于加强和改进政协工作的重要思想，对于努力做好新时代政协民族和宗教工作，不断开创民族、宗教工作新局面，具有重要的实践指导意义。

一、充分认识习近平总书记关于加强和改进人民政协工作的重要思想的意义

学习好、贯彻好、落实好习近平总书记关于人民政协工作一系列新思想新部署新要求，对于我们正确把握人民政协的性质定位，充分发挥优势作用，坚持在继承中发展、在发展中创新，认真履职尽责，团结带领参加人民政协的各党派团体和各族各界人士，围绕中心、服务大局、做好工作，具有重大的现实意义。

（一）对正确领会"懂政协、会协商、善议政"具有指导意义

习近平总书记要求政协委员"懂政协、会协商、善议政"。这是新时期人民政协和政协委员履职尽责的根本遵循。"懂政协"是前提，"会协商"是根本，"善议政"是方法。"懂政协、会协商、善议政"是相互联系、不可分割的有机整体，具有丰富的理论内涵和实践特征。深入学习、领会和践行"懂政协、会协商、善议政"的重要论述，是推进人民政协事业发展的必然要求。

（二）对形成最大公约数、画出最大同心圆具有凝聚意义

2016年1月习近平同党外人士共迎新春时指出："人心向背、力量对比决定事业成败。我们提出坚持正确处理一致性和多样性关系的方针，就是着眼于形成最大公约数，

画出最大的同心圆。"在社会政治领域,最大公约数理念要求在面对利益格局多元、价值取向多样的复杂局面时,最大限度地寻求利益共同点和共同价值观。以最大公约数画出最大同心圆,对人民政协提出了更高的要求,任务越艰巨,越要求提高工作艺术;利益越多元,越要求统筹兼顾;思想越多样,越要求求同存异。要以高度的紧迫感、使命感和责任感,努力实现自身思想观念的转型和修养素质的提高。

（三）对中国共产党对人民政协全面领导具有创新意义

人民政协成立 70 多年来,离不开中国共产党的坚强领导。党始终支持人民政协依照章程独立负责、协调一致开展工作,运用人民政协这一政治组织和民主形式,为实现党的总目标、总任务服务。中国共产党各级党委要把人民政协政治协商作为重要环节纳入决策程序,对明确规定需要协商的事项必须经协商后提交决策实施。加强人民政协民主监督,完善民主监督的组织领导、权益保障、知情反馈、沟通协调机制。推进人民政协参政议政更加深入务实开展,委托政协开展重大课题调研,邀请政协委员参与重大项目研究论证,完善参政议政成果采纳落实机制,更好发挥人民政协建言资政作用。重视政协领导班子建设,改进委员产生机制,真正把代表性强、议政水平高、群众认可、德才兼备的优秀人士吸收到委员队伍中来。

二、学习习近平总书记关于加强和改进人民政协工作的重要思想,提升自身素质和能力

习近平总书记关于加强和改进人民政协工作的重要思想是指导今后一切工作的行动指南,我们一定要以学懂弄通习近平总书记关于加强和改进人民政协工作的重要思想的精神为引领,通过提高政协履职能力,努力开创新时代政协工作的新局面。

（一）学习习近平总书记关于加强和改进人民政协工作的重要思想,提高政治把握能力

学习好、落实好习近平总书记关于加强和改进人民政协工作的重要思想是当前重要的政治任务,在政治立场、政治方向、政治原则、政治道路上要同党中央保持高度一致。通过学习,进一步领会习近平总书记关于加强和改进人民政协工作的重要思想的精神实质,坚持中国共产党对人民政协的领导;坚持人民政协性质定位;聚焦党和国家中心任务履职尽责;紧扣保障民生献计出力;发挥社会主义协商民主的重要渠道和专门协商机构作用;加强和改进政协民主监督工作;广泛凝聚实现中华民族伟大复兴的正能量和大力加强履职能力建设。

（二）学习习近平总书记关于加强和改进人民政协工作的重要思想,提高政协协商能力

人民政协是具有中国特色的制度安排,是社会主义协商民主的重要渠道和专门协商机构。习近平总书记关于加强和改进人民政协工作的重要思想,为人民政协参政议政、

建言献策指明了方向，标志着党领导的多党合作和政治协商事业发展达到了新的高度，人民政协事业必将不断向前发展。我们一定要牢记使命，努力提高工作水平。一是协商议政重实效。进一步拓展协商内容、丰富协商形式、规范协商程序、提高协商成效。二是建言献策下真功。按照懂政协、会协商、善议政的要求，进一步强化履职意识，增强履职能力，重点围绕我市的中心工作，充分运用调研、视察、提案、反映社情民意等有效形式，多建可用之言，多提可行之策。

（三）学习习近平总书记关于加强和改进人民政协工作的重要思想，提高服务群众能力

习近平总书记强调，中国共产党人的初心，就是为人民谋幸福，为人民群众服务是政协履职的出发点和落脚点。一要多做群众宣传工作。大力宣传党的新思想、新理念、新举措，让党中央的决策得到广大人民群众的拥护，让党中央的精神在基层落地生根。同时当好群众的"代言人"，把群众的诉求和心声收集好，及时反映社情民意，使党委和政府的决策更合民意、更接地气。二要多做扶贫帮困工作。政协组织及广大政协委员要发扬在热心公益、扶危济困方面的优良传统，积极参与助残济弱、扶贫帮困、捐资助学等社会公益活动，倾力为困难群体解难事、做好事、办实事，协助市委、市政府解决好重点难点民生问题，让人民群众拥有更多获得感。三要多做释疑解惑工作。发挥人民政协联系广泛、渠道畅通的优势，协助市委、市政府多做春风化雨、解疑释惑的工作，多做协调关系、化解矛盾的工作，寻求全社会意愿和要求的最大公约数，画出民心民愿的最大同心圆。

三、学习习近平总书记关于加强和改进人民政协工作的重要思想，做到三个"更加注重"

在党的十九大报告中，习近平总书记把民族宗教工作摆在了党和国家工作大局更加重要的位置，并在多个重要场合就新形势下如何做好民族宗教工作发表重要讲话、提出明确要求。进入新时代，做好民族宗教工作，必须以习近平总书记关于民族宗教工作重要讲话精神为指引，切实做到三个"更加注重"。

（一）更加注重中华文明的传承，着力强化"共同体"思想意识

党的十八大以来，习近平总书记在一系列重要讲话中提出两种"共同体"思想意识：一是为实现伟大复兴的中国梦和民族团结进步而建立的中华民族共同体思想意识，二是为推动建设持久和平、共同繁荣的和谐世界而建立的人类命运共同体思想意识。这两种"共同体"思想意识既是对马克思人类命运共同体思想意识的继承和发展，更是对中国优秀传统文化的创新性转化和创新性发展。这两种"共同体"思想意识是一脉相承、相辅相成的，向内传递着同舟共济、相互依存，你中有我、我中有你的民族命运共同体关系，向外传递着通过对话和协商解决争端、化解分歧，尊重世界和民族文明的多样性，共

同保护好人类赖以生存的地球家园等观念。向内向外两种"共同体"思想意识的确立和认同,是做好新时代人民政协民族宗教工作的共同思想基础和工作前提。我们一定要厘清两种"共同体"思想意识的深刻内涵和时代价值,在政协协商平台上,在民族宗教界努力促进相互尊重、相互认同、形成共识,为民族团结、国家统一和世界和谐做出应有的贡献。

(二)更加注重政协平台优势的发挥,着力推进各民族交往、交流、交融

习近平总书记指出,做好民族工作,最关键的是搞好民族团结,最管用的是争取人心。这就要求我们更加注重和加强民族团结工作。一是密切与少数民族界委员及界别群众的交流联系,激发他们更加热爱中华人民共和国、拥护中国共产党的领导、拥护社会主义事业,共同致力于实现中华民族伟大复兴中国梦,找到最大公约数,画出最大同心圆。二是发挥民族界委员作用,多做思想引导、协调关系、凝心聚力、履职服务的工作,让少数民族委员都有组织依托,有联络渠道,促进民族团结和宗教和谐。

(三)更加注重政治文化的认同,着力坚持宗教的中国化方向

习近平总书记指出,积极引导宗教与社会主义社会相适应,一个重要的任务就是支持我国宗教坚持中国化方向。在开展宗教文化建设过程中要做好对中华优秀传统文化的传承与弘扬,深入挖掘教义教规中有利于社会和谐、时代进步、健康文明的内容,在宗教思想和教规教义阐释上体现中华文化气质,不断丰富和发展中国特色社会主义宗教理论,用以更好指导我国宗教工作实践。

(作者单位:青岛市政协)

优化工作机制　加强合作共事

孙江霞

中国人民政治协商会议是中国人民的爱国统一战线组织,是中国共产党领导的多党合作和政治协商的重要机构,是我国政治生活中发扬社会主义民主的重要形式,是国家治理体系的重要组成部分,是具有中国特色的制度安排。人民政协要在社会建设中发挥作用并有所作为,应建立起自身合作共事的工作机制。政协合作共事工作机制的基本内涵应该包括:人与人之间和睦相处,部门与部门之间相互配合,人与单位之间相互依存,单位与委员及外部环境密切融洽,人际氛围温馨和顺,各项工作运转有序,整体事业蓬勃发展。

一、增强协作意识,提高机关工作合力

"团结是构建和谐社会的前提,是集中各方智慧、形成伟大力量的源泉。"团结合作是一种美德,它体现互尊、互爱、互助、互谅的精神;团结合作是一种胸怀,它表明宽容谦和、善待他人的情操和气度;团结合作是一种方法,它要求合作共事,平等相处。政协机关各个部门都要相互配合、互相补台,做到服从而不盲从、到位而不越位、分工而不分家。

(一)努力建立合作共事的人际关系

团结和谐的氛围是做好政协机关工作的重要条件。良好的环境会调动人的积极性,愉悦的心情能使人精神振奋、思维活跃,使人受到温暖和激励,形成融洽的人际关系。树立正确的思想是建立良好人际关系的前提,这个思想包容广泛,如宽容、信任、感激、善待等。用这些正确的思想观念武装头脑,使之成为自觉的行动方式,表现在工作实践的方方面面。一棵树上找不到两片完全相同的叶子,社会上的人千差万别,这种差别构成了每个人不同的个性。正是人们的这种不同个性,社会才异彩纷呈。政协是一个包容各方人士团结合作的组织机构,有各种不同个性的人,要以广阔的胸怀去容纳不同个性的人。不同个性的人组合在一起,思想活跃、充满生机。容纳不同个性的人,能够使政协工作充满活力。

（二）努力建立部门之间密切配合的协作关系

政协机关工作的良好运行，离不开各部门之间的团结协作。在实际工作中，每个部门都要努力克服各自为政、本位主义等问题，要加强协调和沟通。树立大局意识，使部门之间心往一处想、劲往一处使，共同为政协这个大集体增光添彩。要做好部门间的协调和沟通，首先必须树立全局观念，把整个机关作为共同的目标。遇到部门间工作安排冲突时，应权衡利弊，以大局为重，进行综合协调和有效沟通。其次，协调和沟通要建立在相互尊重、相互信任的基础上。信任是每一次成功交往和协作的基础。在工作中需要与他人合作时，即使自己部门的工作比其他部门的工作重要，需要其他部门配合时，也应该通过协商拿出解决问题的办法，用真诚获得对方的理解与支持。

（三）努力建立干部职工与机关的亲合关系

一滴水只有放进大海里才永远不会干涸，一个人只有当自己和集体事业融合在一起的时候才最有力量。个人和集体的关系是对立统一、相辅相成的。每个干部职工的利益与机关大集体的发展息息相关。当个人利益与集体利益发生矛盾时，要把集体利益放在首位，必要时还要具有牺牲个人利益的精神；同时集体也要重视合理个人利益的正当性，建立个人发展的良好机制。毛泽东同志指出："共产党员无论何时何地都不应把个人利益放在第一位，而应以个人利益服从于民族的和人民群众的利益。因此，自私自利、消极怠工、贪污腐化、风头主义等，是最可鄙的；而大公无私，积极努力，克己奉公，埋头苦干的精神，才是最可尊敬的。"政协机关的干部职工要树立团队意识，从"一盘棋"的思想出发，看问题，想办法，干事情。要团结一心集群力，多支持，多配合。用进取的精神、辛勤的汗水，共同开创政协机关工作的新局面。

二、增强服务意识，密切与委员的联系沟通

服务贯穿于政协机关一切工作和活动之中，为委员服务是政协机关工作的核心内容。服务水平的高低、服务质量的好坏直接关系到委员发挥主体作用的成效。政协机关必须努力增强服务意识，改进服务质量，提高服务水平。

（一）科学安排，实现委员视察调研的规范化

委员视察调研活动是人民政协履行职能的一项基础工作，是委员了解情况、研究问题、建言献策的重要途径，是委员行使民主权利、开展民主监督的重要渠道。要保护委员充分享有履行职能的权利，既可就地安排视察调研，又可参加统一安排的跨地域视察调研。根据视察调研内容的需要，既可以由委员自由报名参加，也可以有针对性地邀请委员中的专家和学者参加某个方面的视察活动。视察调研前要尽可能地征求党委、政府的意见，使视察内容与党政部门关注的中心工作紧密结合。视察、调研方案确定后，要与有关部门加强联系，做好充分的前期准备工作，使委员对视察内容有更多更好的了解。视察、调研结束后，要及时向党政部门反馈意见，落实视察、调研成果转化工作。要从完善

视察组织形式、加大委员视察工作力度、选好视察内容、推进视察工作制度化建设、促进视察成果转化等方面入手，探索视察工作的新思路和新方法，切实发挥视察活动在人民政协履行职能中的作用。

（二）采取多种形式，为发挥委员主体作用搭建平台

政协委员是政协工作的主体，委员职能发挥如何，在很大程度上决定着政协工作的质量和水平。各级政协组织应不拘一格，采取各种形式，为发挥委员主体作用搭建平台。反映社情民意，是政协履行职能的基础性工作之一，也是政协委员履行参政议政职能的一种重要形式。反映社情民意的关键是掌握社情，了解民意。不掌握实际情况，不了解民众意愿，建言献策就成了无源之水、无本之木。因此，要进一步夯实反映社情民意的基础，畅通反映社情民意的渠道，建立信息工作网络。要充分利用现代信息网络技术，构建政协信息互联网平台，利用网络让委员更加便捷地了解信息，不断拓展和延伸委员参政议政的渠道。

三、增强大局意识，实现与党委政府工作的协调同步

"不谋全局者不足以谋一域。"围绕中心，服务大局，是人民政协履行职能必须遵循的基本原则。政协工作必须要站在全局的高度看待问题、分析问题，从全局高度看待我们发展中出现的新情况、新矛盾。在履行职能过程中，无论是建言献策还是民主监督，都必须紧紧围绕全局、自觉服从全局，正确处理局部和全局的关系。既要坚持从本地区本部门的实际出发，研究和探讨问题，又要牢固树立整体观念，增强在大局下行动的自觉性。要从有利于加强和改善党的领导、有利于支持政府工作，有利于维护改革开放和稳定大局出发，主动为党委、政府当好参谋，力求提出既科学合理又切实可行的意见和建议，为党委政府的科学决策发挥参谋作用。

要建立和完善与党委、政府的联系协调机制。在党委的统一领导下，加强相互间的联系与协作，使政治协商、民主监督更加规范。要完善对党委政府意见、建议办理落实的督办机制，目前有关提案办理答复以及反馈形成了一系列较为成熟的做法和良好的运作机制，但对诸如委员们在全会、常委会期间提出的意见和建议，还没有形成一套健全的办理落实以及反馈机制，需要在实践中不断加以完善并予以明确，以进一步提高政协组织和政协委员参政议政的成效。

人民政协应从建设合作共事工作机制入手，积极进行有关方面的实践探索，为全面建成小康社会、实现中华民族伟大复兴的中国梦、实现人民对美好生活的向往而做出应有的贡献。

（作者单位：青岛市政协）

对政协界别的几点认识

赵绍贤

人民政协是我国政治架构中唯一包括各党派团体并以界别为单位组成的政治组织。发挥界别作用是人民政协的突出特色和优势。发挥好政协各个界别的作用，需要对政协各界别的特点、地位和作用有所探讨和认识。

一、政协界别各有特点

全国政协现由 34 个界别组成，主要可分为政党类界别、人民团体类界别和社会类界别三大类别。每个大类又分不同界别，各具特色。

1. 政党类界别

政党类界别分为中国共产党、民革、民盟、民建、民进、农工党、致公党、九三学社、台湾民主自治同盟和无党派人士 10 个界别。

党派团体是人民政协组织的重要基础。政党界别最能体现我国政党制度的鲜明特点。在我国，执政党与参政党之间是协商合作、相互监督的关系。人民政协正是适应这种需要，实现多党合作和政治协商的平台。这些界别不仅拥有广泛的群众基础，而且还有健全的组织网络、得力的办事机构。作为各自所联系的一部分社会主义劳动者和拥护社会主义的爱国者的政治联盟，政党界别有政治性、组织性、整体性、目的性的特点。

2. 人民团体类界别

人民团体类界别分为工、青、妇、青联、工商联、科协、台联、侨联以及特邀港、澳、台人士 11 个界别。

人民团体由中国共产党领导，按照其各自特点组成，从事特定的社会活动。他们既是人民群众自己的组织，又是中国共产党联系人民群众的纽带和桥梁。人民团体在我国政治生活中占有重要的地位，在团结、代表、教育各自的成员，完成社会主义各项任务方面，发挥着重要的作用。在政协，人民团体履行政治协商、民主监督和参政议政的职能，具有很强的代表性、人民性和广泛性。

3. 社会类界别

社会类界别分为经济、科技、社科、教育、文化艺术、农业、体育、新闻出版、医药卫生、对外友好、社会福利和保障、少数民族和宗教 13 个界别。

社会类界别涉及面广,几乎涵盖了社会事业的各个方面。这些界别的委员大都是各行业、各学科、各专业的专家学者、拔尖人才和行家里手,他们对业内情况最熟悉,最了解,最有发言权。社会界别的委员更贴近各界人士,人才荟萃、智力密集,群众性和专业性强。

二、政协界别地位作用各有不同

1. 政党类界别

政党类界别是政协的主要参加单位,在政协工作中有着举足轻重的地位。只有在人民政协,各民主党派可以政党为参加单位,可以党派的名义发表主张,开展活动。这是政协成立的初衷和本原,可见其特殊重要性。尽管政党也以界别名义出现,但其作用和地位要高于一般人民团体和社会界别。因此,人民政协在界别的设置上,从组织上保证民主党派和无党派人士在人民政协中占有较大的比例。

中共界别与民主党派和无党派人士界别相比有其特殊性。中共界别以及中共党员是受党组织委派从事政协工作。委员中的中共党员既要坚定贯彻党的路线方针政策,更要广交深交党外朋友,努力成为合作共事、发扬民主、求真务实、廉洁奉公的模范。相对而言,其组织性弱,更强调个人表现和人格力量。党对政协的绝对领导是通过党委以及政协党组来体现的。

2. 人民团体和社会类界别

我们提政协界别,狭义上主要指的是人民团体和社会类各界别。由于有了这些界别,使得政协的代表性更加广泛完善。政协第一届全国委员会代行人大职权完成建国大业,严格地说,是根据当时形势需要,在原来的各政党共商国是的基础上,临时增加了各族各地各界人民团体代表后,具有了代表全国人民的性质,本质上是人民代表大会。这也给政协组织后来的界别打下了基础。

人民团体类界别的组织性和政治性更强些,代表特定社会群体的意志和呼声。相对而言,社会类界别的专业性、群众性更突出,代表一个界别群众的利益和诉求,是体现党联系群众的重要渠道。这两类界别,是党和政府了解和倾听群众意见、增进共识的重要渠道。体现了我国统一战线的广泛发展和一切爱国民主力量的大统一、大汇合,体现了人民政协最广泛的代表性,具有不可或缺、不可替代的作用。

三、界别作用的发挥要考虑界别特点

一是作为中国共产党领导的多党合作和政治协商的重要机构,人民政协为各民主党派和无党派人士在政协开展民主协商建立了平台。各民主党派和无党派人士以党派名义参与政协事务,一般对大政方针做出表态及对涉及国计民生的重要事项提出意见建议,不受委员自身专业局限,也不代表其专业界别。同时,各民主党派也由于历史的原因具有并一定程度上保持了党派专业特色。开展界别活动中,应该给予党派界别以特别重视。无论是对其大会发言、提交的提案、反映的社情民意信息还是提出的意见和建议都要重点安排、重点办理、重点报送、重点研究。

二是人民团体和社会界别相对强调其特定界别群众的代表性,以代表界别群众利益、反映专业水平为主。我们说人民代表为人民,人民政协为人民,其具体内涵是不一样的。人民代表在地域范围选举产生,代表一个地域的广大群众。在人大里面是没有党派和界别之分的。政协则是党派性机构,委员是通过其所在党派和界别协商产生,在本界别有代表性和影响性,能反映本界别人民利益和意见。这里包括的是各行各业的优秀代表,不简单等同于一般意义上的普罗大众。这是政协的特色。正因如此,在强调推进界别协商制度化的同时,界别的划分也应该随着经济社会结构的发展变化而做出调整,以便更全面地反映和代表社会各界的利益和意见。

三是日常工作中,从开展政协统战工作的初衷和效果出发,中共界别应该根据委员的工作和专业背景分划到人民团体和社会界别中,这样更有利于发挥作用。如果因其自成一界别,就关门搞活动,反而不利于政协组织中共产党员作用的发挥。

四是界别活动应该是政协日常活动的主要形式之一。政协要健全界别活动召集人制度、界别联系制度、界别提案征集制度和反映社情民意制度。专委会应该与对口界别建立固定联系,每个专委会按职责分工联系若干界别,服务和协调指导界别活动的计划制订、组织实施等工作,做好联络、协调和后勤服务,为界别活动提供良好的保障。

(作者单位:青岛市政协)

发挥好新型政党制度的优势和效能

乔大鹏

新型政党制度是习近平总书记 2018 年 3 月 4 日看望参加全国政协十三届一次会议的民盟、致公党、无党派人士、侨联界委员并参加联组会时提出的。习近平总书记指出，中国共产党领导的多党合作和政治协商制度作为我国一项基本政治制度，是中国共产党、中国人民和各民主党派、无党派人士的伟大政治创造，是从中国土壤中生长出来的新型政党制度，这为新时代巩固和发展中国共产党领导的多党合作和政治协商制度、发挥民主党派作用指明了方向。我国新型政党制度及其组织载体人民政协，是具有中国特色的制度安排，面对新时代新使命新任务，要把中国共产党和各民主党派、无党派人士共同创造的新型政党制度坚持好、发展好、完善好。

一、新型政党制度的创造和演进具有鲜明的中国特色

政党是国家政治行为的主体，在国家政治活动和政治运作中处于中心地位，因此政党制度是国家政治制度中的关键成分。政党制度是以政治制度为基础的，是在一定的政治制度环境或条件下产生的，是政治制度的重要组成部分。中国特色社会主义的根本政治制度是人民代表大会制度；基本政治制度包括中国共产党领导的多党合作和政治协商制度、民族区域自治制度、基层群众自治制度，中国特色社会主义法律体系，以公有制为主体、多种所有制经济共同发展的基本经济制度；还有政治体制、经济体制、文化体制、社会体制、生态文明体制等具体制度。中国共产党领导的多党合作和政治协商制度是我国基本政治制度之一，是中国特色社会主义的新型政党制度，它在中国特色社会主义制度体系中具有十分重要的地位。

习近平总书记在庆祝全国人民代表大会成立 60 周年大会上的讲话中指出："各国国情不同，每个国家的政治制度都是独特的，都是由这个国家的人民决定的，都是在这个国家历史传承、文化传统、经济社会发展的基础上长期发展、渐进改进、内生性演化的结果。中国特色社会主义政治制度之所以行得通、有生命力、有效率，就是因为它是从中国的社

会土壤中生长起来的。中国特色社会主义政治制度过去和现在一直生长在中国的社会土壤之中，未来要继续茁壮成长，也必须深深扎根于中国的社会土壤。"政党制度的创造和发展，必须坚持从国情出发、从实际出发，既要把握长期形成的历史传承，又要把握走过的发展道路、积累的政治经验、形成的政治原则，还要把握现实要求、着眼解决现实问题。作为中国特色社会主义政治制度重要组成部分的新型政党制度—中国共产党领导的多党合作和政治协商制度，是在中国独特的国情条件下、在中国的社会土壤中成长起来的，植根于中国历史文化，产生于近代以后中国人民革命的伟大斗争，发展于中国特色社会主义光辉实践，具有鲜明中国特色，是中国共产党、中国人民和各民主党派、无党派人士的伟大政治创造。

建立中国共产党领导的多党合作和政治协商制度，体现了中国共产党的初心。1840年鸦片战争后，中国逐步成为半殖民地半封建社会。中国人民不断探索寻找着适合国情的政治制度模式。辛亥革命后到中国共产党成立之前，君主立宪制、帝制复辟、议会制、多党制、总统制等各种形式和改良主义、旧式农民战争、资产阶级革命派领导的民主主义革命、照搬西方政治制度模式的各种方案，都不能完成中华民族救亡图存和反帝反封建的历史任务。中国共产党诞生，并把马克思列宁主义同中国革命的具体实际相结合，将马克思列宁主义的革命理论同中国工人阶级的革命运动和具体实践结合起来，领导全国各族人民进行艰苦卓绝的革命斗争，终于彻底推翻了帝国主义、封建主义、官僚资本主义"三座大山"，建立了人民当家作主的新中国。

在筹建新中国的过程中，中国共产党诚挚邀请各民主党派、各人民团体，共同讨论关于召开人民代表大会成立民主联合政府问题，讨论关于加强各民主党派各人民团体的合作及纲领政策问题。1948年4月30日，中共中央发布纪念"五一"劳动节口号，号召"各民主党派、各人民团体、各社会贤达迅速召开政治协商会议，讨论并实现召集人民代表大会，成立民主联合政府"。中共中央发布的"五一口号"中可以看得出来："全国劳动人民团结起来，联合全国知识分子、自由资产阶级、各民主党派、社会贤达和其他爱国分子，巩固与扩大反对帝国主义、反对封建主义、反对官僚资本主义的统一战线，为着打倒蒋介石，建立新中国而共同奋斗。"这明确表明了中国共产党联合民族资产阶级、小资产阶级知识分子，结成统一战线，推翻"三座大山"，建立新中国的政治主张，体现了中国共产党巨大利益包容性的政治立场。1949年9月21日至30日，中国人民政治协商会议第一届全体会议召开，通过了具有临时宪法性质的《中国人民政治协商会议共同纲领》，选举中国人民政治协商会议全国委员会和中华人民共和国中央人民政府委员会，宣告中华人民共和国的成立。这标志着爱国统一战线和全国人民大团结在组织上完全形成，标志着中国共产党领导的多党合作和政治协商制度正式确立。

建立中国共产党领导的多党合作和政治协商制度，是中国共产党的初心。我们要按照习近平总书记的重要指示，继续不忘多党合作建立之初心，坚定不移走中国特色社会主义政治发展道路，把我国社会主义政党制度坚持好、发展好、完善好。

二、新时代背景下新型政党制度体现的新特征和新优势

中国共产党领导的多党合作和政治协商制度形成后,把各个政党和无党派人士紧密团结起来,为着共同目标而奋斗,既亲密合作又互相监督,始终同心同德、同心同向、同心同行,共同致力于中国特色社会主义事业。新中国成立以后特别是改革开放以来的无数事实充分证明,坚持和完善这一基本政治制度,为实现中华民族伟大复兴的中国梦提供源源不断的动力,也为世界政党政治发展提供了中国方案。面对新时代新形势新任务,习近平总书记用了"三个新"来描述这一新型政党制度的特点,可以从三个维度来看。

第一个是"利益代表"维度。它是马克思主义政党理论同中国实际相结合的产物,能够真实、广泛、持久代表和实现最广大人民根本利益、全国各族各界根本利益,有效避免了旧式政党制度代表少数人、少数利益集团的弊端。

第二个是功能维度。把各个政党和无党派人士紧密团结起来、为着共同目标而奋斗,有效避免了一党缺乏监督或者多党轮流坐庄、恶性竞争的弊端。

第三个是效果维度。通过制度化、程序化、规范化的安排集中各种意见和建议、推动决策科学化民主化,有效避免了旧式政党制度囿于党派利益、阶级利益、区域和集团利益决策施政导致社会撕裂的弊端。

由此可见,中国共产党领导的多党合作和政治协商制度,既强调中国共产党的领导,也强调发扬社会主义民主。中国共产党执政,各民主党派参政,没有反对党,不是三权鼎立、多党轮流坐庄。政治协商、民主监督、参政议政,就是这种民主最基本的体现。立足新时代新形势新要求,要更加准确把握中国共产党领导的多党合作和政治协商制度这一新型政党制度的特点属性,同时不断发扬社会主义民主,用好政党协商这个民主形式和制度渠道,通过协商凝聚共识、凝聚智慧、凝聚力量。中国共产党与各民主党派"长期共存、互相监督、肝胆相照、荣辱与共",多党合作制度已经在政党关系处理、政权运行方式、利益协调分配、民主实现形式以及合作效果等方面取得了丰富的理论及实践成果,显示出了鲜明的中国特色、巨大的优越性和强大的生命力。

三、坚持好新时代中国新型政党制度,发挥好多党合作效能

党的十八大以来,党中央对民主党派的历史定位进行了新的阐释,对民主党派的基本职能进行了新的拓展,在确保多党合作更加制度化、规范化、程序化等方面做出重大部署,为我国多党合作事业长远发展提供了坚实的理论指导和制度保障。习近平总书记关于新型政党制度的论述是习近平新时代中国特色社会主义思想的重要组成部分,这一论述是对马克思列宁主义关于政党制度理论的继承和发展,是对中国特色社会主义道路、制度、理论体系和文化的认识深化和实践创新,是马克思主义中国化的重要理论成果,是21世纪马克思主义的最新发展成果。我们要认真学习、深刻领会这一理论,以习近平新时代中国特色社会主义思想为指引,以纪念中共中央"五一口号"发布70周年为契机,不忘合作初心,继续携手前进,统一思想认识,坚定制度自信,坚持党的领导,团结凝聚共

识,找准着力重点,把中国共产党领导的多党合作和政治协商制度这一新型政党制度效能提高到新水平。

一是坚定制度自信。中国共产党领导的多党合作和政治协商制度作为我国一项基本政治制度,是历史的选择、人民的选择。我们要深刻理解中国共产党领导的多党合作和政治协商制度形成的历史过程和作用,深刻理解民主党派自觉接受中国共产党领导的"合作初心",深刻理解民主党派与中国共产党真诚合作、和衷共济的奋斗历程和历史贡献,从全面贯彻新时代坚持和发展中国特色社会主义的基本方略的高度,从我国政治制度彰显出的巨大优越性,进一步坚定多党合作制度自信,破除西方迷信,不动摇,不改变,自觉抵制西方多党制、议会制的影响,不忘多党合作建立之初心,坚定不移走中国特色社会主义政治发展道路,把我国新型政党制度坚持好、发展好、完善好。

二是凝聚政治共识。党的十九大强调,"要坚持党对一切工作的领导。党政军民学,东西南北中,党是领导一切的"。历史和现实一再证明,中国共产党是伟大、光荣的马克思主义政党,不断与时俱进、不断理论创新,是中国特色社会主义事业的坚强领导核心。中国特色社会主义是发展中国稳定中国的必由之路,是实现国家繁荣富强和人民幸福安康的正确道路,是引领、激励中华民族强大的精神力量、共同理想和政治基础,我们必须倍加珍惜、始终坚持、不断发展。中国共产党的领导,是中国新型政党制度正常运行的重要保证,是中国新型政党制度的本质特征,是中国新型政党制度的魂之所在。我们要坚定不移地在中国共产党领导下坚持和发展中国特色社会主义,坚定中国特色社会主义道路自信、理论自信、制度自信、文化自信,坚持中国共产党领导的多党合作和政治协商制度,这也是多党合作事业健康发展的根本保证。

三是发挥制度优势。中共十九大对决胜全面建成小康社会、开启建设社会主义现代化强国新征程做出了全面部署,也为多党合作事业提供了广阔舞台。新时代要有新气象,新征程呼唤新作为,要用好政党协商这个渠道,立足我国社会主要矛盾的变化和长期处于社会主义初级阶段的基本国情,在服务大局中找准履职尽责的切入点、结合点、着力点。把握时代脉搏,突出问题导向,以人民群众对美好生活的向往作为履职出发点,聚焦改革发展稳定重大问题特别是事关人民群众切身利益的问题献计出力;围绕决胜全面建成小康社会,助力打赢防范化解重大风险、精准脱贫、污染防治三大攻坚战;最大限度地为新时代中国特色社会主义事业发展凝聚智慧、凝聚力量,不断巩固共同思想政治基础。注重加强政党自身建设,不断提高政治把握能力、参政议政能力、组织领导能力、合作共事能力和解决自身问题能力,进一步增强履行职能的能力和水平,为决胜全面建成小康社会、夺取新时代中国特色社会主义伟大胜利、实现"两个一百年"奋斗目标贡献智慧和力量。

四是突出政协作用。人民政协是国家治理体系的重要组成部分,是具有中国特色的制度安排,特别是作为实行中国共产党领导的多党合作和政治协商制度的重要政治形式和组织形式。人民政协集协商、监督、参与、合作于一体,是社会主义协商民主的重要渠道和专门协商机构,是各党派团体和各族各界人士发扬民主、参与国是、团结合作的重要平台。人民政协要肩负起落实我国新型政党制度的重大政治责任,把坚持和发展中国特色社会主义作为巩固共同思想政治基础的主轴,积极引导和推动参加人民政协的各党派团体和各族各界人士进一步坚定"四个自信",坚定不移走中国特色社会主义政治发展道路。坚持大团结大联合,正确处理一致性和多样性的关系,在坚持一致性中尊重多样性,在包容多样性中寻求一致性,努力推动中国共产党与各民主党派在人民政协这个平台上围绕中心、服务大局,精诚团结、通力合作,为各民主党派通过政协更好履行职能、发挥更大作用营造良好氛围、搭建更多平台、积极创造条件。

(作者单位:青岛市政协)

深入学习习近平总书记关于加强和改进
人民政协工作的重要思想,推进政协工作高质量发展

姚永明

习近平总书记关于加强和改进人民政协工作的重要思想,是习近平新时代中国特色社会主义思想的重要组成部分,为新时代人民政协事业发展提供了科学理论指导和行动指南。学习习近平总书记关于加强和改进人民政协工作重要思想,是搞清楚人民政协从哪儿来、到哪里去,新时代人民政协干什么、怎么干的现实需要。只有知其然而且知其所以然,工作才有方向和遵循,才会彰显意义和价值。

一、坚持党的领导,确保政协工作的正确方向

人民政协作为中国共产党领导的多党合作和政治协商制度的重要形式,旗帜鲜明讲政治是人民政协的本质要求,中国共产党领导是人民政协事业发展进步的根本政治保证,也是新时代人民政协必须恪守的根本政治原则。

一要始终坚持党对政协工作的绝对领导。习近平总书记强调,党政军民学,东西南北中,党是领导一切的。要深刻认识中国特色社会主义最本质的特征是中国共产党领导,中国特色社会主义制度最大的优势是中国共产党领导,从而进一步增进对中国共产党和中国特色社会主义的政治认同、思想认同、理论认同、情感认同,坚决拥护习近平总书记的核心地位,自觉接受中国共产党的领导,坚决维护党中央权威和集中统一领导。始终在政治立场、政治方向、政治原则、政治道路上坚定同以习近平同志为核心的中共中央保持高度一致,不断增强政治意识、大局意识、核心意识、看齐意识,自觉向党中央看齐,向习总书记看齐,向党的基本理论、基本路线、基本方略看齐,坚持中国共产党的领导、坚守共产党人的精神追求、坚定马克思主义的信仰、坚定中国特色社会主义信念,紧紧围绕改革发展稳定重大问题和涉及群众切身利益的实际问题进行民主协商,把党的主张通过民主程序转化为各方面的共同意志,找到最大公约数,画出最大同心圆,汇聚起共筑伟业的磅礴力量。

二要准确把握人民政协的性质定位。人民政协作为统一战线的组织、多党合作和政治协商的机构、社会主义协商民主的重要渠道和专门协商机构，是国家治理体系的重要组成部分，充分显示了我国社会主义政党制度、社会主义民主政治的特点和优势。协商民主是实现党的领导的重要方式，加强人民政协协商民主建设，有利于广纳群言、广谋良策、广聚共识，有利于促进党和政府决策科学化、民主化，有利于更好实现人民当家作主，有利于化解矛盾、促进社会和谐稳定，有利于推进国家治理体系和治理能力现代化。人民政协是具有中国特色的制度安排，不是参议院，不是西方那种分权机构，也不是反对党发出不同声音的地方，人民政协协商民主必须坚守政治定力，绝不照搬西方政治制度模式，坚定不移走中国特色社会主义政治发展道路。

三要围绕中心服务大局。紧扣党政工作大局，以党委政府的中心工作为重点，自觉做到在大局下思考、在大局下行动。找准政协工作与中心工作的结合点，自觉把政协工作放到推动高质量发展、放到美丽青岛建设中去，多提有深度、有分量、有价值的意见建议，努力使政协工作始终与市委、市政府中心工作同心同向、同频共振，努力做到懂政协、会协商、善议政。发挥好协商民主重要渠道和专门协商机构的重要作用，在看得准、研得深、做得实上下功夫，把质量理念和精品意识贯穿于政治协商、民主监督、参政议政的全过程，努力提升政协工作质量和水平。

二、坚持问题导向，促进政协工作提质增效

在学习中，要坚持问题导向，带着问题去学习、去思考、去实践，不断将学习研讨活动不断引向深入。

一是要把握核心要义。思想引领方向，道路决定命运。深刻领会习近平总书记关于加强和改进人民政协工作重要思想的精神实质，坚持读原著、学原文、悟原理，原原本本地进行系统学习，紧密联系实际，着力在学懂弄通做实上下功夫。把学习当作一种追求、一种责任、一种义务，自觉学习，使学习成为立根固本、忠诚看齐的过程，成为解放思想、创新理念的过程，成为提高素质、增长本领的过程。把学习研讨同学习习近平新时代中国特色社会主义思想和党的十九大精神结合起来，同学习新修订的党章、宪法和政协章程结合起来，同学习习近平总书记在纪念马克思诞辰200周年大会上的重要讲话结合起来，把学习研讨与提高政治协商、民主监督、参政议政的能力结合起来，与市委中心工作和人民群众的期盼对接起来，与庆祝改革开放40周年系列活动结合起来，与"不忘初心、牢记使命"主题教育结合起来，与"大学习、大调研、大改进"活动结合起来，用心体会、融会贯通，学出政治坚定、学出忠诚担当、学出业务精湛，通过思想理论水平的提高，把学习成果转化为加强和改进政协工作的各项制度，转化为参政议政、民主监督、团结合作的举措，转化为调研视察、建言献策、反映社情民意的实效，通过理论大学习、思想大武装，促进工作质量的大提升。

二是深入查摆问题。把学习贯彻习近平总书记关于加强和改进人民政协工作的重

要思想做实，必须坚持问题导向，着力发现问题、研究问题、解决问题。要以习近平总书记关于加强和改进人民政协工作的重要思想为标杆，结合这次研讨活动，把自己摆进去、把工作摆进去、把职责摆进去，认真查找思想和工作方面存在的不足和差距，明确今后努力方向。时刻看看有没有"慢半拍"的问题，有没有"时差"的问题，有没有"看不齐"的问题，有没有"跑偏"的问题，主动进行调整、纠正、校准，做到步调一致、行动同频，确保政协工作始终在党的领导下沿着正确的政治方向发展。要深刻剖析存在问题的原因，做到既反思实际问题，又剖析思想问题，为解决问题奠定基础。这些年，我们按照中共中央和市委的部署，先后在党员干部中开展了党的群众路线教育实践活动、"三严三实"专题教育和"两学一做"学习教育，我们要学习其中的成功经验，真正把问题找实找准，把原因剖析透彻、剖析到位，这对我们做好当前和今后一个时期的政协工作，都是非常重要的。

三是认真整改落实。要认真学习贯彻全国政协召开的习近平总书记关于加强和改进人民政协工作的重要思想理论研讨会精神和全国政协领导在研讨会上的讲话精神，进一步对标对表，抓好查摆问题的整改落实，抓好学习活动的深入深化。要坚持什么问题突出就研究什么问题，什么问题突出就解决什么问题，针对查摆存在的问题，逐条研究对策，建立问题清单、责任清单和整改清单，逐条逐项解决到位，在解决一个又一个问题中，不断推进工作创新，不断提升工作质量。要紧密联系政协工作实际，研究制定落实习近平总书记关于加强和改进人民政协工作的重要思想的工作举措和有效办法，把学习成果转化为切实可行的具体制度和举措办法，转化为推动政协事业发展的进展成效，进一步坚定道路自信、理论自信、制度自信、文化自信，不断提高政协组织履职质量和履职水平。坚持学用结合、学以致用，切实把学习成效转化为维护核心的政治自觉、履职尽责的过硬本领、改进工作的思路举措，推动政协工作迈上新台阶。作为政协工作人员，要牢记使命，用实际行动贯彻落实好新修订的政协章程，经常向党的理论路线和中央的方针政策对标，经常用中央的要求照镜子，在贯彻中央重大决策时不打折扣，不走形变样。做到党中央提倡什么我们就积极踊跃地参加实践，党中央禁止什么我们就旗帜鲜明地反对什么，做到令行禁止，听党话，跟党走。

三、坚持以人民为中心，履职尽责

人民政协是人民民主的重要制度，必须以人民为中心履职尽责。为中国人民谋幸福、为中华民族谋复兴是中国共产党人的初心和使命，也是人民政协的初心和使命。

一是在政治协商中坚持以人民为中心。习近平总书记强调，人民群众是社会主义协商民主的重点。人民政协要牢牢把握"协商于民、协商为民"的工作方向，做到有事好商量，遇事多商量，众人的事情由众人商量。在协商议题选择上，坚持把党的政策贯彻落实、党委政府重大决策部署推进和实施、重大民生工程建设和公益事业建设等作为协商的重点内容。在协商重点上，坚持把协商议政的着眼点放在关注党的惠民政策落实上，把协商议政的着力点放在维护人民群众切身利益上,把协商议政的重点放在关注和改善民生上,围绕精准扶贫、教育均衡、创业就业、法治公平、社会保障、食品药品安全、生态保护等民生福祉问题开展协商议政。在协商方式上,坚持由城市向乡村延伸,由会场向现场延伸,拓宽公民有序政治参与渠道。在开展专题协商、对口协商、界别协商前,采取民意恳谈会、民情咨询会、调研座谈会等方式,倾听人民呼声,回应人民期待。在协商理念上,坚持围绕中心、维护核心、凝聚人心,认真收集、整理、反馈社会各方面的意愿,致力于把党委政府的思路和人民群众的想法、说法、看法凝聚在一起,结合走访座谈、个别沟通、界别协商、专题议政等方式,在调研中宣传党委政府的决策,在座谈中与社会各界沟通思想,在交流中拉近与群众距离,在化解矛盾中当好人民群众代言人,收到"心往一处想、调往一处唱、劲往一处使"的效果。

二是在民主监督中坚持以人民为中心。政协民主监督是社会主义协商民主的重要实现形式,是以提出意见、批评、建议的方式进行的协商式监督,目的是协助党和政府解决问题、改进工作、增进团结、凝心聚力,重点是党和国家重大方针政策和重要决策部署的贯彻落实情况。让人民群众满意,不仅是人民政协开展工作的出发点和落脚点,也应该是评价、衡量、检验政协工作成效的最终标准。要切实把握监督的方向和原则、节奏和力度,坚持形式与内容相匹配,同履行政治协商、参政议政职能相结合,融协商、监督、参与、合作于一体,寓监督于协商会议、视察、提案、专题调研、大会发言、反映社情民意等活动之中,进一步探索和完善民主监督的组织领导、权益保障、知情反馈和沟通协调机制,确保开展民主监督有制度、有计划、有题目、有载体、有成效。政协的民主监督要坚持问题导向,探索协商监督与专题调研相结合、通报情况与协商议政相结合的方法,对党风廉政建设、落实"八项规定"等开展专项监督,对政府职能部门履职尽责情况开展特邀监督,对正在实施的重大民生项目开展调研性监督,把监督工作渗透到行风政风评议、社情民意反映、民生问题落实之中,结合反腐败、扫黑除恶等工作,发挥好政协民主监督的作用,实现好、维护好、发展好最广大人民的根本利益,使发展成果更多更公平惠及全体人民。

三是在参政议政中坚持以人民为中心。人民政协要始终把关注民生、保障民生、改善民生作为履职的重要内容,抓住民生领域的重要问题议政建言,使政协工作更加贴近基层实际、更加符合社会需求、更加体现群众意愿。以"双岗双责双作为"为载体,让委员接地气、聚民意,同人民群众"零距离"感受心声,"面对面"倾听意愿,"心连心"体恤疾苦,"实打实"为民代言,让广大群众真切地感受到政协就在我们身边,委员就在我们中间。要按照"画好同心圆、唱响主旋律、传递好声音、汇聚正能量"的要求,围绕人民幸福深入思考,带着人民期盼详尽调研,肩负人民重托精准建言,做到视察调研在决策部署之前,协商议政在共识形成之前,民心民声反映在工作推进之前,聚焦经济建设、精准脱贫、污染防治等进行建言献策,紧紧抓住人民群众关注的问题,通过专题视察、社情民意信息、界别协商、提案督办等方式,当好群众"代言人",发出委员"好声音",切实推进社会治理,促进有关民生问题得到有效解决。

新时代人民政协大有可为,我们要以习近平新时代中国特色社会主义思想为指引,坚持以人民为中心,不忘初心和使命,不忘全心全意为人民服务的根本宗旨,忠实履职尽责,做新时代人民政协事业的奋斗者、建设者、实干者,以为国立功、为民立言的使命感,以时不我待、只争朝夕的紧迫感,以重任在肩、舍我其谁的责任感,高举爱国主义和社会主义旗帜,紧紧围绕团结和民主两大主题,积极投身于新时代人民政协事业发展的生动实践,把学习研讨的过程作为深化理论学习、强化思想武装的过程,作为分析查找问题、改进工作不足的过程,作为推动工作创新、提升工作质量的过程,更好地履行政治协商、民主监督、参政议政职能,以实干的新作为开创人民政协事业发展的新局面。

(作者单位:青岛市政协)

下　巻

习近平总书记关于加强和改进人民政协工作的重要思想之实践基础和理论渊源

刘明文

人民政协工作即我们理解的协商民主或统一战线工作,是中国人民在长期的社会主义革命、建设和改革中的必然选择和政治基础,是伴随着中国共产党走向成熟和完善而成长起来的内在要素,是确实推进国家治理体系和治理能力现代化系统工程中的重要因子。协商民主是依于中国的具体历史实情而成长起来的治国理念,其实践基础在于一切从实际出发,理论依据和中国共产党的指导思想同出一源,都是马克思主义的普遍真理和中国具体情况相结合的产物。

一、习近平总书记关于加强和改进人民政协工作的实践基础

作为现实的存在者,人是在特定的历史情境中展开自己的生存状态的。每一个民族都在自己的具体生存状态中形成了自己的文化基因和制度抉择,中国的改革开放进入了新时代中国特色社会主义的历史阶段,人民政协工作不仅没有被忽视,而且在一定程度上得到加强,体现在习近平总书记对于统一战线工作的重视上,特别是关于统一战线工作的纲领性的文件的发表——《中国共产党统一战线工作条例(试行)》(2015),这是中国共产党第一次以法律法规的形式确定了人民政协工作的科学性,表明了统一战线工作已经上升到国家政治体制的宏观发展战略之中。

1. 统一战线形成的现实历史

一谈到人民政协工作或统一战线的问题,首先进入我们脑中的就是"三大法宝",其源于毛主席对中国革命的总结, 1939 年 10 月,毛主席通过《(共产党人)发刊词》明确阐释了中国革命的"三大法宝"即统一战线、武装斗争和党的建设,这是毛泽东同志对中国新民主主义革命经验的基本总结,是中国共产党人领导中国人民走向独立和解放的内在源泉。革命斗争面对的首要问题就是分清敌我,"谁是我们的敌人?谁是我们的朋友?这个问题是革命的首要问题"。这是毛泽东于 1925 年通过考察湖南农民运动所得出的

结论,其经典表述通过《中国社会各阶级的分析》而广为人知。团结真正的朋友形成广泛的联合以孤立和打击敌人,中国革命才能落到实处。

是否革命胜利了就可以取消统一战线了?不能!毛主席明确地做出了回答,中国民主革命胜利后,各民主党派的作用相对地被忽视,甚至有人认为民主党派是包袱,应取消,特别是1954年是否取消人民政协所引起的争论直接把这一争论推向高潮。为统一全党的思想,正确地看待人民政协的作用,毛主席明确肯定了人民政协的重要作用,并在中国共产党的第八次代表大会中对人民政协的工作形成了历史性文献与指导方针,明确了长期共存、互相监督的方针。1954年9月,中国共产党公布了中华人民共和国成立后的第一部宪法,明确规定:中国共产党领导的多党合作和政治协商制度将长期存在和发展。

以中国共产党为领导核心的多党合作制度的确立是历史选择的结果。以中国民主同盟为例,其成员以高级知识分子为主体,其前身是1939年10月在重庆成立的统一建国同志会;1941年3月改组为中国民主政团同盟,提出了贯彻抗日主张、实践民主精神、加强国内团结的政治主张;1944年9月,改名为中国民主同盟,要求民主、反对独裁,冲击了国民党的独裁统治;1947年10月,被国民党宣布为非法团体,其主要成员流亡到我国香港。1948年5月,各民主党派响应中国共产党多党合作的"五一号召",回归祖国共商国是,积极参与中华人民共和国的创建工作,并于1949年9月21日召开了中国人民政治协商会议第一届全体会议。自此,各民主党派的命运就和中国共产党的命运紧密结合在一起。

通过把资本主义工商业改造成为社会主义的工商业,把资本家改造成为自食其力的劳动者,中国共产党领导全国人民完成了向社会主义的过渡,这一时期人民政协工作主要是以和平的方式实现国家的社会主义工业化。由于受到国际、国内复杂局势的影响,产生了极端的"文化大革命",在"以阶级斗争为纲""无产阶级专政下继续革命"的理论的指导下,中国的社会主义建设受到严重破坏,对人民政协工作造成了消极的影响,人民政协工作几乎陷于停滞的状态。改革开放后,人民政协工作的这一不利局面得到缓解,逐步走向完善,这体现为党和国家不同时期的领导人对人民政协工作都有精彩的论述。

2. 对人民政协工作性质的创新性理论实践

以习近平同志为核心的党中央把人民政协工作落到了实处,人民政协工作不再是可有可无的边缘性存在,而是中国政治力量的有效组成部分,这一点充分体现在关于"三个重要法宝"的新论断上,这也是2015年《中国共产党统一战线工作条例(试行)》的一个重要实践和理论成果,"统一战线是中国共产党凝聚人心、汇聚力量的政治优势和战略方针,是夺取革命、建设、改革事业胜利的重要法宝,是增强党的阶级基础、扩大党的群众基础、巩固党的执政地位的重要法宝,是全面建成小康社会、加快推进社会主义现代化、实现中华民族伟大复兴中国梦的重要法宝"。这样的论断肯定了人民政协工作的不可替代的独特地位,将统一战线的地位和作用以一种鲜明的、全面的方式表达出来。一个拥有民心、广泛团结不同阶层的政党必然是不可战胜的,会以一种一往无前的宏伟气概将中国梦的复兴推向前进。可以说,"三个重要法宝"的新论断不仅在理论上澄清了长期以来笼罩在统战理论上的模糊之处,同时也在实践上为人民政协工作的进一步开展提供了科学的依据,"三个重要法宝"的新论断必然会在理论上和实践上为人民政协工作的深入有序进展带来深远的影响。

2017年10月党的十九大报告再次以高度概括的形式说明了人民政协工作的性质、地位及作用,"协商民主是实现党的领导的重要方式,是我国社会主义民主政治的特有形式和独特优势","人民政协是具有中国特色的制度安排,是社会主义协商民主的重要渠道和专门协商机构"。这就说明了协商民主是新时代中国特色社会主义道路的具体政治实践,其产生和发展和中国特色社会主义理论的深入和完善有着历史的同步性,其所内含的历史逻辑、实践逻辑和理论逻辑有着鲜明的中国特色。就历史逻辑而言,协商民主是中国共产党人在长期的社会主义革命、建设和改革开放时期应对复杂局面所做出的现实选择,在中国历史发展和世界历史的发展过程中都有着无可比拟的独特性;就实践逻辑而言,协商民主这一政治形式是中国共产党人独立自主地探索中国道路的现实选择,从具体的国情、世情和党情出发,坚持一切从实际出发、实事求是、具体问题具体分析的基本原则,科学地解决了一致性和多样性的关系,以共同的目标为导向,凝聚起澎湃力量走向民族的富强;就理论逻辑而言,协商民主的理论建构必然是马克思主义普遍真理与中国具体道路相结合的产物,有着自身内在逻辑的展现。总结起来就是党的十九大报告中的一句话:"统一战线是党的事业取得胜利的重要法宝,必须长期坚持。要高举爱国主义、社会主义旗帜,牢牢把握大团结大联合的主题,坚持一致性和多样性统一,找到最大公约数,画出最大同心圆。坚持长期共存、互相监督、肝胆相照、荣辱与共,支持民主党派按照中国特色社会主义参政党要求更好履行职能。"实际上,大团结大联合的主题不仅是中国共产党一以贯之的历史逻辑和现实选择,也是坚持人民当家作主的现实基础,体现了新时代中国特色社会主义思想的核心内涵。

二、习近平总书记关于加强和改进人民政协工作理论的渊源

人民政协工作不仅是中国共产党武装夺取政权的主要方式之一,也是中国特色社会主义现代化建设得以顺利进行的根本保障之一。对人民政协工作的认识是中国共产党意识形态的重要内容。只有使社会不同阶层、群体、政党的利益协调有序,把社会主流的意识形态积极引导到无产阶级意识形态之中,才能牢固树立中国共产党的执政党地位,提高党的路线、政策、方针的贯彻能力,才能广泛地团结全世界各地中华儿女投身祖国的建设与和平统一。统一战线意识形态即中国共产党和各民主党派建立在合作基础上的协商民主,反映了社会主义民主政治的基本观点、方针和思想的观念上层建筑。人民政协工作的理论是马克思主义与中国具体情况相结合的产物,同时也是当代中国马克思主义理论不可或缺的有机组成部分。

1. 马克思关于人民政协的早期理论雏形

资产阶级为了维护自己的阶级利益,往往编造出空泛的自由、平等、博爱等具有普遍适用性的价值观念,并为之披上人民理性或人民主权的外衣。正如马克思所批判的那样:"每一个企图代替旧统治阶级的地位的新阶级,就是为了达到自己的目的而不得不把自己的利益说成是社会全体成员的共同利益,抽象地讲,就是赋予的思想以普遍性的形式,把它们描绘成唯一合理的、有普遍意义的思想。"[1]马克思生活的时代,正是资产阶级意识形态为了建立并巩固其统治地位大行其道的时代,为了揭示出意识形态的虚假性质,马克思在批判资产阶级意识形态的基础上提出了无产阶级的意识形态。

马克思在 1844 年 2 月发表的《〈黑格尔法哲学批判〉导言》中,第一次提出了德国解放的实际可能性在于形成无产阶级,只有无产阶级才能实现具有人的高度的革命。物质的力量在解决革命的任务时具有决定的作用,但是另一方面,理论对物质生活具有重大的指导作用,"批判的武器当然不能代替武器的批判,物质力量只能用物质力量来摧毁;但是理论一经掌握群众,也会变成物质力量。理论只要说服人,就能掌握群众;而理论只要彻底,就能说服人。所谓彻底,就是抓住事物的根本"[2]。

在 1845 年秋至 1846 年 5 月写作的《德意志意识形态》中,马克思、恩格斯完成了历史唯物主义的创立,阐明了无产阶级意识形态,"人们是自己的观念、思想等等的生产者,但这里所说的人们是现实的、从事活动的人们,他们受自己的生产力和与之相适应的交往的一定发展——直到交往的最遥远的形态——所制约。意识在任何时候都只能是被意识到了的存在,而人们的存在就是他们的现实生活过程"[3]。这就明确了人是观念的创造者,不是意识决定生活,而是人们的现实生活决定他们的意识形态,人们的思想、观念、意识尽管有着假象的形式,然而其形成过程并不受着某一特定集团、阶级的局限,其背后有着不以他们的意识为转移的历史规律,总是来源于人们的社会实践活动,归根到底是由他们特定的物质生活条件决定的。"统治阶级的思想在每一时代都是占统治地位的思想。这就是说,一个阶级是社会上占统治地位的物质力量,同时也是社会上占统治地位的精神力量。"[4]无产阶级必须使自己上升为统治阶级,才能使自己的路线、方针、政策得以贯彻执行。

在 1848 年发表的《共产党宣言》中,马克思、恩格斯明确提出共产党人需要把自己的观点、目的、意图进行说明,"过去的一切运动都是少数人的或者为少数人谋利益的运动。无产阶级的运动是绝大多数人的,为绝大多数人谋利益的独立的运动"[5]。只有为多数人利益服务才能得到人民群众的拥护。"共产党人同其他无产阶级政党不同的地方只是:一方面,在无产者不同的民族的斗争中,共产党人强调和坚持整个无产阶级共同的不分民族的利益;另一方面,在无产阶级和资产阶级的斗争所经历的各个发展阶段上,共产党人始终代表整个运动的利益。因此,在实践方面,共产党人是各国工人政党中最坚决的、始终起推动作用的部分;在理论方面,他们胜过其余无产阶级群众的地方在于他们了解无产阶级运动的条件、进程和一般结果。"[6]从这里我们可以看到马克思、恩格斯所论述的共产党与其他党派的关系也是无产阶级意识形态的一部分,共产党代表着革命运动中最坚决、最彻底的意志,代表着各民族的共同利益,才会得到各民主党派的拥护。而共产党人本身也要为自己争取到天然的同盟军,"共产党人到处都努力争取全世界民主政党之间的团结和协调"[7]。1848 年革命的失败就在于"小资产阶级的所有阶层,以及农民阶级,都完全被排斥于政权之外"[8]。1871 年巴黎公社革命失败的教训则在于没有坚持无产阶级的领导权。历史的经验告诉我们,在统一战线的形成过程中,必须团结一切可以团结的力量,坚持无产阶级的领导权。

2. 中国道路中的人民政协工作理论

2015 年中共中央印发《中国共产党统一战线工作条例(试行)》中第三条明确指出:"统一战线工作的指导思想和主要任务是:在中国共产党领导下,以马克思列宁主义、毛泽东思想、邓小平理论、'三个代表'重要思想、科学发展观为指导,深入学习贯彻习近平总书记系列重要讲话精神,坚定不移走中国特色社会主义道路……"这就说明中国共产党的指导思想即人民政协工作的指导思想。

中国革命的特点决定了统一战线是中国共产党领导中国人民进行武器斗争的三大法宝之一,八大民主党派在抗日、反独裁的历史进程中,和中国共产党形成了"长期共存、互相监督、肝胆相照、荣辱与共"的方针,这一时期主流意识形态是马克思主义中国化,理论成果就是毛泽东思想。

党的十一届三中全会之后,中国共产党在完成拨乱反正的历史任务之后,开始了以改革开放为鲜明特征的有中国特色社会主义现代化建设,邓小平适时地提出了"没有民主就没有社会主义"的重要思想,社会主义民主是统一战线存在的前提和保证。各民主党派在热爱祖国、拥护祖国统一的前提下成为社会主义现代化建设的有机组成部分,"现在它们都已经成为各自所联系的一部分社会主义劳动者和一部分拥护社会主义的爱国者的政治联盟,都是在中国共产党领导下为社会主义服务的政治力量"。相应地,"爱国统一战线"替代了传统的"革命统一战线"的提法。改革开放时期的人民政协工作在于确立了邓小平理论在全国人民的主导作用,明确了在社会主义初级阶段的根本任务是解放生产力、发展生产力,确立了"三个有利于"标准。以江泽民为代表的第三代中央领导集体继续贯彻党的统战政策,提出了"三个代表"的重要思想,成为中国共产党和各民主党派共同的意识形态。

2011 年 1 月 30 日党中央主持召开了党外人士迎春座谈会,胡锦涛提出了中国共产党和民主党派在新时期的关系应该是——"同心"思想,即思想上同心同德、目标上同心同向、行动上同心同行。这就在思想上、目标上、和行动上明确了各民主党派和中国共产党的关系时所达到的具体要求,是统战工作"十六字方针"的进一步深化和发展,是统一战线意识形态形象、简洁、有力的原则规定和观念形态。这是被中国共产党 90 多年波澜壮阔的历史和实践所充分证明的。因而,"同心"思想成为中国共产党领导的多党合作和政治协商制度最鲜明的特质,这是我们党贯彻和执行科学发展观的直接体现。自由、民主、公正、法制的最终目的是为了人的发展，这是我们国家的领导集体更加关注民生工程的主旨所在。

2012 年，党的十八大明确提出了"健全社会主义协商民主制度"，具体要求是"通过国家政权机关、政协组织、党派团体等渠道，就经济社会发展重大问题和涉及群众切身利益的实际问题广泛协商，广纳群言、广集民智，增进共识、增强合力"。协商民主制度的确立对于中国政府管理与社会治理体系和能力的现代化具有不可估量的重要意义。协商民主制度是中国特色社会主义民主政治的完善和发展，是中国政治体制改革的切入点。它以人民政协为主要形式，对经济社会发展重大问题和涉及群众切身利益的实际问题进行有效的协商，以防止领导干部的个别决策出现失误。

十八届三中全会从进一步深化改革的角度对协商民主进行了规定："推进协商民主广泛多层制度化发展"，即要"构建程序合理、环节完整的协商民主体系，拓宽国家政权机关、政协组织、党派团体、基层组织、社会组织的协商渠道。深入开展立法协商、行政协商、民主协商、参政协商、社会协商。加强中国特色新型智库建设，建立健全决策咨询制度。"这就表明了我们党中央在政治体制上构建协商民主制度的决心，理论的完善必然带来实践上的深入。2015 年《中国共产党统一战线工作条例（试行）》的发表和党的十九大报告，让我们看到了中国共产党在促进人民政协工作方面所做出的努力。

参考文献

［1］马克思恩格斯全集：第 3 卷［M］．北京：人民出版社，2009：54．

［2］马克思恩格斯文集：第 1 卷［M］．北京：人民出版社，2009：11．

［3］马克思恩格斯文集：第 1 卷［M］．北京：人民出版社，2009：524-525．

［4］马克思恩格斯文集：第 1 卷［M］．北京：人民出版社，2009：550．

［5］马克思恩格斯文集：第 2 卷［M］．北京：人民出版社，2009：42．

［6］马克思恩格斯文集：第 2 卷［M］．北京：人民出版社，2009：44．

［7］马克思恩格斯文集：第 2 卷［M］．北京：人民出版社，2009：66．

［8］马克思恩格斯文集：第 2 卷［M］．北京：人民出版社，2009：81．

（作者单位：中国石油大学（华东））

党的十八大以来人民政协理论与实践创新研究

张湘钧

一、人民政协守正创新的辉煌 70 年

（一）人民政协对初心和使命的坚守

讲到人民政协的初心，就不得不把时间拉回到 1949 年，一大批仁人志士在为新中国的成立奔走效劳，各民主党派和无党派人士积极响应中国共产党的号召，响应"五四口号"，自觉接受中国共产党的领导。之后的中国人民政治协商会议第一届全体会议，代行了全国人民代表大会的职权，通过了起临时宪法作用的《共同纲领》。事实证明，只有在中国共产党的领导下，中国才能走出战乱与贫瘠，走进幸福安定的新时代。

所以，人民政协最重要的初心和共识就是坚持中国共产党的领导。要知道，由于在抗战结束后中国存在着三种主要政治力量，中国共产党在关键节点上选择了建立人民共和国的方案，这也是全体中国人民的共同选择。我们在国家政权建设中逐步摸索出了国家政治生活和社会生活两个层面双向互动的制度模式，这就是人民政协的优势。而在这其中，中国共产党是连接两个层面的政治力量。人民政协存在的意义就在于坚持中国共产党的领导，这是政协存在的政治前提和方向保证。

人民政协对初心和使命的坚守还体现在它的性质及职能上。2014 年 9 月 21 日，习近平总书记在庆祝人民政协成立 65 周年大会上的讲话中指出："做好人民政协工作，必须坚持人民政协的性质定位。人民政协是统一战线的组织，是多党合作和政治协商的机构，是人民民主的重要实现形式，体现了中国特色社会主义制度的鲜明特点。"[1]关于人民政协的性质，最早规定为"中国人民政治协商会议为人民民主统一战线的组织形式"。后来逐步发展为前面三句话。与性质一样，政治协商、民主监督和参政议政三大职能也是人民政协一直坚守的职责所在，其中政治协商是政协的根本职能，这一点被周恩来总理所称道，称"协商"两个字非常好，有新民主的精神在其中。

（二）党的十八大以来人民政协的新变化

政协的性质定位有了新变化。在原有的三大性质之外,继承了前代党和国家领导层对人民政协制度的设计理念,对其进行了补充,加上了"社会主义协商民主的重要渠道""专门协商机构",这成为政协的第四重定位。可以看出,政协不是要发展成为党和国家的部门与机关,而是要成为联系党、国家、社会的桥梁,真正实现国家与社会参与主体的多元化、制度化。

人民政协协商民主也有了新发展和新要求。在政协的职能里,有"政治协商"一条,但是时代发展到今天可以看到,协商的内容和范围如果仅仅局限于政治上,就显得太狭窄。协商民主则是强调社会多元主体在公共利益的框架下,通过平等对话、理性反思、友好妥协,对利益纷争达成具有决策意义的共识。[2]政协的协商活动在社会主义协商民主体系七大渠道之中是唯一专门性的,自身的协商机制也在不断完善。

我国正在由工业社会向信息社会转变,互联网与人民政协的结合正在为政协工作提供广泛空间和平台。网络议政、远程协商等形式不断被应用,这种接地气的公民参与形式反映出的是人民群众当下真实的生活状态和现实所需,网民在发表观点、提出建议的同时,国家治理能力也随之不断发展。随着大数据、AI、5G新技术的推广,我们的社会主义协商民主必将成倍地发挥它应有的作用,激发出人民政协协商民主的新活力。

二、党的十八大以来政协理论的丰富发展

中国特色社会主义发展到了今天,形成了具有中国特色的发展模式,我们把这些发展理念和制度体系统称为"中国模式"。党的十九大报告指出,人民政协是具有中国特色的制度安排,这是习近平总书记关于加强和改进人民政协工作的重要思想最根本、最关键的论断。挖掘人民政协在国家治理当中的独特优势,既能与中共一同治国理政,又能讲好自己的故事。

（一）打牢思想政治基础,凝聚广泛共识

习近平总书记指出:"人民政协要把新时代中国特色社会主义思想作为统揽各项工作的总纲,把坚持和发展中国特色社会主义作为巩固共同思想政治基础的主轴。"[3]面对世界发展的大变局,面对我国矛盾变化和全面深化改革中的风险挑战,如何打牢共同思想政治基础、广泛凝聚共识,是人民政协需要回答的第一个问题。

党的十八大强调了在与民主党派和无党派人士合作时要做到"思想上同心同德、目标上同心同向、行动上同心同行"。党的十八大以来,中国特色社会主义进入新时代,这是一个历史的关键时期,党和国家围绕坚持和发展中国特色社会主义提出了伟大复兴的中国梦,人们政协需要紧紧围绕国家战略,打牢思想政治基础,广泛凝聚共识,牢牢守住人民政协的根与魂。

打牢思想政治基础,广泛凝聚共识,需要坚持以习近平中国特色社会主义思想为引领,特别是要学习贯彻习近平关于加强和改进人民政协工作的重要思想;需要坚持和发展中国特色社会主义制度,坚持"四个自信",理解这一基本政治制度的意义;需要严格遵循宪法和法律进行民主协商活动,在宪法法律规定范围内开展活动,切实把宪法法律的尊严和权威维护好,在法治前提下去寻找最大公约数;需要传承好中华优秀传统文化,汲取中国传统政治哲学的精髓,并且积极践行社会主义核心价值观,增加政治自觉,转化为广泛的共识。

(二)发挥人民政协在新型政党制度中的独特优势

中国共产党领导的多党合作和政治协商制度是从中国土壤中生长出来的新型政党制度,要发挥多党合作独特优势,把我国社会主义政党制度坚持好、发展好、完善好。之所以提出"新型政党制度"这个概念,就是要继续巩固和发展中国共产党领导的多党合作和政治协商制度,人民政协作为其中重要的组织形式,有着落实新型政党制度不可推卸的政治担当和使命。人民政协虽不是国家权力机构,也不是决策机关,但是我们党和政府的科学民主化决策都离不开政协的支持。作为协商民主的重要渠道和平台,与人民代表大会和人民政府随时保持紧密联系,共同配合。人民政协还有监督职能,通过外部的监督,中国共产党也能不断巩固自己的执政根基。

新型政党制度是马克思主义政党理论同中国实际相结合的产物,它能代表广大人民的根本利益,并且能将各个政党还有无党派人士团结起来朝着同一个目标前进,这是西方政党制度所不能比拟的。新型政党制度摆脱了政党轮流坐庄、恶性竞争、相互推诿扯皮的缺点,取而代之的是"有事好商量"的协商民主,这些都是新型政党制度的独特优势。

人民政协作为新型政党制度的组织形式,必须充分利用其制度优势,让新型政党制度的优势转化为人民政协的工作优势。人民政协在发展过程中越来越具有包容性,政协所包含的主体也是不断增加的,以前不是政协范围内的阶层和人士现在也逐步参与其中,新型政党制度的群众基础不断壮大,最大限度让各群体的切身利益者发声,不让一个群众在政协"失声"。

新型政党制度是多党合作下的政党制度,多党合作是新型政党制度的一个鲜明特点。而人民政协作为中国共产党与各民主党派政治联盟性质的组织,作为多党合作和政治协商的重要机构,是实行这一基本政治制度的重要政治形式和组织形式,是这一基本政治制度在机构设置上的专门安排,具有专门性、不可或缺性和不可替代性。[4]从政协的整体组织构成来看,民主党派和无党派人士占据各级政协的相当比例,政协机关也规定了要有一定数量的民主党派和无党派人士担任专职的领导职务,这就从制度上保证了多党合作的可能性和完成度。

（三）人民政协是国家治理体系的重要组成部分

推进国家治理体系和治理能力现代化是全面深化改革的总目标。人民政协是国家治理体系的重要组成部分,其职能作用的有效发挥也是国家治理能力的重要体现。应该看到,人民政协是国家的一项基本政治制度安排,而且是具有鲜明中国特色的制度安排。从中共十八大到习近平在政协成立65周年大会上的讲话,是"人民政协是国家治理体系的重要组成部分"这个论断提出确立的时期。国家治理体系和治理能力现代化是全面深化改革的一个总目标,现代国家治理需要更多的民主,这是与传统国家治理观相区别的根本之处,因此我们才要求把人民政协提升到国家治理体系和治理能力现代化的宏观高度。此外,国家治理体系和治理能力的现代化寄希望于民众能够有序参与政治,政协在广罗社会舆情、反映社情民意、拓宽民主参与渠道上有明显的优势。

人民政协与现代国家治理理念是相契合的。现代国家治理要求治理的主体是多元的,而且是互动的,要求共同治理,群策群力。人民政协是最广泛的爱国统一战线组织,能够最大程度地满足社会上各个阶层平等参与社会治理之中。在这个过程中激发社会各方面力量,充分调动它们参与国家治理的积极性,并利用政协自身的智力优势不断提升国家整体的治理能力。在这一制度下,人民政协既符合自己的工作内容和职权范围,又适应了新时代对政协的新要求,使得政协成为国家政治制度和政治体制组成部分的含义越来越丰富。

在准确认识人民政协在国家治理体系和治理能力现代化中的地位作用后,我们需要找到找准着力点,争取在这方面发挥更大的作用。坚持中国共产党的领导就是一个重要的着力点,要使党的领导、人民当家作主和依法治国三者有机统一起来。人民政协下的协商民主本身就是实现党的领导的重要方式,两者并不冲突。切实提高政协协商质量和效率也是促进国家治理体系和治理能力现代化的一个重要抓手,在工作中注重办事质量,不断创新工作方式和形式,如不断改进双周协商座谈会、专门委员会对口协商、网络议政远程协商等。

（四）协商民主的重要渠道和专门协商机构

从一开始,人民政协就是一个协商机构,与协商民主密不可分,在70多年的发展中培育了社会主义协商民主"健全社会主义协商民主制度"精神,也积累了社会主义协商民主经验。在党的十八大报告中,首次明确提出了"健全社会主义协商民主制度",同时要求"充分发挥人民政协作为协商民主重要渠道作用",这是政协作为民主协商重要渠道作用的首次表述。协商的渠道多种多样,但是作为一个专门的机构来讲的话只有人民政协这一个,凸显了人民政协作用的独特性和重要性。这个专门机构,体系最为健全、组织建构最为完整、协商载体最为丰富,囊括了大大小小的个政党、人民团体、民族和宗教,协商能力十分突出,充分保证了协商民主的质量。

整个民主协商的制度体系日趋成熟化,在基本政治制度下,由政协的相关章程、文件、规定和会议精神与中央的文件精神甚至是与宪法之间相互构成,这一体系是非常具有权威性和可操作性的。政协机构完整,是因为整个组织框架从中央到地方衔接得十分科学合理,政协与党政机关和人大组成四套班子,自上而下有全国、省、副省级市、市、县这五级组织。政协的协商载体最为丰富,是因为既有比较严格和规范的会议协商体系,比如政协常委会议、主席会议、专委会等,同时又不拘泥于此,创新出来了诸如界别协商、提案协商、双周座谈会、委员讲座等新的载体平台,调研、网络议政、远程协商等新形式也使得协商更加灵活有效,富有针对性。

人民政协作为专门协商机构,要求充分发挥人民政协协商民主的独特优势。[5]这个机构有它自身的特点,政协依附于我国的基本政党制度,与整个社会主义协商民主相互衔接配合,达到了新型的民主形式;协商民主的形式越来越常态化、有序化,如双周座谈会、调研考察、走访调查等,始终能够让人民群众真真切切感受到政治参与的存在,感到自己的民主权利得到了落实;政协追求的是一种"美美与共,天下大同"的高境界,与中国的哲学社会科学类似,形成了属于中国特色、中国气派、中国风格的民主。

面对新时代下人民政协发展的新要求,我们要发挥社会主义协商民主重要渠道和专门机构的作用。首先,要坚定政治协商的政治立场和方向,在维护习总书记核心地位和中共的统一领导下,组织各党派团体和各界人士,围绕实际问题进行广泛的协商,决策之前的协商是为了最终达成最广大的共识,将党的主张通过民主的形式上升为各方的共同意志。这种双向发力能够正确处理一致性和多样性的关系,争取最广泛的爱国统一战线,形成大团结大联合的局面。其次,发挥这一重要渠道和专门机构的作用,就要坚持协商民主的人民性,协商要以人民群众为重点,以人民利益为重,引导人民群众聚焦国家大事,正确认识各个社会阶层的实际所需,权衡好各方利益,让协商变得更加透明,让权力在阳光下运行,让人民真正拥有民主监督的权利。最后,政治协商必须提高专业性。干专事、有专长,不管是从政协组织还是政协委员的工作能力,都需要做到目标明确、业务专攻。

三、党的十八大以来政协工作的创新实践

(一)坚持一个核心——中国共产党的领导

一个国家、一个政党,领导核心至关重要,做好人民政协工作也必须坚持中国共产党的领导。党是总揽全局、协调各方的领导核心,坚持党的领导才能进一步加强对人民政协的政治、思想和组织领导。

要充分认识政协工作是党的全部工作中的一个重要组成部分。人民政协成立以来就是中国共产党爱国统一战线工作的主阵地,在筹备新政协的时候就将中国共产党的领导问题作为统一战线内部的一个重大原则和共识,政协也就成了党与各族各界群众密切联系的重要途径。通过中国共产党对政协的全面领导工作,团结了一切可以团结的力量,将民主和爱国人士紧紧团结在统一战线旗帜下,团结在党的旗帜下,各族各界人士的心

声有了表达的渠道,党的路线方针政策又能够及时得以宣传和贯彻。

要发挥党组在政协中的战斗堡垒作用。中共党组的设置,不是要强制用国家机关干预政协的正常运行,而是为政协更好地把握方向,定夺大局。发挥党组在政协中起领导核心作用是加强和改善共产党对政协工作领导的重要措施。在遇到重大问题时,政协党组需要及时向党委报告,确保得到党委的批示和意见,唯有这样才能使党的总路线总方针不改变,党的政策才能够不变形不走样。还要积极引导各党派党派能够始终将从国情出发,在坚持基本原则的前提下做出应有的理论和实践创新。

要努力为政协工作创造有利条件,这也是坚持党领导核心的一项重要内容。党委和政府组织的一些调研、考察活动,要邀请政协及民主党派成员参加,以使他们更多地了解实际情况,掌握第一手材料,更有成效地履行职责。发挥他们的智力优势和界别优势,都这些转化为政协履职能力和水平提高的动力。

（二）围绕两大主题——团结、民主

强调人民政协发挥统一战线组织团结联谊功能,是习近平对人民政协和统一战线理论的创新之处。爱国统一战线的本质就是大团结大联合,它始终应该是人民政协的政治特性。在全社会营造一个宽松活跃、求真务实、协商民主的氛围和大环境,要带领各民主党派和各族各界人士做好以下三点。

第一是要讲政治。人民政协是庄严的政治组织,政治性是根本属性和本质要求。[6]加强党对政协工作的全面领导要团结联谊不代表群龙无首自由散漫,我们不但要讲政治,而且要在一开始就旗帜鲜明地讲:人民政协必须坚守党的领导这一根本政治原则。在推进政协各项工作的过程中,党始终是占据领导地位的,这是政协取得长足发展的政治保证。在统一战线越来越复杂化的今天,坚定政治立场、坚守政治信仰,坚定不移走中国特色的民主政治道路。

第二是要讲团结。人民政协作为最广泛的爱国统一战线组织,代表性强、联系面广、包容性大,必须高举团结和民主的旗帜。[7]中国共产党与各民主党派在法律地位上是一样的,但是中共是执政党,所以一方面必须维护党自身的团结,建设好党群关系,走好群众路线;另一方面,中共还要处理好与其他民主党派和无党派人士的关系,与他们搞好团结。多做协调的工作,少激发矛盾,尽量在政协体制内将问题化解。遇到重大问题,多找寻共识,多从长远利益和整体利益的角度出发。

第三是讲民主。我们实行的是中国共产党领导的多党合作和政治协商制度,不是一党专制,我们在政党问题上也是讲民主的。人民政协作为中国特色的制度安排,充分发挥协商民主的作用,搭建起党和政府与社会各界人士沟通的桥梁,让更多的人参与到民主政治的建设中来,实现的是最广泛真实的人民民主,这也是"五位一体"总体布局当中社会主义民主政治的突出表现。

总之,民主和团结这两大主题,如车之两轮、鸟之双翼,谁都缺少不了谁,两者也互相成就对方。把该团结的人团结起来了,社会主义民主发展起来才会更有底气和自信基础;发扬了最广泛意义上的民主,团结起来的大家庭才会更有力量。团结和民主相互保障,人民政协的实践就会始终焕发生机和活力。

（三）牢记三点要求——懂政协、会协商、善议政

2015年12月31日,习近平在全国政协新年茶话会上的讲话中再次强调,要按照懂政协、会协商、善议政的要求引导政协委员提高素质和能力,为推动党和国家事业发展作出了重要贡献。[8]这是对人民政协自身建设的基本要求,是提高政协工作科学化水平的重要途径。

懂协商,就是明白政协要干什么、怎么去干。要懂得政协是有政治属性的,那就是坚定"两个维护",坚定跟党走;懂政协就是懂得政协的统战功能,新中国成立之后,政协作为统一战线组织性质的机构继续保留下来,是不同于国家权力机关的人民民主重要的实现形式;懂政协就要懂得政协的时代担当是什么,重点是如何作为,解决好不想为、不会为、不严为等问题,真正解决现实的难题。

会协商,就是要创新协商理念,讲求协商的方式方法,善于搞好团结。要在全社会形成一种"有事好商量"的良好氛围,大家的事就由大家来商量。习近平总书记指出,"只要我们把政治底线这个圆心固守住,包容的多样性半径越长,画出的同心圆就越大"。我党为了实现党和国家的战略目标,以更宽广的眼光和全局性视野,团结一切可以团结的力量,为实现中华民族伟大复兴提供更加广泛的支持力量。可以说,圆画得越大,统一战线的范围就越大,统战的对象就越多,统战工作就越深入,统战内容就越广泛。

善议政,就是要找准建言献策的着力点,并且议得深刻透彻。政协组织发挥作用不靠说了算,而靠说得对,因此议政建言必须求真求深求实,靠有分量、高质量的建议发挥咨政作用和影响力。人民政协建言不仅要说得对,还要说得好。要言之有物、言之有据、言之有理,用事实和数据说话,不说空话套话。要敢于说真话、建诤言,大胆反映真实问题,本着改进工作、促进解决问题的目的提出建设性意见。要言之有度,理性务实地提出建议,心平气和地协商建言。

●◆ 参考文献 ◆●

[1] 习近平.在庆祝中国人民政治协商会议成立65周年大会上的讲话[N].人民日报,2014-09-22（02）.

[2] 陈家刚.协商民主与政治协商[J].学习与探索,2007（2）.

[3] 习近平.在全国政协新年茶话会上的讲话,2017-12-29.

[4] 董云虎.论人民政协是我国的基本政治制度安排[J].学习时报,2018（9）.

［5］沈德咏.充分发挥人民政协专门协商机构作用［J］.中国政协，2019（1）.

［6］董云虎.发挥党组领导核心作用［J］.中国政协，2018（18）.

［7］朱步楼.新时代人民政协工作的创新发展［J］.江苏社会科学 2019（1）：103.

［8］习近平在全国政协新年茶话会上的讲话，2015-12-31.

（作者单位：青岛科技大学）

论新型政党制度的政治学意义

刘方亮　李广民

2018 年"两会"期间,习近平总书记首次提出了"新型政党制度"的概念,并就此阐明了其丰富内涵和鲜明特点。作为中国政党政治经验的总结,新型政党制度具有深刻的政治学理论意义,有必要对其进行学理化研究,以进一步发挥其实践功能和理论功效。

一、新型政党制度发展了政党政治理论

作为政党政治的组织和运作形式,政党制度本身并非仅具有规范性和约束性意义,制度之构建、变迁与完善,以及制度本身都内涵特定的理论规范。理论本身基于政党政治实践而产生,但并不只是政党政治实践的被动映射,而是能动地对实践进行再加工,从中总结实践规律,由此证成或批判本国政党制度的合理性、合法性,提出或解释政党政治过程所出现的各类问题,推动和指引政党政治的有效发展。就新型政党制度而言,其在作为一种制度规范运作中国政党政治过程的同时,也以其科学的指导思想、自主的探索立场、问题导向的制度品格极大地创新和发展了政党政治理论,从而为世界各国、特别是后发国家探索自身的政党制度提供了有益借鉴和参考。

从社会主义国家政党制度的发展历程来看,其政党制度的构建与运行皆以马克思主义为指导,新型政党制度亦莫能外。马克思主义以阶级分析的方法揭示了政党的阶级性本质,这对于把握政党政治规律和构建政党制度本身具有重大的指导意义。在实践中,社会主义国家政党制度在发挥共产党的领导作用、捍卫人民当家作主政治地位、推进国内社会经济建设方面发挥了巨大作用。但是,这一过程中也并非不存在问题,由于理论层面对政党政治阶级性的理解失之偏颇,加之苏联模式的示范效应,使一些国家的政党制度很大程度上脱离了本国实际国情,逐渐走向僵化。相比于此,新型政党制度始终坚持马克思主义中国化的根本方法,既未陷入教条主义窠臼,也不将其他社会主义国家的经验奉为圭臬。这一方法原则在帮助中国构建起一种有效、稳定、和谐的政党制度的同时,也实现了对马克思主义理论本身的发展。

新型政党制度是中国共产党和各民主党派、无党派人士在反对国民党独裁统治的斗争中探索而出的。尽管后者自身性质有异于中国共产党，但其在政治上均接受中国共产党的领导，这一特殊的历史进程决定了中国的党际关系不是对立的，而是一种通力合作、团结和谐的友党关系。新中国成立后，在正式的政党制度中进一步确立了中国共产党与民主党派之间执政党—参政党的关系模式，该关系模式不仅打破了西方国家政党间的朝野对立关系，也找到了一种在政党政治方面践行民主集中制的有效方式。众所周知，原苏东国家普遍实行共产党一党单独执政的政党政治体制，这一体制的形成固然有其历史必然性，但其在实践却造成了一种"一党揽权、个人专权、层层集权、官僚特权的极权主义"。从某种角度来说，这实际是对民主集中制原则的违背。而新型政党制度则始终坚持这一根本的工作方法，并将其从一种党内原则拓展到了党际关系中，由此实现了党内民主与党际民主的统一，为处理政党关系提供了一种有效模式。与此同时，中国还创造性地运用社会主义改造，以及重新确立思想路线等方式推动民主党派实现自身性质的历史转变，使之成为服务社会主义建设的政治力量。从政治学理论层面上讲，对民主党派的改造在深层次上说明了不同阶级之间关系形式的多样性和复杂性，因而进一步丰富了马克思主义政党理论。

新型政党制度在理论认识上的另一成果在于实现了对西方国家政党制度和理论的更深层次批判。在政党政治实践中，西方国家政党制度中互为掣肘、推诿扯皮、效率低下的弊端已经成为制约其政治发展的重要障碍。但是，很多后发国家在政党制度的构建和选择上却依然陷于西方的理论和制度范式中，由此往往引发其国内政治的各类问题。造成这一矛盾的原因之一在于西方国家政党制度所内含的权力制衡、公民社会、自由民主等政治原则已经"普世化"。然而，这些政党政治的"金科玉律"根本而言是西方国家政党政治实践的产物。对于中国来说，其国家性质和执政党的性质决定了新型政党制度始终将以人民为中心作为根本的价值追求。这要求政党制度本身必须以集体主义、民主集中制等作为实现方式，由此否定了上述西方国家政治原则的先验性和普适性。另一方面，新型政党制度也拓展了政党政治的实际功能，其在反映民意、智力支持、民主监督等方面的作用在实践中已经被广泛验证，这就避免了过分强调政党选举功能所造成的"党派竞争逐渐沦为政治恶斗"，实现了政党政治新发展。

由此可见，新型政党制度在价值要求、组织原则和功能向度等各方面实现了对西方政党制度的超越。这种超越本身包含着一种极为重要的方法论意义，即对本国政党制度的探索必须基于自身的自主性探索，以此实现对本国政党政治规律的理解和把握。要实现这种理解和把握，就必须立足于本国政党政治实践。政党政治的实践经验是理论构建的前提和本体，而实践本身是带有主体性和在场性的。他者的理论成果尽管一定程度上可以为人们的认识和实践活动提供指导和借鉴，但是决不能够代替主体行动本身。申言之，外来经验与理论的学习借鉴与本国基本国情之间并非直接相关，前者如果不与对自身的自主性探索相结合，并将相关成果置于本国的政治社会实践中予以检验，则很难真正发挥功效。对中国来说,"新型政党制度是从中国土壤中生长出来的",其不仅摒弃了对西方国家政党制度的简单移植和生硬搬照的做法,也未完全效仿苏东国家的政党政治体制。而是在坚持马克思主义的指导下,结合本国的历史经验与现实国情探索出了中国共产党领导的多党合作和政治协商制度,并将政协作为民主党派参政议政的重要平台。如此,新中国的政党制度实现了对新中国成立前政党制度、西方政党制度和苏东国家政党制度超越和扬弃,是一种新型政党制度,其本身也实现了对政党政治和政党制度的理论认识的发展。

另一方面,这种自主性的探索还具有深刻的认识论意义。辩证唯物主义告诉我们,认识对实践具有能动的把握和改造作用。在政党政治层面上,认识的能动性首先体现在通过自主性探索发现本国政党政治中的真正问题。从逻辑上讲,问题是政党政治理论得以构建并有效作用于实践的基础,一如马克思所言,"理论在一个国家实现的程度,总是取决于理论满足这个国家的需要的程度"。不过,尽管问题的产生和存在本身具有客观性,但其呈现却往往要经历一个研究和探索过程。在政党政治领域,这一研究和探索过程则尤为艰巨,这是因为,政党政治作为国家与社会的中介,必会受制约于各类社会政治因素,从而使政党政治和政党制度本身表现出一定的动态性和调适性,难于统一把握。而新型政党制度之所以能够推动中国政党政治实践的发展,正在于此。申言之,新型政党制度能够从中国自身的阶级阶层关系、现实政治形势和历史文化传统等基本国情要求出发进行制度构建,而非"仅仅满足于从西方理论中发现中国问题"。这样一种问题导向的制度品格不仅使新型政党制度得以"设身处地"地关照现实,亦实现了本土性与世界性,历史性与现代性间相得益彰,从而找到一条实现人民当家作主的有效途径。

二、新型政党制度提升了人民民主的品质

毋庸置疑,人民民主理论上的优越性最终必然要落实到具体的制度设定上来,并通过制度的运行实效予以检验,新型政党制度正是对人民民主有效实现方式的探索成果。作为中国民主政治的重要组成部分,新型民主制度对中国民主政治的发展影响深刻,其不仅增进了民主制度的包容性,提升民主运行的实际效能,还为有效优化党的领导提供了切实可行的程序和机制,同时,其功效还进一步拓展至公共政策层面,从而全面地提升了人民民主的品质。

首先,新型政党制度探索出了一套独特的政党组织和关系形式,打破了传统"一党制""两党制"或"多党制"的制度窠臼。政党政治和制度的形式如何,归根结底应是由政党政治本身的性质和内容所决定的。但是,作为政党政治之滥觞,西方国家却往往凭借其话语霸权将其所施行的政党制度"意识形态化"。这种"只重视政党的外部特征,而回避政党阶级实质"的做法,实际是对政党政治的内容与形式关系的一种颠倒。在实践中,这种颠倒很可能造成上层建筑与经济基础之间的龃龉,进而引发一系列社会政治问题。对新型政党制度来说,其立足于中国实际的阶级阶层关系而构建,是一种内生性的

制度设定。中国共产党本身代表最广大人民群众的根本利益,各民主党派也代表着一部分社会主义事业的劳动者、建设者和爱国者。这种统一的阶级基础使中国共产党与各民主党派之间不是在朝党与在野党的对立关系,而是执政党与参政党的领导—合作关系。质言之,中国共产党是执政党、领导党,居于"总览全局、协调各方"的领导核心地位,各民主党派是参政党,是中国共产党的亲密友党,其不仅能够积极对国家大政方针建言献策,也具有对执政党进行民主监督的职能。这样一种新型的政党间关系和政党组织活动原则不仅有效规避了多党围绕争夺执政权所造成的恶性竞争,实现党际关系的团结而非对立,增强了政治体系的包容性和和谐度。同时也避免了苏东国家由于一党揽权、缺乏监督而造成的诸种弊端,强化了政党政治运行的规范性和有效性。综上可见,新型政党制度对政党间关系的协调很大程度上消除了实现人民民主过程中所可能出现的各类障碍,保障了公民权益的实现,增进了民主的合法性合理性,提升了人民民主的发展潜力。

其次,新型政党制度为加强党的全面领导提供了切实可行的制度保障。从某种角度而言,中国民主政治是围绕着党的领导地位和领导过程而构建的,其运行离不开党的领导。因而如何优化党的领导,对于中国民主政治发展至关重要。从现代国家建设的基本要求看,优化党的领导不可能脱离政党制度的健全与完善。这里就存在着一个政党制度与整体的国家制度和社会发展之间的适应性问题。一般来说,政党制度越是嵌入国家制度,并与其他民主制度有机协调,党的领导就越能得以优化。在实践中,作为新型政党制度内涵的中国共产党的多党合作与政治协商制度同人民代表大会制度、民族区域自治制度和基层群众自治制度等制度有机协调,具有高度的契合性,在国家治理的不同层面和领域相互配合,构成了有机的国家治理制度体系,保证了党的领导的统一性、长效性。与此同时,新型民主制度还促进了整体国家制度与社会经济之间的协调。众所周知,改革开放以来,随着社会环境的变迁,社会成员的自主性、主动性日益增强,社会利益的分化也日趋显著。这使中国民主制度所面临的外在压力与日俱增。因此,重视社会发展形势,特别是把握其在上层建筑层面的要求就成为优化党的领导的必要方式。在这方面,新型政党制度以其对资源整合、促进稳定等功能实现了国家制度与社会发展之间的有序互动。"民主党派以及各社会团体无疑是重要的政治力量,而联合与协调这些政治力量的人民政协无疑是最为有效的、也最为合法的制度机制。"在实践中,各民主党派具有联系广泛、利益表达、政治参与和民主监督等优势,能够"通过制度化、程序化、规范化的安排集中各种意见和建议、推动决策科学化民主化"。如此就有效地强化了执政党对社会力量的吸收和兼容能力,也拓宽和畅通了各方面诉求和愿望的表达渠道,从而发挥了"安全阀门"的作用。

再次,新型政党制度完善了政策过程。从国家治理过程上看,政党制度不是孤立地存在于社会政治过程中,其本身需要与国家的政策过程相结合才能发挥其应有功用。从世界范围内看,政党制度的政策功效却可能被政党之间的对立关系所消解。引申言之,不同政党之间的竞争关系趋向于极端化、扩大化,在相对中立的公共政策层面,由不同党派所把持的各部门之间往往互相掣肘、互为否定,这必然影响政策出台、执行的效率。相比而言,新型政党制度表现出了强大的整合功能,一方面,各民主党派通过政党合作和政党协商参与政府运作的实际过程,"直接向国家权力中枢输入社会政治信息、决策参考信息和政策选择方案",甚至担任一定的领导职务,直接进行决策和管理。另一方面,各民主党派的参政议政统一于中国共产党的领导,中国共产党以其政治、组织和思想方面的领导保证民主党派政治活动的正确方向。这样一种制度安排不仅避免了不同党派因囿于自身利益而造成社会的撕裂,也使得政策过程表现出了很强的包容性和整合性。与此同时,作为新型政党制度重要实现形式的各级政协本身具有联系广泛、智力密集和民主监督等优势,能够对各级政府的行政过程产生重要的影响,不仅可以为政府决策提供智力支持,促进决策的科学性,也能够有效监督政府运作,由此为其他国家协调政党与政策关系,提供了一套可靠范本。

三、新型政党制度完善了中国特色社会主义政治学理论体系

毋庸置疑,现代政党政治发端于西方,西方国家的相关研究也占据主导地位。相对而言,中国尽管具有丰富的政党政治实践,不过,对于政党政治的理论研究却长期限于意识形态的批判和论证层面。在西方理论垄断话语权的情况下,意识形态层面的批判和论证固然重要,但是,其本身并不能够完全概括和引导中国的政党政治实践经验与发展要求。因此,如果将理论研究的重点过分集中于这一层面,则可能造成政党政治研究失之偏颇。有鉴于此,中国理论要讲好"中国故事",就不能"自说自话",其学科内容、研究方法和话语表述等必须能为世界范围所认可和接受。为此,就必须找到中国与其他国家之间的"最大公约数"和共同关切点。从某种角度来说,长期以来对西方理论的学习和"补课"一定程度上也是这一"最大公约数"的被动探寻,是中国融入世界的尝试和努力。而新型政党制度的提出,则体现了这一尝试和努力的"主动化",是在经历长期探索、建设和检验后树立起的制度自信的洋溢和彰显。

中外国家政党政治都是在一定的制度框架下运作的,均属于制度文明的范畴。尽管不同政党制度之间性质有异,但就制度本身而言,其都在"特定的历史条件下基本上满足了社会各方面的需求,在资源分配、利益维护、提供人身安全保障和心智发展条件等方面,相对地做到了历史的公平进步"。因此,中外政党制度各有其优越性,相互之间均有取长补短的需要。特别是西方国家政党制度经过长期的发展,其体制机制、法律法规已经臻于完善,在群体冲突协调、执政党合法性赋予和优良社会秩序形成等方面的有效性愈也被广泛证实。而这些方面正是转型期中国政党制度所需要的。但是,对于西方经验的借鉴并不能仅秉持简单的"拿来主义"态度,如何解决异质性理论融合过程中逻辑的自恰、话语的交流、体系的整合等是其中不可回避的前提性问题。对此,新型政党制度对制度文明的强调,无疑为其解决提供了合宜的机制,也进一步促进了中国特色社会主义政治学的完善。众所周知,制度是政治学的重要论域和核心议题,对于中国政治学来说,

从学理层面论证中国特色社会主义制度体系优越性乃是其重要任务。这一任务的完成除了要依靠自身良好的制度绩效予以"自证"外，还应重视"制度的他者有效性证明"。从实现方式上看，制度之"他证"需要在比较的视野下总结中外制度的相对有效性，而这必然要在有效对话的基础上达成。新型政党制度对制度的强调为这种有效对话的达成提供了空间。在制度的框架下，中国得以更加深入地了解自身建设的不足，并在更加广泛的领域借鉴西方政党制度的有效成果，从而必将极大推进中国政治学理论体系的完备性、开放性和有效性。

与此同时，这一过程中，中国政治学的话语体系也将得以完善。如前所述，对外来先进经验的学习借鉴需要在交流互通的基础上达成，而交流则必以特定的话语体系为载体。需要指出的是，虽然理论内容与话语表述之间总体上呈现为一种"体用"关系，但话语体系本身绝非仅具有工具性意义。"作为思想文化至关重要的载体、表达思想的工具、交流感情的方式和实现社会整合的纽带"，话语体系包含着特定的认识论、知识论、本体论内涵，是政治学理论体系的重要构成。一般来说，特定话语越是在更大范围内被使用，其背后所隐含的政治学理论也就越可能被接受。就新型政党制度来说，为更好促进和密切中外交流，增进其对外学习借鉴的效果，有必要进一步实现其自身话语表述的严谨性、明快性、哲理性，进而构建一套有效、科学、规范的话语体系。从更为宏观的意义上讲，新型政党制度之所以可能具有世界历史意义，不仅在于它充分地借鉴和吸收了包括其他国家政党制度建设的经验教训，实现了对以往各类政党制度的扬弃；也因为其提供了新的研究范式、概念主题和话语表述，从而使中国政党理论更具说服力、解释力和引导力。尤其是在制度研究日渐成为社会科学研究"显学"的当下，新型政党制度的"制度话语"显然有助于其与外界深化沟通，取长补短，也更能激发他国学者的研究兴趣，从而在西方话语霸权的情形下，开拓中国政治学研究的"一席之地"。

另一方面，新型政党制度拓展了中国特色政治学的研究范畴。政治学以特定时空的政治实践为研究对象，实践的发展、变化必要求政治学理论研究与时俱进，从而造成理论的发展。新型政党制度的提出，不仅是对长期以来中国政党政治实践特征和效果的集中概括，其本身也科学地预见了中国政党政治的发展趋势和世界历史意义，这就为理论研究拓展了更为广阔的空间。为此，就有必要从更加深刻的维度对中国政党政治进行经验总结和理论升华，并更为全面地兼顾各类社会政治文化要素间复杂多样的联动和制约关系，以此充分把握新型政党制度运作和完善过程中的各种可能性。在这一过程中，政治学研究的视界将进一步拓宽。而且，由于政党政治涉及要素的广泛性，使得更多原本属于法学、管理学、社会学、心理学等其他学科的研究主题被纳入政治学的视阈之中重新予以分析和探究。如此，政治学的学科体系必将更为充实、完善。还需要指出的是，新型政党制度之"新"本身也内含着比较的成分。在不同性质和类型的国家中，各个政党往往凭借其利益代表、组织结构、政策纲领等各优势参与政治实践，并与本国的政府体制、政策过程等深刻结合，形成了各具特色的政党制度和政党政治过程。如要彰显中国政党研究和政治学理论之特色与风格,就不可忽视对其他国家政党制度和政党政治过程的研究。而研究对象绝不应只限于西方发达国家,还要注意参考发展中国家的有益成果以及它们的失败经验,由此全面地促进中国政治学研究的国际化。

此外,新型政党制度也有助于完善中国政治学的学术研究方法。新型政党制度本身蕴含着极其丰富的方法内涵,其运用辩证唯物主义和历史唯物主义的思维方法抓住了政党政治的阶级性本质,明确了政党政治发展和政党制度运行所需的社会环境,并且秉持民主集中制的方法,有效地处理党际关系。对此,应从学术研究的角度对新型政党制度所内含的阶级分析法、系统分析法、总体性方法等研究方法,以及求真务实、面向问题的方法论品格进行总结和创新,从而不仅丰富发展中国政治学的学术体系,也进一步从研究方法上正本清源、统一思想,避免研究陷入理论陷阱。另一方面,理论认识是具有客观性的,并不一定即时满足人的主观期望。在社会主要矛盾发生转化和外部不确定性持续增加的情况下,还应多维度地创新学术研究方法,综合运用博弈论、理性选择理论、团体理论、角色理论等对新型政党制度的构成要素、内在机理、外部环境等进行研究。同时,更加重视学科融合对学术研究的重要作用,围绕政党政治主体,打破政治学与科学社会主义、法学、历史学、人类学、社会学等的学科藩篱,从而进一步夯实中国政党研究的基础理论,也使新型政党制度的丰富内涵得以全方位呈现。

（作者单位:青岛大学）

新时代人民政协的新使命与更好发挥专门协商机构作用

王凤华

随着中国特色社会主义进入新时代,全面建成小康社会也迎来了关键之年,在第一个百年计划实现之际,人民政协也迎来了新的使命和新的任务。古语云:"能用众力则无敌于天下矣;能用众智则无畏于圣人矣。"人民政协作为中国共产党领导的多党合作和政治协商机构,拥有广泛的群众基础,可以凝聚各民族、各党派、各阶层的核心力量参与国家治理。习近平总书记指出:"人民政协是国家治理体系的重要组成部分,要适应全面深化改革的要求,以改革思维、创新理念、务实举措大力推进履职能力建设,努力在推进国家治理体系和治理能力现代化中发挥更大作用。"为了更好地完成时代赋予的使命,人民政协需要精准定位,把握正确的政治方向,全面推进"四个能力"建设,努力"画出最大同心圆"。

一、新时代人民政协在国家治理中肩负着重要使命

推进国家治理现代化是一项宏伟的系统工程,既需要先进政党的积极引导,也需要全体人民的携手奋斗,人民政协作为统一战线组织和政治协商的专门机构,在国家治理中肩负着重要使命。

(一)人民政协是国家治理体系的重要组成部分

国家治理体系和治理能力是一个国家制度和制度执行能力的集中体现。习近平总书记指出:"国家治理体系是在党的领导下管理国家的制度体系,包括经济、政治、文化、社会、生态文明和党的建设的各领域体制机制、法律法规安排,也就是一套紧密相连、相互协调的国家制度。"中国的国家治理体系就是中国共产党领导广大人民群众有效治理国家的制度体系,其包括中国共产党领导的多党合作和政治协商制度。人民政协是中国共产党领导的多党合作和政治协商制度的重要组成部分,自然也是国家治理体系的一部分。国家治理必须强调人民的主体地位,坚持走群众路线,最广泛地动员人民群众依法

参与国家治理。人民政协作为最广泛的爱国统一战线,其拥有广泛的群众基础,可以凝聚各民族、各党派、各阶层的核心力量,为中国特色社会主义谋发展、辟道路,是推进国家治理体系与治理能力现代化的强有力后盾。因此,正确认识、清晰定位人民政协在国家治理体系中的地位,明确人民政协组织是国家治理体系的重要组成,对于推进国家治理体系和治理能力现代化至关重要。

（二）人民政协是推进国家治理现代化的重要组织载体

推进国家治理现代化,需要借助于一定的组织载体,只有通过组织载体的运作,国家治理体系和治理能力现代化才会得以实现。人民政协作为中国人民爱国统一战线组织,是国家政策的传递者,把党中央的思想传达到各党派、各民族,因此,人民政协无疑是推进国家治理现代化的重要组织载体。人民政协制度是中国共产党领导中国人民在中国革命和改革中的独特创造,是独具中国特色的组织载体。人民政协作为国家非权力机构,它是团结广大人民群众汇聚爱国力量的统一战线组织,也是在中国共产党统一领导下,保证各党派、各人民团体、各族各界人士等参政议政和民主协商的重要组织机构,是党允许的可行使政治协商、民主监督、参政议政职能的政治组织,这表明人民政协具有鲜明的党派性和社会性,而且其以界别为单位组成,打破了区域性和行政壁垒,最大限度地实现了社会主义民主。人民政协具有扁平化组织结构,涉及广泛的人民群众而没有行政层级约束,有助于直接吸纳基层意见。当前人民政协已建立五级纵向一体的组织体系,形成了规模庞大、上下协同、联系紧密的组织网络体系。人民政协这种组织结构,一方面为人民群众在法律限度内最大化的参政议政提供了平台,另一方面又有利于党和政府及时了解不同社会群体的生活诉求,化解社会矛盾,维护好人民的根本利益,为国家治理现代化奠定坚定的基础。

二、新时代人民政协在国家治理中具有独特的优势与作用

（一）人民政协联系广泛,能够发挥建言献策的作用

"以天下之目视,则无不见也;以天下之耳听,则无不闻也;以天下之心虑,则无不知也。"政治协商必须通过民主集中制的办法,广开言路,博采众谋,动员大家一起干。人民政协联系广泛,协商主体具有广泛代表性和巨大包容性,使之能够更加全面、系统、综合地反映人民群众的利益诉求,有利于为国家治理体系和治理能力现代化建设建言献策。一方面,人民政协是中国共产党和其他各党派交流、协商的聚集之地,有利于各党派间协调利益关系,促进政党合作;另一方面,政协委员生活在人民群众之中,可以及时听取并反映人民群众的心声,既能维护人民群众的根本利益,又能照顾各方面的具体利益。总之,充分发挥人民政协界别众多、联系广泛的优势,可以积极听取民意,真实反映民意,为国家治理建言献策。

（二）人民政协位置超脱，能够发挥监督谏言的作用

人民政协作为我国具有合法监督职能的组织机构，其民主监督具有明显的界别优势、党派优势、群众优势，而且具有上达党政、下连各界、位置超脱的特点。一方面人民政协独立于国家权力机构之外，可以从客观、独立公正的角度发现问题和分析问题，并可依托这种超脱的位置优势，进行广泛调研，开展全面监督；另一方面人民政协献策不决策、参政不行政，在查实情、摸实况、听实话方面有自己的优势，较少受部门或地域利益的局限，看问题比较客观公正，敢于讲真话、说实情，能够发现政府在决策和工作执行中存在的问题，监督政府改进工作，促进国家治理能力的提升。中共十八大以来，中共中央高度重视人民政协的民主监督工作，在庆祝人民政协成立65周年大会上，习近平总书记明确指出"要加强人民政协民主监督，完善民主监督的组织领导、权益保障、知情反馈、沟通协调机制"。人民政协作为多党合作和政治协商的重要机构，在民主监督方面具有独特的优势及不可替代的作用。

（三）人民政协沟通渠道通畅，能够发挥纽带桥梁的作用

民主决策是实现国家治理现代化的一条重要标准，这就需要畅通各个层面的沟通渠道，使上下相通、整体协调，为社会各界参与国家治理提供渠道。人民政协作为党领导人民群众的统一战线组织和各党派政治协商的平台，可以发挥好纽带桥梁的作用。人民群众始终是党执政的基础，是国家的主体，人民群众参与到国家治理活动中是国家治理的重要组成部分，因此，必须要把人民群众放在首要地位，做到一切为了人民，人民群众大于天，这就需要人民政协这个平台发挥好纽带桥梁的作用，做到下情上达、上情下传。人民政协下通人民群众，上达党政高层直至中央，因此，人民政协既要做好百姓的代言人，聆听百姓之声，又要做好国家的传达者，做好规章政策的宣传，使人民群众所能理解与接受。总之，人民政协是国家政府的"传声筒"，是人民群众的"晴雨表"，是各种政治力量的"蓄水池"，同时也是社会矛盾的"稳压器"。

三、新时代充分发挥人民政协职能是国家治理现代化的重要保障

人民政协是推进国家治理能力现代化的重要组织载体，可以将国家政策更广泛的传递到各个阶层。"顺风而呼，声非加疾也，而闻者彰"，人民政协就是国家治理体系中的"风"，通过履行政治协商、参政议政、民主监督职能，把党中央的思想传达到各党派、各民族，是实现国家治理现代化的重要保障。

（一）政治协商、民主决策的基础

协商民主是实现党的领导的重要方式，是中国社会主义民主政治的特有形式。中共十八大以来，党中央始终强调把政治协商放在国家治理的重要环节，保证决策的民主性和科学性。一方面，政治协商能为科学民主决策提供制度保证。人民政协不断丰富政治

协商形式,规范参政议政行为,把政治协商纳入决策程序,对于经济和社会发展中长期规划做到先协商后决策,对于重大人事安排和关于人民群众切身利益的重大问题要先协商后决定,对于重要地方性政府法规要先协商后通过,增强民主协商的实效性。另一方面,政治协商为推进科学民主决策提供组织保障。按照增强协商意识、丰富协商内容、拓展协商渠道、提高协商质量的要求,利用各种协商载体,组织开展各种形式的协商活动,为科学民主决策提供组织保障。

(二)参政议政、建言资政的阶梯

人民政协参政议政是中国共产党听取各界人士意见和建议的重要途径。人民政协联系广泛,囊括了社会各界的精英,协商主体具有广泛的代表性和巨大的包容性,能够广开言路、博采众谋,更加全面地向上传达各界人民群众的利益诉求。人民政协献策不决策,参政不行政,这种超然独立的地位保障了参政议政的客观性,在调查实情、摸清实况方面具有独特的优势,很少受到部门或者地域利益的局限,能够敏锐地发现政府工作中存在的问题。

(三)民主监督、治国理政的保障

毛泽东同志说过,"只有让人民来监督政府,政府才不会松懈。"人民政协的民主监督是社会主义监督体系的重要组成部分。人民政协作为我国具有合法监督职能的组织机构,其民主监督具有界别优势、党派优势、群众优势和上达党政、下连各界、位置超脱的特点[3]。人民政协独立于国家权力机构之外,较少受部门或地域利益的局限,可以客观、独立、公正地进行监督。

四、新时代加强人民政协专门协商机构作用的具体路径

(一)加强人民政协协商民主程序化建设,提升建言献策的能力

"作为一种程序性的民主形式,协商民主对于制度和程序有着特殊的偏好,协商民主的一项基本特征就是程序性。"若没有一套完整的制度、有效的形式、科学的程序,协商民主就难以开展、无法落实,人民政协作为我国社会主义协商民主的主要形式和渠道,必须建立一套完备的协商程序,凸显人民政协的权威性和合法性,提升人民政协建言献策的能力。人民政协需要从实际出发,不断探索、完善政治协商民主程序,包括完善多层次协商机制、健全协商方式、明确日常工作制度、建立专题性制度等,而且要着重完善协商流程,即从议题提出和确定直到最终的落地及后续反馈,均需要建立明确的流程制度,以使健全的程序贯穿政协工作始终,使人民政协不断提升建言献策能力。总之,加强人民政协协商民主程序化建设,既可以促进协商民主的科学有效性,又可以提升人民政协建言献策的能力。

(二)进行人民政协协商民主专业化建设,提高协商民主的质量

人民政协协商民主作为社会主义协商民主的重要组成部分,在新的环境下需要进行

专业化建设,进一步提高政治协商民主专业化水平,使人民政协的职能得到更加充分的发挥。由于协商民主贯穿于人民政协的三个职能之间,因此建立专门的协商制度,明确协商的目的、范围和程序是政协协商专业化建设的前提和保障。一方面,建立通过人民政协主导的政治参与制度,积极联合各党派、各团体、各阶层参政议政,各民主党派应弘扬专业化的协商精神,倡导民主党派提高自身素质,加强专业化水平,保障协商民主的专业化水平和质量;另一方面,要充分发挥专门委员会的作用,建设专业化的人才队伍,加强专业人才的理论学习,培养懂政协、会协商、善议政的人才队伍,为协商民主专业化建设奠定坚实的基础。同时,应加大宣传人民政协的履职过程,通过网络、电视等多种媒体对政协工作进行跟踪报道,从而推动人民政协提高协商民主专业化水平,确保民主协商的专业性和有效性。此外,在协商民主专业化建设的过程中应确保民主党派能够畅所欲言,在"不打棍子、不扣帽子、不抓辫子"的基础上各抒己见,创造平等、和谐、宽容的政治协商氛围,达到协商民主的最终目的。

（三）创新人民政协的监督机制,提升民主监督能力

推进国家治理体系现代化必须要保证民主监督的有效进行。人民政协应响应习近平总书记关于"人民政协要适应推进国家治理体系和治理能力现代化的要求,坚持改革创新精神,推进人民政协理论创新、制度创新、工作创新"的号召,创新监督机制,提升民主监督的能力。一方面,人民政协应扩展监督的内容,进行更为广泛的民主监督,如立法、执法监督,如何使所立之法更为公平,如何防止法之误用滥用,这些均需要独立第三方的监督,因此,在推进国家治理体系与治理能力现代化进程中,人民政协应该积极参与立法协商,加大对立法、执法的监督;另一方面,人民政协应创新监督的方式,将委员个人的监督上升至政协组织的监督,提升政协监督批评意见的地位,使政协监督结果纳入政府机关的年度业绩考评,提升民主监督的影响力。此外,人民政协应创新监督的手段,善于运用现代化工具,开启协商议政"云时代",通过"一网一端一号"(政协官网、政协 APP 客户端、微信公众号),打造"集约高效、互联互通、智能安全"的智慧政协,实现全流程上网办公,一方面增强政协工作的公开透明度,另一方面实现广开言路,方便人民群众参与到政协工作中,助推人民政协的民主监督职能,实现对党委和政府工作的全方位、多角度监督。

（四）推进政协协商与党委和政府工作的有效衔接,增强纽带桥梁作用

习近平总书记曾明确提出,"要提高联系群众能力,创新群众工作方法,畅通和拓宽各界群众的利益诉求表达渠道,发挥好桥梁纽带作用"。人民群众始终是社会主义协商民主的重点,民主协商的目的就是解决人民群众生活中所关心的问题,因此需按照协商于民、协商为民的要求,大力发展基层协商民主,加强议事协商,并在协商过程中将不同阶层的问题反映给各级党委和政府,为党委和政府的民主决策提供参考。因此,人民政协需要加强与党委和政府的有效衔接,做好上情下达、下情上传工作。一方面,人民政协

对上应与党委和政府建立衔接,建立党委和政府同人民政协的议题协商以及人民政协参与政治会议旁听机制,就重点问题进行沟通交流,既使党委和政府了解社会各阶层之所想,又增加了人民政协的知情权,为政协委员履职创造了条件;另一方面,人民政协对下应与社区、乡镇和人民群众打成一片,建立人民政协深入人民群众的平台与渠道,使政协委员可以定点于社区、乡镇,定期、定点开展政协开放日活动,既使政协委员可以深入而广泛地了解人民群众之所想,又使政协委员可以向人民群众传达最新的国家方针政策,为人民群众提供参政议政的机会,营造全社会共同参与国家治理的氛围。

结　语

中国共产党领导的多党合作和政治协商制度是从中国土壤中生长出来的新型政党制度,不仅符合当代中国实际,也是中国对人类政治文明的重大贡献。"大厦之成,非一木之材也;大海之阔,非一流之归也。"中国要实现中华民族伟大复兴的中国梦,必然需要各党派同心同德、凝心聚力。人民政协作为中国唯一具有合法地位的可行使参政议政职能的政治组织,在国家治理中肩负着重要使命,只有充分发挥人民政协自身的优势与作用,加强履职能力建设,积极履行宪法所赋予的政治协商、参政议政和民主监督职能,才能不负党之重托,不辱时代之使命。

（作者单位:青岛大学）

人民政协专门协商机构建设的理论与实践研究

王夕源

2019 年是新中国成立 70 周年,也是人民政协成立 70 周年。回顾历史,人民政协产生于中国人民站起来的解放时刻,发展于中国人民强起来的建设时期,成型于中国人民富起来的开放时代,并在每一个重要历史转折期,都创造性地发展了独具特色的理论和制度。党的十八大以来,习近平总书记坚持继承和创新,提出并形成了关于加强和改进人民政协工作的重要思想,首次阐明了人民政协是具有中国特色的制度安排,强调了人民政协是社会主义协商民主的重要渠道和专门协商机构,对发展人民政协理论做出了原创性贡献,使新时代人民政协制度更加成熟。

汪洋主席指出,要把推动人民政协这一具有中国特色的制度安排更加成熟更加定型、发挥好专门协商机构的作用,作为今后政协理论研究和实践探索的主攻方向。我们要聚焦这个主攻方向,发挥政协和理论研究工作者的优势,解放思想,积极探索,合力攻关,为新时代人民政协制度更加成熟、更加定型,提供坚实的理论支撑。

一、专门协商机构是政协制度更加成熟的理论创新

政治的最大价值,在于能清晰判断社会各方的利益。民主的最大作用,在于能清晰反映社会各方的利益。习近平总书记指出,有事好商量,众人的事情由众人商量,是人民民主的真谛。虽然大家的事需要大家一起出主意、出力气、出效益,但每一个参与者的利益各不相同,这就需要用民主的方式来听取意见,用协商的办法来达成共识。因此,协商民主与票选民主不同,其目的不是让少数服从多数、让弱势服从强势,而是让多数人和少数人的利益都得到兼顾,实现和谐共赢。这也是协商民主产生与发展的社会需要。

人民政协设立的初心就是为了建立一个充分听取社会各界意见、有序参与政治协商的体系或平台。此后,这一特色体系和平台在理论、实践和制度建设上得到不断创新、发展、规范和完善。2015 年,中共中央和办公厅先后出台了《关于加强社会主义协商民主建设的意见》和《关于加强人民政协协商民主建设的实施意见》,认可了协商民主的创

新,细化了协商民主的内容,规范了协商民主的形式,加强了党对协商民主建设的领导,完善了独具中国特色的制度安排。

习近平总书记指出,"新时代多党合作舞台极为广阔,要用好政党协商这个民主形式和制度渠道,有事多商量、有事好商量、有事会商量,努力在会协商、善议政上取得实效"。新时代,人民政协要在多党合作的舞台上扮演好角色,履行好职责,将协商民主的重要渠道建成会协商、善议政、有实效的专门协商机构,为推进政协制度的更加成熟提供坚实的理论支撑,就必须首先解决专门协商机构"是什么、做什么、怎么做"的理论创新问题。

人民政协以其鲜明的特点和独特的功能,成为我国协商民主的重要渠道和专门协商机构。理论研究表明,习近平总书记关于将人民政协建成"专门协商机构"而非"专业协商机构"的创新论述是极其科学和准确的。首先,专门不同于专业,"专门"特指部门的职责和职能,需要不断重复和规范;而"专业"特指行业的技术和技能,需要不断创新和变化。其次,"专门"具有排他性,在规定区域内实行唯一代理制;而"专业"具有共享性,不受区域限制实行同业竞争制。第三,"专门机构"的设置用于明确和限定服务领域;而"专业机构"的设立意在推广和扩大应用市场。第四,解决社会政治问题的方式方法可以专门协商,而解决自然科学问题的专业技术不适合协商。这些本质差异表明,不能简单地把"专门机构"等同于"专业机构"来研究。

众所周知,人民政协是唯一由界别组成的政治组织。其中,"界别"作为政协的组成单位,吸纳了社会各界的精英和代表人士,形成了集协商、监督、参与、合作于一体的协商民主重要渠道。所以说,人民政协的界别设置既是一种组织形式,也是一种政治功能,更是一种民主渠道。政协委员已有的"知识密集,人才荟萃"的主体构成,不是要展现专业协商的最高学术性,而是要体现政治协商的最大包容性,从而确保和扩大公民有序参与国家及社会事务的政治权利。因此,政协专门协商机构的创建,仅表明这一重要协商渠道更加成熟、更加定型,而并非要取代或包办其他协商形式。

习近平总书记指出,协商民主深深嵌入了中国社会主义民主政治全过程,并强调人民政协是国家治理体系的重要组成部分。人民政协作为专门协商机构的组织运行,必然需要从"协商计划、协商议题、协商规则、协商意见"到"成果报送、监督落实、意见反馈"的制度化、规范化、程序化流程。只有将政协建成必不可少的专门协商机构,这一制度安排才能在推进国家治理体系和治理能力现代化进程中发挥不可替代的独特作用,并将作为一种制度保障和工作机制,嵌入国家治理体系中成为重要组成部分。因此,人民政协由协商民主的重要渠道发展为专门协商机构,就是人民政协这一制度安排更加成熟的理论创新。

二、专门协商机构是政协制度更加定型的实践成果

人民政协的协商民主不仅需要完整的理论指导,而且需要完整的实践保障。正是人

民政协 70 多年来的政治实践和理论积淀,才造就了自身在社会主义协商民主中的独特地位。习近平总书记指出:"协商民主是中国社会主义民主政治中独特的、独有的、独到的民主形式,具有深厚的文化基础、理论基础、实践基础、制度基础。社会主义民主不仅需要完整的制度程序,而且需要完整的参与实践。"70 年来,人民政协的性质定位始终伴随着党和国家工作重点的转移、社会主要矛盾的转化而不断进化。人民政协作为专门协商机构的新定位和新职能,其本身就是人民政协制度更加定型的实践成果。未来,人民政协要发挥好专门协商机构的作用,就必须在协商机构、协商部门和协商队伍建设上,提出更加成熟的理论创新,拿出更加定型的实践方案。

虽然我国社会主义协商民主的渠道很多,但能够胜任专门协商机构的唯有协商制度和实践较为定型的政协组织。这是因为人民政协独特的协商职能,可为专门协商提供最佳的专职服务;人民政协独有的界别构成,可为专门协商提供最大的民意基础;人民政协独到的协商经验,可为专门协商提供最新的理论支撑;人民政协独具的特色理论,可为专门协商提供最好的实践指导;人民政协完备的协商制度,可为专门协商提供最严格的程序规范;人民政协定型的机构设置,可为专门协商提供最强的组织保障。这是其他民主协商形式都难以完成的制度与实践要求。

汪洋主席指出,专门协商机构要"专"出特色、"专"出质量、"专"出水平。其中,专出特色就是能"达成共识",专出质量就是能"形成合力",专出水平就是能"促成共赢"。人民政协不是协商主体而是协商平台,因而要发挥专门协商平台的作用,关键在于能提供和营造民主、和谐、平等的议事氛围,使参与协商的各方意见能在平台上得到有序的理性表达,以求和谐共处、形成共识、实现共赢。显然,政治民主协商议题都要"在"政协专门协商,而不是"与"政协专业协商。因此,要加强政协专门协商的机构建设,提升专门协商的能力水平,关键不是提高政协"专业"协商的学术水平,而是要提升政协"专门"协商的服务水平,将协商作为政协工作的主业和常态,推进专门协商的制度化与职业化建设。为此,政协制度的构建、政协委员的构成、政协履职的构想,都要围绕政协专门协商的职能来设计和建设。

政协专门协商机构建设的核心是政协履职能力建设,这关系到政协委员和机关干部"两支队伍"的建设,决定着委员主体作用和机关服务作用的发挥。对此,习近平总书记提出,人民政协要提高政治把握能力、调查研究能力、联系群众能力、合作共事能力,要"懂政协、会协商、善议政"。显然,这是对新时代政协履职素质和能力建设提出的新标准,也是对政协委员和机关干部"两支队伍"建设提出的新要求。其中,"懂政协"就是要解决政协是什么的问题,"会协商"就是要解决委员干什么的问题,"善议政"就是要解决专门协商怎么干的问题。

解决了政协作为专门协商机构"是什么、干什么、怎么干"的工作职能定位问题,就解决了专门协商制度化、规范化和程序化的办事机构定型问题。专门办事机构的定型,必然带来专职部门和专职队伍的定责。由此,专门协商机构的选题计划、组织实施、协商议政和成果报送就有了工作制度和人员服务的保障。否则,若将专门协商机构的队伍建设变成委员专家的队伍建设,就必然会出现同一协商主题因参与专家不同而结果不同的现象,缺少专门协商的能需要协调各方利益、促进最大共识的中坚力量。因此,专门协商机构队伍建设的重点,不是政协委员的专业化改造,而是政协机关的职业化转型。未来,即使有政协组织换届和委员流动,也不会造成专门协商机构因人而异的运行。如此,既能保障专门协商机构作用的稳定发挥,也能保障政协制度和实践成果更加定型。

三、专门协商机构是政协制度更加科学的发展必然

人民政协是颇具中国特色的理论与实践产物,也是最具科学发展探索性与创造性的制度。其独到的政治定位和制度优势,已在国家现代化治理体系和能力建设中确立了不可替代的重要作用。党的十八大以来,在习近平总书记关于加强和改进人民政协工作的重要思想指引下,人民政协工作取得了重要的理论创新、实践创新和制度创新。其中,人民政协作为专门协商机构的创新论断和探索,就是新时代人民政协制度更加成熟、更加定型和更加科学的发展必然。

习近平总书记指出,人民政协要发挥作为专门协商机构的作用,把协商民主贯穿履行职能全过程。协商的过程就是民主的过程,要把协商贯穿于民主选举、民主决策、民主管理和民主监督之中,确保党和国家的重大方针政策、经济社会的重大发展问题、涉及群众的重大民生利益等,在政协的专门协商都能达到增进共识、增强合力、增添共赢的目的或成果。为此,人民政协作为专门协商机构的建设,还需要在加强和改善科学设计、理论创新、队伍建设、职能作用、制度优势等方面,继续做出中国智慧和中国方案的理论与实践贡献。

(一)科学设计专门协商机构的制度运行体系

发挥人民政协特有的政治性、统战性、组织性和参与性的协商民主制度优势,建立健全适应专门协商机构发展所需要的协商计划、协商选题、协商程序、协商队伍、协商服务和意见报送、成果评鉴、监督落实、考核反馈等职业化协商制度体系,借此全面提高专门协商机构的办事能力、服务水平和协商实效,将专门协商制度建成机构运行体系。因此,切忌将专门协商机构建成专家委员的专业协商场所,取代原有的多种民主协商渠道和专家论证形式。

(二)创新专门协商的理论价值在于寻求共识

在社会主义民主政治建设中,当思想认识不统一时就需要协商。习近平总书记指出,凝聚共识很重要,思想认识不统一时要找最大公约数。因此,政协民主协商的政治特色、制度优势和理论价值不在于强求统一认识,而在于寻求最大共识。为此,人民政协需要依靠一大批懂政协、会协商、善议政的各界委员,在专门协商的平台上,就协商议题听取最大民意,在协商过程采取包容的态度,争取形成最大共识,体现协商理论创新的最大

价值。

（三）把握政协专门协商机构队伍建设的重点

回顾人民政协的发展历史，其涉及政党、政权、政法、政府等多方面的专门协商职能，主要是通过搭建独有的协商平台实现的。既然专门协商机构不是专业协商机构，也不是万能协商机构，因而在加强专门协商机构队伍建设上，就不能将委员队伍建设变为专家队伍建设，将委员代表性变成专家学术性，而是要在"专门委员会"等界别协商、专题协商和对口协商成熟定型的基础上，重点加强服务于委员履职和专门协商的机关干部队伍建设。

（四）突出"两会"期间政协专门协商的职能作用

建议地方政协参照全国政协的做法，推行"两会"期间党政领导与人大代表、政协委员、媒体记者的专门协商或专题对话制度，有利于代表、委员依法行使各自的权力，增强社会各界对"两会"的关注和信赖。同时，要减少政府官员担任同级人大代表或政协委员的政治安排，以免挤占或浪费行政与议政资源。

（五）发挥专门协商保障科学决策的制度优势

未来在重大决策前，除了按惯例要进行可行性研究外，还应探讨实行不可行性研究的专门协商，重点听取不同意见，让不可行性研究不再成为专门协商"刻意回避"的内容和程序，保障专门协商的信息更加全面、意识更加成熟、程序更加规范、成果更加科学。事实上，专门协商提出的不同意见越多，献策决策的科学概率就越高。

（作者单位：青岛市政协）

协商民主的价值功能

刘宝福

作为中国特色政党制度的理论基础和实践形式,协商民主是对当今世界民主政治发展的重要贡献,在培育核心价值观、核心价值理念等政治信仰方面具体独特的价值功能。*中共中央《关于加强社会主义协商民主建设的意见》明确指出,协商民主是在中国共产党领导下,人民内部各方面围绕改革发展稳定重大问题和涉及群众切身利益的实际问题,在决策之前和决策实施之中开展广泛协商,努力形成共识的重要民主形式。协商民主的科学界定,坚持了"重大问题"和"实际问题"的问题导向,明确了协商民主的形式、范围以及民主价值诉求,是具有鲜明中国特色、时代特征和社会主义性质的新型人民民主。本文拟从理论维度、实践维度、价值维度对协商民主的价值功能进行阐述。

一、理论维度上讲,协商民主与唯物史观在逻辑上具有内在一致性

协商民主与唯物史观在逻辑上具有内在一致性,也是唯物史观在现代政治文明中的具体体现,它体现为以下几方面。

(一)协商民主与唯物史观逻辑上的内在一致性

1. 协商民主具有"拟科学"的价值功能

作为政治制度、政治价值理念和民主形式,协商民主具有"拟科学"的认知论功能,原因就在于"拟科学"认知论从客观世界、客观事实出发研究"世界的本原""事物的本质"等客体事实的存在、性质、功能及其发展变化,从而发现事物的本质和规律,并建立科学的理论体系。"拟科学"认知论坚持了物质统一性的基本原理,决定了发展协商民主政治只能从实际情况出发而不能脱离中国的经济、政治、社会、文化等具体条件,它的

---

* 政治哲学维度讲,价值功能是综合性概念,它包括"主体性"范畴的价值概念,其哲学意义是要解决客观世界的本源问题,以及价值意识的发生发展等问题,因而,价值功能可从本体功能、意识功能分析;从哲学主客二分的角度看,价值蕴含"客体性"的功能范畴,其理论旨趣是客观世界的实践问题,因而具有实践功能。基于对价值来源、表现形式和实现途径的理解,本文以协商民主为视角,拟从本体功能、意识功能和实践功能方面,探讨价值功能的哲学内涵。

理论基础是物质决定论。从价值功能角度讲,实践在"拟科学"认知论中具有基础性地位,首先,实践是人的感性活动本身,是"对象性的活动",是客观实在。其次,实践是主客体的统一,马克思把思维是否具有客观真理性理解为实践问题,"全部社会生活在本质上是一致的",实践具有认知论的价值功能。从实践的观点来认识客观事物。由于实践是客观的物质性活动,是主客观统一的根据,因此,必须从实践出发理解"对象"和"对象的真理性",从对象"物"推进到"对象性活动",揭示"对象"和"对象性活动"背后的社会关系,并坚持以实践作为检验真理的标准和依据。实践范畴强调实践是人的感性活动的同时,更强调实践的主观能动性方面,因此,实践作为一种客观实在,是物质和精神活动的统一,理性和感性的统一,主观和客观的统一,知、情、意的统一,具有科学认知论的价值功能。就协商民主本身的价值属性而言,协商民主是客观性存在的价值事实,政治实践是实现政治价值功能和政治诉求的重要途径和方式。作为先进的政治价值理念,协商民主是知、情、意的统一;作为新型的政治制度,协商民主是物质活动和精神活动、理性和感性、主观和客观的统一;作为增进政治共识的民主形式,协商民主是对建立在私有制基础上的民主形式的创新和发展。因此,从价值方法论上讲,协商民主具有科学认知的价值功能,它的产生、发展和完善,也是在经历了漫长的认知过程之后逐渐形成的。

2. 协商民主具有人学价值属性

价值是主体性的概念,是人的文化意向的客观显现和特定实体,因而具有鲜明的指向性,即历史和实践中的"人"。人学价值以"人的内在尺度"为根据,关注的是"世界对于人的意义、客体对于主体的意义",体现了"主体(人)自身的本性和目的、主体(人)实践活动的方向性和目的性、主体(人)对自身活动的自我调整、主体自身的自我创造和自我生成"。正如马克思创立唯物主义哲学体系时,其目的不是在实践基础上建立包罗万象的哲学体系,而是面向人生存和发展的生活世界和现实世界,进而实现"人的自由而全面的发展"的人类解放的哲学价值。因此,实践在马克思主义哲学理论体系中是"一个过渡性的逻辑范畴",而"物质"范畴则具有本原性和本体性的地位,通过实践发挥人的潜能,实现人的自由价值,"物质"范畴在这个过程中具有人学价值论的功能。也就是说,协商民主首先是"物质"性存在而非"精神"性存在,是围绕主体(人)开展政治活动的,在逻辑上,这一点协商民主与人学价值论具有内在一致性。

(二)协商民主运用唯物辩证法以团结和民主两大理念增进民主政治的价值共识

1. 协商民主的普遍性

协商民主围绕人民群众普遍关注的热点难点问题和改革发展稳定等重大问题广泛开展政治协商,既坚持了明确的问题导向,又有利于增进政治共识,因而具有普遍性。在协商渠道方面,随着民主政治实践的不断发展,协商民主涵盖国家政权机关、政协组织、党派团体、基层组织、社会组织等政治领域,不仅仅局限于政协组织和党派团体。不仅如此,在实现形式方面呈现丰富多样的趋势。普遍性特性决定了协商民主的发展目标是广泛、多层、制度化和有效推进政治协商、民主监督、参政议政等政治价值的实现,在现实的政治生活领域产生广泛深远影响。

2. 协商民主的发展性

作为民主实现形式,协商民主具有历史继承性;作为根植于中国大地具有强大生命力的人民民主的重要组成部分,协商民主是面向未来不断发展的。就协商民主的历史继承性而言,民主是与君主相对应的,并随着时代变迁而不断发展和完善。作为新型的政治制度、政治价值和民主形式,协商民主的形成和发展不是一朝一夕完成的,而是有着悠久的历史和曲折的发展历程。协商民主的发展性主体和程序不断拓展和完善,在政治实践中具有不可替代的价值功能。

3. 协商民主的矛盾性

团结和民主是政协协商的两大主题,两大主题同样是协商民主的主题和实现途径。团结和民主如鸟之两翼、车之两轮,是协商民主本身所蕴含着的政治协商、参政议政、民主监督、化解矛盾、维护和谐稳定等工作理念和方法在政治实践中的具体体现。一方面,团结是民主的目标,协商民主通过民主的形式整合不同利益诉求、广泛征求意见要求、化解社会矛盾,从而达到创造团结和谐的社会发展环境和良好的政治生态的目标;另一方面,民主是团结的必然要求,团结的社会发展环境和良好的政治生态是民主规范有序发展的前提条件。团结和民主两大主题是协商民主稳步发展的内生动力。

(三)协商民主坚持人民群众史观,以人民主体为根本价值理念

1. 协商民主以人民主体为研究范式

人民主体范式是唯物史观的题中应有之义,是协商民主建设的出发点和落脚点。人民主体范式坚持历史活动是群众的事业,推动历史发展的动力是行动着的群众等基本观点,科学阐明了历史的真正创造者是最广大的人民群众,确立了人民主体地位的群众史观,实现了历史观的伟大变革。唯物史观从人的历史活动、人作为历史前提和自然历史发展的结果等客观世界的辩证运动,以及人与环境、人与文化、历史人物与历史结果等矛盾关系中发现了人民群众是真正的英雄这一历史唯物主义基本原理,提出了人民主体的核心价值理念。协商民主以团结和民主为核心价值理念,围绕人民群众所关注的热点难点问题以及涉及改革发展稳定等重大问题开展广泛、多层、制度化的政治协商,这是协商民主本身所蕴含的人民主体思想在理论上的具体体现。

2. 人民主体价值理念的特性

人民群众作为从事实践活动和认识活动的主体,以改造世界的客观物质活动和实现人的自由价值为根本目的,在认识、改造世界的实践活动中具有主导地位。人民主体的价值理念实质上是人民当家作主,它具有实践性、创造性、历史性等鲜明特性。从实践性方面讲,人民群众不但是物质资料生产的主体和社会物质财富的创造者,还是人类社会精神生产的主体和社会精神财富的创造者。从创造方面讲,人民群众是革命建设和改革的主体,创造并不断改造着社会关系,并推动着社会不断向前发展。历史性上讲,人民群众是生产力中最活跃、最根本的因素,历史上任何重大社会变革运动都离不开人民群众。协商民主以人民群众关心的热点难点问题和重大问题开展协商活动,是人民主体思想在协商民主政治实践中的具体体现。

协商民主作为具有鲜明中国特色、时代特征和社会主义性质的新型政治制度、政治价值理念和政治民主形式,在理论逻辑上与唯物史观具有内在的一致性。

二、实践维度上看,协商民主具有理论优势、党的领导优势、制度优势等独特的政治价值

协商民主是实质性而非程序性、真实性而非虚假性的民主,是实体民主和真实民主的统一。协商民主之所以取得成功,成为当今国际社会的"标识性概念",同西方国家的政治乱象相比,中国政治生态"风景这边独好",既向世界展现了"中国智慧",又为全球治理提供了独具特色的"中国方案"和"中国价值",根本原因就在于民主政治建设指导思想上毫不动摇地坚持了彻底的历史唯物主义。从政治哲学的角度看,协商民主作为中国特色政党制度的理论基础和实现形式具有独特的优势。

(一)理论优势

世界上从来没有完全脱离经济基础的十全十美的民主制度,由于西方协商民主理论是建立在以语言为媒介的交往理性基础之上的,缺少共同价值理念和共同价值目标的引领,本质上还是精神一元论、主客二元论哲学思维在政治哲学领域的体现,缺少了可持续发展的后劲。在我国学者看来,马克思主义社会交往理论应为协商民主的理论基础。从根本上讲,协商民主体现为作为主体的人在社会生活实践中所结成的政治价值关系,在政治实践中能够做到理论联系实际,一切从实际出发,实事求是,具有西方协商民主所不可比拟的政治优越性,因而代表了人类政治文明的发展方向。

(二)党的领导优势

人民民主是社会主义的生命力。坚持人民主体地位,实现人民当家作主是人民民主的实质,也是人民民主的价值目标和追求。党的领导优势体现在:一是马克思主义的理论自信。中国特色政党制度以协商民主的理论形态和实践形式正确解决了"一"和"多"、"民主"(协商)与"集中"(党的领导)的关系,从而实现了党的领导、人民当家作主和依法治国的内在统一,并在根本上毫不动摇地坚持了马克思主义的指导思想。二是奋斗目标明确。党领导人民确立共同的奋斗目标,凝聚起全体人民的政治共识和价值诉求。三是保持经济社会持续稳健发展。党的领导是我国社会主义制度的最大优势,是坚持中国特色社会主义政治发展道路的必然要求,更是中华民族命运之所系。党领导和支持人民掌握管理国家的权力,实行民主选举、民主决策、民主管理、民主监督,保证人民依法享有广泛的权利和自由,尊重和保障人民权益得到切实实现,推动经济社会持续稳定健康发展彰显了作为中国特色政党制度理论基础和实践形式的协商民主的价值功能。

（三）制度优势

中国共产党领导的多党合作和政治协商制度确定为国家的基本政治制度，为协商民主有效运作奠定了坚实的制度基础。协商民主从产生起就建立在国家制度层面上，具有鲜明的制度优势，体现在四个方面：一是政治制度优势。党的领导地位和人民民主专政的国体、人民代表大会的政体决定了社会主义民主以实现最广大人民的根本利益为最终目标，并且率先在国家政治制度层面实现了协商民主，具有西方民主政治不可比拟的政治制度优势。二是政治文化优势。协商民主是党领导人民创造的卓有成效的、更高层次的民主形式，是建立在科学的唯物史观基础之上，同时吸收了和而不同、求同存异等中华优秀传统政治文化的精髓，是与中国国情相适应、具有强大生命力的民主形式。三是政治价值优势。团结和民主是协商民主的两大主题，彰显了协商民主实践的中国特色和世界价值，展现了中国智慧，为人类政治文明发展提供了一条崭新可供选择的思路。四是比较政治的优势。作为政治制度，协商民主不是故步自封的，而是开放包容的。特别是近年来我国积极开展对外交流交往，尤其是政党、政治组织以及政治文化之间的交流交往，既认真借鉴了西方民主政治的成熟做法和经验，又为推动全球治理善治的进程提供了"中国智慧"和解决国际争端的"中国方案"，彰显了协商民主的政治价值，扩大了中国特色政党制度的积极影响。

三、价值维度：以中华民族伟大复兴的中国梦为价值引领，消弭分歧，凝聚政治共识

从以上分析可以看出，协商民主凝聚起社会各阶层的意志、意愿和要求，具有本体功能、意识功能、实践功能等价值功能，作为民主政治实践的新生事物，其价值功能应是民主政治研究的新领域。实现协商民主的价值功能，政治实践中可从以下三方面努力。

（一）以坚定的政治信念凝聚政治共识，发挥协商民主的价值功能

政治信念属于思想范畴，在人的意识结构的中处于核心地位，决定着社会的运行机制和人们的思维方式、意识行为。"为中国人民谋幸福，为中华民族谋复兴"的中国共产党人不仅站在时代的前列，而且鼓舞着社会各阶层的团结奋斗，为了国家富强、民族振兴和人民幸福而上下求索。他们以革命理想高于天的政治信念，弘扬了以爱国主义为核心的民族精神和改革创新为核心的时代精神，培育形成了气势恢宏、大气磅礴的中国精神，为中国革命、建设、改革的发展做出不可磨灭的历史贡献。积极投身坚持和发展中国特色社会主义的伟大实践，坚定对作为中国特色政党制度的理论基础和实现形式的协商民主的理论自信，把协商民主的价值观、方法论、社会历史观应用于多党合作的政治实践。

（二）坚定对中国共产党领导的多党合作制度和政治协商制度的价值自信

坚定"四个自信"中的制度自信特别关键，中国共产党领导的多党合作制度和政治协商制度是我国独具特色的政治实践形式，这一政治实践形式，坚持科学社会主义为价

值引领，消除民主决策、执行过程中的分歧，推动政治活动中的不同阶层达成政治共识，其核心价值在于坚持和完善中国共产党的领导，更好地维护人民当家作主的权利。"多党合作"是政党政治领域的普遍性概念，政党作为强有力的政治组织形式，能够有效凝聚并整合多元的政治意愿、政治要求、政治价值并形成具有向心力的政治理念，因而能够成为推动不同国家和地区经济、政治、文化、社会、生态发展的助推器。以"多党合作"为显著标识的协商民主政治实践表明，协商民主拓展了社会主义民主的广度和深度，培育并涵养了"有事多商量、有事好商量"的政治价值理念，提高了人民群众的政治文明水平，坚定了人民群众的政治信念，这是"多党合作"作为协商民主政治实践最为本质的价值功能。另一方面，"政治协商"把人民民主作为核心价值体，而且同"多党合作"是一体两面的关系，有着丰富的实践内容和哲学内涵。在人民内部实行民主，对少数敌人实行专政。在人民内部实行的民主主要由两部分构成，即协商民主和选举民主。协商民主是实质的民主，选举民主是程序性民主，二者是内容和形式的关系。因此，"多党合作"和"政治协商"作为中国特色民主政治的显著政治标识，在现实中是看得见、摸得着的，有着实实在在的内容，必须不断加以推动、完善和发展。

（三）筑牢政治思想防线，自觉抵制西方普世价值和历史虚无主义等资产阶级政治思潮

当前，资本主义和社会主义共存是不争的事实。西方国家凭借互联网平台、学术交流等方式输出自由、民主等所谓的普世价值，坚持对我国进行分化、西化图谋，并表现为历史虚无主义、新自由主义、生态主义等，所导致的结果就是马克思主义在"学科中'失语'、教材中'失踪'、论坛上'失声'"。意识形态斗争从来就没有停止过，加强民主政治建设具有必要性、紧迫性、长期性和复杂性。因此，培育马克思主义理想、社会主义和共产主义信念等社会主义意识形态，坚决抵制西方普世价值、历史虚无主义等政治思潮，在新时代具有极为重要的政治意义。具体来说，一要坚定马克思主义的道路自信、理论自信、制度自信和文化自信，当前最重要的工作就是把马克思主义中国化的最新理论成果"习近平新时代中国特色社会主义思想"学习好、宣传好、贯彻好，坚定社会主义的道路自信、理论自信、制度自信、文化自信。二是积极参加民主政治的实践，积极培育和践行社会主义核心价值观。社会主义核心价值观是涵盖理想、信念、信仰在内的精神现实和精神存在，要充分利用新媒体技术，认真设置社会关注的议题，采取多种网上网下议政建言等喜闻乐见的形式创新协商民主政治的实践活动，在潜移默化中涵养社会主义核心价值观，增强价值自信。三是积极构建协商民主国际学术话语体系，把握话语权。既要积极参加协商民主的政治实践，自觉同西方普世价值、历史虚无主义等解构社会主义民主的政治思潮划清界限，又要大力开展协商民主领域的学术交流交往，主动向全世界传播"中国声音"，贡献"中国智慧""中国价值"。

（作者单位：青岛科技大学）

基层协商民主发展的历史逻辑

方雷 孟燕

一、问题的提出

基层协商民主是社会主义协商民主体系的关键组成部分,是激活基层治理能力、协调基层治理资源、推动基层治理现代化的重要方式。党的十八大以来,基层党政机构以及群众性自治组织探索出诸多基层协商民主的典型实践,在畅通基层群众利益表达、需求反馈与决策监督新渠道的同时,也创设了一些及时获取群众诉求、降低决策风险、维护基层治理秩序的可行路径。

2015年,中共中央相继印发了《关于加强社会主义协商民主建设的意见》以及《关于加强城乡社区协商的意见》,厘清了基层协商民主的发生范围、关键主体、议题内容、形式平台以及程序规范,强调了基层协商民主发展的重要意义,并且明确了"要按照协商于民、协商为民的要求,建立健全基层协商民主建设协调联动机制,稳步开展基层协商"。两份文件的出台有利于进一步指导基层协商民主在基层社会的纵向深入与横向扩散。根据《基层协商民主典型案例选编》与相关文献,当前中国已存在70余种基层协商民主形式,大部分发生于县级以下的乡镇、行政村或城市社区,协商主体包括基层党政机构人员、基层群众性自治组织人员、村(居)民等基层群众以及其他基层社会组织等,协商议题涉及各类公共性、外显性与急需性民生问题。基层协商民主的实践拓展引起了学术研究热潮。近20年来,基层协商民主研究呈现出以下特征。

从实证研究角度来看,经历了从单个案研究到多个案研究过程。2007年前后,基层协商民主的实证研究多关注浙江温岭的预算民主恳谈实践。伴随协商民主在全国范围内星点式扩散,学术界开始进行多个案研究并着重对比分析。实证研究的初始点在于通过案例研究,描述基层协商民主的运行过程,解释基层协商民主的动力要素,归纳基层协商民主的类型模式,以此抽象基层协商民主的发展经验;落脚点则在于开发基层协商民主的治理功能,关注当代中国市场经济体制改革、社会结构变迁与政府职能转变三维建构的治理环境中,协商民主在规避基层治理风险、回应基层治理困境、降低基层治理成本等方面的正向效能。

从规范研究角度来看,经历了从域外知识舶来到主体话语建构的过程。西方协商民主经典著作译介推动中国学术界展开协商民主规范性研究进程,也激励学者反思中国协商民主话语体系的主体性建构。近年来,立足中国政治发展现实,规范研究和关注中国特色社会主义制度框架下基层协商民主的概念、特征及其价值,特别是在推进协商民主广泛、多层、制度化发展背景下,规范研究强调基层协商民主体系内应然发展趋势,运用理性分析或逻辑推理探索基层协商民主更好地实现制度嵌入与治理契合的可行路径。主体话语建构既能够增强中国协商民主研究的理论自信,也能够更好地服务于基层协商民主的实际发展。

当前,虽然已有研究揭示基层协商民主的发展动力与生长推动要素,并探索改进路径,但鲜有研究从动态历时性角度考察协商民主生发于现代中国基层社会的深层次缘由。此外,基层协商民主扎根发展不仅需要实践程序改善,更加依赖于政府、社会以及群众等相关主体对其民主价值属性的认知与认同。因此,本文以历史资源承袭、制度空间创设、治理需求导向为分析框架,解释1949年中华人民共和国成立以来基层协商民主的发展逻辑;以民主价值依归为落脚点,回应基层协商民主发展过程中的诸多问题,为基层协商民主的持续性、制度化发展提供理性思考。

二、历史资源承袭:实践传统与内生性根基

虽然现代意义上的基层协商民主实践肇始于1999年浙江温岭松门镇举办的农业农村现代化教育论坛,但是协商作为一种特定的交流方式,已经存在于中国几千年的政治社会生活中。在中国传统社会,协商体现为君、臣、民等政治主体之间进行的言说、讨论与商议行为,其本质是议事,精神内核体现为道德说服。实践中的协商"应由君子主导,并接受仁与礼等道德原则的规制";具体形式则表现为长期运行于政权体制内的咨询、朝议、谏议以及政权体制外的清议、乡议等,其中,乡议发生于基层,宗族之内或乡绅之间以聚集议事的形式"决策乡族事务、调解社群矛盾、普及伦理教化,推举后备官吏等"。

乡议是传统中国基层社会精英阶层间的协商,是长期以来协助皇权维持县级以下政治秩序的主要治理样态之一。直至晚清,基层精英仍通过议事会等机构进行政治参与,商议决策公共财政等问题。传统中国基层协商的关键主体将民众排斥在外,这与儒家所强调的民本思想不无关系。在"为民做主"的政治文化框架中,基层民众并不具备协商的主体性,不享有协商参与权利与决策权力。1921年后,一方面,国家权威下沉,以宗族为中心、在王权支配下形成的相对封闭的传统基层自我管理空间被极大压缩;另一方面,乡绅阶层官僚化以及官府行政权力增强形成"一种严厉的官僚政治的和极权主义的地方管理制度",使得"那些原应是'自治'载体的单位变成了使官僚政治更深地渗透进地

方社会的单位",造成基层自治结构失衡,而精英协商传统也随之断裂。

直至中国共产党在抗日战争局部执政时期,开始重视协商共治并积累了翔实的协商经验。在根据地探索并实践的"三三制",创造了中国共产党与党外人士的协商对话平台。这是基层政权协商的典型实践,为现代中国协商政治的建立与发展提供可资借鉴的丰富资源;此外,还重视基层群众的话语力量及其作用。1944 年底到 1945 年,各根据地开展"公民评议"运动,同时强调基层群众评价政府工作报告以及干部深入群众并以个别谈话等方式鼓励后者评议的重要性。协商主体开始涉及精英之外的普通民众,协商成为民众政治参与渠道之一而具有民主转型色彩。正如毛泽东指出,"全国人民都要有说话的机会",而"共产党提出的使各界人民都有说话机会、都有事做、都有饭吃的政策,是真正的革命三民主义政策",党在该时期的协商探索为新中国成立以后协商民主的发展积累了历史经验。20 世纪 80 年代末,西方协商民主理论产生,2001 年,哈贝马斯访华,将协商政治的程序主义、主体间性以及对话理论等概念引入中国。在本质上,相较于西方协商民主强调交往理性与主体反思,并试图重新唤起公共参与精神以缓解自由主义民主的赤字危机,我国协商民主侧重"咨议",是在非竞争性政治生态中生发的、实现多元政治力量合作的机制,在基层的发展则是中国共产党对群众路线的一以贯之与执行,也是群众路线在政治领域的重要体现。

三、制度空间创设:体制转换与结构性要素

新中国成立以来,毛泽东多次强调党员干部听取群众意见与客观批评的重要性,他指出:"讨论问题,就压制群众的积极性,不许人家讲话。这种态度非常恶劣。……我们是干革命的,如果真正犯了错误,这种错误是不利于党的事业,不利于人民的事业的,就应当征求人民群众和同志们的意见,并且自己做检讨。"但是由于新中国成立初期县级以下并未设置功能完善的政治协商组织,更未进行基层协商完整有效的制度设计,基层干群间缺乏实际可行的对话渠道;特别是架构于计划经济基础上的高度集权的政治管理体制,压缩了基层协商民主发展所必需的基层自主性、社会独立性与个人主体性的制度发展空间。

1978 年开始的改革使得国家经济建设重回正轨,而作为国家政治建设关键任务之一的基层民主建设也随之被重提日程。20 世纪 80 年代,随着经济领域改革带动政治领域适应性改革,促进基层协商民主发展的结构性要素得以生成,基层自主性空间释放,基层群众主体性地位日益突出,基层社会的独立性渐进生存。

一是基层自主性空间在党和国家肯定基层民主价值、探索基层自治形式的过程中得到释放。1981 年《关于建国以来党的若干历史问题的决议》认为,"反右倾"斗争严重损害了基层民主生活,要逐步建设高度民主的社会主义政治制度,在基层政权和基层社会生活中逐渐实现人民的直接民主;1982 年党的十二大突出强调要扩展社会主义民主的范围,发展基层民主生活的群众自治;1987 年党的十三大提出要进一步下放权力,克服

基层缺乏自主权弊端,同时提出要建立社会协商对话制度,并分别在国家、地方和基层三个层次就相关问题开展协商。一系列制度资源供给不仅释放了基层自主空间,为基层民主拓展奠定了基础,更加通过肯定协商对话的积极作用为其生长提供初始性制度动力。

二是在基层群众性自治组织建立之后基层群众获得政治主体性地位,在改变自身依附状态的同时也使得固化的社会关系得到一定程度缓解。1982年宪法明确规定"城市和农村按居民居住地设立的居民委员会或者村民委员会是基层群众性自治组织",并对其作用与功能进行明确界定。1983年《中共中央、国务院关于实行政社分开建立乡政府的通知》撤销人民公社建制,村民委员会的组建迅速弥补了人民公社解体后的权力执行真空状态,赋予村民一定的农村事务参与权。此后,村民委员会组织法以及城市居民委员会组织法的相继制定、执行与完善,进一步明确了村(居)委会是村(居)民自我管理、自我教育、自我服务基层群众性自治组织的法律定位,并从制度上规定村(居)民的权利与义务。在实践中,村(居)委会通过基层群众选举产生,而其"形式和程序是建筑在现代公民权之上的,即每一个人都是一个独立的决策者,有着公民地位所赋予的责任和权利"。基层群众被实际赋予了政治上的主体地位,民主主体意识在自治过程中逐渐被激活。

三是基层社会在基层自主与基层自治过程中获取独立性渐进发展机会,与此同时社会异质性增强,社会矛盾增加。从整体性层面来看,市场经济体制改革带来中国经济快速增长,也对国家与社会之间的关系造成直接影响:一方面,"市场经济的发展在创造了经济自由的同时,也为个人自由创造了条件,个人和一些组织开始较少地依赖国家而获取生存的资源和福利",导致个体与组织等独立性社会结构要素类别增多,社会呈现碎片化与异质化发展状态;另一方面,人民群众经济能力得到极大释放,物质需求得以满足的同时,财富差距也在迅速扩大,利益诉求呈现分化,导致社会矛盾激增。这种社会发展现状在基层也有所映射。特别是随着人民公社解体以及单位制式衰,基层社会流动与社会分化的加剧使得原本封闭的基层社会结构难以为继;此外,"国家权力从社会领域的逐步退出,大量基层社会组织在国家和社会权力的真空地带重构了共同利益和公共空间,以缓解来自市场经济利益的冲击和社会转型中制度缺失所造成的各类问题",为基层群众利益表达与权利维护提供了组织化平台。

需要指出的是,虽然基层自主性空间释放、基层群众主体性地位获得以及基层社会独立性渐进生存是国家对于基层民主进行顶层制度设计与改革的必然结果,为基层协商的生长提供了必需的结构性要素,但是20世纪90年代以来的很长一段时期,基层协商发展的直接主观性目的并非推进基层民主建设,而是作为基层治理工具,嵌入基层治理过程,发挥解决基层治理问题、重构基层治理秩序等治理功能。

四、治理需求导向:形式归纳与工具性功能

自1992年党的十四大首次明确"我国经济体制改革的目标是建立社会主义市场经

济体制"以来,以市场经济转型推动经济快速增长成为国家建设的关键任务,经济发展也一度成为政府主要绩效考核指标;而政治领域与社会领域改革则呈现适应性特征,因而相较于经济领域改革具有一定的滞后性。20世纪90年代以来,由于市场经济、政治体制以及社会治理三个领域的非同步转型,政府开始遭遇经济压缩式发展所导致的诸多难题。一方面,长期以来"只有经济政策,没有社会政策"致使改革出现零和局面,"即某些人受益是以其他人利益受损为代价的"。政府过度追求经济增长率,而相对忽视社会民生建设。整体性社会政策规范体系的缺失使得利益分配失衡后果更为严重,地区发展差距与个体贫富差距加剧社会分化程度,极易造成利益受损群体产生相对剥夺感,诱致社会矛盾与社会冲突,对公共秩序稳定形成挑战。另一方面,以GDP为主要标准的政绩考核与官员升迁机制导致诸多地方政府以破坏环境、牺牲公平正义为代价不顾后果地发展地方经济,政府工作也在一定程度上"被经济化"。当政府对普通民众诉求的回应性不足、普通民众缺乏利益表达及实现的正当渠道时,极易产生非制度化集体抗争行为。特别是对位于国家权力执行机构链条末端的基层政府而言,在央地关系分权化改革之后需要承担中央政府及其上级政府下放的大量事权,负有直接回应并解决社会问题的主要职责。社会矛盾与社会抗争等倒逼基层政府创新政府行为,转变统治与管理模式下的强制性与主导性思维,以协商民主作为治理资源嵌入基层治理进程,以期缓解基层治理矛盾、重构基层治理秩序,并且形塑基层群众政治认同、夯实基层治理合法性基础。从既有基层协商民主实践来看,鉴于基层群众参与程度以及决策权力分享程度不同,基层协商民主呈现不同形式,发挥相异的治理功能。

其一是信息沟通型基层协商,旨在协助基层群众建立特定政策心理预期,或为基层党政机构等降低民意转化决策的成本。信息沟通型基层协商主要有两种子类型:一是侧重于自上而下信息公布的基层协商,是指基层党政机构或基层群众性自治组织在根据相关治理问题或依据特定治理目标做出决策之后,利用听证会或发布会等基层协商平台向基层群众传导决策信息。虽然该种类型的基层协商搭建了基层群众与基层党政机构及其相关部门的有限交流渠道,但是基层群众的参与程度较低,基本不享有决策权力,因此治理功能主要体现为公布决策信息,影响基层群众对于特定政策的心理接受程度。特别是当该过程通过媒体等渠道向全社会公开并引发公共讨论时,基层党政机构可获知公众意见;而当公众对于该决策异议形成一定规模时,也可对基层党政机构形成相应压力,促使其做出相应的决策改变。二是侧重于自下而上需求咨询的基层协商,是指基层党政机构或基层群众性自治组织利用面对面交流论坛或虚拟沟通网络及时了解群众诉求,解答群众疑问或为解决群众实际困难做出实质性承诺。对于基层党政机构而言,掌握基层群众的真实需求是准确界定治理问题的关键前提:一方面,从基层群众所表达的话语中可以直接感知问题是什么,而对话语内容的进一步分析则能够识别问题本质,并判断当无法有效解决该问题时表达者是否会采取非理性抗争或寻求上级政府帮助等行动;另一方面,对于相似表达的归纳总结则有助于推定问题的发生情境、产生根源及其潜藏的利益关系,明确界定该问题所影响的利益相关者范围,据此做出针对性政策回应。这既是避免基层社会冲突、维持基层治理秩序稳定的重要方式,也是缓解干群矛盾、增强基层群众满意度的有效路径。

其二是决策制定型基层协商,旨在开放或扩展基层群众公共参与途径,为基层党政机构等积累治理的社会资本。在决策制定型基层协商中,基层群众的参与程度较高,其话语表达将对最终决策具有实质性影响力。在实践中,该种类型的基层协商所发挥的治理功能体现在两方面:一是作为参与式治理工具,吸纳基层群众参与决策,激活多元共治潜能,以增加公民输入增强决策输出合法性。当前农村、社区等基层群众自治区域已经探索出诸如村(居)民议事厅、议事会以及理事会等多种基层协商形式,切实赋予基层群众民主议事权利,最大限度地允许其参与整个政策生命周期。以在社区治理中被实践的开放空间会议这一基层协商论坛为例。在实践中,开放空间会议由居委会负责组织,采用原型结构布局。在中立主持人协调下,开放空间会议创造了会议参与者相互自由讨论的空间,不仅"打破传统会议模式等级严密的上下层级桎梏",而且社区群众享有拟协商议题的决定权,"可以参与到问题解决的行动方案的设计中来,甚至可以加入具体行动实施的执行监督过程",在激发群众参与热情的同时,更加强了其治理责任感与效能感。二是作为反应式治理工具,在冲突危机发生后重启对话通道,使处于对抗性张力的各方重回协商与谈判轨道,协作探索问题解决方案。通常,地方政府(包括基层政府)在面对集体抗争时,会根据成本—收益分析选择不同的回应方式,包括让步、容忍或打压。对于基层政府而言,虽然采取让步策略会使其付出经济或政治成本,并且示弱也可能会引起更多的需求或行动,但是其能够有效阻止抗争并增加合法性基础。让步意味着基层政府采取一系列措施满足公众需求,前提则需要基层政府获知并理解该需求。在此,协商成为一种合理选择。对于基层群众而言,在双向互动过程中,既可以反思进行抗争的初始立场正当性,又可以向基层政府表明其不满与相关理由,阐明其希望基层政府所应采取的政策行为等,这将对基层政府形成反向压力,使其反思执政行为是否满足公共性标准。需要指明的是,虽然协商有利于对抗双方在沟通之后做出妥协或让步,能够将其引导至以合作方式共同探求问题解决路径,但是从本质上而言,作为反应式治理工具的协商具有明显的策略性、暂时性与被动性特征,侧面反映了基层政府缺乏统筹性治理能力,未建立制度化治理框架并从根源上规避基层治理困境。

其三是嵌入发展型基层协商,意味着将基层协商"嵌入原有的社会政治结构中,通过它激活或改造原有社会政治结构的某些功能,并通过不断完善、改进和扩展,从而逐渐实现整个结构的更新"。该种类型的基层协商由政府主导其生长与发展,协商过程与正式制度安排相连接。典型实践是浙江温岭泽国镇参与式预算民主恳谈,其过程设计与人民代表大会制度紧密相连。首先,在编制年度政府公共财政预算初步方案之前,镇政府与镇人大通过咨询会向群众征求意见；其次，镇党委、政府组织召开协商恳谈会，以协商式民意调查为设计雏形，随机抽样产生的选民代表、参与库代表以及镇人大代表在交替进行的小组会议与全员大会环节中就预算草案进行协商。特别是在全员大会中，镇党委、镇政府以及镇人大代表、预算专家必须解答选民代表疑问；再次，镇财政所根据协商结果修改预算草案并提交镇人大审议，审议过程允许选民代表旁听。由人大批准后的预算方案将向社会公布并接受监督。泽国镇参与式预算在吸纳基层群众进入基层治理范畴、激活其治理潜能的同时，在很大程度上夯实了基层人大的预算审批权。一方面，参与式预算实现基层群众的赋权式治理参与。作为纳税人，普通民众有权利在制度化渠道内获取关于公共预算如何分配及其可取得何种预期绩效的相关信息，并要求政府回应其疑问；此外，也有权利在平等、公开、安全的空间内表达观点并进行社会问责，互动论证与理性思考将促使预算方案更加合理化。另一方面，参与式预算激活镇人大职能，使其预算审批权与监督权落于实处。当前，我国地方预算编制主要采用"两上两下"方式，即由地方政府各部门编制预算草案并上报财政部门，后者根据一定标准进行审查、修改后返还于各部门核对，其后交由财政部门汇总并拟定预算草案上报同级人大审批。除审批之外，地方人大及其常委会应对地方预算的编制、执行及决算全过程负有监督之责。然而，实际上地方人大的相对弱势地位使其往往仅存"批"之职而无"审"之权，对预算过程的监督更流于形式。泽国镇参与式预算的实施改善了这种情况。镇人大代表参与预算协商恳谈，为其提供审视镇政府预算动机的机会，并在对话过程中增强其监督之责，能够从源头上遏制预算编制腐败。

在实践中，虽然作为一种有效的治理资源，基层协商创设干群沟通渠道、引导基层群众理性参与基层政治生活，建立基层问题预防与解决机制、促进基层政治社会秩序稳定，衔接有制度安排且能增强体制内机构职责行使效力，但是不可否认，基层协商发展仍面临诸多问题。这主要体现在：（1）基层协商并未成为正式制度安排，缺乏制度性组织依托，在实践中不乏"没有政绩不愿搞""政治风险不愿搞""制度遇瓶颈不易搞"以及"发展受影响不能搞"等现象；（2）部分基层协商实践得益于基层党政官员的改革与创新意识，其发展也往往面临官员离任或升迁后难以持续的问题，如温岭泽国镇、新河镇以及箬横镇的参与式预算协商都曾遭遇"人走政难兴"困境；（3）基层协商虽然在浙江、四川等地多有探索，但是"全国范围内的探索还是比较零散的。即使是这些有限的创新实践，多数还局限于一定区域范围内"。过度重视基层协商的治理工具效应而忽视其内在民主价值是制约基层协商制度化、持续性发展的重要因素。

五、民主价值依归：本质界定与发展向度

党的十九大报告指出，"有事好商量，众人的事情由众人商量，是人民民主的真谛"，而中国人民民主的发展之所以取得成功在于"始终坚持人民本位的民主发展道路，把追求人的自由发展与人民当家作主有机结合起来，从而使实践中的民主能够有效兼顾人的

现实存在的双重性"。具体到基层协商发展过程中，其民主价值也应体现在两方面：一是尊重作为个体的人所享有的自由表达权；二是尊重作为集体的人民所享有的共识决策权。实现基层协商制度化、持续性的发展需要基层党政机构认知并认同其民主价值，并推动这种认知与认同在实践中的行为转化。

首先，在基层协商实践中，基层党政机构必须尊重基层群众个体的话语表达权。这需要基层党政机构特别转变行政官僚作风，明确其在基层协商中的角色是"服务者"与"参与者"，其作用在于创设基层协商的安全空间，为推进基层协商提供正向支持。

一方面，基层党政机构应积极推进基层协商制度的具体化与操作化，进行规范的基层协商程序设计。一是明确基层协商参与者并确定个体选择机制。协商参与者来自长期生活并工作于该地区的户籍与非户籍人口。随着基层经济发展与基层社会结构变迁，基层人口流动性增强。在经济发达地区流入大量"工作性移民"，为当地发展做出贡献的同时却因户籍制度与社会保障制度限制而无法享受相应社会福利。在针对与基层群众相关的问题进行协商时，该部分人口应当成为协商参与者。因此，基层党政机构需要采用分层随机抽样等技术科学确定参与者，保证其代表性；二是设定协商规则并取得基层协商参与者的同意。协商规则应允许协商个体使用叙事、论证、辩理等多种方式平等表达观点、给出支撑性理由、分享信息、尊重冲突性观念以及排除任何权力置入性要素等；三是设置中立协商引导师或主持人。有经验的引导师或主持人能够"做出准确的、其他人可以理解的陈述、要求表达者澄清或举例、尝试对模糊语句进行试验性改写，并在需要时要求协商者重现阐述"。有效的引导将使得协商参与者始终关注协商议题，鼓励边缘化个体发声并确保协商过程不受政治权威或魅力型人物支配。

另一方面，基层党政机构应为基层协商民主的持续性发展提供资源支持，而其动力不仅是其自身对实现基层民主的改革探索，更直接有效的来源则是以政治压力和政绩考核为主要内容的外部激励体系。一是"强化中央政府的政治压力，使地方政府认识到基层协商民主建设是一项重要的政治任务，是改善基层协商民主扩散最直接有效的办法"；二是完善以基层协商民主发展效能为指标的政绩考评机制。对于基层协商民主持续性发展而言，需要避免"人走政息"现象的发生。在政治发展现实中，鉴于纵向管理体制与干部升迁制度的特殊性，来自上级政府的考核对于下级政府开展某项特定工作将在很大程度上构成其激励要素。因此，可以将基层协商民主的开展及其成效列入政绩考核指标，增强基层协商民主发展的外部激励。同时，应当增加对基层协商质量的考核，评估协商结果向正式决策转化的效率与力度，以此避免将基层协商列入考核内容而导致形式性协商或象征性协商等现象发生。

其次，在基层协商实践中，基层党政机构必须尊重基层群众集体的共识决策权。这意味着基层党政机构以及基层群众性自治组织必须转变"民本民主"观，使基层群众切实享有集体决策权。

在一项针对1456名地方干部民主价值观的问卷分析中，多数干部理解的民主是

"'民本民主'即'让老百姓说话'式的民主",这意味着"让普通社会成员发表意见,而决策权却集中于精英"。当这种民主价值观聚焦于基层协商时,则导致基层党政机构控制协商议题及其范围的选择权,隐蔽协商过程所需的信息与资源或者拒将协商共识转化为正式决策等行为。因此,要推动基层协商民主的纵向深入与横向扩散,则需要基层党政机构等切实落实人民当家作主,尊重基层群众对于基层事务的自治权;此外,从国家层面而言,则需要继续完善顶层设计,并建立健全相关制度与执行机制,保障基层群众享有协商议题倡议权;在协商之前要求基层党政机构公开与议题相关的信息,并使其提供培训等资源提升基层群众的协商能力;在协商结束之后基层党政机构必须及时公布协商结果,同时基层群众能够通过制度化渠道监督协商共识的决策转化,遏制基层党政机构在行政过程中的自由裁量权,以此使基层协商真正发挥其民主效能,促进人民民主。

（作者单位:山东大学）

双周协商座谈会在新型政党制度中的作用

李萌萌

2013 年 9 月,政协全国委员会出台了《双周协商座谈会工作办法(试行)》,决定建立双周协商座谈会制度。双周协商座谈会是十二届全国政协的重要创新举措,2019 年是新中国成立 70 周年,人民政协成立 70 周年,双周协商座谈会的开展加强了社会主义协商民主地位,对中国共产党领导的多党合作和政治协商制度有积极意义,已成为全国政协的工作品牌。

一、从双周座谈会到双周协商座谈会

双周协商座谈会从双周座谈会演变而来,在首次双周协商座谈会上,十二届全国政协主席俞正声开宗明义:"双周座谈会是人民政协的优良传统,要总结好、利用好其中的宝贵经验。"[1]"双周协商座谈会是对双周座谈会的继承和创新。"[2]

(一)从政党协商到政协协商的转变

双周座谈会的参加者分为三类:当然参加者、自愿参加者、临时邀请参加者,参加双周座谈会的人员不固定,组织主体是民主党派。1957 年以后,改成了各民主党派和无党派民主人士参与的座谈会,其性质是政党协商;而双周协商座谈会由政协全国委员会发起,参加者以普通政协委员为主,其性质是政协协商。双周协商座谈会实现了从政党协商到政协协商的转变。

(二)从统战平台到专门协商机构的转变

从双周座谈会到双周协商座谈会,在这个过程中,人民政协所肩负的功能在逐渐扩大。新中国成立前夕,人民政协担负着统一战线组织功能。改革开放以来,人民政协建立起完整的、常态化的统一战线组织机构和工作机制。中共十八大以来确立了人民政协是专门协商机构的新定位,中共十八大强调要"进一步准确把握人民政协性质定位,充分发挥人民政协作为协商民主重要渠道作用"[3],全国政协也首次提出新时代人民政协的新方位新使命是:推进人民政协制度更加成熟定型、发挥好专门协商机构的作用。[4]

双周座谈会是中国共产党与各民主党派之间沟通思想、协商议事的平台,是一个统战平台。双周协商座谈会作为人民政协的工作品牌,在复杂的社会环境中回应人民的期望,发挥了其"协商民主重要渠道"的作用。双周协商座谈会实现了从统战平台到专门协商机构的转变。

(三)从非制度化到制度化的转变

双周座谈会始于 1950 年,一开始确立的是每两周举行一次,但是在 1955 年政协第二届全国委员会常务委员会第五次会议中决定,双周座谈会改为不定期举行。双周协商座谈会一般每两个星期举行一次,每年举行 20 次左右,第十二届全国政协在 5 年里共举办 76 次双周协商座谈会。这样就能保证协商民主常态化,保障会议召开制度化,即便因一些特殊原因中断会议,也师出有名,不是因随意性而引发。双周座谈会的出席率时高时低,规模时大时小,而双周协商座谈会每次邀请 20 人左右,规模确定,这也是制度化的一种表现形式。双周协商座谈会实现了从非制度化到制度化的转变。

(四)协商民主的发展促进了双周协商座谈会的建立

协商民主无疑是中共十八大以来最热门的词汇。2012 年 11 月举行的中共十八大提出,要健全社会主义协商民主制度。"坚持和完善中国共产党领导的多党合作和政治协商制度,充分发挥人民政协作为协商民主重要渠道作用。"[5] 双周协商座谈会是十二届全国政协在继承传统的基础上,加强协商民主建设最重要的一项制度创新,充分体现了民主的原理体系:人的尊严原理、平等原理、自由原理、主权在民原理。2013 年 10 月22 日,全国政协召开第一次双周协商座谈会,议题是"分析当前宏观经济形势"。在中断了近半个世纪后,双周座谈会又以新的名称、新的面貌重新出现在公众的视野中。多了协商这两个字,一是有别于之前的双周座谈会,二是增加了民主协商的意味。

二、双周协商座谈会的独特优势

(一)集中性、精准性

集中性和精准性主要体现在双周协商座谈会是一个集中智慧解决一个问题的平台。全国政协的双周协商座谈会,每次都是选定一个问题,然后邀请相关的委员、专家、学者等,从自己的思考出发进行发言,这样就会听到站在不同立场、从不同角度发出的声音,有时甚至是激烈的辩论,这样更有利于消除偏见、增进理解、知己知彼。通过这样的交流、碰撞,可能达不成共识,但是能够最大程度增进共识。例如,2014 年十二届全国政协第13 次双周协商座谈会的议题是"利用大数据技术提升政府治理能力",阿里巴巴集团创始人马云应邀参加会议,同时还有国家互联网信息办公室、国家发展和改革委员会、国家统计局的负责同志出席会议并与委员们协商交流,这种交流就是卓有成效的。在历次双周协商座谈会上,国家发改委、财政部、人力资源和社会保障部、民政部、住建部、教育部等相关部委已经成为"常客"。

（二）随和性、民主性

俞正声主席主持十二届全国政协工作以来，始终不断地强调：政协是一个协商平台，而不是协商主体。政协不是权力机构，政协是协商交流的重要平台，政协并不是协商的主体，而只是为社会各方面提供一个协商讨论的平台。[6]在这个协商平台上，委员们以及社会各界代表人士当然会提出很多意见，对于这些意见，党和政府可以审时度势选择采纳或者不采纳，协商结果不具有刚性约束力。没有刚性约束，参会人员可以更坦诚地交流，说出自己的真实想法。政协的会议民主氛围浓厚，更加具有随和性。俞正声主席说，政协的权力体现为话语权，这种话语权不在于说了算，而在于说得好、说得早、说得对！[7]

（三）小切口、大视野

过去，政治协商讨论的话题强调大局性、综合性，并没有落到具体问题上，这样就会给人一种大而空的感觉。现在政协开展工作依然强调大局性、综合性，但是不同的是今天的协商是从小切口切入的，深入挖掘，进而反映全局问题。从点入手，进而扩展到面，切实找出解决问题的有效对策。全国政协副秘书长刘佳义表示，"座谈会在选题时注意选择现实生活中存在而又解决得不是很好的、切口比较小的问题来协商。因为一次双周会只开3个小时，那种'老虎吃天无从下口'的问题我们不讨论"[8]。十二届全国政协以来的工作突出亮点之一，就是把宏观的战略、政策从小切口切入，落实到具体工作中，双周协商座谈会小切口、大视野的独特优势充分体现了这一点。俞正声主席曾多次强调"题目小一点，讨论的问题集中一点"。纵观历次双周协商座谈会，大部分选题并不如我们想象的那么"高大上"，相反有些出人意料的"小"，如十二届政协第70次双周协商座谈会的议题是"重视去产能过程中职工就业再就业问题"，第62次双周协商座谈会的议题是"办好学前教育"，第46次双周协商座谈会的议题是"《快递条例》的制定"等，这些议题虽然小，但是仔细想一想，这些小切口的背后，蕴含着大战略、大问题；而且题目较小，能够谈深、谈实、谈全、可操作。[9]

（四）抓热点、抓重点

双周协商座谈会的议题从小切口切入，但这并不意味着什么"小事"都可以拿来协商，双周协商座谈会的另一个独特优势就是：抓热点、抓重点。双周协商座谈会的议题列入每年的政协协商计划，只有国家关注的、社会关切的、百姓关心的问题，才是最应当优先考虑研究的问题。这样的议题才能引起社会的广泛关注，才能引起相关部门的高度重视，更不负广大群众的期望。议题的选择抓住热点、重点，双周协商座谈会必将更有成效，也有利于增加社会各界对双周协商座谈会的关注度与美誉度。正因为双周协商座谈会具有这样的优势，实实在在解决了很多问题，其中不乏很多部门十几年都没有解决的问题。要淘汰黄标车和老旧车辆600万辆，这是在2014年"两会"上李克强总理谈到的一个问题，而这个数字就来自一次双周协商座谈会的建议。双周协商座谈会如果每次都能解决一个问题或者改善一个问题，积少成多、锲而不舍，双周协商座谈会的作用会越来越明显。

（五）规律性、经常性

所谓规律性与经常性，就是指双周协商座谈会的召开有规律可循、有制度可依，双周协商座谈会实现了从非制度化到制度化的转变。现在的双周协商座谈会基本都是保持在每两星期召开一次，对于社会各界而言，规律性、经常性的双周协商座谈会，会使公众产生心理期待与心理寄托。很多议题都事关民生，公众就会更加期待，进而不断关注。这种氛围形成之后，媒体界、学术界等社会各界对双周协商座谈会不断进行报道以及理论研究，也会促进人民政协事业的不断发展。俞正声在全国政协十三届一次会议中指出，"双周会已成政协协商民主经常性平台和重要品牌"[10]。

（六）广泛性、权威性

双周协商座谈会的广泛性体现在以下两个方面：一是议题的广泛性，梳理十二届政协开展的双周协商座谈会以及第十三届政协已经进行的双周协商座谈会，不难发现议题事关社会生活的方方面面。二是参与人员的广泛性，参与人员有专家学者、党政机关部门的领导，还有社会各界的名人。比如第十二届全国政协第74次双周协商座谈会的议题是"营造风清气正的网络空间"，在这次会议中邀请了腾讯公司董事会主席兼首席执行官马化腾参与；第63次双周协商座谈会的议题是"优化电子商务监管"，在这次会议中邀请了马云等参加。双周协商座谈会的议题虽然广泛，但却抓重点、抓热点；参与人员也具有广泛性，都是各行各业的代表，对此议题有着深入的调查、研究、体会。从邀请的社会各界名人来看，足以体现双周协商座谈会参加人员的广泛性和权威性。

（七）重调研、讲事实

双周协商座谈会的议题涉及我国政治、经济、文化、社会、生态等方方面面，在筹备双周协商座谈会的过程中，很多问题专业性极强。座谈会要做到客观、务实和全面，发出各领域不同的声音并在政协的平台上协商，筹备人员需要经过大量的调研，有时甚至在国内调研是不够的，还要再去国外进行调研。比如，在召开主题为"转基因农产品的机遇与风险"的双周协商座谈会时，调研组不仅在湖南实地调研，还进西班牙、英国和法国的农场进行调研。要想在双周协商座谈会的平台上有针对性地建言献策，不使座谈会流于形式，前期的深入调研必不可少。推进深入扎实的调研已成为双周协商座谈会必不可少的一个步骤，为了得到真实的情况，调研组往往将大量的精力放在基层，在长时间的调研中，摸清真实情况，在双周协商座谈会的平台上才能更好地建言献策。

三、双周协商座谈会的重要意义

（一）双周协商座谈会是新型政党制度的体现

新型政党制度是马克思主义政党制度与中国国情相结合的一种政党制度，是从中国土壤中生长出来的一种制度,不同于西方的政党制度,也不同于苏联社会主义政党制度。在新型政党制度的伟大实践中,中国共产党对新型政党制度进行了创造性的发展,新型政党制度坚持有事好商量、有事多商量的民主协商的形式。中国的政党制度始终植根于人民,全心全意为人民服务,新型政党制度是中国共产党和各民主党派的"大合唱",心往一处想,劲往一处使。双周协商座谈会就是这样一种民主协商的形式,定期邀请民主党派成员、无党派人士等各界别委员交流座谈,双周协商座谈会因此成为一个沟通思想、增进共识、协调关系、凝心聚力的协商平台。双周协商座谈会是新型政党制度的一个缩影,在这个平台上,充分体现出新型政党制度的可行性、优越性。在新时代大条件下,更应该借助双周协商座谈会的平台,充分发挥新型政党制度的作用。

（二）可提高政协履职能力

双周协商座谈会以问题为导向,积极推动民主协商,是政协的重要组成部分并推动政协履职。双周协商座谈会的参与人员都是在此领域有发言权的负责人、专业人才等,每位委员都有权利和义务发表自己的见解和对此问题的看法,因为人数较少,不存在蒙混过关的情况。这也就决定了每位委员都要积极履职,对此问题进行深入思考,确保自己的发言是有价值和有意义的。

双周协商座谈会的规格高,由全国政协主席亲自主持,达成的协商共识以政协信息专报的形式上报党政决策层,并及时予以回复,因此在会前要进行充分调研,在会议中进行交流、讨论,这更加要求每位委员认真履职。例如十二届全国政协第46次双周协商座谈会的议题是"《快递条例》的制定"。快递是科学技术不断发展的产物,也是人民日常生活中必不可少的一种生活与消费方式,多位政协委员针对快递条例进行协商,并形成信息专报送到国务院相关部门。

在第十三届全国政协的双周协商座谈会中,我们发现了可喜的新变化,会上的协商由线下延伸到了线上,更是由会上延伸到了会外。这是依靠全国政协在2018年8月建立的政协委员移动履职APP进行的,在履职APP中建立议政群,在开会之前就开始进行讨论,热度不断升级,这是一种新的协商方式:互动式协商。同时移动履职APP能够使政协委员掌握政协最新动态、查阅学习资料,这样更有利于提高政协委员履职能力,提高履职质量。

（三）可打造政协工作品牌

为了在新时代条件下更好地发挥好人民政协专门协商机构的作用,就要紧紧围绕新方位、新使命打造工作品牌。双周协商座谈会搭建了一个协商沟通的平台,现在已经成为一个很成功的制度,上升为上层建筑并且这一制度的运行有固定的模式。提起双周协商座谈会我们就知道这是由全国政协主席主持的圆桌会议,基本保持每两周召开一次的频率等。制度化的建立不仅使其运行有序,充分发挥出专门协商机构的作用,而且有利于宣传、推广其经验、做法。毋庸置疑,双周协商座谈会的经验、做法可在全国进行推广,具有可复制性,并且现在已经取得了累累硕果,在全国范围内产生了巨大的影响。地方各级政协也在进行探索创新,根据各地的不同情况,创建了名称各异、做法类似的协商座谈会制度,打造富有自身特色的工作品牌。例如,北京市政协科技委开设了科技讲堂,浙江省政协在全省县级政协创建了"请你来协商"平台等。

(四)能有力推动我国深化改革

双周协商座谈会的集中性和精准性决定了这是一个发表不同意见、最终增进共识或者达成共识的地方。自 1978 年十一届三中全会确立改革开放之后,党中央已经召开过八次三中全会,每一次都是站在历史潮头,果敢抉择、科学部署,引领改革阔步前行。党的十八届三中全会提出了全面深化改革的指导思想,能改的领域都已改完,现在剩下的都是不好改的"硬骨头",当前的改革已经进入深水区。双周协商座谈会提供了这样一个协商平台,其最大的魅力在于协调利益问题,让不同利益群体发出声音,不断碰撞,最终使得改革有路可走,继续前行。双周协商座谈会抓重点、抓热点的这一独特优势也决定了议题选择往往是比较棘手的,一些争议较大的问题会成为双周协商座谈会的选题。例如十二届全国政协第 34 次双周协商座谈会的议题是"农村土地确权登记和相关法律问题与对策",第 40 次双周协商座谈会的议题是"规范城管执法行为"等。这些议题,有的是与人民生活息息相关的公众很关心但是实施效果不明显的领域,有的是利益冲突较大的领域。双周协商座谈会这个平台不是一个做决策的地方,而是一个充分发表各方面利益诉求的地方。

(五)能切实提高人民幸福感

双周协商座谈会议题的设定偏向民生话题,这就要求各位委员必须始终坚持以人民为中心,想人民所想,忧人民所忧,坚持协商为了人民,协商依靠人民,协商成果最终造福人民。双周协商座谈会重调研、讲事实的优势也决定了各位委员必须深入基层进行调研,深入人民群众之中倾听民声,充分了解人民所想、人民所忧,发现问题、解决问题。双周协商座谈会中涉及民生的问题有很多,例如十二届全国政协第 5 次双周协商座谈会的议题是"加强汽车尾气治理、减少城市大气污染"、第 38 次双周协商座谈会的议题是"集中连片特困地区精准扶贫",十三届全国政协第 8 次双周协商座谈会的议题是"培养懂农业、爱农村、爱农民的'三农'工作队伍"等,这些问题都是民众关心的话题,这也体现着协商处处为人民,通过推动解决这一系列的问题,也会切实提高人民的幸福感。

小 结

每一位参与座谈会的委员背后,都联系和代表着一部分群众,这就是毛主席说的"一根头发"和"一把头发"的关系。双周协商座谈会的生动实践,展现了新型政党制度的活力、生命力、创造力,拓展了人民政协协商民主的高度、广度、深度,也必将为建设社会主义现代化强国和实现中华民族伟大复兴的中国梦汇聚更多正能量。

参考文献

[1] 中国政协网.全国政协双周协商座谈会已举行46次,坦诚务实民主风格让各界点赞——寻求最大公约数 汇聚发展正能量 [DB/OL]. http://www.cppcc.gov.cn/zxww/2016/02/05/ARTI1454641235915668.shtml.

[2] 中国政协网.全国政协双周协商座谈会已举行46次,坦诚务实民主风格让各界点赞——寻求最大公约数 汇聚发展正能量 [DB/OL]. http://www.cppcc.gov.cn/zxww/2016/02/05/ARTI1454641235915668.shtml.

[3] 中国政协网.确定人民政协是"专门协商机构"是改革开放的重大成果 [EB/OL]. http://www.cppcc.gov.cn/zxww/2019/01/25/ARTI1548375461969133.shtml.

[4] 人民政协网.刘佳义:新一届政协履职工作有10个首次 [DB/OL]. http://www.rmzxb.com.cn/c/2019-03-10/2306548.shtml.

[5] 胡锦涛.坚定不移沿着中国特色社会主义道路前进,为全面建成小康社会而奋斗——在中国共产党第十八次全国代表大会上的报告 [N]. 光明日报,2012-11-18.

[6] 杨小波.关于"协商起来"的几点建议 [DB/OL]. http://epaper.rmzxb.com.cn/detail.aspx?id=420710.

[7] 翟耀忠.让政协话语权更有魅力 [DB/OL].http://www.china.com.cn/cppcc/2017-11/22/content_41927427.htm.

[8] 中国政协网.搭建协商民主的重要平台——全国政协双周协商座谈会综述 [DB/OL]. http://www.cppcc.gov.cn/zxww/2016/02/05/ARTI1454641142122657.shtml.

[9] 杨小波,陈晖.全国政协"双周协商座谈会"初探 [J]. 中国政协理论研究,2014(Z1):45-49.

[10] 人民政协网.俞正声:双周会已成政协协商民主经常性平台和重要品牌 [DB/OL]. http://www.rmzxb.com.cn/c/2019-03-01/2295844.shtml.

（作者单位:青岛科技大学）

加强政协协商民主专业化建设研究

青岛市政协研究室

人民政协经过 70 年的发展进入新时代,新时代人民政协肩负着创建专门协商机构的新定位和新使命。要充分发挥人政协作为专门协商机构的作用,除了要加强相关的理论和制度建设外,当前最基础和紧迫的任务就是要加强政协协商民主的专业化建设。何为政协协商民主专业化?厘清了这个概念将有助于破解政协如何打造专门协商机构。我们认为,政协协商民主专业化是基于新时代协商民主重要渠道和专门协商机构新定位新使命,适应国家治理体系和治理能力的现代化需要,根据履行职能不同过程而分成的各个环节,包括制度、平台、程序、队伍、渠道、能力等方面而进行的规范化专业化建设。

习近平总书记指出,人民政协是国家治理体系的重要组成部分。国家治理现代化的本质是制度的现代化,人民政协作为最具中国特色社会主义制度和社会主义协商民主的重要渠道和专门协商机构,要体现在国家治理体系中的制度化作用,提升其作为国家治理现代化的能力中的一个重要组成部分,紧紧融入社会治理,发挥共治、共享、共建作用,加强人民政协协商民主专业化建设是必然要求。在社会主义协商民主体系中,与其他协商民主形式相比,只有人民政协才具有专门协商机构的特点和性质。汪洋主席指出,专门协商机构要"专"出特色、"专"出质量、"专"出水平。加强政协协商民主专业化的建设是人民政协本身的职责所在,是充分发挥专门协商机构作用的必然要求;人民政协制度的设计初衷,就是要在建言资政和凝聚共识两方面双向发力,加强政协协商民主专业化建设是实现人民政协双向发力、动员凝聚社会各界力量参与我国民主政治建设的必然要求。

人民政协协商民主专业化建设,除了需要建立专业化的制度保障外,还应搭建专业化的协商平台、建立专业化的协商程序、培育专业化的协商队伍、开辟专业化的协商渠道及加强专业化的履职能力建设等。

一、专业化的协商制度

专业化的协商制度是充分发挥专门协商机构作用的重要保障。人民政协协商民主经过长时期的发展实践和理论积淀,已有了相对成熟的工作经验和理论体系,并取得了一系列重要的理论、实践、制度创新成果。近年来,从中央到地方都出台了一系列人民政协协商民主建设的制度性文件,对人民政协协商民主进行顶层设计,谋划发展路径。但是在实践中已有的制度并没完全落地,规定相对笼统,缺乏具体的操作指南,需要逐步完善细化。

人民政协作为专门协商机构,是一个从中央、省到市县的四级制度体系,共有一个组织名称,共有一部政协章程,需要从中央出台一个相对规范、具体可操作性强的文件制度来保障。要建立健全协商计划、议题确立、组织程序、意见报送、监督落实、结果评价体系等一系列专业、规范的协商运作流程和制度体系,并通过立法的途径进行确立,将协商制度纳入法制化轨道。

二、专业化的协商平台

专门协商平台是发挥专门协商机构作用的重要载体。人民政协要充分发挥专门协商机构的作用,加强协商民主专业化建设,必须搭建专业化的协商平台。近年来,各级政协都在原有的政协全体会议、常委会议和专题会议等传统的协商平台或形式外,加大了探索创新。但是距离"更加灵活、更为经常地开展专题协商、对口协商、界别协商、提案办理协商,探索网络议政、远程协商等新形式"尚有差距,各地协商平台不一,很难在全国政协系统内推广。

推进协商民主广泛、多层、制度化发展,要不断优化专业化的工作环境,搭建融协商、监督、参与、合作于一体的专业化平台,提高建言资政和凝聚共识双向发力的水平。随着时代的发展,在协商平台的设立上,各地政协更是顺应互联网发展的客观要求,运用现代信息技术手段,借助互联网平台积极开展远程协商,移动履职 APP,扩大开放协商参与面,延伸了政协的履职空间和平台。青岛市政协也全面开启"互联网 + 协商"的新模式,面向广大委员、人民群众、专家学者、社会各界,建设"智慧政协"平台,打造"政协 24 小时在线、永不关门的全天候、全方位履职模式"。2019 年 4 月 29 日,召开以"办好一次会,搞活一座城,加快建设开放、现代、活力、时尚的国际大都市"为主题的网络议政远程协商会议,通过"智慧政协"网络平台系统,面向海内外,采取远程视频和手机连线的方式进行协商议政,突破了履职时空限制,延伸了政协的履职空间和平台,实现了协商内容与形式的高度融合。

三、专业化的协商程序

程序的完善是人民政协协商民主专业化建设的具体体现。人民政协作为专门协商的组织机构运行,必然需要从协商计划、议题确立、组织程序、意见报送、监督落实、成果鉴定、考核反馈等一系列专业化、规范化和制度化的运作流程。目前,虽然各级政协协商活动都有了具体各异的实施方案和运作程序,协商意见或协商成果可形成书面的建议案、调研视察报告、议政专报等报送党委、政府及有关部门,但与要发挥专门协商机构作用还有明显差距,亟须在专业化协商的计划选题、调研论证、意见形成、质量评价和效果反馈等运作程序上,依据协商民主的科学发展,建立提质增效的专业化保障机制,构建程序合理、环节完整的专业化程序体系。

要建立专业化的协商工作程序体系,优化协商民主工作流程,提高工作效能,第一,要组织专业人员研究并制定协商议题;第二,要根据协商目的,采用专题协商、对口协商、界别协商、提案办理协商、远程协商等不同形式;第三,要听取各党派、各界别不同的声音,及时整理意见和建议,由具备专业素养的人员认真研究建议并及时反馈;第四,要改进政协各部门的工作流程,使协商活动自上而下无缝衔接,确保议题提出、活动参与、结果反馈环节有序进行,提高工作的科学性;第五,要建立完善的建言资政质量评价标准和评价办法,组织专业人员(包括第三方)对活动进行评价,进一步提高协商议政的质量。

四、专业化的协商队伍

人民政协协商民主专业化建设需要专业化的协商队伍来保证。要提高人民政协政协民主专业化水平,就必须加强专业化队伍建设,用专业的人干专业的事。

一是要有具备专业水平的政协委员。政协委员是政协工作的主体,是社会各界的精英和各行各业的专家里手、专业人士,具有较高的专业素养。政协委员不仅要有"专业化意识",还要具有专业的建言献策能力。习近平总书记提出,要"按照懂政协、会协商、善议政的要求引导政协委员素质和能力","懂政协"是前提,"会协商"是对委员专业能力和本领的要求,"善议政"则是方式方法,不仅要在本职工作上"专",还要在"懂政协、善议政"上"专",才能建言"建"在点子上,提出推动经济社会发展的真知灼见。

二是要打造具有专业素养的从事政协工作的人员。政协协商制度的制定,活动的组织、实施等都需要专业人员。要充分发挥政协专门委员会的作用,要在"专"上支持各专门委员会向专业化方向发展,实行专业化运作,进一步发挥专委会基础性作用,进一步推动专委会委员的"专",使委员构成、专长和专委会工作相匹配;进一步推动专委会工作的"专",组织调研视察、协商、民主监督等履职活动,从议题提出、方案制定、委员选择、活动组织、建议提出、报告形成,为党委、政府正确决策提供专业化的咨询论证,充分体现出专业性强的特点,从而提升政协履职的品质和建言的质量。

三是建立具有专业水平和政协特色的智库和参政议政人才库。政协专业化协商队伍的建设,绝不简单地等同于专家委员的队伍建设,要发挥政协系统的优势,充分利用全国、省、市、县四级政协委员,加强各地区政协之间的合作和人才共享,为政协高质量履职提供强大的智力支撑。还要广开言路,把高校、科研院所、社会组织以及各行各业的优秀人才吸收进来,建立开放的政协专业协商人才智库,借助外力实现全方位的专业化协商队伍建设。

五、专业化的协商渠道

专业化的协商渠道是社会各界有序政治参与、凝聚更广泛共识和力量的重要途径。在我国政治体制中，界别构成是人民政协的显著特色。设立人民政协的初心，就是为了建立一个充分听取社会各界意见、有序参与政治协商的体系或平台，是独具中国特色的制度安排。政协的界别设计既是一种政治功能，也是一种组织形式，更是一种民主渠道。

一是通过界别加强与各行各业群众的直接联系。"界别"作为政协的组成单位，广泛吸纳了社会各阶层、各行业、各领域的代表人士，是政协特有的协商渠道。30多个界别，一个界别就是一条渠道，各界别汇集起来，就是一条下联基层、上达中央的"大通道"。各个界别的委员通过这些专门渠道，将自身或所联系群众的意见和建议，通过政协各种会议、建议案、提案、社情民意等途径反映上来，扩大公民有序政治参与的专门渠道。

二是运用"传统＋现代"模式，探索发挥界别作用的新渠道。在实践中，各地政协在组织界别视察、界别调研的基础上，加大探索界别联合活动，发挥整体合力，如组织不同界别之间选择共同关心的热点、难点问题，以课题研究为纽带，开展联合调研，撰写联合提案，发挥特长、优势互补，提高整体履职水平。在创新中，顺应时代发展的客观要求，借助互联网，开辟界别活动新渠道。青岛市政协借助自己研发的"智慧政协"平台，打破时间和空间限制，将来自社会各界的呼声、诉求、建议和智慧及时收集起来，形成独具优势的专门渠道，并按法律、教育、健康、文旅四大板块设置"服务在线"，组织相应界别的专业委员在网上对人民群众提出的问题进行解答，广受欢迎。

六、专业化的履职能力

专业化的履职能力是实现人民政协协商民主专业化建设的根本前提，如果没有专业化的履职能力和水平，人民政协发挥专门协商机构的作用就是一句空话。人民政协处于凝心聚力第一线、决策咨询第一线、协商民主第一线、国家治理第一线，要以改革思维、创新理念、务实举措，大力推进专门协商机构的履职能力建设。

一是全面推进"四个能力"建设。习近平总书记强调，人民政协要着力提高"四个能力"，即政治把握能力、调查研究能力、联系群众能力、合作共事能力。"四个能力"是人民政协协商民主专业化建设必备的能力，也是专业化建设目标、方向和要求。要积极适应全面深化改革的要求、国家治理体系和治理能力现代化的需要以及互联网、大数据、人工智能等现代信息技术的发展，更好地发挥领域深度性、行业专业性和阶层代表性优势，提高建言议政的精准度和实效性。要牢牢把握习近平总书记关于坚持人民政协性质定位的要求，着眼新时代人民政协组织和委员的新使命，科学把握人民政协自身发展的规律和特点，创新履职方法，丰富履职形式，拓展履职渠道，在提高履职质量上更进一步。

二是明确政协委员的权利和义务，为政协委员履职提供保障。政协委员是政协履职的主体，在履职过程中需要明确政协委员的权利和义务，加强自身管理，规范履职服务，才能全面提升政协委员的履职能力。要建立委员履职档案，严格记录履职过程，将责任落实到个人,以此规范委员在履职过程中的行为。要统计委员的履职情况,建立委员每届任期内的履职档案,以此作为换届时继续提名的重要参考。要加强思想道德建设,打造廉洁为公的新时代政协委员履职服务体系。要做好委员作业,写好履职报告。提交履职报告有助于委员总结经验,规划工作,也有助于政协工作透明化,便于各界人士对政协工作的监督,是提高委员履职能力的有效途径。

三是将协商民主贯穿到人民政协履职的全过程。人民政协协商民主作为一种民主形式,如何就国家和地方的重要问题在决策之前和决策执行过程中进行协商,怎样围绕中心参政议政,协商式民主监督怎么开展,只有将其贯穿、渗透、融入政治协商、民主监督、参政议政的过程中,三大职能的作用才能更好地发挥,政协履职能力水平才能进一步提升。要进一步完善协商民主之于政治协商、民主监督、参政议政中的配套制度建设,对协商民主做出规范化、程序化的制度安排,确保协商民主有序开展。

新时代,人民政协事业面临新的使命与挑战,提高人民政协协商民主的质量是当前的一项迫切任务。加强人民政协协商民主专业化建设,是提高人民政协协商民主质量的重要手段,是推动人民政协这一具有中国特色的制度安排更加成熟更加定型、发挥好专门协商机构作用的重要保证。

加强界别工作专业化建设，促进人民政协作为专门协商机构发挥作用

陈　立

习近平总书记在党的十九大报告中指出，人民政协是具有中国特色的制度安排，是社会主义协商民主的重要渠道和专门协商机构。汪洋主席强调，专门协商机构要"专"出特色、"专"出质量、"专"出水平。立足新时代人民政协的新方位、新使命，人民政协要发挥专门协商机构作用，向更加成熟、更加定型发展，推进我国社会主义协商民主实践，就必须在"专"上下功夫。界别组成是人民政协的显著特色，是人民政协有别于其他组织的重要特征，也是人民政协发挥作用的优势所在，在促进人民政协作为专门协商机构发挥作用方面起着独特的作用。

一、政协界别对发挥专门协商机构作用的重要意义

党的十八大提出"深入进行专题协商、对口协商、界别协商、提案办理协商"，首次在党代会的报告中对发挥政协界别作用、开展界别协商做出了部署。习近平总书记在庆祝人民政协成立65周年大会上指出，"要适应经济社会发展和统一战线内部结构变化，深入研究更好地发挥政协界别作用的思路和办法，扩大团结面、增强包容性，拓展有序政治参与空间"。党的十九大又提出要"增强人民政协界别的代表性"，在社会主义协商民主体系中，与其他协商民主形式相比，只有人民政协才具有专门协商机构的特点和性质，而也只有政协才具有界别的组织形式。

（一）政协界别有利于推进社会主义协商民主建设

政协是我国政治架构中唯一以界别为单位组成的政治组织。政协委员由各党派、团体和各族各界代表人士通过协商产生。政协组织以界别组成，体现了人们在利益代表和诉求上的界别区分，是适合我国国情的民主政治创造，政协委员代表界别，是人民政协具有广泛代表性和巨大包容性的关键所在。在新形势下，进一步发挥好政协各个界别的作用，可以把社会各界的参政议政的意愿更好地纳入规范化、制度化的轨道；可以使党委、

政府及时了解社会各阶层、各利益群体的意愿诉求，更好地听取和掌握社会各界的意见建议，推进社会主义协商民主多层的制度化发展。

（二）政协界别工作有利于促进政协组织大团结大联合作用的发挥

政协专委会由各相关界别委员组成，委员在政协的活动是以各专委会组织的活动为主，各党派、各团体、各民族、各阶层、各界人士的代表委员参加政协协商活动，把各党派团体、各族各界团结起来，打牢共同的思想政治基础，画好同心圆，凝聚正能量，最终是为了增进共识、促进团结，对于求同存异、广开言路、集思广益，增强包容性有着重要作用。同时发挥好各个界别的作用也有利于加强委员与界别群众的联系，协助党委、政府做好新形势下上情下达、协调关系、化解矛盾、理顺情绪的工作。

（三）政协界别有利于政协组织和政协委员提高参政议政水平

李瑞环同志曾经指出："人民政协只有突出界别的特点，才能更好地履行职能，使各项工作生动活泼、富有成效。"贾庆林同志也要求："认真总结根据界别的特点和要求开展各项活动的经验，积极探索发挥界别作用的方法和途径。"界别是政协工作的支撑和活力所在，是委员发挥作用的重要平台。通过开展具有界别特点的活动，充分体现出界别"横向独立性强、纵向专业性强、内部联系性强"的特点，可以更好地发挥界别联系广泛、智力密集、位置超脱的优势，从全局的高度、专业的深度出发，使政协的议政建言更具全局性、代表性、专业性、科学性，从而提高政协工作的整体水平。

二、突出界别专业性，彰显专门协商机构的作用

政协作为社会主义协商民主专门协商机构，必须要先做到"专业"，只有"专业"才能进一步支撑专门协商机构的性质定位。而加强界别工作专业化水平，充分发挥界别的优势和潜能，创新活动方式，丰富活动内容，则将有利于促进政协协商民主专业化水平的提升，进而推动专门协商机构的发展。

（一）在政协例会中，发挥界别专业性强的优势

政协的全体会议、常委会议、专题会议和协商座谈会是政治协商的重要形式，也是发挥界别作用的主要途径。通过各种例会，把各界群众普遍关注的问题和比较集中的意见建议，以界别的名义反映出来。全会分组讨论、按界别编组，很好地突出了界别的代表性，为同一或相关界别的委员提供了更多的交流沟通机会，也方便委员就本界别或相关界别共同关注的问题深入探讨，增强界别参政议政的力度。在大会发言和专题座谈中突出界别的重要地位，有计划地安排委员以界别身份发言，反映各界意愿诉求，彰显政协界别特色。青岛市政协在组织召开的双月协商座谈会上，每次都有界别代表发言。全会期间召开的专题讨论会或界别联组讨论会，都是根据讨论会的主题，以界别参与为主。

（二）在调查研究中，发挥界别专业性强的优势

调查研究是提高协商议政质量的前提和基础，界别调查研究专业性强，行业相连，

容易形成比较深透的专业性意见,这些意见针对性和可操作性较强,容易进入党政领导或相关部门决策之中。各界别可结合本界别的特点和优势,以本界别共同关心、专业性较强的问题为选题,确定年度调研课题。对一些涉及面较广的课题,可以组织多个界别进行联合调研,也可以邀请政府相关部门参与,力求达到调研内容与界别优势的结合和互动。各界别形成的专题调研报告,可以政协界别的名义通过规定程序报送党委、政府或相关部门,为党政提供决策依据和参考。

（三）在提案和反映社情民意工作中,发挥界别专业性强的优势

政协各界别委员分别代表着不同利益群体,联系着一部分群众,能够反映其他渠道不易反映的意见建议、收集其他渠道难以收集的社情民意。要鼓励和引导各界别围绕共同关注的问题,在深入调研的基础上,以界别名义提出提案。另一方面,要切实发挥不同界别的作用,多方面、多层次、多角度地听取和收集社会各界群众的意见和愿望,挖掘界别特色的社情民意,及时向党委政府反映,扩大界别的影响面,把界别活动搞活。政协作为专门协商机构,是一个从中央、省到市、县的四级制度体系,有畅通完善的社情民意信息报送机制,可将各个层次和各个领域的不同意见和建议,根据需要逐层反映或越层反映,直至中央领导人手中。

（四）在凝聚共识中,发挥界别专业性强的优势

政协委员具有广泛的代表性和包容性。在团结民主实践中,积极拓展界别活动的形式,通过开展咨询议政、团结联谊、社会公益等多样的活动,通过界别将党委、政府的决策部署及时传递给各界群众,增进各界群众对政策的理解、认知和支持,促进政策的有效实施;通过界别密切联系群众,努力协调关系、化解矛盾、理顺情绪,促进社会各阶层和不同利益群体凝聚共识、齐心协力。一些组织联系较强的界别,如各民主党派、工商联和社会团体,可以加强与其相对应组织的联系,以组织为纽带开展活动;一些行业性较强的界别,如经济、科技、教育、医疗卫生等界别,可以选择共同关心的热点、难点问题,以课题研究为纽带,组织委员开展专题座谈、对口协商等有特色的界别活动;界别联合活动组可与区域的工作结合起来,依托各区市政协组织进行相应的活动。

但从实际情况上看,政协界别工作与新的形势下发挥政协作为社会主义协商民主专门协商机构的作用要求相比,仍有一些不完善之处,影响政协整体作用的发挥。主要是:在界别意识方面,政协组织的各种参政议政活动,以界别为单位组织的较少,特别是经常性工作,多数不以界别为单位组织。在界别声音方面,界别的提案和声音不够集中,界别委员与界别群众的沟通联系仅限于个别的方面。有关界别的制度建设还不够统一规范,界别参政议政的渠道还不够畅通。

三、提高界别工作专业化水平的途径

界别工作不仅是政协的一项特色工作,也是一项处于探索中的创新工作。界别专业

化水平的提高除了需要建立专业化的程序、制度外，还需要采取建立专业化的界别委员队伍等措施。

（一）建立专业化的界别工作程序、制度

人民政协协商民主经过长时期的发展实践和理论积淀，已有了相对成熟的工作经验和理论体系，并取得了一系列重要的理论、实践、制度创新成果。界别协商作为政协协商形式的一个重要方面，在具体的实践中，必然需要从界别协商计划、议题确立、组织程序、意见报送、监督落实、成果鉴定、考核反馈等方面建立一系列专业化、规范化和制度化的运作流程和制度保障，并建立界别协商工作成效评估机制，做到协商前有调研，协商中有党政部门与委员、界别群众互动，协商后有成果的报送和跟踪，确保协商活动有章可循，有规可依。健全界别委员履职的激励约束机制，通过开展委员在界别活动中的年度述职考评、优秀政协委员和优秀界别（活动组）评选等方式，提高委员履职的积极性。要健全委员参与界别活动的出勤、履职成果等方面的制度，促进界别工作规范有序地开展。

（二）建立专业化的界别委员队伍

政协委员是政协工作的主体，各界别委员是社会各界的精英和各行各业的专家里手、专业人士，具有较高的专业素养。要增强界别"专业化意识"，按照习近平总书记提出的"懂政协、会协商、善议政"的标准来提高政协委员素质和能力。"懂政协"是前提、是专业意识，"会协商"是对委员专业能力和本领的要求，"善议政"则是方式方法，不仅要在本职工作上"专"，还要在"懂政协、善议政"上"专"，主动加强与界别群众的联系，认真学习党的路线、方针、政策和政协工作的理论，深化对界别、行业等专业领域知识的学习和运用，所提的意见建议不仅要体现个人的观点，更要反映本界别群众的意愿和建议，才能使建言建在点子上，提出推动经济社会发展的真知灼见。

（三）提高专业化的界别履职能力

习近平总书记强调，人民政协要着力提高"四个能力"，即政治把握能力、调查研究能力、联系群众能力、合作共事能力。"四个能力"是政协委员必备的能力，也是界别专业化建设目标、方向和要求。要积极适应全面深化改革的要求，国家治理体系和治理能力现代化的需要以及互联网、大数据、人工智能等现代信息技术的发展，更好地发挥领域深度性、行业专业性和阶层代表性优势，提高建言议政的精准度和实效性。牢牢把握习近平总书记关于坚持人民政协性质定位的要求，着眼新时代人民政协组织和委员的新使命，科学把握人民政协自身发展的规律和特点，创新履职方法，丰富履职形式，拓展履职渠道，在提高履职质量上更进一步。

（四）建立专业化的专门委员会机构

在"专"上支持各专门委员会向专业化方向发展，实行专业化运作，进一步发挥专委会的基础性作用。进一步推动专委会委员的"专"，使委员构成与专长和专委会工作

相匹配；进一步推动专委会工作的专业化，组织调研视察、协商、民主监督等履职活动，从议题提出、方案制定、委员选择、活动组织、建议提出、报告形成等方面，为党委、政府正确决策提供专业化的咨询论证，充分体现出专业性强的特点，从而提升政协履职的品质和建言的质量。专委会要加强与所联系界别的沟通协作，指导帮助各界别及活动组制订年度活动计划，开展好活动，并及时了解活动情况。专委会要把自身工作与所联系界别工作结合起来，拓宽界别活动的范围和领域，整合界别优势，调动各界别委员参政议政的积极性。不同的专委会，可以根据工作的需要，开展不同界别联组活动，互补优势特长，丰富建言献策的内容。

（五）发挥好政协机关服务界别的保障作用

政协机关是组织委员进行经常性活动的工作机构，是界别开展活动的重要依托。广大机关干部要增强服务意识，提高服务能力，坚定服务就是本职工作的理念，不断完善各项保障工作，使服务工作更加规范有序，富有成效。为保障界别活动的顺利开展而提供必要的活动经费，用于界别学习、调研等活动。还要注意利用好各类媒体、政协自身的宣传阵地，及时宣传界别工作中的新举措、新成果，宣传各委员在界别活动中的突出表现和履职成效。重视加强界别工作方面的理论研究与实践探索，积极创新加强界别工作、发挥界别作用的内容和形式。

（作者单位：青岛市政协）

关于提高政协协商式民主监督实效的几点思考

宋善成

政协民主监督是政协的三大主要职能之一。但是在实际工作层面,相对于政协另外两大职能——政治协商、参政议政,民主监督一直是政协履职的弱项,应有作用尚未充分发挥。政协民主监督是社会主义协商民主的重要内容和实现形式,在国家政治生活中发挥着不可替代的重要作用。2017年,中共中央办公厅印发了《关于加强和改进人民政协民主监督工作的意见》(以下简称《意见》),深刻阐述了政协民主监督工作的重要意义、指导思想、基本原则,对监督内容、形式、程序、机制等做出明确规范,突出强调加强党对政协民主监督工作的领导,为新形势下加强和改进政协民主监督提供了重要遵循。认真学习贯彻《意见》精神,对做好新形势下人民政协民主监督工作意义重大。中办制定下发《意见》后,省委办公厅于2017年5月下发了实施意见。十三届青岛市政协认真学习贯彻习近平总书记关于加强和改进人民政协工作的重要思想,贯彻落实上级部署要求,在认真总结全市政协组织开展民主监督经验做法基础上,协助市委制定出台了实施意见,在全省率先出台了加强和改进人民政协民主监督工作的具体实施办法,切实体现看齐意识、体现青岛特色、体现问题导向,体现"专注发展、专心为民、专力履职"工作理念,推动全市政协民主监督工作实现新提高。下面,结合近年来市政协的履职实践,重点就加强和改进政协协商式民主监督、提高监督实效进行阐释和分析。

一、深刻把握协商式民主监督的性质定位和重要作用

习近平总书记强调,"做好人民政协工作,必须坚持人民政协的性质定位","要准确把握政协民主监督性质定位"。《意见》中指出,人民政协民主监督是在坚持中国共产党的领导、坚持中国特色社会主义基础上,参加人民政协的各党派团体和各族各界人士在政协组织的各种活动中,依据政协章程,以提出意见、批评、建议的方式进行的协商式监督。把政协民主监督定性为"协商式监督",是由我国的基本政治制度和政协的非权力机关性质决定的,体现了协商民主的理念及要求在政协民主监督工作中的有效运用。

这里谈一谈对"协商式监督"的理解。协商是方式和原则,监督是手段和途径。汪洋主席在全国政协双周协商座谈会上指出,人民政协是协商民主的重要平台,协商是双向的。为此,政协开展协商监督,要注重把互动式、开放式协商理念贯穿于民主监督的全过程。"协商式",主要强调政协的民主监督是一种融入协商之中的"柔性"监督,是一种具有建设性的理性监督。这种监督主要通过协商说理、沟通对话的方式来实现,目的是协助党和政府解决问题、改进工作、增进团结、凝心聚力。在政协的履职实践中,我们要认识到,政协民主监督既不具有对抗性和排他性,更不意味着"权力分割"和"权力制衡",无论你提出的意见指向哪个方面、哪个部门甚或哪个人员,无论你的意见对某一项工作的促进作用是大还是小,监督者与被监督者在政治方向和根本利益上是一致的,都是为了把工作做好。要始终把推动党委决策部署的贯彻落实,把帮助政府改进完善工作,作为民主监督的基本方向,多提建设性协商意见,多提推进问题解决的意见,而不是站在对立面去挑毛病、找岔子,更不能给被监督者出难题,要切实做到在参与中进行监督,在监督中服务发展,寓监督于支持、服务之中。十三届青岛市政协定期开展的双月协商座谈会和"委员关注"论坛,就蕴含着颇具建设性、助推问题解决的"协商式监督"。参加座谈或论坛的各民主党派、政协委员和专家学者,针对相关专题,与市委市政府相关部门负责人进行面对面的协商讨论和互动交流,既增进了共识,又对相关工作起到了督促、监督作用,助推全社会形成支持、协助、配合党委政府破解相关热点、难点、痛点问题的整体合力,收到了很好的效果。

政协协商式民主监督在社会整合过程中,以"平等、兼顾、对话、沟通、协商"等为主要特点,既可以充当社会结构整合的润滑剂,又可以充当社会转型的减压阀,为社会变迁过程中的各种矛盾冲突提供缓冲磨合地带,促进社会各阶层和谐相处。在我国的地方治理实践中,政治领域、经济部门和社会领域这三大部门间的运行结构尚不完全协调,配合协作也不够密切。而人民政协协商式监督通过多种履职形式提供了政治领域、经济部门和社会领域之间沟通合作的平台,使群众和各种民间组织的民主参与度和政治参与度进一步提高,有关的利益诉求通过政协渠道得到进一步表达,可帮助地方党委政府妥善处理好、统筹协调好各方面的利益关系,在相当程度上弥补政府缺位、民间组织缺位等社会结构三大部门不够协调的问题,进而推动形成地方治理中的整体合力。

另外,政协可以在公共政策的制定与实施过程中,发挥协商式民主监督的重要作用。人民政协不是国家权力机构,不容易受到部门和地区利益的局限,在协商民主实践中提出的意见和建议往往客观真实、不失偏颇,能够发挥比较公正的监督作用,从而具有相当的影响力和说服力。

二、加强和改进协商式民主监督的平台

如何发挥好政协三大职能,提高政协履职实效,是一个重要的理论问题和现实问题。在政协三项职能中,民主监督被普遍认为是较为薄弱的环节。近年来,我们通过外

出考察学习、会议交流、查阅文献资料等途径,对部分省、副省级市和山东省各地级市开展民主监督实践方面的典型经验和做法进行了有针对性的收集、梳理和总结。各地政协关于民主监督也有一些成功的经验做法,值得借鉴参考。例如,深圳市委、市政府创新编制提案工作清单,将提案的建议与办理单位的落实事项逐一对应起来,提案写得好不好、办理效果如何,一目了然,对提、办双方的工作实现可追溯、可量化的考核,初步形成"1234"提案工作机制;出台《市委常委领衔督办民主党派重点集体提案办法(试行)》《市政府领导领衔督办人民团体和政协界别重点集体提案办法(试行)》,明确市委书记、市长负责领导提案办理工作。市委、市政府主要领导领衔督办重要提案,并采取"1+N"模式开展督办;开设"委员议事厅",定期邀请政协委员、专家学者、媒体人与政府部门负责人,在公众聚集度高的场所就全市经济社会发展问题进行对话探讨,成为社会公众参与民主监督的公共平台。广州市政协注重培育了一批有较强社会影响力的"明星委员",并将政协的民主监督与社会监督、媒体监督结合起来,提高了协商民主的实效。例如,曹志伟委员绘制了一幅投资项目审批流程"万里长征图"并在政协全会上公开,市政协高度重视其建议,经调研后形成了有关建议案,推动广州市实施了《建设工程项目优化审批流程试行方案》。青岛市政协近年来坚持"民主监督寓于委员视察、提案、建议、协商议政的跟踪落实中"的做法,注重"跟踪问效",使民主监督与提案建议等履职成果的跟踪、督办、落实互动相融,起到了良好的监督效果。济宁市政协探索加强民主监督方面的协商,针对当地的环境污染情况,组织委员采取事先调研、现场视察、座谈评议、投票打分方式提出监督意见。有关情况经汇总报送市委、市政府领导后,市委、市政府高度重视,推动了当地关于环保工作方面决策的落实,收到了监督实效。

但总体看来,地方政协的民主监督还存在着定位不明确、认识不到位、权威性不够、规范化不强、机制不完善等诸多问题。民主监督尚未真正建立起知情、沟通、反馈等方面的工作程序,具体操作层面有一定的随意性。对此,中办制定的《意见》较系统地总结了政协各级组织和广大政协委员的实践经验,针对如何切实有效地开展政协民主监督,阐述了一系列原则和方法,这需要各级政协组织在实践中把握和运用好。应充分运用和完善已有的民主监督形式,同时根据民主政治建设和政协协商民主事业发展的需要,积极拓宽民主监督渠道,创新民主监督的方式和方法,切实做到"有计划、有题目、有载体、有成效"。

第一,选准监督切入点,适度拓展监督内容。政协民主监督的内容和对象非常广泛,只有在监督中找准切入点,选好突破口,瞄准关键处,才能有的放矢,顺利打开工作局面。在监督议题的选择上,应着眼于有关法律法规的贯彻执行和各地党委、政府重要决策部署的落实情况,着眼于党政部门履行职责、勤政廉政、政务公开的有关情况,着眼于人民群众反映强烈的问题的改进情况等,认真开展好民主监督工作。近年来,青岛市政协建立完善"三对接、一沟通、一汇报"的协商、监督、议政重点选题机制,其中"三对接"就是在选题之初,市政协各专委会与党政相关部门、市政协委员、社会各界多次对接协商,广泛征求各民主党派、区(市)政协、界别、基层群众的意见,初步筛选出履职议题;"一沟通"就是再由分管副主席与市政府分管副市长沟通,征求意见;"一汇报"就是经市政协秘书长会议、主席会议研究讨论后,将履职题目呈报市委常委会议研究审定,以文件的形式印发实施。通过这种选题方式,2017年、2018年、2019年分别产生了23个、29个、30个重点协商调研视察题目,重点围绕加快新旧动能转换、乡村振兴战略实施、打赢"三大攻坚战""扫黑除恶"、优化营商环境以及就业、教育、收入、社保、医疗、养老、居住、生态环境、食品药品安全、社会治理等问题,开展具有监督性的协商视察调研活动,用好、用足政协在提出监督性工作意见建议方面的"话语权",在民主监督实践中传递政协之声、构建政协之网、打造政协之家、贡献政协之力。

第二,丰富和完善民主监督方式,善于借助新载体。协商民主实践的深度与民主监督的效能成正比。作为地方政协,应集成运用好会议监督、视察监督、提案监督、专项监督等监督形式,并且做到形式与内容相匹配,民主监督同履行政治协商、参政议政职能相结合。近年来,青岛市政协充分运用和完善全体会议、常委会议、专题协商会等形式,探索实行了双月协商座谈会、提案双向民主评议、"第三方(专家)评估"等协商式监督形式;创新界别协商监督,研究出台了《市政协社会和法制委员会界别协商监督工作规则(试行)》,开展监督式视察10余次,助推市委、市政府重大改革举措、重要决策部署的贯彻落实。在坚持完善好这些形式的同时,还注重发挥政协专门委员会、界别组的组织平台作用和委员主体作用,为委员深入协商议政、开展民主监督搭建好平台。2019年以来,市政协全面开展"工作落实年"行动,聚焦市委市政府发起的15个攻势,组建了34个以专委会为依托、由各界委员参与的工作小分队,深入开展调研议政和视察监督。根据市委工作安排,制定工作方案,对"高端制造业+人工智能"等15个攻势开展督促调研,在年底组织开展质询。会同市政府督查室组成3个督导工作组,对市南、市北、李沧、崂山、城阳和高新区6个区的196个重点项目开展每月一次的现场监督核查。开展我市自然保护区问题整治民主监督,组建3个专项监督调研小组,以崂山风景区违法建设整治和墓地治理为重点,推动整治工作按照"依法、文明、阳光、彻底"的要求落实到位。市政协专委会工作小分队的工作得到了市委的充分肯定。

在数字化、信息化、网络化加速发展的形势下,政协组织运用好互联网、大数据等现代信息技术,广织智慧化履职网络,更好地发挥协商民主重要渠道和专门协商机构作用,是顺应时代发展的客观要求和创新协商式监督的现实选择。近年来,青岛市政协建立起"智慧政协1+10"平台系统,着力打造创新之网、开放之网、互通之网、智能之网。例如,借助"掌上提案""掌上社情民意信息"等履职版块,建立延伸到底、畅通有序、反馈及时的民情民智收集处理网络,把来自网络空间的真知灼见、鲜活民情集中起来、反映上去。对各界普遍反映的热点共性问题,及时上升转化为调研议政和监督视察的重点课题。2018年,我们汇集了300余条有关城市管理的"微提案""微建议""微监督",通过大数据分析和组织委员研讨论证,提出了探索建立"街长制"、推动城市管理精细化的建议，被市政府采纳并付诸实施，全市2637条道路的1758名街长到位落实管理责任，督促、协调解决城管问题16.8万件。在地方政协开展协商式监督过程中，应探索结合建设"智慧政协"，通过政协APP、微信公众号、微博、网站等行之有效的新途径和新载体，切实增强民主监督的质量和实效。

第三，实现经常性，推进监督的常态化。一是在提案工作中加强民主监督。青岛市政协建立了提案动态管理系统，使提案的提交、审查、交办、反馈、评估等各环节实现了全过程网络化运行。建立了由第三方评估提案办理的机制，通过调研论证和实地察看，对"提案人反复提出"或"对办理结果不满意"的重点提案进行第三方评价。实行市政府领导和市政协领导重点提案督办制度，起到了以点带面、整体推进提案办理工作的效果。近年来，大量提案反映了群众关心的现实问题，受到市委、市政府的高度重视，经承办部门认真办理，推动解决了一批实际问题。二是在调研视察中体现民主监督。组织委员就党委政府重点工作和重大问题开展调研视察，提出批评和建议。对一些涉及面广的重大问题，可采取上下级政协、政协各界别之间相互联动的形式，开展调研视察，增强民主监督的影响力和效果。三是在反映社情民意信息工作中实施民主监督。建立健全社情民意"直通车"制度，及时将社会治理过程中出现的新问题、新情况、新矛盾、新苗头、新倾向、新趋势及时反馈给党委和政府，以便消除潜在的不和谐因素，尽量减少和避免因决策失误而有损群众利益、危害社会稳定的事情发生，并借此推动建立健全社会风险预警机制。

第四，突出跟踪问效，提升监督的实际效果。习近平总书记多次强调，协商就要真协商，监督要真监督。我们要充分发挥协商式监督的特色优势，坚持把平等、商量、合作、民主的协商精神，贯穿于民主监督的各方面、各环节，践行"公、和、诚、实"的理念，使协商式监督的过程真正成为解决问题、改进工作、增进团结、凝心聚力的过程。助推党委政府决策部署的顺利实施，帮助群众的困难得到有效解决，让经济社会发展环境得到明显改善，取得实实在在的效果，是加强政协民主监督的最终目的。在开展各项监督活动时，应始终坚持问题导向，实事求是地提出问题，多层次、多渠道、全方位搞清问题的"来龙去脉"，提出破解问题的"治本之策"，使一个建议产生一个效果，一个意见改进一项工作，一份报告促进一种转变，着力提高监督的针对性和科学性。例如，青岛市政协在调研报告、建议案报市委或送市政府及市相关职能部门后，市政协办公厅、相关专门委员会继续加强对接、沟通，主动跟踪了解调研报告采纳情况，适时组织"再调研""再视察"，持续推动政协工作成果的转化。比如，近年来，持续开展跟进浒苔治理系列调研协商和视察监督，先后向全国政协、省政协提交了3份提案，推动将治理浒苔灾害列入国家污染防治攻坚战，建立浒苔治理省际合作机制。2019年以来，又围绕加强浒苔治理工作开展了2次调研视察，向市委、市政府报送了协商议政专报，市委、市政府高度重视，为治理工作争取了主动。

三、加强组织领导和制度机制建设，推动民主监督制度化、规范化、程序化

在政协履职中，应按照"强化民主监督组织协调、知情反馈、沟通联系等环节制度建设"的要求，稳步推进政协民主监督的制度化、规范化、程序化建设，逐步将民主监督的主体、内容、形式、对象、途径和程序等确定下来，增强民主监督工作的透明度和力度，使政协委员行使民主监督的权利得到充分保障，减少民主监督工作的随意性和不确定性。

第一，始终坚持党的领导，牢牢把握民主监督的正确方向。人民政协在党的集中统一领导下，依章程开展民主监督工作，既是政治原则也是政治规矩，要确保政协民主监督工作始终沿着正确政治方向前进。政协党组要在党委领导下，牢牢把握好监督的方向和原则、节奏和力度，确保党的领导落实到监督工作全过程和各方面；组织政协委员积极参加民主监督活动，发挥政协委员中的共产党员的模范带头作用。建议党委政府把接受和落实政协民主监督的情况作为检验各级党政领导水平和执政能力的重要内容，纳入党委政府综合目标考核的内容，定期督查各地各部门政协工作开展情况和接受民主监督情况，并作为干部选拔任用的重要条件。

第二，增强民主监督工作的程序性和协同性。进一步突出人民政协民主监督工作的程序化和可操作性，明确规范确定监督议题、组织监督活动、报送监督意见、办理监督意见等步骤。尤其是对于重点的监督建议，应及时转化为委员或组织提案、建议案，适时组织再调研、再监督，促进有关问题的解决和落实。在履职实践中，应注重增强监督的协同性。既然政协民主监督是一种非权力性监督，就需要在外部寻求支持、构建支撑、形成合力。要积极争取党委政府的支持，做到事前沟通、事中通报、事后跟踪，并争取被监督单位的配合，帮助被监督单位改进工作。进一步加强政协内部协调配合，注重加强同各党派、团体和各界人士之间的联系，使政协民主监督与党内纪律监督、人大权力监督、行政监督、新闻媒体舆论监督、群众监督等其他监督形式能够优势互补、相得益彰，形成监督的整体合力。近年来，青岛市政协着力加强政协民主监督同舆论监督的融合，对提案和社情民意信息中的线索进行甄别、发现选题，形成了监督合力，值得借鉴。

第三，进一步建立健全民主监督工作的各项保障机制。进一步建立健全四套机制，即知情明政、协调落实、办理反馈、权益保障机制。其中包括：建立办公厅会商制度，统筹协调政协民主监督议题、工作安排等重要问题；加强政协专门委员会就有关监督工作同党政部门等的对口联系；办理单位应及时以书面、会议通报等形式反馈政协民主监督意见办理、采纳和落实情况；政协主席会议或常委会议要听取重点监督意见办理情况通报，等等。这些具有创新性的工作机制，将对新形势下加强和改进民主监督工作提供有力的保障和支撑。另外，在政协民主监督过程中，"唱主角"的是参加政协的各党派团体和广大政协委员，他们通过政协这个平台履行民主监督职责，行使民主监督权利。而政协机关和专委会作为民主监督的组织者，并且是具有主观能动作用的组织者，要把平台搭建

好,把氛围营造好,结合正在开展的"双岗双责双作为"活动,把服务和保障工作做到位,让委员们把发现的问题和解决问题的意见建议讲出来、讲透彻,把民主监督职能履行充分、履行到位。

(作者单位:青岛市政协)

中国协商民主的价值意义及制度建构的有关建议

乔大鹏

党的十八大报告明确指出:"社会主义协商民主是我国人民民主的重要形式。要完善协商民主制度和工作机制,推进协商民主广泛、多层、制度化发展。"党的十八届三中全会通过的《中共中央关于全面深化改革若干重大问题的决定》,进一步将"推进协商民主广泛多层制度化发展"作为全面深化政治体制改革、加强社会主义民主政治制度建设的重点内容。把协商民主作为我国社会主义民主政治的特有形式和独特优势,把协商民主制度化作为中国特色社会主义政治发展的一项基本建设,这是一个重大的理论创新,对推进当代中国政治建设和政治发展、实现国家繁荣昌盛和长治久安,具有根本性长远性指导意义。

一、具有中国特色的理论创新和政治创造

改革开放以来,中国共产党将协商民主作为社会主义民主的一种重要形式引进我国政治生活领域,并在实践中不断扩大和推进,从而逐步形成具有中国特色的社会主义协商民主。1987年党的十三大明确提出要建立社会协商对话制度。党的十三大报告将中国共产党领导的多党合作制和政治协商制度并提为"中国共产党领导的多党合作和政治协商制度";同时提出"建立社会协商对话制度"的政治构想。2006年2月《中共中央关于加强人民政协工作的意见》进一步明确界定:"人民通过选举、投票行使权利和人民内部各方面在重大决策之前进行充分协商,尽可能就共同性问题取得一致意见,是我国社会主义民主的两种重要实现形式。"这些重要论断,是对中国特色社会主义政治发展理论的创造性贡献。2012年11月党的十八大对社会主义协商民主概念的明确界定和制度化建的明确部署,标志着中国特色社会主义协商民主理论的正式确立。2015年2月中共中央《关于加强社会主义协商民主建设的意见》正式颁布,标志着中国特色社会主义协商民主建设进入了一个新的发展阶段。

二、从中国特色社会主义民主的两种基本形式明辨协商民主的政治价值

作为中国特色社会主义民主的两种基本形式,选举民主和协商民主具有共同的政治价值与政治目标,这就是说,两种民主形式都以实现和保障人民民主权利为宗旨,又具有各自不同的政治功能和政治优势。选举民主无疑是民主政治最重要、最根本的形式。中国共产党高度重视选举民主,把作为选举民主主要载体的人民代表大会制度作为我国唯一的根本政治制度。党的十八大进一步强调,要"支持和保证人民代表大会行使国家权力。人民代表大会制度是保证人民当家做主的根本政治制度"。以人民代表大会为制度依托发展选举民主,是中国特色社会主义政治建设坚定不移的任务。

相对于选举民主以少数服从多数为原则,强调决策之前各种利益的表达与整合,突出决策的民主效力,协商民主以尊重多数、照顾少数和求同存异为原则,既强调决策前也注重执行中各种利益的博弈与融合,突出决策的民主共识。与选举民主相比较,协商民主的特点和优势主要表现在:协商民主,有利于最大广度地扩大公民政治参与范围,有利于最大限度地吸纳各方面利益诉求,有利于最大限度地促进民主决策和科学决策,有利于最大可能地实现民主协商。可见,选举民主和协商民主这两种民主形式,均是发展我国人民民主所不可或缺的,不能相互取代,更不能相互对立。两种民主形式相互补充,有机结合,共同发挥作用,才能有效推进中国特色社会主义民主,确保人民当家作主,充分体现中国共产党的领导、人民当家作主和依法治国的有机统一。

三、中国协商民主广泛深远、与时俱进的发展意义

在当前全面深化改革的关键时期,在全面建成小康社会和夺取中国特色社会主义新胜利的关键阶段,大力发展协商民主,对于切实推进中国特色社会主义民主政治,实现"两个一百年奋斗目标和中华民族伟大复兴中国梦",具有特殊的政治意义和独特的政治价值。一是发展协商民主,对于沟通多元化政治价值诉求,形成民主政治发展合力,具有独特的政治优势和政治价值。通过广泛多层制度化的协商民主,可以使多元政治资源在有效的政治平台与载体上得以合理表达,汇聚成共同推进民主政治和民主生活、有利于实现人民当家作主的强大动力。二是发展协商民主,对于适应社会成员平等性政治价值期待,促进社会公平正义,具有独特的政治优势和政治价值。通过广泛多层制度化的协商民主,使执政党、参政党、国家权力机构、政府组织、社会团体、社会各界人士以及广大民众在共同的协商平台上进行平等交流和坦诚对话,无疑可以极大地增进政治发展共识,最大限度地确保人们平等权利的实现。三是发展协商民主,对于调动各方面积极性,推进政治生态和谐具有独特的政治优势和政治价值。各党派、各团体、各民族、各阶层、各界别和各方面人士,通过广泛多层制度化的协商民主,广开言路、广求良策,最大限度地兼容各方面的利益,最大限度地包容各方面的诉求,最大限度地吸纳各方面的建议,有利于密切党群关系、政群关系、干群关系,共同推进民主和社会和谐,形成有利于调动一切积极因素的良好政治生态。四是发展协商民主,对于推进国家治理现代化,尤其具有

政治意义和政治价值。推进国家治理体系和治理能力现代化,说到底是要处理好民主和集中的关系、法治和人治的关系、个人意志和制度制约的关系。社会主义协商民主最大限度地增进有利于各类关系协调的积极因素,最大限度地减少有碍于各类关系协调的消极因素,最大限度地增进各类关系相互之间的理解与包含,从而最大限度地实现各类关系的和谐,共同治理国家和社会。

总之,中国特色社会主义协商民主,既坚持了现代民主政治的普遍性,又坚守了中国式民主的鲜明特色;既坚持了社会主义国家民主集中制的组织原则和领导制度,又体现了广大人民当家作主的民主地位和民主权利;既坚持了中国共产党的核心领导地位和领导作用,又发挥了各党派、各团体、各民族、各阶层、各界人士的重要作用;既涉及党和国家的根本制度和具体制度,又涉及政党、国家和社会治理的各类关系和各个层面,具有鲜明的人民性、多样性、平等性、包容性和开放性,极大地丰富了中国特色社会主义民主政治理论及实践,也对人类政治文明发展做出了创造性贡献。

四、立体多层的制度建构是时代所需、发展所求、人民所盼

坚持和发展中国特色社会主义协商民主,关键在于使协商民主制度化。中共中央《关于加强社会主义协商民主建设的意见》中明确规定:"加强协商民主建设,必须坚持党的领导、人民当家作主、依法治国有机统一,贯彻民主集中制,坚定不移走中国特色社会主义政治发展道路。坚持围绕中心、服务大局,促进经济持续健康发展,维护社会和谐稳定。坚持依法有序、积极稳妥,确保协商民主有制可依、有规可守、有章可循、有序可遵。"这是我国现阶段加强协商民主制度化建构的基本方针。同时,当前我国协商民主建设还存在着某些制度化不足的问题,必须把健全社会主义协商民主制度作为推进政制改革的重要内容,建议从以下五个方面推进协商民主制度化建构。

一是政党协商民主制度化建构。中国共产党领导的多党合作制度,是具有中国特色的政党制度。政党协商民主制度主要包括两种基本方式:一是中国共产党与各民主党派进行直接政治协商;二是通过人民政协这一制度平台实现中国共产党与各民主党派之间的政治协商。坚持中国共产党领导的多党合作和政治协商,在我国协商民主建设中具有基础性地位。加强我国政党协商民主制度化建构,必须继续在这两个方面下功夫。

二是国家权力机关协商民主制度化建构。人大立法协商是国家积机关民主协商的主要内容。通过广泛开展立法协商,一方面增强立法的民主性、公开性和科学性,一方面可以培养公民的法律意识、锻炼公民的执法守法能力,对加强我国国家权力机关协商民主制度化建构有重大而深远的意义所在。

三是国家行政机关协商民主制度化建构。加强行政机关协商民主制度化建构,是深化行政体制改革、实现科学的宏观调控和有效的政府治理的内在要求。其中加强政府决策协商,是加强行政机关协商民主制度化的重要环节,是吸引广大公民参与政府决策的重要制度渠道,通过制度化的民主协商,有利于平衡各方面利益诉求,提升决策民主化程

度,增强决策的实际成效。

四是社会基层协商民主制度化建构。党的十八届三中全会明确要求:"开展形式多样的基层民主协商,推进基层协商制度化,建立健全居民、村民监督机制,促进群众在城乡社区治理、基层公共事务和公益事业中依法自我管理、自我服务、自我教育、自我监督。"在推进中国特色新型工业化、信息化、城镇化、农业现代化和城乡发展一体化过程中,这些基层协商民主形式亟待进一步丰富完善,使之走向制度化、规范化和长效化。

五是大众网络协商民主制度化建构。在科学技术日新月异、信息化和网络化飞速发展的今天,大力发展网络民主,已成为协商民主制度化建构不可忽视、必须予以高度重视的内容。互联网具有开放性、透明性、互动性、多样性、超时空性等鲜明特点,这与现代协商民主理论所倡导的公共协商精神是完全一致的。国家应当适应这样一种协商民主大趋势,建立完善党委、政府与网民的平等协商对话制度,引导网民广泛参与对国家治理和社会事务的讨论,对公共权力进行网络化监督,这有利于进一步实现中国特色社会主义协商民主的与时俱进。

(作者单位:青岛市政协)

充分发挥人民政协协商民主的重要作用

——以青岛市为例

史红霞

习近平总书记在中共十九大报告中指出："人民政协是具有中国特色的制度安排，是社会主义协商民主的重要渠道和专门协商机构。"中国共产党历来高度重视政治协商工作，早在 1949 年 9 月就召开了由社会各界人士参加的政治协商会议，共商国是。新中国成立后又确立了中国共产党领导的多党合作和政治协商制度这一基本政治制度，中共中央先后印发了《中共中央关于加强社会主义协商民主建设的意见》和《中共中央关于加强人民政协协商民主建设的实施意见》，提出要"增加协商密度，提高协商成效"。这些论断和要求，对人民政协推进社会主义协商民主提出了新的更高的要求，也为各级党委政府和政协组织开展协商民主指明了方向，提供了政治遵循。青岛市的发展不仅是市委、市政府和相关职能部门的事情，还需要汇聚各方面力量，群策群力、共同参与，形成强大合力，助推事业的发展。因此，发挥人民政协协商民主作用，团结一切可以团结的力量，画出最大的同心圆，凝心聚力，显得尤为重要。

一、推进政协协商民主是讲政治之需

人民政协协商民主是中国共产党领导的多党合作的重要体现，是党和国家实行科学民主决策的重要环节，是党提高执政水平、实现治理能力现代化的重要途径。政协不是协商主体，而是协商平台，要站在讲政治的高度，认真开展政治协商，积极推进协商民主。首先，坚持对重大问题的协商是讲政治、守规矩的表现。一方面，市委、市政府要站在讲政治的高度，切实加强对政治协商工作的领导和支持。要为政协组织政治协商营造良好的环境，对影响经济社会发展的重大问题、人民群众关心关注的热点问题提交协商，要通过人民政协这个平台，组织社会各界人士进行广泛而深入的协商，充分听取各方面的意见和建议，最大限度地形成共识、达成一致。市委、市政府把政治协商纳入决策程序，在决策之前，通过各种形式的协商，听取意见和建议，形成融洽和谐、生动活泼的政治局面。

在决策执行过程中,及时发现问题,纠正失误,使决策执行起来更加顺利和有效。另一方面,政协组织、政协各参加单位和全体政协委员也要站在讲政治的高度,对市委、市政府提交的议题,切实履行政治协商职能。2019年,市政协围绕市委提交的七个国家级园区的议题,认真组织调查研究,收集第一手资料,掌握实际情况和各方面的利益诉求,开展协商工作,提出科学合理化的意见和建议,为市委、市政府科学、民主决策提供参考。

二、注重协商机制建设

青岛市委建立了协商民主组织协调机制,把推进政协协商民主作为市委、市政府科学民主决策的制度安排。加强对政协工作的领导,市委常委会每年至少三次听取政协工作汇报,研究部署政协工作,把政治协商与市委的其他工作同安排、同部署。市委、市政府领导参加政协组织的相关协商会议,听取政协委员发表意见建议,面对面的交流和沟通。拓宽政协委员和各界人士知情明政的渠道,提供政协委员和社会各界人士表达意见的平台。建立协商议题的提出机制。每年年初,市政协根据市委的工作要点和政府工作报告提出的主要目标和任务,围绕关系全局的大事、要事提出协商议题,制订协商计划,对全年协商的内容、形式、时间等进行明确,提交市委常委会通过。市政协根据协商计划,组织委员调研视察,掌握基本情况,有针对性地提出意见建议,确保协商效果。青岛市政协已形成了以全体会议为龙头,以专题议政性常委会议和专题协商会为重点,以双月协商座谈会、界别协商会、远程协商、提案办理协商会等为常态的协商议政格局。支持和保障各民主党派、无党派人士积极参与政协协商活动,在协商中推进合作共事。通过制度化、规范化、程序化建设,逐步形成协商民主深入实践、各界活力充分释放、民意民智广泛汇聚、与市委市政府畅通对接的生动局面。

三、积极探索政协协商民主新形式

"委员关注"资政建言论坛,是2018年青岛市政协积极探索协商民主新形式的又一创新举措,为季度性协商民主活动,每年举办4期,与已有的市政协协商议政品牌"双月协商座谈会"穿插进行。经过近两年的探索实践,青岛市政协已把"委员关注"资政建言论坛打造成为常态化品牌,与双月协商座谈会一起,成为市政协充分发挥委员主体作用、大力发展协商民主、积极关注民生、努力议政建言的"双子星"。

2019年4月29日,青岛市政协召开以"办好一次会,搞活一座城,加快建设开放、现代、活力、时尚的国际大都市"为主题的首次网络议政远程协商会。会议通过"智慧政协"网络平台系统,面向海内外,采取远程视频和手机连线的方式进行协商议政,突破了履职时空限制,实现了协商内容与形式的高度融合。可谓世界变小了,协商平台变大了。来自青岛主会场的委员,我国香港和澳门分会场的委员,身处俄罗斯、日本、加拿大、美国等地的部分海外友好人士以及出差在外的市政协委员通过手机视频连线,积极建言献策。市委市政府有关部门负责人参加会议并互动交流。大家就发展旅游业、会展业、提高青岛国际知名度、海外高层次人才引进、营造良好营商环境等提出了110多条意见建议。这是青岛市政协落实习近平总书记对政协工作提出的"探索网络议政、远程协商等新形式"要求的一次成功实践。

四、努力实现协商成果的转化和运用

协商成果转化是政治协商的落脚点,协商成果能否转化为决策是衡量政治协商实效的检验标准。一是市政协及时转送协商意见和建议。协商活动后,市政协办公厅综合协商活动的情况,及时认真整理政协委员和相关参与人员提出的意见和建议,经市政协主席会议审议或主要领导审核把关后,以建议案、决策建议、协商专报等书面形式,形成最终的协商成果,及时转送市委、市政府及有关部门作为决策参考。二是加强协商意见和建议采纳情况的通报。市委、市政府及有关部门收到政协的书面意见建议后,及时报领导批示,对协商意见建议的办理进行安排,责成相关部门认真抓好办理,并向市政协反馈意见建议采纳情况,政协接到反馈意见后,要及时将处理意见向参与协商的委员通报,使委员所提的协商意见和建议有办理、有结果、有回音。三是要跟踪督促协商意见建议的落实。市政协办公厅联合相关部门对意见建议的办理情况进行跟踪,促进协商意见建议的真正转化。

(作者单位:青岛市政协)

人民政协制度与西方协商民主实践的比较分析

禹文浩

一、实践方式不同

"从总体上看，西方协商民主主要局限于基层治理，并未上升到国家制度，而较低的制度化水平使其难以真正成为代议制民主的对手"，西方协商民主理论研究虽然丰富，但由于受到个人为本位的自由主义文化传统和资本主义私有制经济基础的制约，在政治发展上没有形成国家层面的制度化、程序化、规范化的安排，主要形式为：公民陪审团、市镇会议、民意调查。公民陪审团是英美法系常见的一种法庭审理组成形式，普通公民有权利成为法院审理案件的陪审团成员并具有事实的认定权；市镇会议是指居民参与当地政治生活的一种方式，通过市镇会议，居民可与政府进行多形式的对话；民意调查是西方协商民主实践的重要实践形式，通常是运用问卷调查、电话访问、现场走访等科学调查和统计方法，及时掌握民众对某一社会热点或施政方针等方面的态度变化。

人民政协不是国家权力机关，也不是国家行政机关，而是统一战线性质的协商机关，作为我国政治体制的重要组成部分，充分体现了社会主义民主的广泛性、包容性、协商性、真实性，这也决定了其能够通过制度化、程序化、规范化的安排集中各种意见和建议，推动决策科学化民主化。人民政协的主要职能是政治协商、民主监督、参政议政。政治协商的主要形式有：政协全体会议，常务委员会会议，主席会议，常务委员会专题协商会，政协党组受托召开的座谈会，秘书长会议，各专门委员会会议，根据需要召开由政协各组成单位和各界代表人士参加的内部协商会议。各级人民政协初步形成并确立了"全体会议集中协商、常务委员会会议专题协商、主席会议重点协商、专门委员会对口协商及其他形式的经常协商"的协商格局；民主监督主要形式包括：政协全体会议、常委会议、主席会议向党委政府提出建议案，各专门委员会提出建议或有关报告，委员视察、委员提案、委员举报、大会发言、反映社情民意或以其他形式提出批评建议，参加党委和政府有关部门组织的调查和检查活动，政协委员应邀担任司法机关和政府部门特约监督人员等；参政议政的主要形式包括专题调研和反映社情民意两种基本形式。各地政协也采取了一系列创新举措,如党委、政府委托或联合政协召开专题议政会、听证会、论证会和专题协商会等。

二、理论渊源不同

西方学者认为协商民主的理论渊源最早可追溯到古希腊时期的城邦民主。美国著名哲学家约·埃尔斯特指出:"协商民主的观念及其实际应用与民主本身有着同样长的历史。它们都是公元前 5 世纪在雅典产生的。"公民会议是雅典的最高权力机构,各级公民均有权参加,决定战争等国家大事并进行选举,这种公民亲自参与政治过程的直接民主形式蕴含着协商民主的元素。

法国启蒙思想家卢梭的人民主权思想也为协商民主注入了精神能量。卢梭认为,代议制民主实际上不能真正反映公意,在讨论政体时,卢梭虽承认世界上不存在十全十美的政治制度,承认各民族应该根据自己的具体情况组建自己的政府,但至少在理论上,他认为最理想的政体应该是像古代雅典那样的直接民主制。

马克思、恩格斯在科学总结无产阶级革命斗争经验的基础上,解决了无产阶级自身团结和争取同盟军的问题,开创了无产阶级统一战线思想,中国共产党继承、丰富、发展了马克思列宁主义统一战线理论、人民民主理论、马克思主义政党和政党关系理论,制定了在民主革命时期联合和团结民主党派的方针和政策,提出把团结民主党派作为中国革命和建设的一项基本战略,确立了共产党执政条件下与民主党派合作的战略思想,提出坚持共产党在统一战线和多党合作中的领导权,提出了十六字方针及构建和谐政党关系,为人民政协制度的确立和发展,提供了理论依据。

人民政协作为社会主义协商民主的重要平台既符合当代中国实际,又符合中华民族一贯倡导的天下为公、兼容并蓄、求同存异等优秀传统文化,与人民政协团结和民主的两大主题高度契合,中华优秀传统文化为人民政协制度在中国的生长和发展提供了丰富的精神文化资源。

三、形成路径不同

协商民主在西方的形成路径表现为理论研讨较早、制度安排欠缺、实践收效较小,而中国的协商民主实践探索先行、制度建设跟进、政治成效明显,在人民政协制度的确立和发展过程中表现得尤为突出。

当代西方协商民主研究起源于 20 世纪 80 年代,西方学术界部分学者对美国宪政涉及的反思和剖析,以及对既有体制面临的多元文化现实挑战的思考,旨在回应和解决经济全球化不断深入、社会复杂性日益增加等背景下"代议制民主的制度设计存在着内在缺陷,它在投票时无法真正参与政治决策,而只是简单的数学统计,以及易于形成侵害少数权利的多数暴政。随着经济社会的发展,代议制还面临着越来越多的贫富分化、社会不平等、种族差异及宗教冲突问题"而做出的一种理论回应。因此,西方协商民主自诞生以来就根植于西方资本主义社会的政治土壤,前文所述的几种实践方式也是试图对扩大公民对政治生活的参与,保证公共理性形成,以期对代议制民主进行一定的修复。

人民政协制度作为中国共产党领导的多党合作和政治协商制度重要组成部分,是从中国的革命、建设和改革开放的实践中不断建立起来的。人民政协制度形成于我国站起来的历史时期,成长于我国富起来的历史进程,发展和完善于我国强起来的历史征程中。

1949年9月21日,中国人民政治协商会议第一届全体会议召开。会议代表全国各族人民意志,代行全国人大职权,通过了具有临时宪法性质的《中国人民政治协商会议共同纲领》,选举了中国人民政治协商会议全国委员会和中华人民共和国中央人民政府委员会,宣告中华人民共和国成立。这标志着中国共产党领导的多党合作和政治协商制度的确立。从此,人民政协在我国政治生活中发挥着不可替代的作用。

四、参与主体不同

西方协商民主的组织者既不是政党也不是政府,而是一些非政府性质组织,如"美国杰斐逊研究中心的公民陪审团实验、斯坦福大学协商民主研究中心的民意调查实验、美国之声的21世纪城镇会议"。

西方协商民主的理论研究和现实构建注重的是公民直接的政治参与,"为了克服以投票为中心的代议制民主制的内在缺陷和不足,他们开始呼吁恢复古希腊时期直接民主中的协商元素和传统",并且强调尊重和保护多元利益,主张公民通过平等对话、讨论等方式就共同的利益达成一定共识,以期实现公共利益。

中国共产党是人民政协制度的组织主体。参加人民政协的各民主党派、各人民团体、各族各界人士都接受中国共产党的领导,不是反对党也不是反对派,均是在中国共产党领导下共同致力于实现中华民族伟大复兴的中国梦。

政协委员是参加人民政协的各党派团体和各族各界的代表人士,是人民政协履行职能的主体,政协委员是来自各自领域的代表,其参与政协协商是一种间接性质的参与。

五、发展层次不同

西方协商民主根植于当代西方资本主义国家竞争性政党模式的政治现实,"西方协商民主能否破解其自由民主的困境,不管在学术探讨,还是实践探索中,都还存在不确定的因素",西方协商民主在实践形式上也仅限于社区公共事务或具体事项的决策方面,既没有形成一套完整的运行机制,也没有上升到国家层面的基本政治制度安排。

中国人民政治协商会议是中国人民爱国统一战线的组织,是中国共产党领导的多党合作和政治协商的重要机构,是我国政治生活中发扬社会主义民主的重要形式,是国家治理体系的重要组成部分,是具有中国特色的制度安排。中国人民政治协商会议是实行中国共产党领导的多党合作和政治协商制度的重要政治形式和组织形式。协商民主是我国社会主义民主政治的特有形式和独特优势,中国人民政治协商会议是社会主义协商民主的重要渠道和专门协商机构。

中国共产党同各民主党派和无党派人士就事关国计民生的重大问题进行直接协商,

在人民政协同社会各界人士广泛协商,能够在中国特色社会主义共同目标下把中国共产党领导和多党派合作有机结合起来,实现了广泛参与和集中领导的统一、选举民主与协商民主的统一,社会进步和国家稳定的统一,充满活力和富有效率的统一,体现了我国社会主义政治制度和政党制度的特色和优势。

结　语

中西方协商民主是在不同的社会背景下发展起来的具有本质区别的民主形式,但"只要是民主,不管是协商民主还是选举民主,肯定有共同点,即共同的要素,中国的协商民主和西方的协商民主一定有很多共同点",中西方协商民主在承认社会结构的多元性、寻求公共决策的科学化与民主化、拓宽公民政治参与渠道、加强对政治权力的监督等方面存在着相同之处,而政协协商作为社会主义协商民主七种形式的重要组成部分,"对政党协商具有扩展延伸作用、对人大协商具有配合完善作用、对政府协商具有支持辅助作用、对人民团体协商具有组织指导作用、对基层协商具有促进推动作用、对社会组织协商具有引导规范作用"[8],那么以人民政协制度为载体,与西方协商民主的实践进行比较分析,能够更加直观地厘清中西方协商民主发展的优势与不足,取长补短,"加强协商民主制度建设,形成完整的制度程序和参与实践,保证人民在日常生活中有广泛持续深入参与的权利",为推进国家治理体系和治理能力现代化、实现"两个一百年"奋斗目标打下坚实的政治基础。

参考文献

[1] 郑言,马雪松. 中国协商民主必须坚持走自己的路 [N]. 光明日报,2014-11-19.

[2] 〔美〕约·埃尔斯特. 协商民主:挑战与反思 [M]. 周艳辉,译. 北京:中央编译出版社,2009:2.

[3] 陈家刚. 协商民主与当代中国政治 [M]. 北京:中国人民大学出版社,2009:2.

[4] 高健. 两种不同的协商民主 [J]. 山东社会科学,2014(2).

[5] 孙德海. 中国特色社会主义协商民主发展研究 [M]. 北京:人民出版社,2018:105.

[6] 陈家刚. 中国协商民主的比较优势 [J]. 新视野,2014(1).

[7] 俞可平. 中国特色协商民主的几个问题 [N]. 学习时报,2013-12-13.

[8] 张峰. 如何认识人民政协是专门协商机构 [N]. 团结报,2019-01-12.

(作者单位:农工党青岛市委)

立足政协性质定位　发挥协商机构作用

陈　鹏

2012年9月30日,国务院批复同意撤销青岛市黄岛区、县级胶南市,设立新的青岛市黄岛区。2012年12月,新一届黄岛区政协成立时,机关内设机构按以往两地设置设立,领导、机关干部及区政协委员,由两地原有人员相加组成。2014年6月3日,青岛西海岸新区获批成立,成为全国第九个国家级新区。新区获批以来,区政协认真贯彻习近平总书记在庆祝人民政协成立65周年大会上的重要讲话和《中共中央关于加强社会主义协商民主建设的意见》《中共中央办公厅关于加强人民政协协商民主建设的实施意见》等文件,立足性质定位,把握时代方位,坚持完善制度、建立机制,坚持服务大局、注重实效,充分发挥了作为协商民主重要渠道和专门协商机构的作用,有效推进了协商民主广泛多层制度化发展。

一是加强学习、完善制度。把学习作为提升政协工作能力的根本途径。以抓好习近平总书记关于加强和改进人民政协工作重要思想以及新修订《政协章程》的学习研讨为重点,组织赴延安干部培训学院、江西干部学院等地进行教育培训,引导广大政协委员系好履职"第一粒扣子",努力使学习成果转化为协商议政的过硬本领。邀请全国政协文史和学习委员会驻会副主任,中国人民政协理论研究会副会长兼秘书长陈惠丰同志来区围绕"协商民主建设与人民政协"专题进行辅导报告;将中共中央《意见》、中办《实施意见》在主席会议、常委会议上进行全文学习;通过报刊、网络等传达学习全国及省市政协协商座谈会精神,使区政协及机关、广大常委准确把握政协协商内容、协商形式、协商程序、成果运用以及加强与党政工作衔接,深刻了解政协不可替代的"话语权"和"影响力"的意义内涵。高度重视制度建设,制定《区政协协商座谈会工作办法(试行)》《区政协专题协商会规程》等文件,健全提案办理协商、视察调研、大会发言、反映社情民意信息等制度,为加强政协政治协商工作提供了重要的政策依据和制度保障。

二是服务大局、助推发展。把推动科学发展作为履行政协职能、发展协商民主的第一要务。坚持从新区改革发展中寻找工作议题,从党政决策中寻找工作思路,从群众呼声中寻找工作重点,立足于党政所需、群众所盼、政协所能,抓住党委、政府关注的一些综合性、全局性、前瞻性的问题,围绕经济社会生活中的突出矛盾,做到重大问题提前协商,促进科学决策;重大事项及时跟踪协商,提高工作质量;民生问题主动提出协商,促进社会和谐,在促进发展的大局中建功立业,使协商民主工作始终保持旺盛的生机和活力。围绕区委、政府的工作重心,先后选取精准普品、乡村振兴、经略海洋、双招双引等40余个重点课题召开季度协商座谈会和议政性常委会、主席会,提升了协商民主的科学化水平。

三是规范程序、建立机制。召开区委政协工作会议,制定加强协商民主建设相关文件,进一步明确了人民政协在社会主义协商民主体系中的性质和定位。在工作中,坚持做到协商的重大事项向区委事前请示、事后汇报,努力争取区委对政协开展协商民主工作的领导;向区政府主要领导通报工作,争取区政府对政协开展协商民主工作的支持;同区直各部门保持经常性联系,提出建议,取得共识,争取各部门及社会各方面对政协开展协商民主工作的配合。协调区委办公室、区政府办公室联合下发年度重点协商调研视察计划,对协商议题、出席协商活动的人员范围、协商活动牵头或责任部门进行了明确,并探索建立区委办公室主任、区政府办公室主任、区政协秘书长联席会议机制,对重点协商活动等进行讨论,推动政协协商民主更加规范有序地开展。

四是精心组织、注重实效。把"精选人员、深入调研"作为提升协商成效的生命线。坚持提前下发通知、提前确定人员、提前印发材料、提前开展调研,为委员搭建起畅所欲言的平台、确保委员发出议政建言的"好声音"。例如,召开"助推董家口港区港产城融合发展"季度协商座谈会时,与会委员、专家利用1个多月的时间进行现场调研、撰写材料,会议气氛严肃活泼、座谈讨论理性有度,凝聚了思想上的最大共识,达到了广纳群言、广谋良策、广聚共识的效果;在开展"有效利用补偿资金、实现拆迁村集体资产保值增值"协商时,组织委员历时4个多月,深入28个部门、镇街及村居,召开各类座谈会5次,协商形成的报告,得到了相关职能部门的重视借鉴。注重协商成果的转化落实,协商活动、协商座谈会均邀请区委、区政府主要领导或分管领导参加,结束后以专报的形式呈区委、区政府审阅。对重要成果、重点提案落实情况开展跟踪调研和民主监督,进一步提高了协商成效。

新时代人民政协的舞台更加宽广,责任更加重大,我们要牢牢把握新方位、新使命,不忘初心、牢记使命,广搭平台、务实协商,努力交出一份更加亮丽的履职答卷。

(作者单位:青岛市黄岛区政协)

发挥专门协商机构作用　彰显协商民主特色

李沧区政协

政协不是权力机关，也不是决策机构，而是各党派团体和各族各界人士发扬民主、参与国是、团结合作的重要平台。协商是政协工作的基本方法，我们要把握专门协商机构这一重大定位，努力"专"出特色、"专"出质量、"专"出水平。近年来，李沧区政协在协商的主体、形式、内容、程序等方面，积极探索和实践，彰显了协商的民主特色。

一、推进协商的制度化规范化程序化

（一）议题选择要围绕全局

选准议题是人民政协协商工作的首要环节。围绕经济社会发展中的重要问题进行协商，已成为人民政协在新形势下开展政治协商活动的一种行之有效的形式，凸显了人民政协民主协商、平等议事的特点和优势，在实践中取得了良好的政治成果和社会效果。每年年初，在确定协商议题时，选取经济社会发展中具有综合性、战略性、前瞻性的重要问题进行协商。聚焦上级重大决策，力争党委、政府的部署有什么要求，协商工作就做什么响应；聚焦全面深化改革的重大任务，力争做到改革推进到哪里，协商工作就深入到哪里；聚焦事关民生改善的重大问题，力争做到群众的愿望集中在哪里，协商工作就推进到哪里。

（二）协商形式要多样

人民政协是协商平台，通过全体会议、常委会议、主席会议等协商党委政府中心工作以及经济社会发展问题。全体会议主要协商涉及党和政府工作的一般性问题和群众普遍关心的问题；常委会议主要协商涉及党和政府工作以及经济社会发展的重点、难点和热点问题；主席会议、专题协商会议重点协商涉及党和政府重大决策以及经济社会发展过程中的重大问题。近年来，专题议政性常委会、季度协商座谈会以专题为内容、以界别为纽带、以专委会为依托、以座谈为主要方式的协商形式，议题具体、氛围民主、讨论深入、成果丰富，成为政协协商民主的经常性方式，发挥了委员作用，活跃了政协工作。

2018年以来,李沧区政协共开展协商会议、活动10次,围绕环境保护、中医药服务、食品安全、多元化调解等方面工作提出意见和建议。

(三)参与主体要广泛

参与协商的主体,不仅有区委、区政府领导、职能部门主要负责同志,还应涵盖各党派团体、政协委员、有关专家、群众代表等。各类协商会议,应邀请区委、区政府主要领导及相关部门主要负责同志参加。每次协商,都重点安排民主党派委员发言。对群众高度关注、涉及群众切实利益的课题开展协商,邀请群众代表参加,听取群众意见,有着广泛的民意基础、代表广大人民群众的具体利益。比如,聚焦回迁安置房不动产权证办理,李沧区政协召开了协商座谈会,市、区两级委员以及社区代表与区建管局等部门负责同志进行互动交流,形成的协商意见、建议报送市政协和区委、区政府。2018年以来,共有委员78人次、群众代表4人次参加了协商活动。

(四)协商过程要注重规范

每次协商,都要制定实施方案,明确协商主题、内容、方式、参与对象,做出调研安排。协商活动前,与政府相关部门加强联系和沟通,通报协商的相关事项,提请职能部门做好情况通报和委员调研准备工作。安排好重点发言,通知相关民主党派、界别和政协委员,根据协商内容,从不同侧面、不同角度认真准备好发言材料,保证建言质量,提高了建言献策的针对性。每次常委会协商,组织常委开展会前集中视察,内容涉及全区重点工程项目、重点工作、政府实事和重点提案办理等情况。每次协商座谈会召开前,由区政协领导带队,组织委员深入基层和相关单位,围绕协商议题开展细致的调查研究,掌握具体实情。比如,围绕"提升政务服务效能",开展协商前,区政协组织委员集中调研了解情况,委员个人还通过暗访、到区政务服务大厅亲身体验审批过程,掌握第一手资料,为推动李沧区政务服务水平提高提出了可供参考的借鉴性意见。

(五)协商成果要落实

协商工作重在落实,贵在成效。为推进成果的转化落实,区政协与党委政府职能部门加强工作衔接,防止建言流于形式、"协商成果止于会场",建立了政协委员意见建议反馈制度。对协商座谈提出的意见建议,及时以督办单形式转送职能部门,承办部门在10个工作日内反馈办理结果,并向委员面复。2018年以来,共有80余项委员建议得到办理和落实。

二、协商存在的问题

(一)协商认识不充分

有的部门和单位对开展民主协商的认识不足,协商的主动性不够,存在着党政提交政协协商就协商、不提交政协就不协商的被动现象。

（二）协商质量有待提高

在开展协商之前，调研深度不够，广泛听取意见不够。有的委员调研的主动性不强，没有充分与群众面对面听取意见，存在所提建议针对性、前瞻性不高的问题。

（三）协商成果转化有待加强

对相关部门采纳和落实协商成果情况，跟进督办不及时，致使经过协商形成的意见和建议没有发挥应有的作用。对委员建议的采纳落实情况，存在反馈委员不及时的问题，影响了委员参与协商的积极性。

三、开展协商的有效途径

习近平总书记指出，"要加强协商民主制度建设，为各党派团体和各族各界人士搭建协商平台、丰富协商形式、创造民主氛围，为我国社会主义民主政治发展注入新的活力"。汪洋主席指出："我们要崇尚创新、勇于创新，加强协商民主建设，推动政协协商民主制度程序和运行方式的完善。"

（一）提高思想认识，着力营造良好的协商氛围

政协开展协商，要积极争取党委的领导、政府的支持以及部门的配合，建立党委重视、政府支持、政协主动、各方共同参与的协商民主工作机制。协商要紧扣中心，与政府相关部门紧密挂钩联系，实行协商的"无缝对接"，形成政协协商的合力。同时，要加大宣传力度，通过电视台、新闻媒体、政协网站和微信等，大力宣传协商民主的好经验、好做法、好成果，让社会各界了解政协、宣传政协。

（二）建立议题商定机制，着力提高选题的精准性

协商应一事一议、议题具体、研讨集中。在议题的选择上，要与党委政府的工作思路衔接起来，才能充分体现人民政协作为协商民主的重要渠道作用。党委、政府的主导性与政协的主动性要紧密结合起来。党委和政府就重大问题向政协出题目、交任务，从而明确协商的内容和重点。应在广泛充分征求各民主党派、各专门委员会、相关职能部门意见建议的基础上，列出拟协商的议题，编制年度协商计划，由政协主席会议审议，报经党委批准后由政协相关部门或专委会组织实施。

（三）建立会前调研机制，着力提高协商质量

政协协商不是"说了算"，而是要"说得对"。要想建议提得准，必须实情摸得真。在召开协商会议前，应组织委员围绕协商议题深入基层、深入实际、深入群众，采取多种形式进行调查研究，客观掌握真实情况和存在的问题。在此基础上，反复讨论、广泛论证，形成协商意见。只有通过会前深入调研，才能在与有关部门负责同志协商互动时，真正做到把情况摸透、把问题找准、把建议提实，保证了协商建言的针对性、有效性。

（四）建立协同推进机制，着力提高参与的广泛性

开展协商，要有政协主要领导、分管领导和各民主党派负责人以及有关界别代表和

群众代表出席，并邀请党委、政府领导及相关部门负责人出席，促进各方面对协商工作更重视、参与更积极、准备更充分、交流更深入、成果更显著，可以有效促进协商意见建议更直接、更迅速地进入党政主要领导的决策视野。针对不同主题的协商，来确定协商的主体，增强协商主体的关联性，进而提高协商的成效。常委会专题议政应注重调动发挥各民主党派、各界别积极性，以民主党派和界别名义建言献策。季度协商座谈应注重发挥各专委会积极性，由专委会组织有专业特长的委员参与，搞好会前调查研究，组织协商会议，提报协商结果。

（五）建立跟踪落实机制，着力提高协商实效

协商的成效，最终取决于协商成果能否得以有效转化落实。有效打通协商"最后一公里"，将协商成果转化为对实际工作的推动。协商座谈会结束后，政协要及时整理并向党委政府报送相关意见和建议。根据办理情况，适时组织督办和跟踪视察，确保意见建议的落实，使议政建言成果得到充分吸纳，推动和改进工作。

凝聚共识、"双向发力"，推进政协建言资政工作

马 奔

一、人民政协作为专门协商机构的定位和推进"双向发力"制度化的重大意义

习近平总书记指出，人民政协是具有中国特色的制度安排，是社会主义协商民主的重要渠道和专门协商机构。十三届全国政协召开以来，汪洋主席多次强调，人民政协工作要在建言资政和凝聚共识方面双向发力，这是对人民政协作为专门协商机构定位的必然要求，具有重大的意义。通过发挥专门协商机构的作用，推进建言资政和凝聚共识双向发力的制度化运作，有助于我国共识型政治体制安排效能的最大化。现代政治是民主政治，复杂的社会结构和多元利益必然要求政治体制能够容纳各种社会需求，整合不同利益之间的差异。西方形成的是竞争性政党制度的政治体制，在承担和容纳多元化利益功能的同时，强调的是竞争与冲突。我国形成的是共识型政治体制，强调的是多党合作制，而人民政协是中国人民爱国统一战线的组织，是中国共产党领导的多党合作和政治协商的重要机构，是中国政治生活中发扬社会主义民主的一种重要形式。人民政协是我国政治体制中能够容纳各种社会需求、协调整合不同利益的特有的政治结构安排，是我国共识型政治体制中最为重要的制度设计之一。人民政协作为专门协商机构，通过建言资政在扩大参与、平等包容、整合利益和化解矛盾的同时最大程度凝聚共识，这关乎我国共识型政治体制的良好运作和政治体制优势的体现。

二、人民政协作为专门协商机构的特点与优势

一是成熟的制度平台。人民政协是以中国共产党领导的多党合作和政治协商制度为依托，是我国特有的民主政治制度形式，是我国最早制度化、最成熟的协商民主形式。经过 70 多年的丰富实践，人民政协已经形成了一套比较完备的制度保障，这种成熟的制度平台在国家政治生活中具有不可替代的作用，从而决定了人民政协作为专门协商机构的优势。

二是包容的协商文化。政协是各党派团体和各族各界人士发扬民主、参与国是、团结合作的统一战线组织。在不同时期的实践中，政协坚持民主协商、平等议事的工作方法，形成了求同存异、体谅包容的协商文化，营造了知无不言、言无不尽、融洽和谐、生动活泼的民主氛围。包容的协商文化是政协的优良传统，为各党派团体、政协委员和各界人士充分发表意见和有序参与提供了畅通的渠道。包容的协商文化是专门协商机构必备的协商基因，而政协的优良协商文化传统不是哪个机构短时间内能够形成的。

三是丰富的专业知识。政协委员是人民政协的履职主体，是社会各阶层、各领域的精英，专业知识水平较高；人民政协相对独立的地位使其能够摆脱具体社会问题的利益和矛盾的约束。建言资政是对政治、经济、文化和社会生活中的重大问题以及人民群众普遍关心的热点问题进行协商。政协委员在履职时候，能够发挥其丰富的专业知识，就具体的协商议题提供专业性的见解，在提升协商质量方面发挥重要作用。

三、发挥专门协商机构作用以及推进"双向发力"制度的思路

一是顶层设计与地方创新相结合。做好人民政协专门协商机构建言资政和凝聚共识"双向发力"的顶层设计，加强制度和程序建设、是政协发挥最大作用的保证。人民政协专门协商机构"双向发力"制度程序和运行方式的顶层设计不是"一刀切"，而是需要各地人民政协卓有成效的试点实践和探索，如济南市政协"商量"平台的实践创新就是作为专门协商机构在建言资政和凝聚共识方面"双向发力"的典型代表。顶层设计需要地方的创新性实践和探索，没有地方"因地制宜"的实践创新，顶层设计就会缺乏坚实的支撑。为此，需要把顶层设计与地方的实践创新结合起来，顶层设计在尊重地方首创精神的基础上总结经验，为各地政协提供指引和方向。

二是制度建构与运行机制相结合。建言资政和凝聚共识"双向发力"，应该注意通过运行机制促进人民政协作为专门协商机构的作用的发挥。只有通过运行机制才能将制度与需求连接起来，制度的价值才能够显现出来。需要重点考虑两方面的运行机制。

第一个是协商过程的协同机制。人民政协作为专门协商机构，是专门的协商平台，建言资政和凝聚共识需要真实有效的协商过程，一方面在这个过程中需要政协发挥作用和委员履职尽责；另一方面在这个过程中也会涉及方方面面的协商参与主体，需要跨部门的协商合作。这就需要推动观念变革，树立整体协商观，在协商的过程中系统设计，通过协商的协同机制，提高协商的质量。

第二个协商效果的评估机制。建言资政和凝聚共识的协商效果，可以依靠新闻媒体的宣传和自上而下的目标责任制考核，但也需要考虑自下而上的绩效评估，由公众和利益相关者作为评估主体。一些社会关注的热点和焦点问题的协商效果，公众和利益相关者的主观感受或评价很关键。提高公众对协商效果的认同感，就是增加公众对制度的认同，才能体现政协是协商民主的重要渠道和专门协商机构的中国特色制度安排的作用，才能彰显协商民主是我国社会主义民主政治的独特优势。

三是专门协商机构与协商民主体系相结合。习近平总书记对协商民主发展高度重视,政协承担着新时代协商民主发展的重要使命。习近平总书记的重要论述中也强调要"构建程序合理、环节完整的协商民主体系","发挥各协商渠道自身优势,做好衔接配合"和"统筹推进七种协商渠道"等,这包含着对构建协商民主体系的期盼。建言资政和凝聚共识"双向发力"也需要考虑如何充分利用政协是协商民主的重要渠道和专门协商机构的定位,探讨协商渠道之间两者或两者以上交叉组合的运行机制,从协商目标的一致、协商渠道的联动、协商过程的协同、协商结果的互动等方面充分发挥协商民主体系的合力。

"双向发力"不仅是人民政协在新时代高质量履职尽责的使命担当,而且也是人民政协制度设计的初衷。习近平总书记指出,要"把推动人民政协这一具有中国特色的制度安排更加成熟更加定型、发挥好专门协商机构的作用作为新时代的新方位新使命";"坚持和完善中国特色社会主义制度,不断推进国家治理体系和治理能力现代化,坚决破除一切不合时宜的思想观念和体制机制弊端,构建系统完备、科学规范、运行有效的制度体系,充分发挥我国社会主义制度优越性"。中国特色社会主义进入新时代,世界面临"百年未有之大变局",围绕着发挥人民政协专门协商机构的作用,推进建言资政和凝聚共识"双向发力"制度程序和运行方式的完善,可以充实和完善社会主义民主政治的内容,有利于我们坚持走中国特色社会主义政治发展道路,不断丰富和发展社会主义协商民主政治的内涵和形式。

(作者单位:山东大学)

简析国家治理视域下基层政协专门协商机构作用的发挥

——以青岛市政协为例

王 琦

党的十八届三中全会提出,"完善和发展中国特色社会主义制度,推进国家治理体系和治理能力现代化"是我国全面深化改革的总目标。人民政协成立70多年来,在中国共产党的领导下,发挥自身制度优势,在国家治理体系中发挥着不可替代的独特作用。习近平总书记曾指出,"人民政协是国家治理体系的重要组成部分,要适应全面深化改革的要求,以改革思维、创新理念、务实举措大力推进履职能力建设,努力在推进国家治理体系和治理能力现代化中发挥更大作用"。人民政协作为社会主义协商民主的专门机构,在国家治理体系和国家治理现代化过程中肩负着重要使命。本文简要分析人民政协协商民主在国家治理中的独特作用,以青岛市政协为例,探讨基层政协在推动协商民主方面的创新探索、面临的问题及对策。

一、国家治理视域下人民政协作为专门协商机构的独特作用

国家治理是一项系统工程。近年来的现代国家治理理论,强调的是法治思维和多元主体协商、共治的民主政治理念。新中国成立70多年以来,传统的以行政为单一主体的管理模式已越来越不适应时代社会发展要求,需要广泛凝聚社会各界智慧力量,建立多元国家治理体系,更好地实现国家治理的现代化。而人民政协的实质就是要实现和推进公民有序政治参与,引导公民以理性、合法的形式表达诉求。

习近平总书记指出,"人民政协是具有中国特色的制度安排,是社会主义协商民主的重要渠道和专门协商机构"。新时代,人民政协发挥其独特优势,使不同民主、不同阶层、不同界别的各方人士就国家社会发展的重大、重要问题,在人民政协这个平台上进行民主协商。通过沟通、对话、协商,充分表达各自的利益诉求,扩大公民有序政治参与,推动社会主义协商民主纵深发展,促使党、政府、社会和公民关系更加和谐,从而助推国家

治理更加规范有序。

1. 搭建政治平台，推动最广泛的大联合

俞可平曾提到，"民主是现代国家治理体系的本质特征，是区别于传统国家治理体系的根本所在"。人民政协自成立之初就是多党合作的重要政治平台，致力于巩固和扩大党的执政基础，筑牢共同思想政治基础。人民政协是各党派团体、各族各界人士民主合作、参与国是的重要平台。在中国共产党的领导下，以多党合作和政治协商制度为依托，通过支持和保障参加政协的各党派团体和各族各界人士参与协商活动，推进团结合作，巩固中国共产党和各民主党派的政治联盟。依托人民政协这一专门协商机构，中国共产党同各民主党派之间围绕国家和地方大政方针等重要问题开展协商；各民主党派充分开展政治协商，参政议政，民主监督，履职尽责。无论中国共产党还是各民主党派，都是以维护好、发展好最广大人民的根本利益为己任，都以实现全体人民当家作主为宗旨。因此，人民政协作为专门协商机构能够发挥出党际协商的独特优势，增进各党派团体、各族各界人士对中国共产党和中国特色社会主义的政治认同、思想认同、理论认同、情感认同，凝聚起助推稳定、健康发展的强大合力。

2. 畅通协商渠道，实现公民有序政治参与

国家治理现代化重要目的之一就是要妥善处理各社会阶层之间的利益矛盾，实现不同社会阶层利益格局的合理安排与协调。作为专门协商机构的人民政协是社会各界有序政治参与的重要渠道。人民政协的协商民主强调的是公民、政党、利益集团和社会各阶层对公共事务的积极参与，它是选举民主的重要补充，使得人民的民主权利可以更加充分、科学、合理地行使。当前，社会结构、利益格局发生深刻变化，不同人士的思想多元化、复杂化状况日益凸显，通过人民政协协商民主专门机构这个渠道，可以广泛联系不同党派、不同民族、不同阶层、不同信仰的各界人士，通过调研视察、专题协商会议、提案协商、对口协商、界别协商等，广泛协商、平等协商、各抒己见、求同存异，更充分、更广泛地发出不同阶层、不同群体的声音，促进形成全面表达社会利益、有效平衡社会利益、科学调节社会利益的协调机制，扩大社会各阶层公民有序政治参与。近年来，各基层政协积极拓展协商渠道，完善协商议政格局，推动基层人民政协协商民主更加广泛多层、更为灵活多样，发挥了其应有的作用。

3. 整合各方利益诉求，促进决策科学民主

现代国家治理理论认为，国家治理的理想状态是善治，其本质特征是让政府通过与公民合作管理社会事务，实现公共利益最大化。在人民政协，参与民主协商的既有各党派人士，也有各人民团体；既有专业学者，也有仁人志士，他们在经济、政治、文化、社会、生态等方面建言献策，为党委、政府科学决策提供智力支持和人才支撑；既可以对党委政府的决策执行起到辅助作用，又能为其运行提供监督机制。党委政府在决策前、决策中广泛听取专家学者、不同阶层、各民族各方面意见建议，是实现决策科学民主的重要环节，对提升国家治理现代化能力有重要意义。

二、青岛市政协发挥专门协商机构作用推进国家治理现代化发展情况

近年来,青岛市政协充分发挥政协作为协商民主重要渠道和专门协商机构的作用,自觉把社会主义协商民主理念贯穿到履职全过程,结合实际、因地制宜,完善协商机制、拓展协商内容、创新协商形式,在发挥政协作用、推进国家治理现代化方面取得明显成效。

1. 完善协商制度

推进政协协商民主制度建设,可以有效避免协商活动的随意性,确保政协协商民主更加规范有序。青岛市政协始终把加强制度建设作为推进协商民主的重要基础性工作,建立完善了科学管用的协商制度体系,使政协协商民主有制可依、有章可循。先后配合市委制定了《关于加强社会主义协商民主建设的实施意见》;协助市委召开了全市政协工作会议,制定了《关于进一步加强和推进人民政协工作的意见》;推动有关内容进入《市委关于贯彻落实党的十八届三中全会精神的意见》,明确规定“各级党委和政府、政协制定并组织实施协商年度工作计划,就一些重要决策听取政协意见”。同时,进一步修订完善全体会议、常委会议等制度,规范双月协商座谈会、加强政协界别工作、专题调研工作办法等多项制度,健全协商议题确定和协商主体、协商时间安排等制度,规范大会发言、专题讨论等环节,使政协协商制度体系更加科学完备,协商程序更加规范可行。

2. 规范协商程序

协商选题是协商的起始环节和关键环节,直接关系到后续协商活动的科学性、针对性和最终成效。青岛市政协建立了“三对接、一沟通、一汇报”的重点协商视察调研选题制度,即与党政部门、政协委员、社会各界对接,同市政府沟通,向市委汇报。所有重点协商调研视察题目都是经过充分酝酿和广泛协商,切实提高了协商民主实效。每年年末,市政协各专委会与党政相关部门、市政协委员、社会各界多次对接协商,初步筛选出重点履职题目,使履职选题更科学也更有针对性。经过“三对接”后,由分管副主席与市政府分管副市长沟通征求意见,经市政协秘书长会议、主席会议研究讨论后呈报市委常委会议研究审定,以文件形式印发实施。形成的调研报告报市委或送市政府及市相关职能部门后,市政协办公厅、相关专委会继续加强对接、沟通,主动跟踪了解调研报告采纳情况,适时组织“再调研”“再视察”,提升专题调研工作的实效。通过这种机制的实施,大大提升了调研成果的前瞻性和可操作性,直接推动了调研成果的有效转化。如《关于加快青岛财富管理中心建设的建议》等意见建议,均得到市委和市政府主要领导的肯定性批示,纳入了决策程序。持续关注蓝色经济发展、实体经济发展、现代农业发展、大沽河整治及后续管理等课题,为各项重点任务的实施贡献才智和力量。

3. 丰富选题内容

协商民主选题内容,是基层政协协商民主作用发挥的重要立足点。青岛市政协坚持有所为、有所不为,选择政协有能力做并且能够做好的课题,做好“高低”“远近”“热冷”三个结合,将协商议政内容由改革、发展、经济、民生向精神文明建设、党风廉政建设、民

主法治建设等领域拓展。"高低结合",既关注全市经济社会发展中综合性、全局性、前瞻性的问题,又围绕事关人民群众切身利益与社会和谐稳定的热点难点问题调查研究、建言献策。"远近结合",既选择关乎青岛长远发展的战略性问题,又关注那些近期工作中的重点问题和迫切需要解决的问题,助推相关工作的实施。"冷热结合",既关注党政关心、群众关切的热点问题,又坚持问题导向,把一些容易被忽略的"短板"问题和难点问题纳入选题范围。先后围绕实现蓝色跨越、"十三五"规划的编制与实施、营造健康安全网络环境、缓解幼儿"入园难"等议题,认真组织协商议政和调研。与市人大、市法制办探索将地方立法前的民主协商和政府法治工作的民主协商纳入政协协商内容,与市人大、市政府联合下发了《青岛地方立法协商工作办法》和《关于在政府法制工作中开展民主协商的试行办法》,先后组织政协委员参与城市风貌保护条例、轨道交通条例等20部地方性法规、政府规章制定前的民主协商,较好地发挥了政协委员和各民主党派、工商联在立法协商中的积极作用。坚持把加强党风廉政建设作为重要协商内容,在政协全体会议上就党风廉政建设组织委员进行专题协商讨论,推荐政协委员担任特约监督员、检查员,参与中央八项规定精神落实情况督察和市委市政府部门年度目标绩效考核等工作,在推进协商式监督方面进行了积极的探索。

4. 创新形式

与时俱进地创新协商民主形式,才能使政协工作更加活跃、更富成效,才能更好地发挥政协作为协商民主重要渠道的作用。青岛市政协适应网络时代新要求,积极探索"互联网+政协"的"智慧政协"协商议政形式,着力打造创新之网、开放之网、互通之网、智能之网,建设全时空履职、凝心聚力、资源共享、服务大局的"智慧政协",积极推进协商议政网络化、汇集民智实时化和智库建设专业化,全面开启"网络议政+远程协商"新模式。专题协商议政启动前,先通过"网络议政"系统设置热点议题,面向各界征求意见建议,再通过"远程协商"系统在协商议政会现场,开展远程在线协商,实现了线上线下融合、场内场外互动,协商议政的关注度和覆盖面得到空前提升。2019年,"全面建设开放现代活力时尚的国际大都市"确定为网络议政远程协商议题,提前一个月组织各界委员围绕4个专题进行线上议政,参加网络议政的委员达到600余人次,提出建议1157条。在此基础上召开了专题远程协商会,除了在青岛设立主会场,还在我国香港、澳门等地区设立分会场,邀请港澳委员、在外地出差的委员以及远在俄罗斯、日本、加拿大、美国等国家的海外友好人士,与党委、政府有关部门进行手机视频连线远程协商互动,为"搞活一座城"汇聚了海内外的智慧和力量。同时,借助"掌上提案""掌上社情民意信息"等履职版块,建立延伸到底、畅通有序、反馈及时的民情民智收集处理网络,把来自网络空间的真知灼见、鲜活民情集中起来、反映上去,丰富了政协协商民主的形式,增强了各方的互动交流和协商议政效果。

三、国家视域下基层政协发挥专门协商机构作用存在的问题及对策建议

近年来,基层政协在发挥专门协商机构作用方面做了有益尝试,但与当前国家治理

现代化发展要求相比，与新形势、新任务特别是中央、省委、市委的要求相比，仍然在协商主体、协商议题、协商过程和协商成果落实环节方面存在问题。

1. **协商主体呈精英化趋势且存在能力不足问题**

人民政协的协商主体是政协委员。政协章程中的第三章第一条明确了政协委员是"在本界别中有代表性，有社会影响和参政议政能力"的人员。"有社会影响力"一定程度上代表有参政议政的能力，但另一方面也为主体精英化趋向埋下了伏笔。社会精英掌握更丰富、更全面的资源，具有更新颖的观点和更好的表达能力，会在一定程度上提高协商民主的质量和效果。但协商主体向精英化方向发展，势必造成协商民主的平等性遭到质疑。近年来，各基层政协普遍尝试协商民主向基层延伸，主体的精英化趋势使参与到协商中的基层群众并不具有明显优势，也限制了协商民主向基层延伸的脚步。同时，协商主体协商治理能力不足的问题愈发明显。以界别为联系的纽带是人民政协的重要特点，但各民主党派、人民团体组织形式比较宽松，组织化程度低，以界别整体参与协商不多，未能充分发挥界别协商的重要作用。

2. **协商议题的准确性有待提高**

协商议题是与国家治理相关的公共事务，由谁提出、内容是什么决定着后期协商成果的有效性。目前，基层政协的协商议题大多是由政协党组提出，党委研究确定。这种模式，一方面确保了围绕党政中心、服务发展大局，能够把党的工作部署和重大决策贯彻到人民政协的工作中去；另一方面，界别的主动性、积极性未能有效激发出来，协商议题的内容宏大、说法笼统的情况也普遍存在，造成委员不易把握协商议题，提出的建议质量参差不齐，不能形成有效有用的协商成果。

3. **协商成果的落实有待加强**

协商的成果最终要体现到决策、执行中，整个协商的过程才具有意义。人民政协的协商民主并非硬性约束，它以意见建议的形式，提供给党政部门决策参考。实际工作中，党政领导干部对人民政协的协商民主工作的重视程度决定了协商民主成果的转化落实力度。同时，协商成果的报送和跟踪反馈，由于涉及面广、程序性强、流程环节多，规范化程度有待进一步提高。

国家治理现代化需要以人民政协的协商民主为基础来修补执政党"有限理性"的不足。当前，人民政协应在中国共产党的领导下，结合基层实际，立足解决现实问题，谋求协商民主优化发展，做到既不"越位"，也不"缺位"，更不"错位"。

1. **切实强化协商民主意识**

基层党政部门应重视发挥人民政协作为协商民主重要渠道和专门协商机构的作用，努力做到在决策前和决策中积极主动参与协商，听取和吸纳政协委员和各界人士的意见建议。参加政协的各民主党派团体和政协委员、各界人士要进一步强化大局意识、责任意识，从维护党委政府权威、维护群众根本利益出发，对事关长远、事关群众利益的决策，认真负责、积极参与，做到在履职过程中讲真话、讲实话、讲负责任的话，为推进科学民主决策贡献智慧与力量。

2. 加强政协协商民主规范化制度化建设

切实提高协商程序的规范化、过程的民主化、形式的开放化和结果的约束化。即，明确哪些问题和事项可以列入协商议题，规范协商的时间、方式，完善协商意见的处理和反馈；加大信息共享，减少信息不对称的发生，提高协商过程的民主性；搭建更加广泛有效的协商民主平台，持续扩大公民有序政治参与；对协商民主形成的意见建议，探索将其纳入决策程序的途径，实现协商民主与党政决策的有效衔接。其中，特别要强化协商成果报送和反馈机制的建立和形成。党委、政府及有关部门要认真研究政协报送的建议案、提案及反映的意见建议，及时反馈落实情况。党政督查部门要持续加强对协商成果落实情况的跟踪督办，解决协商成果转化落实的"最后一公里"问题。

3. 进一步优化界别结构

随着经济社会不断发展，社会经济成分、社会结构、社会阶层等发生了一些变化。政协的界别应随着变化，在合适时机调整界别设置，最大限度把社会各阶层和各方面人士吸纳进来。如，中介从业者、法律工作者、新媒体人士等新社会阶层，可以充分发挥各自行业优势，在创新社会管理、促进社会和谐稳定中发挥重要作用。同时，界别结构的优化也体现了人民政协大团结大联合的重要作用，最大限度涵盖社会各方，实现公平与民主。

4. 加强委员队伍建设

健全完善委员推荐提名机制，探索建立由党委组织、统战部门、政协党组等共同组成的委员推荐、协商、审核工作班子，以保证委员队伍的整体素质。建立委员退出机制，对不能参加政协组织的会议和活动、不履行义务和失去代表性的委员，通过程序给予处置以至取消委员资格。建立规范严格的委员考核激励约束机制，对委员履职进行科学评价。加强对委员的学习培训，将政协委员培训列入干部教育培训总体计划，有计划地组织委员分批次到国内干部培训学院、市委党校、市社会主义学院等进行培训，提高参与协商民主的能力和水平

5. 真正发挥人民政协在推进国家治理现代化方面的作用

要把国家治理体系现代化的要求体现在协商民主工作中，探索更加灵活、更符合时代要求的专题、对口、界别、提案办理等协商方式，运用网络平台和新技术手段，让协商民主贴合新时代的新要求。要加强同各方人士的联系，发挥他们在国家治理现代化过程中的正能量，倾听社会各个方面、各个阶层的声音，广泛吸纳新社会阶层参与其中，扩大公民有序政治参与，最大限度地调动各方积极性和创造性，更好地发挥人民政协作为专门协商机构在国家治理现代化过程中的重要作用。

（作者单位：青岛市政协）

关于加强和改进人民政协界别工作研究

王世锋

2019 年，人民政协迎来 70 华诞。回顾 70 年的历程，从 1949 年成立，政协就团结全国各方面力量，通过制定《中国人民政治协商会议共同纲领》、中央人民政府组织法、全国政协组织法，决定国旗、国都、国歌和纪年，选举国家领导人等重大事项，为中华人民共和国的建立，奠定了坚实的政治基础，发挥出巨大作用。在全国人大成立后，政协工作重心转变，开始履行政治协商、民主监督、参政议政的职能，在国家的建设发展、改革开放、和平统一等方面，继续做出重大贡献。作为爱国统一战线组织，人民政协具有巨大的包容性和广泛的代表性，随着时代发展，政协的参加单位开始按照界别设置和调整，其构成有着显著的界别特色，本文就政协界别问题，谈几点粗浅看法。

一、政协界别提出的由来及演变

1949 年 9 月 21 日至 30 日，第一届政协全体会议在北平召开，代表来自各党派、各人民团体、各解放区域、各解放军部队、各兄弟民族、海外华侨、民主人士及社会各界等诸多方面，由 46 个参加单位、662 名委员组成的中国人民政治协商会议第一届全体会议，在 1949 年 9 月 27 日通过了《中国人民政治协商会议组织法》中，明确全国政协的组成名称为"参加单位"，以后也一直沿用下来。从参加单位到界别名称的大致演变过程如下。

第一届全国政协全体会议，共 46 个参加单位，是迄今为止参加单位最多的一届，这体现出中华人民共和国成立初期社会力量的多样性和政协参加单位广泛的代表性。会议还专门设立特别邀请人士，来解决党派、区域、团体涵盖的参加单位不全，特别是解决个人参加的问题，这一做法也在以后的政协会议上保留下来。

需要说明的一点是，因为中华人民共和国成立的需要，政协要代行人大职权，因此历史上只召开了中国人民政治协商会议第一届全体会议，从此没有再召开过全体会议。1949 年 10 月 9 日，召开第一届全国政协委员会第一次会议，以后的政协全国委员会会议届次都是按此沿袭下来的。

1954年9月第一届全国人大会议召开,全国政协代行人大职权结束,原来的政协全体会议、全国委员会、常务委员会三层改为全国委员会、常务委员会两层,人民政协职能和作用也有新的调整,第二届政协全国委员会的组成减少为29个参加单位、11个党派、17个人民团体和特别邀请人士(周恩来在关于政协章程和第二届全国政协委员名单的说明中,与党派、团体并列,用了"方面"一词)。

第二届到第五届政协全国委员会29个参加单位数量没有变动,参加单位有所调整,第五届时"合作社"不再作为参加单位,增设"体育界"。

第六届政协全国委员会参加单位增加为31个,因为祖国统一和香港、澳门的回归被提上重要日程,增加"中华全国台湾同胞联谊会"和"港澳同胞"2个参加单位。

20世纪80年代,中共中央在提出并与各方协商确定全国政协委员名单时,开始把政协的参加单位称为"界别"。1988年3月,全国政协六届十七次常委会上,在第七届全国政协委员名单说明中,开始出现"界别"的用法。1991年恢复科协为组成单位,全国政协参加单位增加到32个。

第八届政协全国委员会的参加单位调整为34个,增设"经济界",因为香港和澳门即将回归祖国,按照发展需要,把原来的"港澳同胞"分为"香港同胞"和"澳门同胞"两个参加单位。

2001年3月全国政协九届四次会议闭幕会上,李瑞环主席在讲话中提出,"人民政协由界别组成,政协委员是各界别的代表",这应该是在政协全国委员会上,最早明确提出界别概念。

在2004年第十届政协全国委员会第二次会议上,新修订的《中国人民政治协商会议章程》中,首次提出政协"设若干界别",并增加"界别设置"内容,这是人民政协正式使用"界别"名称的开始。第十届全国政协的参加单位有:

(1)党派方面:中共、民革、民盟、民建、民进、农工、致公、九三、台盟、无党派10个党派;

(2)人民团体方面:共青团、总工会、妇联、青联、工商联、科协、台胞联谊会、归侨联合会8个团体;

(3)其他方面:文化艺术、科学技术、社会科学、经济、农业、教育、体育、新闻出版、医药卫生、对外友好、社会福利和社会保障、少数民族和宗教13个界别;

(4)特邀方面:特邀香港人士、特邀澳门人士和特别邀请人士3个特邀界别。

从第十届开始到现在,政协全国委员会的组成都是保持这四个方面的34个界别,没有变化。政协各地方委员会的组成,是参照全国委员会的组成,根据各地方的不同情况,界别与全国委员会相同,只是因为地区、人口等原因,界别的数量可能少于全国,界别委员规模也小于全国。

二、对政协界别的理解

从前面的介绍中可以看出,政协成立伊始并没有提出"界别"概念,而是以参加单位(后来全国政协的公文中也有组成单位的用法)命名,"界别"是后来才提出来的。汉语中"界"是按照性别、职业等不同标准划分的群体,"别"是区分、分类的意思。按照这样的理解,政协的界别,就是人民政协参加单位的组织划分形式。

2004年政协章程修正案的说明中曾解释,新时期以来中央协商确定政协委员名单时,把政协参加单位都称之为界别,这是把参加单位等同于界别;而修订后的政协章程,表述为"……委员会的参加单位、委员名额和人选及界别设置",把参加单位与界别并列,表达出二者又有区别。如何理解人民政协的参加单位与界别的异同呢?

从相同点来说,参加单位和界别都可以用来表示人民政协的组成划分形式。只是参加单位提出在前,政协界别用法提出在后。所以,从这方面我们可以理解为政协的参加单位与界别是相同的。

那么如何理解参加单位和界别的不同,界别的表述还有什么特定含义呢?

我们先来了解"参加单位"提出的历史原因。

周恩来在新政协筹备会常委会第四次会议上说:"参加单位问题。每个单位总是一个团体,并经过协商后才能参加,参加后就成为中国人民政治协商会议的单位……因为统一战线的构成是集体的不是个人的,因此单位是固定的。单位的参加与退出都由全国委员会协商,而个人参加就只有特邀……中国人民政治协商会议是统一战线的组织,是各单位的集体。"从中可以看到,当时一是强调政协是统一战线组织,二是强调参加单位的团体和固定性质,三是解释设置特邀主要是解决个人参加问题的。第一届政协全体会议的构成,就是党派、区域、部队和团体这四大类团体性质的参加单位加特别邀请人士。因此,我们可以理解,政协参加单位的提出就是突出单位的团体性质并强调其固定性。同时,应该意识到政协的参加单位是某一类别或者某一方面委员组成的团体,而并非委员个人所在的工作单位。

再来看"界别"提出的情况。

从政协历史进程来看,人民政协成立伊始,为体现统一战线的组织形式,为突出政协构成的集体性质,用"参加单位"来突出政协各团体性质的组成部分。而在经过长期的发展变化后,为适应新时期的形式需要,提出了"界别"这一新的政协组织划分形式用语,代表的是比较宽泛的所在单位有共同属性的政协委员的群体,或者是对某个行业、某个领域委员的划分,也是按照这样的划分来协商产生委员,但并非一定就是代表明确的某个推荐单位。比如文化艺术界可以比较清晰地划分委员归属,但不宜作为明确的团体性质的参加单位,说政协设文化艺术界别,就既能体现出来自文化艺术界委员的团体性质,又比表述成文化艺术界是政协参加单位更好理解。这也应该是提出界别的考虑,用界别来描述政协的组织构成,更具有表述的针对性和现实的合理性。

从用语涵盖范围来看,界别的涵盖面要比团体更加宽泛。在政协组成划分时,用宽泛的界别就比用固定的团体更适用。在界别的设置和划分上,政协界别与社会通常划分的各界相同,这样不会带来人们理解和认同的困惑,但政协界别又不能完全对等于社会各个界别,因为社会各个界别是囊括形形色色的各行各业,还可以不断细分下去,而政协的人数有限,包含的界别也有限,也就不可能与社会各界一一对应起来。因此,在数量有限的情况下,除相对固定的党派和团体以外的政协界别设置,就应该相对宽泛而不可能过分细化,用界别可以涵盖更宽泛的划分形式。

从时代发展需要来看,随着时代的变化发展,社会阶层结构在变化,政协的组成也在调整参加单位以适应时代进步。在某个行业、某个领域或某个方面有突出作用和影响力的单位、人物被吸纳进政协,如优秀运动队、运动员在新时期对社会发展的激励和促进作用,政协就增设体育界别;如改革开放带来经济的飞速发展,政协就增设经济界别。因此,政协的组成不可能一成不变,而是需要调整,而参加单位的固定性又不便将调整体现出来,用泛指的界别的增减来实现政协的调整,恰恰可以体现出政协组成变化适应着形势发展的需要,又比固定的团体单位具有相对的灵活性。

从规范用语表达来看,政协的参加单位与政协是由参加单位组成,用语不同表达的意思是一致的,那就是参加单位提出在前,组成政协在后。而界别的用语差别之处在于,在委员名单说明等文件和领导讲话中,有政协是由界别组成的通俗说法,这与政协的参加单位的说法可以看成一致。可按照政协章程的规范用语,并非政协由界别组成,而是政协设若干界别。这就产生了细微的差别:如果是由界别组成的用语,就是界别产生在前,政协组成在后;如果是设若干界别用语,就是政协组成在前,界别划分在后。所以,单纯从规范用语上,也可以直观看出与参加单位的区别,是政协的组成在前,而界别提出在后。以后,逐渐演变成固定的界别设置,按照界别推选委员时,由界别组成与设若干界别,才没有根本分别了。

所以,政协的组成从参加单位到界别说法的演变,反映出从筹备中华人民共和国的成立开始到改革开放以后,国家经济社会的发展过程,也记录下政协自身组成结构的变化。到目前为止,几次修改后的政协章程,都保留下最初参加单位称谓的历史地位,也融入了界别这一用语新的时代内涵。

三、如何发挥界别作用

政协的组成特点要求彰显出其界别特色作用的优势,政协要发挥界别作用,重点应强化以下几方面工作。

(一)发挥界别整体的代表性

政协界别要充分发挥好自己的代表作用,广泛运用界别协商、界别讨论、界别发言、界别提案、反映界别社情民意信息等方式开展界别活动,使得界别成为扩大社会各界有序政治参与的重要民主渠道、党和政府密切联系群众的重要团结渠道、决策机关广集民智的重要咨询渠道。政协委员要增强界别意识,密切联系本界别群众,听取他们的意见、愿望和诉求,维护他们的根本利益,广集他们的民智民意,发挥好政协界别的桥梁和纽带作用。政协委员都是各个界别的代表人物,他们代表界别群众履行政治协商、参政议政和民主监督职责,把整个界别的政协委员力量集中起来,汇聚成一个政协界别,更能形成广开渠道的作用,充分反映出界别整体的意愿,发挥出界别整体的智慧和力量。如教育界别,政协委员是从学前到高等教育各个层面的代表人物,他们以教育为界别开展活动,为全国教育界广大师生积极代言,为整个教育事业的发展献计出力。

（二）用好界别整体的话语权

人民政协的特点之一是具有影响力的话语权,用好话语权是政协发挥作用的根本。政协委员个人或联名的观点,表达的是部分的声音,而以界别名义开展的界别协商、界别提案、界别发言等,代表的是整个界别的话语权,展示出更加宏大有力的呼唤,回应的也是更加不同的反响,收获的则是更加满意的成果。如农工党中央发挥界别在医药卫生专业的优势,提出"关于开展国家癌症攻坚行动的提案",从提升癌症防治的战略地位、制定明确的目标任务、强力系统推进、强化组织领导与实施效能等多个方面,对我国的癌症防治体系建设建言献策,并且把癌症防治作为界别协商会议的主题,与国家多个相关部委负责人,面对面展开界别协商交流,对于提案和委员们在临床实践、调查研究中发现的问题以及提出的意见建议,与会各个部委积极回应。对我国的癌症防治工作和提升人民健康水平做出相应贡献,充分展现出发挥政协界别话语权作用的优势。

（三）凝聚界别整体的号召力

政协与界别是整体与部分的关系,而界别与委员也是整体与部分的关系。政协委员都是各界别的代表人物,他们在本职工作中是佼佼者,在各行各业起着示范带动作用。如果把这些带动影响聚合起来,再统一上升到界别整体的作用,就会凝聚起更大的号召力,发挥的就不仅仅是少数委员的个别作用,而是带动整个界别、多个行业的积极响应和广泛参与。如"万企帮万村"就是由全国工商联发起的扶贫行动,动员全国一万多家民营企业参与,在一批政协委员和民营企业家带动下,有效开展产业扶贫、就业扶贫和公益扶贫,帮助一万多贫困村庄加快脱贫进程。能在短短几年时间内,在全国范围展开如此大规模行动并取得令人瞩目的成绩,充分发挥了工商联界别在民营企业中的号召力和影响力,召唤起各地更多政协委员、更多民营企业投入脱贫攻坚行动中来,投入到社会公益事业中来。

四、看到界别发挥作用的局限

总结政协界别的优势时也应该看到,因为界别设置正式提出和实践探索只有十几年的时间,界别发挥出的作用还是有限的,其局限性主要体现在以下几个方面。

（一）地方政协界别规模的限制

因为要与政协全国委员会界别设置对应,但受区域人口等限制,地方政协往往某些界别委员人数少、规模小,影响界别作用的发挥。以笔者所在区域为例,新一届政协换届时,共 27 个界别、360 名委员,而每个界别不超过 5 个委员的,竟然有 15 个之多,占界别总数的一多半。这些人数少、规模小的界别,连独立开展界别活动都有难处,就更不好体现出界别代表性,发挥界别整体的号召力。

（二）界别划分的问题

由于界别的划分没有严格的标准,造成不同界别间的交叉,不同界别委员的身份归属趋同,比如青联与共青团界别,科协与科技界别,妇联界别与其他女政协委员等。而有的界别又过于宽泛,带来相反的问题,比如经济界别,行业可以跨一、二、三次产业,职务可以从基层员工到集团管理者,尽管是同样界别,因为行业属性千差万别、职业特点相去较远,又带来同一界别的委员不易相互认同的尴尬。这些问题的存在和影响,反而淡化了界别划分的作用。

（三）界别与区域的冲突

目前地方政协委员虽然按照界别划分产生,但地方政协机构本身区域性越来越强,从省、市、区到乡镇办事处,都有常设政协办事机构,不少基层地方的政协委员是按照地域分组,因为有常设政协办事机构依托,更加容易开展活动,而按照界别划分的活动组因没有常设机构依托,场所、经费、人员等受到限制,反而界别活动效果一般。以笔者所在区域为例,本区所有政协委员以前仅是按照区域分组的,近年来为加强界别工作,又将全体委员按照界别进行另外分组,而根据每年度有量化指标的考评看,界别分组与区域分组开展活动情况有着明显的差距。

（四）界别设置的相对滞后

从第八届政协全国委员会开始,除了九、十两届的参加单位、界别名称有所变化外,34 个界别设置再没有做出新的调整。20 多年,整个社会又发生很多新的变化,原有的 34 个政协界别,已经不能完全反映出当今社会的基本构成,应该根据形势发展,做出相应的界别调整。

五、对界别工作的几点思考

从以往人民政协的工作来看,政协既有其鲜明的界别特色和优势,也有界别发挥作用的局限和问题,通过政协全国委员会到地方委员会的不断探索,积累了更多关于界别工作的实践经验。在这些经验的基础上,结合本人体会,对未来做好政协界别工作有如下思考。

（一）发挥好现有政协界别优势

党派、团体这些界别,都有自己的常设机构和专职工作人员,应该倡导他们多开展界别协商、界别视察、界别交流等活动,凸显界别特色,发挥界别优势,以强化政协的界别工作。对于教育、卫生、科技等这些规模大、委员多的界别,应该调动他们的积极性,鼓励开展专题界别活动,以界别的规模优势,持续提高界别整体的号召力。对于人员少、规模小的界别,建议多以界别的名义提案、提出意见建议,反映界别群众的社情民意,通过界别整体发声,取得有成果的界别作用,从而不断扩大界别的影响力。政协机关可以在大会期间,相应组织界别座谈、界别互动等彰显界别特色的活动,以增加委员对界别的归属感和认同感。通过对这些现有界别优势工作的加强,提高政协整体的界别工作水平。

(二)发挥好政协专委会作用

从笔者所在区域看,即使把委员划分出界别活动组,确定界别活动组的负责人,界别作用发挥如何,主要还是取决于其活动组负责人本职工作掌握的资源和其个人的组织能力,其资源和能力不同,开展界别活动的效果就各不相同,这也是没有常设机构依托带来的现实问题。因此,不必苛求所有界别一定独立开展活动,应该实事求是地发挥界别作用。过分片面强调界别特征,教条地按照界别来组织委员、要求界别活动的话,效果可能不尽如人意,甚至会弱化界别作用的发挥。考虑到没有常设机构依托,没有专职工作人员的困难,对于人员少、规模小的界别,更适合于在政协专委会组织下,独自或者联合开展活动。专委会本身就带有界别性质,只是界别更宽泛、更综合,而专委会的人员机构,决定其组织调动和服务保障能力更强。从实际情况看,特别是在政协闭会期间,由专委会组织开展界别活动,界别影响力发挥更大,收到的效果也更好。

(三)处理好界别与区域的关系

政协强化界别淡化区域特点,有要与人大区分的历史原因,第一届人大召开时,区域的代表不再作为全国政协参加单位。如今,政协地方委员会都已健全,政协的区域作用越来越明显,这与政协的界别特征实际并不冲突。从地方政协特别是基层政协情况来看,因为有基层政协常设机构的依托,按照区域分组开展的活动,效果往往要好于没有常设机构依托的界别分组情况。因此,我们应该重视现有区域分组的成效,将界别活动与区域分组有效结合起来,使得政协委员不因区域分组而降低界别的归属感、认同感,同时,也不因界别活动影响原有区域分组活动效果。界别活动应该增强,但区域作用不必减弱。可以鼓励区域邀请界别委员,对自己区域的发展,特别是与政协界别密切相关的专业方面,通过专题的界别视察调研等活动,邀请政协界别积极建言献策,提供宝贵的决策参考意见;界别也可以在自身分组的基础上,借助区域分组的力量,支持本界别开展活动,区域可以提供更多的条件便利和资源保障。

(四)对界别设置适当调整

政协界别的划分带有明显的时代特征,因此界别设置不宜长期固定,应该适应形势的变化、时代的发展。对于新的社会阶层变化,政协也应该做出增减界别的调整。比如前面提出的青联与共青团、科协与科技等界别,可以适当合并属性相近委员所在界别,或设立新的界别名称,避免界别划分有交叉和冲突的现象。

历史上为区别人大和政协职能,军队的代表参加全国人大后,第二届起不再作为政协参加单位。如今军队的政协委员,都是作为科学技术、社会科学等界别或者作为特邀人士参加,这些委员最一致的属性都是军人,分布到其他界别不能充分体现军队的归属感和认同感。半个多世纪过去,人大、政协各自的职能已经非常清楚,也因为保卫和平、祖国统一的要求,政协重新有很多来自军队的委员加入。

还有特邀界别,现在的特邀委员中,既有党派的委员、基层政协人员,也有军队的委员等,这些委员不按界别分组,一并归入特邀,结果是多界别划分不清。如果说早年因为形势、时间等因素影响,特邀人员构成多样可以理解,如今社会构成相对稳定,特邀人员还是种类繁多,这就不能体现出特邀的特点,应调整特邀人员界别标准,避免与其他政协界别混淆。

另外,网络工作者、自由职业者等有影响的人士吸纳进政协时,应设置新阶层界别,以体现新形势下政协界别设置的社会覆盖面和代表的广泛性。

（五）明确界别等相关概念

长期以来,对政协的参加单位和界别,一直有很多不同的领会和解读。但这些领会和解读都属一家之言,应该通过政协章程修改补充或出台全国政协的规范性文件,对诸如参加单位、界别、界别设置、委员推荐单位等政协组成划分的关键用语,就内涵和外延范围等内容做出规范定义,明确标准与执行程序,以利于从政协全国委员会到地方委员会,在政协组成、界别设置、推选委员等工作中,按照统一的尺度标准掌控,消除人们过去理解和执行上的困惑和疑虑,避免工作中的交叉冲突,促进今后人民政协工作更加规范有序地进行。

（作者单位:青岛市黄岛区政协）

选好"小"切口，做好"大"文章

——以高水平协商议政服务高质量发展大局

任宝光

　　正确领导、充分协商、科学决策、有效执行是治理体系现代化的重要体现。协商作为决策形成过程中的重要环节，其质量高低对于治理的整体成果的好坏有着非常重要的作用。习近平总书记在庆祝人民政协成立65周年的讲话中指出，人民政协要"努力在推进国家治理体系和治理能力现代化中发挥更大作用"。要贯彻落实好习近平总书记的要求，人民政协应当充分发挥协商民主重要渠道和专门协商机构的作用，把开展高水平协商议政作为政协服务全局的重要途径，切实以民主的作风和协商的方法形成共识、解决问题、推动工作。

　　近年来，市南区政协认真学习贯彻落实习近平总书记关于新时代人民政协工作的重要思想，牢牢把握"懂政协、会协商、善议政"的目标要求，以集中力量解决问题为导向，通过抓好选题、调研、落实三个环节，不断提高建言成效，促进成果转化，在助力党委政府科学决策、民主决策的过程中统一思想、凝聚共识，在建设时尚幸福的现代化国际城区和开放、现代、活力、时尚的国际大都市进程中找准政协方位，发挥政协优势，交出政协答卷。

一、从"精、准"入手，切实把好选题关

　　做好选题工作是开展高质量协商议政的前提。在实践中，主要是妥善处理好三个关系，确保选题精、方向准，为提高协商效果奠定坚实基础。

　　一是妥善处理好大格局和小切口的关系。一方面，从大处着眼，主动对接省、市、区委重大决策部署，将协商议政工作摆在全局工作中考虑，确保选题方向不走偏；另一方面，从小处着手，对综合性、战略性的重大问题进行"拆解"，立足政协所能，化整为零、以小见大，避免眼高手低，防止做题过程大而空。如新旧动能转换重大工程，这是全省、全市、全区当前和今后一个时期内的发展大事。市南区政协在将其纳入年度协商计划的同

时，也在紧密结合区情实际寻找协商突破口，最终确定以助力打破市南区面临的产业发展和经济增长瓶颈为落脚点，从时尚电商集聚区建设、资本市场综合服务基地发展、军民融合发展带动经济转型升级、民营经济发展、智慧供应链产业升级、平台经济＋大数据安全等市南区具有发展优势和增长潜力的方面进行破题，召开季度协商座谈会提出具体可行的建议，建言成果得到区委主要领导批示肯定，供全区有关部门参考。

二是妥善处理好长远和当下的关系。在协商议政的过程中，既着力当前，紧紧围绕重大任务和紧迫紧要问题，议在决策之前、议在执行之中；又着眼长远，想在前、谋在先，努力为事关长远发展的前瞻性、战略性问题提供科学务实的论证和建议。如上合峰会期间，市南区政协一方面就服务保障工作中关于青岛市和市南区整体宣传推介、市容环境综合整治提升等亟待解决的现实性问题进行议政建言；另一方面又在此基础上进行延伸，围绕峰会时代城市常态化管理升级、场馆再利用、文化产业发展、时尚产业升级、旅游产业深耕、抓住机遇发展对外贸易等主题开展深入调研和议政协商。青岛市政协主要领导对建言成果做出专门批示，并转呈市委市政府相关部门参考；市南区委主要领导也批示肯定，部分建议得到采纳落实，或被列入工作计划，为持续放大峰会效应做出贡献。

三是妥善处理好党政所需和群众所盼的关系。主要是致力找准两者之间的结合点和切入点，找到重合度高、亟待解决的问题开展工作，充分发挥好政协联系群众、反映民意、服务民生的桥梁纽带作用，扎实推动改革发展成果更多更公平惠及居民群众。如精准扶贫工作，市南区政协引导委员持续关注，深入调研，形成了《关于探索"1+X 帮 1"扶贫工作模式，完善扶贫协作机制案》《人民政协在畅通和拓宽群众利益表达渠道中的作用》等重点提案和调研报告。对区内，结合市南区生活困难群体三年帮扶计划和创建"双岗双优"新标杆，在教育、医疗、文化、就业、社会帮扶等方面加强议政建言力度。对区外，将与贵州省安顺市平坝区的结对帮扶工作纳入年度工作重点，探索智力扶贫新模式，组织全体政协委员捐款，成立"市南红十字政协爱心基金"，为平坝区十字乡大院小学建设综合楼，并在帮助对口帮扶地区变"输血"为"造血"的途径上积极建言献策，取得了良好成效。

二、从"深、实"入手，切实把好调研关

没有调查就没有发言权。调查研究是政协工作的"压舱石"，是政协组织和政协委员的基本功。调查研究的质量越高，协商议政的成效就越好。在调研的过程中，我们深刻地感受到以下几点。

一方面，必须坚持深入实地摸实情，不造"空中楼阁"，不闭门造车。目前，市南区政协年均组织各类视察调研活动近 50 次，充分发挥专委会、界别组、区域组各自优势，组织委员深入基层一线，足迹遍布街道、社区、企业、大中小学校、科研院所、文化场馆、产业园区等，确保选题选在哪里、问题出在哪里，调研的触角就延伸到哪里。委员们结合重点调研课题，充分了解群众诉求，如实反馈意见建议，不断深化共识，把情况议透、把问题找

准,使得后续研究和建议工作能够有的放矢,对症下药。

另一方面,必须坚持深入研究出实招,不刻舟求剑、不异想天开。调查和研究密不可分,只有深入研究,才能将前期调查得来的一手情况进行系统归纳和科学分析,由此及彼、由表及里,得出客观、可靠的结论。如围绕充分发挥市南区独特的地理和人文优势这一课题,区政协在多方走访调研的基础上,撰写《关于八大关、太平角区域近现代建筑现状及保护性开发前景的调研报告》,提出探索政府主导、军地联动的融合发展模式,打造留存记忆、引领时尚的博物(艺术)馆群等建议,得到区委主要领导肯定性批示;形成《市南区建立时尚影视之都的可行性调研报告》,提出规划打造城市电影街区、创新发展影视教育业、拓展后期制作产业等建议,区委主要领导批示相关部门研究并尽快进入决策程序;在此基础上,进一步深入研究形成的《强化保障 完善链条 努力打造独具魅力的影视之都建议案》,在青岛市政协十三届二次全会上做了大会发言。2019年初,市南区政协根据区委关于打好西镇更新发展、中山路区域保护发展两大战役的新部署新要求,围绕相关议题进行了再次深化提炼,形成了《关于放大老街优势资源,助推老城申办世界文化遗产的几点建议》,刊登在市政协《社情民意专报》上,市政协主要领导进行了专门批示,并呈报市级领导参阅,为相关工作的开展提供了有效参考和良好助力。

扎实的调研工作带来了丰硕的成果。2018年以来,市南区政协已有3篇调研成果得到青岛市政协主要领导批示;6篇调研报告在市政协专题议政常委会和双月协商座谈会上交流发言;5份调研成果得到市南区委区政府主要领导批示并进入相关部门决策程序,充分发挥了政协作为专门协商机构的优势和作用。

三、从"联、合"入手,切实把好落实关

做好协商议政成果的反馈和落实工作,是发挥好政协作为专门协商机构作用的关键环节。人民政协必须要在党委的集中统一领导下,不断健全完善与党委政府部门之间的协同联动机制,争取有效支持,形成强大合力,推动协商议政工作落地生根,开花结果。

一是充分发挥政协各类协商议政活动的平台作用,加强与党委政府的沟通互动。科学确定年度协商计划,提前征求区委办公室、区政府办公室以及相关工作部门的意见,就协商议政活动的主题、时间、形式和领导参与情况等问题进行沟通会商,不断提高党政领导和有关部门对协商议政活动的知晓度和参与度。协商计划确定后,市南区政协充分依托专题议政常委会、对口协商座谈、界别协商讨论、提案办理协商、社情民意反映等渠道,搭建领导干部、政府部门与委员的交流平台,通过互联互通,达到统一思想、凝聚共识、互相促进、共同提高的效果。

二是积极参与党委政府开展的协商议政和民主监督活动,凸显政协专门协商机构作用。市南区政协紧紧围绕全区中心工作,选派委员对事关发展大局的重要决策部署的贯彻落实情况实行协商式监督。如对全区新旧动能转换重大工程实施规划、财富管理核心区发展规划、预算绩效工作实施方案等进行深度调研分析论证,为市南区加快产业优化

升级提出重要建议；参与协商讨论区政府工作报告、全区重点项目规划实施进展情况等，提出的意见建议被有关部门吸收到方案和实际工作中，为完善政策决策、推动工作高效有序开展提供智力支持，也在客观上激励和帮助委员对自身原有议政建言进行有效的整合、调整和修正，从而起到良好的双向促进作用。这些"政协好声音"的持续发出，有效提高了部门参与政协协商和领导依靠政协协商推进工作的积极性，为政协议政协商工作的有效开展和落地落实争取到了有力支持。

三是不断健全协商议政成果的呈报和办理反馈机制，确保建言有声，议政有果。市南区政协将政协全体会议、常委会议、季度协商座谈会议和重要调研视察的情况和成果及时整理报送区委区政府。区委办公室、区政府办公室按照程序报送区委、区政府主要领导和分管领导审阅。对领导做出明确批示的重要意见建议，由区委督查室、区政府督查室归口督办。在提案办理协商方面，区委、区政府将落实政协提案情况作为年度督查的重要内容，区政府办公室将政协提案办理情况纳入部门年度考核，对承办部门建章立制和责任落实等内容均有明确要求。各承办部门坚持主要领导亲自抓、分管领导靠上抓，把提案办理答复工作作为年度工作安排中的一项重要内容，真正抓实抓好。区政协通过定期调度、座谈交流、问题反馈、个别督办等形式，强化双向沟通和信息反馈机制，及时解决存在的问题，确保把提案办理协商办细、办好、办出实效。

新时代、新方位、新使命对人民政协工作提出了新的更高要求。下一步，市南区政协将继续深入贯彻落实习近平总书记视察山东视察青岛重要讲话和重要批示指示精神，聚焦"走在前列、全面开创"的目标，担负起为推动青岛市、市南区率先走在前列广泛凝聚正能量的政治责任，通过继续开展高质量的协商议政活动，引导全区各党派团体、各族各界人士切实把思想和行动统一到落实中央决策部署和省市区委工作要求上来，统一到落实"八大战略布局"的目标上来，统一到对接融入"精兵强将攻山头，典型引路稳阵地"两条工作主线中来，为加快建设时尚幸福的现代化国际城区和开放、现代、活力、时尚的国际大都市奋力履职、贡献新的智慧和力量！

（作者单位：青岛市市南区政协）

对提高新时代政协委员履职能力的几点思考

张玉良

政协委员是政协工作的主体,提高政协履职能力,核心是提高政协委员的履职能力。党的十八大以来,以习近平同志为核心的党中央高度重视政协工作,对新时代人民政协履职提出了一系列新思想新要求,作为新时代政协委员,必须适应新的形势任务,不断锤炼过硬本领,树立崭新形象,努力在推进国家治理体系和治理能力现代化中发挥更大作用,以更加扎实的履职助推经济社会高质量发展。

一、锤炼过硬的政治素质,始终坚持同心同向同行

人民政协是我国政治体制不可替代的重要组成部分,作为一个政治组织,其成员的首要条件就应该是讲政治,具备政治把握能力。人民政协70多年的光辉历程已经雄辩地证明,坚持中国共产党的领导,是人民政协事业发展进步的根本保证。与中国共产党在思想上同心同德、目标上同心同向、行动上同心同行,应是每名政协委员必备的思想政治素质。

首先,要做到思想上同心同德。要强化政治意识,保持正确的政治方向。始终坚持中国共产党的领导,坚持用习近平新时代中国特色社会主义思想武装头脑,不断增进对中国特色社会主义的政治认同和思想认同,不断增强走中国特色社会主义政治发展道路的自觉性和坚定性,并转化为各党派团体、各族各界人士特别是每名政协委员齐心协力实现中国梦的思想政治基础;要把坚决贯彻党的理论和路线方针政策作为重要政治任务,把坚持围绕党的重大决策部署开展工作作为重要政治纪律,更加自觉地坚持党关于政协工作的一系列方针政策,更加主动地围绕党委政府中心工作履行职能,发挥协商民主重要渠道和专门协商机构作用,有事多商量,遇事多商量,做事多商量,为推动经济社会高质量发展多做贡献。

其次,要做到目标上同心同向。做到心往一处想,智往一处聚,力往一处使,共同致力于更高的工作目标。党的十八大以来,党中央提出振奋人心的充满高远志向的中国梦,

吹响了实现中华民族伟大复兴的号角。各地围绕实现中国梦,结合实际制定了各自的发展蓝图,青岛市城阳区按照市委建设开放、现代、活力、时尚国际大都市的要求,确立了"发起五大攻势、攻克一个难点"的工作目标。我们要充分发挥政协的政治优势、组织优势、智力优势和渠道优势,主动围绕党委政府确立的发展目标来部署政协工作,科学制订工作计划,积极开展履职活动,把工作的重点放在对本地经济社会发展大势的把握上,放在对本地发展综合性、全局性、前瞻性问题的思考上,放在人民群众关注的热点难点问题的对策研究上,确保党委政府决策部署在政协工作中得到全面落实。

再次,要做到行动上同心同行。政协委员是政协组织的"细胞",是人民政协履行职能的主体。委员的工作质量和水平,直接关系到政协作用的发挥,关系到政协工作的成效。每名政协委员都要坚持做到"双岗双责双作为",真正做到党委想什么政协议什么、政府干什么政协帮什么、群众盼望什么政协呼吁什么,以务实的行动诠释责任,以积极的成效塑造形象,不辜负组织的重托、界别群众的信任和时代的要求。

二、围绕中心服务大局,始终坚持谋事干事成事

围绕中心、服务大局是人民政协履行职能的重要原则,彰显优势作用的努力方向,评价工作成效的基本标准。近年来,各级政协组织的履职实践表明,人民政协围绕中心、服务大局,主要目标在于助推全面深化改革、服务经济高质量发展、促进社会和谐,基本方式在于协商讨论、议政建言、献计出力,根本路径在于主动谋事、积极干事、努力成事。

主动谋事必须严密筹划各项工作。一方面,要结合区委的工作部署、区政府年度工作报告和区政协年度常委会工作报告,精心制定年度工作要点,制定协商计划,明确全年的主要工作,并将各项工作内容量化具体化,下达到办公室、各专委会、街道政协联络室和界别小组,使政协工作由"虚"变"实",由抽象变具体,使委员谋事有方向、有指标、有要求。另一方面,要进一步加强对委员队伍的管理服务,调动委员履职的积极性。近年来,城阳区政协研究制定了《区政协关于新形势下进一步加强政协委员队伍建设的意见》《区政协委员述职暂行办法》《区政协委员履职工作规则》《区政协委员奖惩与辞职办法》《区政协委员履职考核办法》等一系列规章制度,从机制上约束委员行为,从制度上规范委员履职,从绩效上引导委员尽责,进一步激发了委员的履职热情和积极性。

积极干事必须灵活运用政协履职的方式方法。人民政协拥有重要的话语权,履职的主要方式是会议和经常性工作。政协会议是委员知情明政、反映情况、发表意见、提出建议的主要平台;经常性工作是政协全体会议、常委会议闭会期间,人民政协经常而不间断地履行职能、发挥作用的重要方式,主要包括提案、视察、专题调研、反映社情民意信息、学习、文史资料、对外交往等。政协委员积极干事,就要积极参加各种政协会议,在政协搭建的协商平台上主动协商建言,根据确定的课题或活动的主题,灵活运用经常性工作的方式方法,发挥自身的优势和特长,反映基层在执行党的路线方针政策过程中出现的新情况、新问题,反映界别群众的呼声和愿望,积极主动地贡献政协智慧和力量,切实做

到建言资政和凝聚共识双向发力。

努力成事必须站稳人民立场。人民政协来自人民,每名政协委员都要把实现好、维护好、发展好最广大人民根本利益作为一切工作的出发点和落脚点,牢固树立人民政协为人民的理念,深入实际、深入基层、深入群众,查实情知民意。一方面将党的意志和决策部署转化为各界人士的共识和行动;另一方面将基层群众的"想法"经过调研思考和归纳提炼,变成政协组织召开会议上的"说法",变成经常性工作中的"看法",经过跟踪督办,变成党政机关和部门的"做法",真正做到政为民所议、言为民所建、策为民所献、力为民所出,切实让群众感受到政协离自己很近,委员就在身边。

三、深入调查研究,始终坚持求真求实求准

调查研究是谋事之基、成事之道。对人民政协而言,调查研究始终是议政建言的基础所在,是履职能力的重要方面,也是政协委员的一项基本功。我们要牢固树立没有深入调查研究就没有议政建言权的理念,努力提高工作水平,使调查研究的过程,成为求真求实求准的过程。

求真就是要了解真实情况、说真话。人民政协发挥作用,不是靠说了算,而是靠说得对。因此要坚持问题导向,从客观实际出发,深入基层,深入群众,不断探求真相,认清本来面目。要掌握科学的调查方法,既要看"门面""窗口",也要看"后院""角落";既要看到显性的问题,也要看到苗头性倾向问题;既要把握整体情况,也要善于解剖麻雀;既要听顺耳之语,也要听得进逆耳刺耳之言,从而使全面准确地掌握第一手资料。2018年,结合"不忘初心,牢记使命,实现率先走在前列"大调研活动,由城阳区政协领导带队组成6个调研组,分别对城阳区企业加快新旧动能转换、社区集体卫生室建设、养老工作、城郊旅游、人才队伍建设、加强政务服务建设6个方面进行了深入调研,并针对存在问题提出了有操作性的意见建议,为党政科学决策提供了参考。

求实就是要接地气、解民忧。调查研究的过程也是践行群众路线的过程。人民群众的社会实践,是获得正确认识的源泉,也是检验和深化我们认识的根本所在。调查研究成果的质量如何,形成的意见正确与否,最终都要由人民群众的实践来检验。要选择群众最盼、最急、最忧的问题,真诚倾听群众呼声,真实反映群众愿望,真情关心群众疾苦,主动开展调研。城阳区政协把视察调研作为关注民情、服务民生的重要途径抓好落实。2018年以来,着眼推动区新旧动能转换,对制造业和信息技术融合发展情况开展视察,提出了加大政策扶持,解决人才短缺等建议。着眼提升城市规范化管理水平,对住宅小区物业管理工作进行调研,提出了完善物业管理机制,解决"重建轻管"等问题的建议。着眼树牢安全发展理念,对全区安全生产大数据平台工作进行调研,提出了细化网格、提升监管精度,加强沟通、实现资源共享,全面覆盖、打造智慧安监等建议。着眼丰富人民群众的文化生活,对基层文化设施建设情况开展视察,提出了加大投入保障、打造高素质文化人才队伍等建议。这些视察调研推动了相关问题得到重视解决,进一步拉近了与人

民群众的距离。

求准就是所提建议要有建设性、操作性。调查是研究的前奏,研究是调查的升华。政协开展调查研究的目的就是为了解决问题,推进党委、政府决策科学化。因此,在选题的确定上,要贴近实际,把握针对性。注重选择党政所需、群众所盼、政协所能的课题,找准切入点开展调研。在调研过程中,要坚持群众路线,把握民主性。要深入实际,广泛听取各方面的利益诉求,善于吸纳蕴藏在人民群众的金玉良言。在提出建议过程中,要提升建言质量,把握操作性。认真分析鉴别调查中所掌握的材料,去粗取精、去伪存真,由此及彼、由表及里,分清事物的现象与本质、主流与支流、主要矛盾与次要矛盾,使提出的对策建议符合客观实际、符合群众意愿,具有可操作性。

（作者单位:青岛市城阳区政协）

搭建"四个平台",打造活力政协

——以平度市为例浅谈新时代如何加强政协委员队伍建设

平度市政协

党的十九大报告指出要"增强人民政协界别的代表性,加强委员队伍建设",习近平总书记多次强调"政协委员是政协工作的主体,要懂政协、会协商、善议政",汪洋主席在全国政协十三届二次会议闭幕会上指出要"全面加强委员队伍建设,着力提升整体素质和履职本领"。政协委员是政协组织的基本"细胞",是政协工作的主体,如何加强委员队伍建设,激发并长久保持委员履职活力,是各级政协力求解决的现实问题。本文结合平度市政协的工作实践,就新时代加强政协委员队伍建设进行了一些思考,提出了搭建"四个平台",打造活力政协的思路,以起抛砖引玉的作用。

一、对新时代加强政协委员队伍建设重要性的认识

人民政协职能作用的发挥,主要是通过委员履行职责、开展活动来体现。可以说,政协作用发挥在委员,事业发展靠委员,形象展现看委员,政协委员的政治素质、思想素养、履职水平如何,直接对政协作用的发挥、对经济社会事业发展的推动产生影响。因此,重视和加强委员队伍的思想政治建设、履职能力建设,具有十分重要的意义。

(一)加强委员队伍建设是顺应新时代发展的必然要求

习近平总书记在党的十九大报告中对新时代人民政协"是什么、干什么、怎么干"提出了明确部署和要求。在新的征程中,广大政协委员要积极投身到贯彻落实党的十九大决策部署的伟大实践中,努力在新时代发挥新作用,在新征程中实现新作为。这就需要广大政协委员具备较高的思想水平和认识能力,需要科学把握政协自身发展的规律和特点,紧跟时代发展的步伐,创新政协工作,改进履职方式,提高履职能力,真正做到建言建在需要时、议政议到点子上、监督监在关键处,在服务改革发展大局中发挥更大作用。

(二)加强委员队伍建设是由人民政协性质所决定的

人民政协是统一战线组织,是社会各种力量的大团结、大联合,最显著的特征是具

有"广泛代表性",最直观的呈现便是由各界别协商产生的"政协委员"。各参加单位经过各自推荐和共同协商产生出政协委员,每一位委员都是代表其所在党派或团体、民族、界别参加到政协中来。从参加单位——委员——政协组织的构建关系中,可以得出一个明确的结论,即委员是政协存在的基础,没有各界委员的参加,就没有各单位的参加,也就没有人民政协的存在。因此,只有加强委员队伍建设,充分发挥委员的主体作用,才能真正体现人民政协的存在意义和价值。

（三）加强委员队伍建设是开创政协工作新局面的关键所在

委员是政协开展工作不可或缺的"必要元素",政协在履行政治协商、民主监督、参政议政三大职能的过程中,提供平台、搭建载体、组织活动,但其并非主体,大多时候的定位是"主办方",而委员则是应邀参与、建言献策、大显身手,是政协履职的直接参与者、亲身实践者,发挥着不可替代的作用。政协履职的质量高低、作用大小和工作的成效以及在人民群众中的威望如何,在很大程度上取决于委员的素质和参政议政的水平。因此,加强委员队伍建设,不断提升委员政治把握能力和履职能力,是开展政协工作的关键所在。

二、当前政协委员队伍建设存在的问题分析

近年来,基层政协在加强委员队伍建设方面进行了一系列探索,但从实践看,目前政协委员队伍建设中仍然存在一些亟须解决的问题。

一是部分委员履职意识不强。有的委员把委员身份当成"花环"和"标签",只愿享受荣誉和权利,不愿承担义务和责任,参加活动敷衍了事、走过场,缺乏作为一名政协委员应有的政治素养,甚至出现个别"三不委员",即不积极参加会议,不主动参与调研,不积极撰写提案,将参加政协活动当成一种负担。

二是部分委员履职水平不高。部分委员不能正确处理本职工作和政协工作的关系,认为自身职务是"实"的,政协工作是"虚"的,平常忙于事务性具体工作,对人民政协理论知识的学习不够,对政协工作的重要性认识不足,导致建言建不到点子上、献策献不到关键处,参政议政水平不高。

三是为委员履职搭建平台不够。有的地方政协平时组织活动不够多,委员参与面不广,在拓展履职载体、强化议政功能等方面力度不够大。为委员搭建知情明政平台不够,致使委员在提案、视察、调研、反映社情民意等经常性工作中处于被动。

四是委员考核激励体系亟待健全。对委员管理以"柔性"为主,虽然各地政协相继出台了关于委员履职考核的相关办法,但考核标准不够科学严谨,主要是从宏观角度提要求,微观细节"缺位",缺乏对政协委员履职的刚性制约机制和有效的激励机制。

三、新时代加强委员队伍建设的实践和探索

新时期加强委员队伍建设,必须坚持创新引领,以创新拓展空间,以创新增进活力。

近年来,平度市政协以搭建学习、履职、制度、服务"四个平台"为抓手,创新思路加强委员队伍建设,建立起了"抓学习培训委员、抓履职凝聚委员、抓机制激励委员、抓管理服务委员"的工作格局,推动政协工作更加充满活力、务实有效。

(一)搭建学习平台,突出一个"强"字

重视学习是人民政协的优良传统,也是政协委员增强履职能力的重要保证。主要抓了三个方面:一是坚持政治统领。把学习贯彻习近平新时代中国特色社会主义思想作为统领政协工作的总纲,创办"政协大讲堂",建立领导班子、机关每周集体学习制度,通过邀请专家辅导、组织集中培训、举办专题讲座、开展座谈研讨等形式,引导委员牢固树立"四个意识",坚决做到"两个维护",用新思想武装头脑、指导实践、推动工作。组织撰写的《以"五抓"推动"五个解决",激发委员履职活力》一文,荣获青岛市政协学习研讨习近平总书记关于加强和改进人民政协工作重要思想优秀理论成果二等奖。二是落实党建责任。以打造"情系委员,履职为民"党建品牌为抓手,发挥政协党组核心作用,深入开展"思想大解放、作风大改进、工作大落实"活动,创新"党建+"六大载体(即党建+政协讲堂、党建+主题党日、党建+履职考核、党建+主题活动、党建+双岗双责、党建+文史文化),实现党组织建设与委员履职紧密结合。大力开展红色教育主题党日活动,组织党员委员和机关干部到中共平度一大会址、第一个党支部及临沂红色教育基地开展"不忘初心、牢记使命"主题教育活动,增强了党性修养、责任意识,激发了干事创业激情。三是凝聚思想共识。坚持建言资政和凝聚共识双向发力,组织政协委员开展"大学习、大调研、大改进"活动和解放思想大讨论,引导委员参与青岛"十五大攻势"及平度"十大战役"、新时代文明实践中心建设和"知我平度·爱我家乡"主题教育活动等重点工作,始终做到与市委同频共振、同谋发展。特别是针对信访维稳、拆迁、涉军等难点问题,组织委员站稳政治立场,积极配合市委做好统一思想、深化共识、理顺情绪、团结鼓劲工作,有力发出政协"好声音",助推问题解决。

(二)搭建履职平台,突出一个"活"字

发挥委员作用,激发履职活力,关键在于有"用武之地"和"展现平台"。我们重点搭建了建言议政、民主监督、主题活动等履职平台,充分激发委员履职活力。一是搭建建言议政平台。建立大调研工作机制,采取政协领导挂帅、专委会牵头、界别(组)参与、部门协助的上下联动模式,紧紧围绕科技创新、乡村振兴、营商环境等重点工作,精选课题、精心调研、精准建言,一批有价值、有分量的意见建议转化为政策措施。2019年以来,围绕落实青岛"突破平度攻势"及平度"十大战役"要求,积极参与重大项目集中攻坚活动,组织部分委员采取小分队的形式,深入项目一线视察调研,每周起草报告,提出意见建议,助推重点项目实施。创新常委会协商议政模式,每次常委会都确定一个主题,采取座谈交流、现场视察等方式进行协商。2019年十届十二次常委会,组织常委和部分委员实地视察我市重点项目,让大家感受平度加快发展的态势,增强发展信心。二是搭建民

主监督平台。成立政协委员和谐司法民主监督团,开展"和谐司法委员行"主题视察活动,组织委员走进公检法司等部门,就刑事执行检察、公共法律服务体系建设、基本解决执行难、禁毒等工作开展视察监督,提出合理化意见建议。比如,对于加强基层社区法律服务的建议,我市司法局高度重视,大力推进社区公共法律服务工作室建设,在全市173个农村社区和城区40个居委会设立公共法律服务工作室,建立起市、镇、社区三级公共法律服务体系。将提案作为强化政协民主监督的有效抓手,建成运行政协提案网络管理平台,实行常委会督办、邀请专家督办、媒体参与督办等方式,推动新旧动能转换、城区道路拓宽、美丽乡村建设等一批提案办理效果好、群众评价高。三是搭建主题活动平台。近年来,我们每年都精心策划、组织360多名委员开展丰富多彩的主题活动,先后开展了"我为'食在平度'做件事""走基层·看变化""五进五送"等主题活动,提出意见建议200余条,为群众和企业办实事50余件。2019年正在组织开展"我为'双招双引'做贡献""为平度加油"两项主题活动。其中,"我为'双招双引'做贡献"主题活动,主要是通过政策解读、视察调研以及"五个一"活动(即建立一个关系、传递一条信息、邀请一个客户、促成一个项目、引进一笔投资)等方式,引导委员投身"双招双引"主战场。目前已组织开展专题培训、视察调研20多次,上报项目信息43个,举行项目洽谈21次,签约项目4个。"为平度加油"主题活动,主要是围绕庆祝新中国和政协成立70周年,采取"走、唱、看"等方式,组织开展"为平度加油"政协委员企业行、唱响祖国、书画作品展三项活动,宣传展示70年来特别是改革开放以来平度经济社会发展和政协工作取得的成就,激励社会各界投身"大强富美"新平度建设主战场。目前已组织到企业调研15次,正在进行书画作品征集、唱响祖国活动策划。

(三)搭建制度平台,突出一个"严"字

围绕建立激励和约束机制,进一步完善相关制度,严格委员履职管理,激发委员履职的积极性。一是建立履职考核机制。出台《政协委员履职考核实施办法》,采取100+N的方式计分量化,突出对委员参加会议、视察调研、撰写提案及调研报告等方面的考核。建立履职档案,对委员参加政协会议、活动和参政议政情况进行统计建档,考核结果存入委员履职档案。建立履职述职制度,委员每年底以书面形式向所在的界别(组)报告履职情况,界别(组)向常委会书面报告年度工作情况,作为考核的重要依据。考核结果向委员所在单位反馈,在政协系统内部通报,并向市委组织部、统战部通报,加强委员履职监督。二是建立激励引导机制。加大表彰奖励力度,每年都评选一定数量的先进界别(组)、委员联络室及优秀委员、优秀提案,并加大考核奖励分值,树立起比、学、赶的标杆。利用报刊、电视、网络等媒体,大力宣传履职成效突出的委员先进事迹,发挥典型引导作用。对优秀委员积极向党委和相关部门推荐参与评选劳动模范、"三八"红旗手、优秀共产党员等先进。近年来,共有60多名委员当选各类先进典型。三是建立动态管理机制。为改变过去一届委员干到底的状况,我们建立了动态管理机制。对考核分数低、作用发挥差的委员,视程度轻重,分别给予诫勉谈话、劝其辞职、撤销或终止委员资格处理。对受到党纪政纪处分或涉嫌严重违纪违法已立案审查的,责令辞去委员或撤销委员资格。对因工作变动不宜继续担任委员的,及时进行调整补充。换届以来,因违法违纪撤销委员资格 3 人,因工作变动辞去委员 23 人、增补 24 人。通过实行动态管理,增强了委员队伍的生机活力。

（四）搭建服务平台,突出一个"优"字

把打造"委员之家"作为提升履职效能的基础,以委员满意为标准,以一流服务为导向,着力在"优"字上下功夫、求提升。一是完善服务机制。制定实施全体会议工作规则、常委会工作规则、提案工作条例等规章制度,不断完善工作运行机制,推进履职服务制度化、规范化。建立政协组织"三联系"网络,开展政协领导联系常委、常委联系委员、委员联系群众活动,完善走访委员制度,当好委员的"娘家人"。2019 年以来,已走访委员企业 21 家、一线委员 33 名、困难群众 27 名,帮助解决生产、生活中遇到的难题 20 余个。二是优化履职服务。以打造"智慧政协"为目标,建成运行政协提案网络管理平台,完善网上协商议政、建议建言、履职管理等功能,开启了"互联网＋政协"履职新模式。完善提升"政协 e 站"微信公众号,以及政协常委、界别（组）召集人、政协机关三个微信工作交流群,刊印《平度政协》,形成"一刊一号三群"工作新平台,实现履职交流服务线上线下同步推进。三是推行精细化服务。把服务保障作为政协机关的首要任务,以"思想高境界、工作高标准、业务高水平、服务高效率"为目标,修订完善文电处理、会议组织等制度,制定《工作任务分解表》,实行挂图作战、对账销号,机关运转更加规范高效。设立委员联络活动工作办公室,主要为委员提供学习培训、视察调研、民主监督等服务,委员联络服务实现了常态化、规范化。

四、几点启示

（一）坚持党的领导是政协履职的首要保证

旗帜鲜明讲政治是人民政协的本质要求。作为政协组织,必须始终坚持和维护党的领导,与党委在思想上同心、目标上同向、工作上同步。2019 年以来,我们进一步强化"一线意识",参与落实青岛市委部署的"十五大攻势",积极投身平度市委发起的"十大战役"主战场,组织委员开展主题活动、视察调研、提案办理,既有力推动了中心工作,又扩大了政协影响力。

（二）搭建平台载体是增强履职活力的重要抓手

人民政协能否发挥其重要作用,关键在于如何更好地引导和组织政协委员施展才华、积极作为,发挥好委员主体作用。近年来,我们以搭建履职平台为突破口,为委员履职创造条件,有效提升了政协工作质量和水平。今年组织开展的"我为'双招双引'做贡献""为平度加油"两项主题活动,既贴合我市当前重点工作,又体现了政协特色,起到了凝聚共识、鼓劲加油的作用。

（三）加强委员队伍建设是提升履职实效的基本前提

建设一支"懂政协、会协商、善议政"的高素质委员队伍，是发挥委员主体作用，推动新时代政协工作的基础。近年来，我们通过创办"政协大讲堂"，坚持"请进来"与"走出去"相结合、集中学与个人自学相结合、线上学与线下学相结合，不断完善委员知识结构，提升履职能力。新一届委员无论是参加会议、交流发言，还是参与调研、撰写提案，履职热情和质量均有了明显提高。

地方政协发挥专门协商机构作用的方法路径探究

张凤楠

中国特色社会主义进入新时代,推动人民政协制度更加成熟、更加定型,发挥好专门协商机构的作用成为新时代人民政协的新方位新使命。实现决胜全面建成小康社会,把我国建设成为富强民主文明和谐美丽的社会主义现代化强国,需要人民政协更好地履职尽责、担当作为,肩负起党和人民赋予政协的光荣使命。汪洋主席在全国地方政协工作经验交流会上指出,专门的协商机构既是政协性质、定位、职能的承载平台,也彰显了其在国家治理体系中的重要作用。他还在全国政协十三届二次会议闭幕会上强调,要努力使专门协商机构"专"出特色、"专"出质量、"专"出水平。人民政协作为专门协商机构,其特点在"专",优势在"专"。政协作用发挥得好不好、履职实效大不大,很大程度上也是取决于这个"专"字。

一、专门协商机构的内涵

"专",体现了人民政协的性质定位、使命任务和实践要求,主要有三层含义。

(一)定位上要明确"专责"

政协的性质定位决定了政协是专门协商机构,而不是别的什么协商机构。政协无论是政治协商、民主监督还是参政议政,都需要建立在协商民主的基础之上。虽然党委、人大、政府也开展协商民主,但他们在协商后或做出重大决策,或形成国家意志,或从事行政活动,只有政协才是专门从事协商民主的机构。党委是决策机构,人大是立法机构,政府是行政机构,政协是专门协商机构。以协商建言体现价值作用,这是人民政协作为具有中国特色的制度安排的鲜明特点,也是与党委、人大、政府最显著的区别。人民政协必须集中力量履行协商专职专责,心无旁骛地推动协商民主建设。

(二)任务上要履职"专业"

要担当专门协商机构的使命,需要人民政协在履行政治协商、民主监督、参政议政职能的全部过程中,始终体现作为专门协商机构的专业性,体现政协履行协商职能的制度化、规范化、程序化。从把好政协委员入口关开始，不断规范和完善协商议政的选题机制、协商流程、评估方式、制度体系、履职标准、委员培训等内容，建立健全统一性和自主性相结合的政协协商工作标准体系，努力实现建言资政高质量、制度规范高标准、协商成果高水平、反馈转化高效率、委员队伍高素质，推动人民政协制度更加成熟更加定型。

（三）实践上要突出"专长"

专门协商机构不仅是专门的机构、专业的机构，更应是有所专长的机构，要求协商过程中制订好专项协商计划、建设好履职实践平台、发挥好专门委员会力量，着力提升政协协商民主的质量和实效。必须主动适应新形势新任务新要求，强化政协委员的主体作用，全面提升履职水平，增强政治把握能力、调查研究能力、联系群众能力、合作共事能力，练就协商的"真功夫""硬本领"。必须积极适应全面深化改革的要求、国家治理体系和治理能力现代化的需要以及现代信息技术的发展，强化政协协商的信息技术手段支撑，加强履职内容、方式、平台创新建设，更好地发挥领域深度性、行业专业性和阶层代表性优势。

二、专门协商机构的特点优势

作为专门协商机构，人民政协以协商作为中心工作。在新时代背景下，发挥好专门协商机构的作用必须明确其"专门""协商"的特点优势，才能更好地完成人民政协的使命任务。

（一）主体代表性

人民政协参与协商的主体是各民主党派、工商联、无党派和各族各界人士、社会团体等组成的社会精英，具有广泛的群众基础和统战性。既囊括了各个历史阶段统一战线的所有方面，也汇集了新时代爱国统一战线的各个方面，在政治上有最大限度的包容性，体现了广泛性、多元性的特征。

（二）建言客观性

政协能够站在全局的高度，以比较宽广和长远的眼光，较为客观公正地对问题进行分析、判断、论证，既广泛吸纳各方意见，又敢于指出工作中的不足，提出党政部门因各种因素制约而反映不上来的问题，进而提出解决问题的办法和建议，从而使政协的专题调研具有了相当的权威性和社会影响力。

（三）形式民主性

各民主党派、各人民团体、各族各界人士在人民政协组织中，就国家的大政方针和重要事务，围绕改革发展稳定重大问题和涉及群众切身利益的实际问题，在决策前进行讨论，在决策实施之中广泛协商，在有序参与、团结合作与意见表达中平等协商，求同存异、求同化异，进而凝聚共识，合作共事，体现了协商民主的本质属性。

（四）内容专题性

政协协商的客体是专业性的专题内容，或者是专门问题的协商，需要拥有专业知识和技能的专业协商人士，在充分调研的基础上，通过比较完整的制度程序和参与平台，如政协双周座谈会、专题议政会、界别协商等灵活多样的形式，表达意见和建议。

三、地方政协发挥专门协商机构作用的路径

地方政协是加强党对各项工作领导的重要阵地，是用党的创新理论武装各界代表人士的重要平台，是化解矛盾、凝聚共识的重要渠道。发挥专门协商机构作用，地方政协既与全国政协、省级政协有一脉相承的内涵，又在实践层面具有地方政协的特殊性，各有侧重、各有特点。在地方政协履职中，必须突出"专"字，最大程度发挥专门协商机构的优势和作用，提升建言履职工作质量。近年来，青岛市政协认真贯彻习近平总书记关于加强和改进人民政协工作的重要思想，提出了"专注发展、专心为民、专力履职"的政协工作理念，致力传递政协之声、构建政协之网、打造政协之家、贡献政协之力，更好地发挥人民政协作为专门协商机构的作用。

（一）专注发展，做促进高质量发展的专门协商机构

政协具有地位超脱、智力密集、人才荟萃等独特优势，既能从相对客观的角度为发展提建议、献智慧，又能站在大局的立场为发展凝共识、聚能量，对经济社会发展具有重要促进作用。地方政协作为专门协商机构的作用首先体现在围绕中心服务大局，为更好地服务高质量发展而协商。政协专注发展，就是带着对城乡发展的责任感、使命感，自觉立足大局，紧紧围绕大局，始终把政协履职的切入点、着力点和落脚点，放到党政所需、发展所要、人民所盼、政协所能上，做到党委政府工作推进到哪里，政协履职就跟进到哪里，作为专门协商机构的作用就发挥到哪里。同时，专注于为发展汇聚智慧力量，多做思想引导、协调关系、凝心聚力的工作，既要加强思想政治引领，广泛凝聚共识力量，不断夯实共同思想政治基础，又要充分发挥协调关系、联系广泛的优势，积极开展各类服务招商引资、招才引智工作，既为发展"凝心"，又为发展"聚力"。2019 年以来，青岛市政协按照省委、市委部署，出台了《政协青岛市委员会"工作落实年"行动方案》，紧紧围绕市委市政府发起的 15 个攻势，主动对接市委市政府"工作落实年"方案中的 21 个方面的 82 项工作任务，结合年度协商计划，研究确定 33 项重点工作项目，以各专门委员会为依托组建 27 个工作小分队，发挥政协职能优势，深入"一口六区"工作一线开展监督议政和视察调研，协调解决各相关领域重点、难点、堵点、痛点问题，助力"工作落实年"打硬仗、攻山头、炸碉堡。聚焦新旧动能转换重大工程，历时一年开展了新旧动能转换系列视察调研，形成的在新旧动能转换中培育发展集成电路产业、建设国际一流海洋发展中心、加快科技创新成果转化、促进全域旅游发展等 6 篇近 10 万字的系列建议案，得到市委市政府采纳，为推动青岛高质量发展做出积极贡献。我们还出台了《市政协服务全市招商引资

招才引智工作方案》,通过走访全国政协、发达地区政协部分知名委员和省、市政协委员,邀请客人来青考察投资环境,大力招引优质项目和人才。目前,累计对接"双招双引"项目67个,其中40个已签约落地。

(二)专心为民,做不断满足人民群众对美好生活向往的专门协商机构

人民政协具有联系群众、团结各界的重要作用,既是各界群众的"代言人",又是党委政府与群众的"连心桥"。地方政协要始终把人民群众对美好生活的向往和反映强烈的热点、难点、堵点、痛点问题作为协商的重中之重,做到人民政协为人民。政协专心为民,就是坚持以人民为中心的发展思想,把工作重点放在促进保障和改善民生上,努力协助党委政府破解民生难题,补齐民生短板,增进民生福祉,让改革发展成果更多更公平地惠及广大人民,让人民群众有更多获得感、幸福感、安全感。在乡村振兴战略大背景下,地方政协要注重工作重心下移,积极引导政协委员深入基层特别是农村社区、农业园区、农村贫困户履职尽责,为实施好乡村振兴战略服好务,围绕打赢脱贫攻坚战、乡村产业融合发展、新型城镇化和城乡一体化等工作组织深层次调查研究,积极助推乡村产业振兴、人才振兴、文化振兴、生态振兴、组织振兴。青岛市政协出台了关于开展"五进五送"活动的意见,组织动员政协委员"进社区、进乡村、进企业、进学校、进军营,送科技、送文化、送健康、送爱心、送服务",活动开展以来共深入基层单位370余个,服务军民8000余人,进一步密切了政协与人民群众的联系。2019年以来,为有效应对浒苔灾害,回应青岛广大市民反映强烈的黄海海域连续十余年大规模暴发的紧迫问题,市政协集中力量对加强浒苔治理进行了系列调研,先后起草了《关于刻不容缓将治理黄海海域及岸线浒苔灾害列入国家污染防治攻坚战的提案》《关于建立省际合作机制,加强黄海海域浒灾治理的提案》,分别提交全国政协、省政协全会,并围绕"加强浒苔治理,保护近海生态环境"进行了重点视察,向市委、市政府呈报了《加强浒苔治理刻不容缓,保护海洋环境责无旁贷》的协商议政专报,市委主要领导同志批示有关部门抓紧解决。

(三)专力履职,做与时俱进本领高强的专门协商机构

汪洋主席强调,新时代的人民政协要有新时代的样子,要按照懂政协、会协商、善议政,守纪律、讲规矩、重品行的要求,着力提升整体素质和履职本领,担负新的使命、成就新的光荣。地方政协作为专门协商机构,要在协商上体现专长,突出人民政协协商的特点和优势,全面提升政协协商的专门化水平。政协专力履职,就是牢牢把握人民政协性质定位,着眼新时代人民政协组织和委员的新使命,科学把握人民政协自身发展的规律和特点,创新履职方法,丰富履职形式,拓展履职渠道,以改革思维、创新理念、务实举措不断增强履职水平。要进一步发挥委员主体作用,激发委员履职热情,加强委员队伍建设,组织、引导和激励全市政协委员立足本职和委员岗位,充分发挥其在政协工作中的主体作用、本职工作中的带头作用、界别群众中的代表作用,为经济社会和政协事业创新发展,努力尽双责、展风采,实现双作为、双贡献,完成好党和人民交办的"委员作业"。青

岛市政协着眼更好发挥政协智力、智慧、智库优势，在全省率先出台了《关于建设"智慧政协"的意见》，面向广大委员、人民群众、专家学者、社会各界，建立了"智慧政协1+10"平台系统，开启"互联网＋协商"新模式，打造24小时在线永不关门的建言资政、凝聚共识"双向发力"工作平台，促进协商手段智能化、惠民服务平台化和智库建设专业化。2019年4月，市政协通过"智慧政协"系统召开了以"办好一次会，搞活一座城，加快建设开放、现代、活力、时尚的国际大都市"为主题的网络议政远程协商会，来自青岛主会场的委员，我国香港、澳门分会场的委员，身处俄罗斯、日本、加拿大、美国等地的部分海外友好人士以及部分出差在外的市政协委员通过视频连线积极建言献策，就发展旅游业、会展业、提高青岛国际知名度、海外高层次人才引进、借力海外社团组织作用、营造良好营商环境等提出了115条意见建议，形成了一批促进现代化国际大都市建设的履职成果。

（作者单位：青岛市政协）

加强新时代政协委员队伍建设的几点思考

即墨区政协

政协委员是政协工作的主体,建设一支"懂政协、会协商、善议政,守纪律、讲规矩、重品行"的委员队伍是提升政协组织履职能力的必然要求,也是做好新时代政协工作的有力保障。党的十八大以来,中共中央和全国政协对委员队伍建设提出了一系列新思想、新要求、新部署,特别是党的十九大报告中明确指出要增强人民政协界别的代表性,加强委员队伍建设。

结合近两年来的委员管理工作和履职实践,本文谈几点认识和体会。

一、委员队伍建设容易出现的问题

汪洋主席在习近平总书记关于加强和改进人民政协工作的重要思想理论研讨会上的讲话中特别强调"要切实加强对委员的教育、联系和管理,坚决克服和防止管理上软、组织上散、工作上松等问题",明确指出了委员队伍建设中容易出现的几方面问题。

(一)管理上"软"的问题

一是委员产生机制不够完善。当前,各级政协的人选推荐工作,由各党派、团体、单位等推荐后,党内的由同级党委组织部提名,党外的由同级党委统战部提名,建议名单由统战部汇总,在征求组织部、政协党组意见后,报党委审定,然后由政协常务委员会协商决定。对此,有政协工作人员和学者认为,由于政协常委们对名单上的大多数人不了解,一般会表决通过,造成了"选人的不管人""管人的不选人"的"两张皮"现象,进而影响政协工作的开展。

二是"柔性"管理特征较为明显。政协组织是中国人民爱国统一战线的组织,带有统战工作特有的讲团结、交朋友的性质,因此政协组织对政协委员的服务管理,不同于政党对党员、单位对职工的管理,在思想上包容性强,在纪律管理上"软要求"多、"硬约束"少,在履职管理上表彰激励多、批评惩戒少。从以往各级各地政协的实践来看,有的政协组织重视建言资政的"实绩",忽视对委员思想的政治引领。

重视对委员的联系和服务,忽视对委员的教育和管理,特别是在建立委员的惩戒、"退出机制"方面做得不够完善。这也导致个别自律性不强的委员凭借政协委员的身份做一些与履职工作无关却有损政协形象,甚至是违法乱纪的事情。

（二）组织上"散"的问题

从来源结构看,政协委员来自各党派、各阶层、各群体,分布于各行、各业、各界,不像政党组织那样具有鲜明的阶级性。从组织结构看,县(市、区)政协是各级人民政协中最基层一级组织,所管理服务的委员人员数量较多,不便于组织管理,而通过在各乡镇、街道设置政协委员联络室的方式所服务管理的政协委员人员数量有限。同时,政协委员界别组也属于松散型组织,其中党派团体界别有专门的组织机构为依托,界别活动相对容易组织;其他界别由于缺乏有效的组织形式和载体而显得过于松散。这也导致很多时候委员撰写提案、反映社情民意等履职活动相对独立,处于"单兵作战"的松散状态。从中共党员委员作用来看,在中共中央、全国政协党组做出加强新时代人民政协党的建设工作要求部署之前,有的政协组织中党的组织建设不够健全、中共党员作用的发挥不充分,如中共中央办公厅印发的《关于加强新时代人民政协党的建设工作的若干意见》中明确提出:"人民政协党的建设同新时代新使命新要求还不完全适应,特别是存在思想认识不到位、组织设置不健全、政协特点不突出、党员委员作用发挥不充分等问题,需要从实际出发切实加以解决。"

（三）工作上"松"的问题

除了在政协机关部分驻会的政协领导和个别兼任机关干部的政协委员外,多数政协委员都有自己的本职工作,是各行业、各单位的负责人或业务骨干,有的委员还肩负多个社会兼职,日常工作异常繁忙,这也导致了少数委员把担任政协委员作为一种荣誉,甘当荣誉委员、挂名委员,存在既不主动履职也不愿主动辞职的现象。如个别委员不经过深入调研,便提出一些不切实际的意见建议;还有少数委员多年不提一件提案、不反映一件社情民意。

二、加强新时代政协委员队伍建设的几点建议

（一）加强对委员的管理

首先,应通过主动参与把好委员的"入口关"。2018年3月15日新修订的政协章程规定:"中国人民政治协商会议全国委员会委员经相关程序后,须由中国人民政治协商会议全国委员会常务委员会协商决定。地方委员会委员经相关程序后,须由各级地方委员会常务委员会协商决定。"进一步明确了委员协商产生的程序。从各地探索来看,政协组织应主动参与其中,一是区政协党组应主动与组织部、统战部和有关推荐单位建立党委领导下的多方联动机制,切实参与到名额分配、酝酿提名、沟通协商、审查评价、组织考察、研究公示等具体工作之中,避免推荐的单位将委员推荐作为一种荣誉或政治待遇来

分配。二是可以通过政协党组提出建议留任名单的方式,推荐往届的优秀委员继续留任,确保熟悉政协工作的优秀委员在换届后占据一定比例。三是要充分依靠有关单位共同帮助把关。政协委员中,汇聚了我区经济、政治、文化、社会建设中方方面面的代表人士和先进人物,体现了广泛性、包容性、代表性,单靠一个部门很难对来自各个界别的委员推荐人选都把好关,这就需要在党委的领导下,政协机关、组织部、统战部和有关部门共同携手把关。如2017年即墨区政协在换届时,按照"谁推荐谁负责、谁提名谁负责、谁考察谁负责、谁管理谁负责"的原则,组织各推荐单位、审查单位做了大量深入细致的工作,其中公安、计生等21个单位对初步建议人选进行了联合审查;税务等15个单位依托中央统战部非公有制经济代表人士综合评价系统,对初步建议人选中的非公有制经济人士,实事求是地确定了评价等级和结果,不仅确保了每一位新任委员在遵纪守法、计划生育、个人诚信等方面都没有不良记录,而且对新任委员起到了很好的警示和教育作用,使他们更加注重"守纪律、讲规矩、重品行"的要求。

其次,应通过加强教育培训强化委员管理。重点是围绕加强思想政治引领,聚焦习近平新时代中国特色社会主义思想、政协章程等政治理论、政协知识和履职所需的经济、科学技术、法律等知识,建立以党组理论学习中心组学习为引领,以主席会议集体学习、常委会学习讲座、委员培训学习、报告会相结合为重点的学习制度体系,不断增强委员的政治把握能力、调查研究能力、联系群众能力、合作共事能力。近两年来,我区政协累计组织党组理论中心组学习和主席会议学习39次、常委会学习7次,组织2期69名委员参加的政协履职培训班,对履职方式方法进行讲解;举办5期456名委员参加的"委员论坛"。同时,还建立完善了线上、线下相结合的学习平台。在线上,通过在智慧政协系统、政协网站开辟学习专栏,及时向委员推送政协机关编发的44期103万字的学习活页等有关学习资料,使委员可以随时随地利用手机或电脑学习,及时掌握了习总书记近期的重要讲话精神以及上级党委、政协和区委的新要求、新部署,提升了政治站位。在线下,将各级各地政协委员协商发言经验体会等内容编成5册50万字的《学习资料汇编》,将近2年政协全会和11次专题协商会的173篇协商发言材料汇编成册,提供给委员学习,为委员更好地协商议政提供了范例和参考。

第三,应通过走访联系做好委员的服务管理。加强政协领导和机关干部与政协委员间的联系是发挥政协作为统一战线组织的重要作用重要举措,更是密切联系委员,做好委员服务管理的有效手段。密切联系委员的过程也是增进委员对政协组织认同感的过程,有助于督促委员树立委员意识,从严要求自己、教育自己。特别是通过加强与委员的联系,政协领导和机关干部可以深入了解委员履职工作情况和思想、品行,对委员履职予以帮助和指导,及时帮助委员解决工作和生活中面临的问题,有的放矢地对委员的言行进行规范和引导。自2017年换届以来,即墨区政协对委员的联系由过去一般性的联系走访,逐步深化到了"以联系党外常委、党外委员、界别组和联络室、委员所在骨干民营企业及委员经营的乡村产业振兴项目,促常委、委员思想凝聚,促组室服务管理水平提升,以及促委员经营的企业、乡村产业振兴项目更好地在新旧动能转换和乡村振兴中发挥引领作用"为主要内容的"五联五促"活动。

（二）强化政协组织建设

一是以加强新时代人民政协党的建设来增强政协组织的凝聚力。认真贯彻落实好中共中央、全国政协党组关于加强新时代人民政协党的建设的要求,全面推进人民政协党的政治建设、思想建设、组织建设、作风建设、纪律建设,有利于发挥各级政协党组在政协工作中的领导核心作用、基层党组织的战斗堡垒作用,有利于依托党的建设引领提升新时代政协各项工作,增强政协组织的向心力、凝聚力。特别是受党的指派参加政协的中共党员在政协委员组成上占有相当数量,理应通过加强党的建设,使之发挥好先锋模范作用,成为全体政协委员的主心骨和政协工作的顶梁柱。如即墨区政协通过推进"两个全覆盖"(党的组织对党员委员的全覆盖,党的工作对政协委员的全覆盖)和"三个直通车"机制(政协党组与机关党总支及其下设各支部"直通车"机制,政协党组成员与各民主党派、政协各界别"直通车"机制以及政协党组、机关党总支及其下设各支部与党员委员、党外委员、界别群众"直通车"机制),有力地通过党的建设带动了政协组织建设,焕发了委员新活力。

二是以加强基层组织建设增强政协组织的凝聚力。"基础不牢、地动山摇",只有充分重视并强化政协的基层组织建设,严密其组织体系,才能更好地增进政协组织的凝聚力。一方面,要进一步加强镇街政协委员联络室建设。政协工作和统战工作向基层延伸,是历时发展的必然趋势。镇街政协委员联络室虽然不是政协章程中明确规定的政协组织序列中的一级,但却是政协组织联系和管理驻有关镇、街和村居政协委员的重要平台,同样发挥了重要作用。另一方面,要进一步加强界别组建设。界别作为政协的基本组成单元,是政协区别于其他政治组织最显著的特色,也是政协履行政治协商、民主监督、参政议政职能的主要依托。近年来,即墨区政协专门出台了"政协基层组织建设年"活动意见,使34个镇街政协委员联络室和政协委员界别组都按照"有委员活动场所、有规范的制度、有长效工作机制、有经常性的活动、有实际成效"的标准建设了委员活动室,通过每年都召开界别组、联络室观摩交流会,指导各组室依托活动室定期组织开展学习、议政调研、视察和委员述职等活动,建立起"年初订计划、年中抓调度、年末做总结"的组室活动模式,有力提升了全区政协委员的组织化程度,较好地解决了组织上"散"的问题。

（三）发挥好委员在履职工作中的主体作用

一是应搭建委员活动平台。要让委员在做好本职工作的同时履好职、尽好责,必须搭建平台,积极组织引导,为委员履职创造条件,搞好服务。如自2017年2月以来,即墨区政协通过搭建双月专题协商的协商平台,组织全会协商2次、专题协商会11次,累计向区委、区政府报送专题协商报告(建议)11份、高质量协商发言材料173篇。在开展"撰写一件高质量的提案、参加一次调研视察或协商议政活动、反映一条好的社情民意、联系帮扶一户困难群众、在促进社会和谐中化解一起以上矛盾纠纷、立足岗位为本单位重点工作做出一份突出贡献"的"六个一"主题活动中,广大委员已撰写提案 479 件、立案 287 件,反映社情民意 267 条,参与调研视察活动 537 人次,帮扶困难群众 648 人次,化解各类矛盾纠纷 684 起,立足岗位建功或受到区级以上表彰奖励 321 件次,5 名委员在省政协开展的"政协委员谈履职"征文活动中获奖。

二是应健全委员意见建议督办及办理反馈机制。从实践来看,如果党委、政府和有关部门对委员所提出的提案、社情民意、协商建议等意见和建议重视程度高,做到办理到位、反馈及时,使委员切实感到自己的意见和建议得到重视,能够被及时采纳落实,则有助于激发委员履职的积极性。近年来,即墨区政协围绕这一问题进行了研究和探索,联合区委区政府研究制定了《政协建议和提案及社情民意的办理办法》,开展了主席督办重点提案、提案办理面复会等活动,建立起委员协商议政意见建议的办理机制。2017 年以来,即墨区政协所提报的专题协商报告(建议)和社情民意专报均得到区委区政府主要领导批示 20 次。所转交的 11 份协商建议、287 件立案提案、9 期社情民意专报和 8 份视察意见均被区政府纳入常务会议专题研究,办理情况均得到有关部门书面答复,确保了委员们所提的多数意见得到办理落实,委员们履职热情不断高涨。

三是应健全委员考核管理和表彰机制。汪洋主席强调,要强化委员履职考核,建立委员履职档案,引导委员做好"委员作业"、常委交好履职报告。事实上,委员的考核管理和表彰是一项较为系统、较为复杂的工作,需要建立具有可操作性的覆盖日常管理、履职情况反馈、奖励表彰、惩处等一整套的制度体系作为保障,才能确保考核管理和表彰公平公正公开,从而确保从激励与约束两方面对委员履职起到促进作用。对此,即墨区政协在总结历届政协经验的基础上,专门建立健全了动态管理的委员履职档案,制定了委员职责履行及管理办法、委员履职考核暂行办法等 29 个政协工作和委员管理制度,对委员履职的方法、程序、途径、保障措施等方面做出了全面细致的规定,形成了"日常跟踪管理、定期予以反馈、年度述职考核、全会表彰奖励"的委员履职管理机制。通过认真做好先进委员和优秀提案、优秀社情民意评选,邀请区委区政府主要领导在区政协全会上与区政协领导一起给获奖委员颁奖,对获奖委员隆重表彰;每年向委员推荐单位(所在单位)反馈委员履职情况;建立区政协领导约谈委员制度,研究起草了委员退出和暂停履职办法,起到了良好的效果。

关于加强政协委员队伍建设的研究

刘明娟

政协委员是参加人民政协的各党派团体、各族各界人士的代表,是政协组织的细胞,是建设社会主义物质文明、政治文明、精神文明和构建社会主义和谐社会的重要力量。发挥政协委员履行职能的主体作用,是人民政协履行政治协商、民主监督、参政议政职能的重要基础和关键。如何提高政协委员队伍的生命力,如何最大限度地发挥每个细胞的主体作用,促进整个机体的健康发展,提高政协履行职能的水平,是我们在新时期打造一支过硬的委员队伍所面临的课题。本人担任政协副主席十几年,就政协队伍建设工作做了一些调研和思考。

一、政协队伍建设工作存在的问题及原因

近年来,主动要求当政协委员的人士越来越多,群众有话也愿意向政协委员说,有事也愿意找政协帮。大部分政协委员在履行"政治协商、民主监督、参政议政"职能中,积极参加政协组织的活动,深入实际调查研究,认真撰写提案,反映社情民意,为和谐社会建设发挥了"协调关系,汇集力量,建言献策,服务大局"的作用,使人民政协事业兴旺发展,政治地位不断提高,社会影响力也不断扩大。但客观地讲,政协队伍建设面上还存在以下问题。

(一)进前"热",进后"冷"

随着我国民众政治进程的推进,人民政协的地位越来越高、作用越来越大。人民政协处在一个大有可为的时期,有人想借政协的这个舞台展示自己的才华,有人想借政协这个平台广交朋友,有人想借政协这个大家庭找到归属感,有人想借政协委员的政治身份为大众为社会做点事情,因此,加入人民政协的热情越来越高,老委员努力表现,争取"留下",新委员通过各种渠道拉关系、找门路进入。但是,一旦名单定下,大会一开,很多委员就以种种借口不参加活动,甚至连一年一次的大会也请假。特别是为体现公开、公平、公正,各单位在开展"民主评议""电视开奖""公开审判""公用事业听证"等工作

时,有时会邀请包含政协委员在内的各界权威人士参与监督,政协委员联络室打电话问一个,说"有事",再问一个,说"出差了",往往是一个上午打几十个电话,落实不了三五个委员。

出现这种现象的原因,一是有些企业委员进入政协队伍的动机不纯。有人只是想捞取政治荣誉以抬高自己的社会地位,有的只是为了扩大自己的社会交往面,宣传自己的业务,推介自己的产品,提高自己的经济利益。二是有些党政或党群机关委员是职务委员,自己并没有当政协委员的愿望,只是因为自己在那个岗位上,担任那个职务,必须是政协委员。三是部分专业技术人员,自己没想加入政协,但因为政协队伍的专业、党派及男女结构等要求,组织安排他们当政协委员。

(二)勤于说,懒于写

政协委员履行职能很重要的途径就是写社情民意和提案,而很多政协委员却"让我说说行",就是懒于动笔。有的当一届政协委员,一个提案也不写,只"吃馒头,举拳头";有的只在每年大会期间提交一个提案,也只是三言两语,应付了事;有的勉强写提案还行,如果让他写个调研报告或发言材料,那真是太难了。其原因,一是不会写。有的委员平时不从事文字工作或很少与文字工作打交道,一涉及文字材料就打怵,说两句可以,一旦要落到纸上,往往像茶壶里煮饺子——肚里有,倒不出来。二是不喜欢写。有的委员喜欢干、不喜欢写,工作干了,不习惯总结与提炼。平时只关心自己的工作,对于市委、市政府的重点、难点、冷点工作,群众关心的热点、焦点工作应如何抓、如何解决,不在意或懒得在意。三是不想写。每届政协会,委员们大都珍惜委员的话语权,代表群众发声,围绕党委政府中心工作、重点工作,围绕群众关心的热点、难点问题提建议、出主意,但往往是提案答复快、落实慢,有的根本得不到落实,有的提案"回娘家",自己提了,最后还是自己或自己单位来答复。各级党委政府对提案工作非常重视,经常是"两会"刚闭幕,主要领导迅速召开人大代表和政协委员建议工作会议,要求高度重视,强化办理措施,加大办理力度,明确办理时限等,但是,政府办公室将提案按系统归口分类,很快就分解到部门,办理工作就成了部门的事情了。很多提案的落实需要资金的支持,往往是困难重重。如此,有些提案就是提了白提、写了白写,委员写提案的积极性受到极大的挫伤。

(三)主动少,被动多

主要表现在以下几个方面:一是不主动联系。政协主席、副主席或常委联系委员,委员都很热情,但很少有委员主动联系主席们或常委们。二是不主动要求承担政协任务。大部分政协委员都是"听通知",叫开会就开会,叫调研就调研,叫视察就视察,一叫就到,但一言不发,什么任务也不承担。三是不主动建议。大部分委员对政协组织开展的工作有什么意见建议、政协委员队伍中存在哪些问题毫不关心,有的委员对市委市政府哪些工作需要改进,也懒得关注、思考,只在每年召开全体会议期间才写个提案应付差事。

出现这些问题的原因,一是政协委员大都兼职,工作繁忙,没有过多精力参加政协工作。二政协这个大家庭缺少吸引力,开展的活动形式单一,内容乏味。三是委员缺少政治责任感,不珍惜政协这个参政议政、为民服务的平台。

二、加强政协队伍建设工作的几点建议

(一)加强系统培训

近年来,组织、统战部门对政协委员的入口把得越来越严格,一方面要经过各级各系统推荐,另一方面要经过公、检、法、纪、计生、税务、劳动等20多人部门审核,大部分委员政治素养好、理论水平高、参政议政能力强,但个别水平还是参差不齐的。因此,必须对委员进行培训,不应仅满足于政协理论和提案撰写培训,需要全面系统的培训。

一是加强理想信念教育。政协队伍中,非中共委员占60%以上,中共党员委员要"守初心、担使命,找差距、抓落实",非中共党员委员也应"守合作初心、担合作使命、找差距、抓落实",所有委员都应加深对新时代中国特色社会主义思想和党中央大政方针的理解,学深悟透、融会贯通,增强贯彻落实的自觉性和坚定性,提高运用党的创新理论指导实践、推动工作的能力;都应坚定对马克思主义的信仰、对中国特色社会主义的信念,传承红色基因,增强"四个意识"、坚定"四个自信"、做到"两个维护",自觉在思想上政治上行动上同党中央保持高度一致,始终忠诚于党、忠诚于人民、忠诚于马克思主义。

二是加强道德与法律教育。政协委员不是普通百姓,政协委员的言行举止、精神风貌倍受大众关注,直接影响着政协队伍的形象,政协委员必须做全社会道德的模范和遵纪守法的榜样。为此,对政协委员应加强"爱国敬业、诚信友善、孝老爱亲、见贤思齐"等道德教育和"守纪律、讲规矩、遵章程"的法律教育,使政协委员不断提高个人修养,自觉践行社会主义核心价值观,锤炼道德品质,勇于担当责任、守住底线,处处以纪律、规矩、道德为指南和准则,以知促行、以行促知,知行合一。

三是加强方针政策辅导。新时期新阶段,面对世界日新月异的发展变化和国内改革攻坚的繁重任务,随着政协参政议政领域的不断拓展,政协委员需要学习的内容很多,任务很重。加强学习是实现党和国家总路线、总任务的重要保证,是推进人民政协事业向前发展的强大动力。可以采取"走出去、请进来"的等方式。把知名的专家、教授请进来,也要带委员走出去,到人民群众中去,到工作实践中去,具体方式可以灵活多样,不拘一格。

四是政协理论及参政议政履职能力培训。政协委员,尤其是刚换完届新增政协委员,虽然他们都是各行各业的骨干精英,但对于"政协是什么、政协委员做什么及政协委员如何做"大都不清楚。因此,对政协委员应进行政协理论及参政议政履职能力培训。让政协委员对《中国人民政治协商会议章程》《十九大背景下的宏观经济走势》,协商民主与社会治理的关系,政治、经济、文化、社会、生态等有关政策及国情、市情、社情、民情等有所了解,对新时代人民政协如何履职、如何寻找参政议政的切入点、如何调研、如何

撰写提案等进行辅导。

（三）做实委员之家

真正的委员之家，"家庭成员"要走动，相互间要关心、帮助，有了难事愿意回家诉说，有了好事愿意回家分享，有了问题，大家群策群力帮着解决。

一是做实联系制度。主席联系常委、界别，常委联系委员等，不能只停留在纸面上，而要落实到行动上。只有常联系，才能彼此熟悉，了解委员的生活、工作状况，碰撞履职切入点，发现履职典型。

二是搭建联系平台。联系需要载体，通过开展活动，加强"家庭成员"间的联系。如，开展委员走访活动；举办政协成立70周年文艺联欢、歌曲快闪；举办践行社会主义核心价值观或新时代文明实践活动演讲比赛；举办岗位建功或履职经验交流会等。

三是开展服务委员活动。每届或每年选择一个主题，在全体委员中或在各界别组中开展帮扶活动，帮助委员解决生活或工作中的困难。

四是要搞好服务保障。积极协调委员所在单位为委员参加政协活动从时间、工作安排上尽可能提供方便；要为委员活动提供经费保障。

五是要做好宣传工作。通过网络、报纸等媒体报道委员的点点滴滴。报道委员的本职工作情况、荣誉，报道委员参政议政的情况，报道委员关心社情民意、视察调研的工作等，让群众了解委员、支持委员，增加委员的主体意识，更好地履行职能。

（作者单位：青岛市平度市政协）

拓宽界别工作渠道　彰显政协组织特色

市北区政协

界别是组成人民政协的基本单位,由界别组成是人民政协组织的显著特色。习近平总书记指出:"要适应经济社会发展和统一战线内部结构变化,深入研究更好发挥界别作用的思路和办法,扩大团结面、增强包容性,拓展有序政治参与空间。"人民政协要在新时代取得新成就,就必须高度重视界别建设,积极探索发挥界别作用的方法和途径。

一、正确认识界别组成特征,把握界别实质

从我国政治体制看,人民政协是唯一由界别组成的政治组织。政协界别是参加政协的各党派、人民团体、各民族和各界人士在政协组织中的具体划分,也是政协会议的组织形式,集中体现了政协的广泛代表性、党派合作性和民主协商性。界别是人民政协产生、存在和发展的社会基础,是人民政协区别于其他政治组织的显著特征,是人民政协性质的集中体现,也是人民政协发挥作用的有效载体。

（一）由界别组成使团结和民主成为政协最鲜明的主题

政协委员是来自各民主党派、有关人民团体和各条战线、各阶层、各民族的代表人士。这些界别基本涵盖了社会的各个层面,通过政协集中上来的意见建议,很大程度上能够代表人民群众的意愿和呼声,这为执政党推进民主政治、建设社会主义政治文明,提供了一条听取不同意见的极其重要的民主渠道。通过政协组织,党委、政府既可以了解基层的呼声,又可以听到善意的批评,有利于发扬民主,求同存异,增进共识,凝聚力量,从而使人民政协成为发扬社会主义民主的重要形式,成为各党派、各团体、各民族、各阶层大团结大联合的组织,使团结和民主成为人民政协最鲜明的主题。

（二）由界别组成使政协具有其他组织无法比拟的优势

在政协委员中,专家学者、专业技术人员和各族各界优秀代表人士占有相当比例,形成了政协的三大优势,即联系广泛、智力密集、位置超脱。联系广泛,是因为政协委员来自社会的各个层面,每个委员都联系着周围的若干群众,通过他们集中上来的意见建

议,代表了相当广泛的人群。智力密集,是因为政协委员中集中着大量各行业、各领域的精英,他们有能力发表真知灼见,发现一些党委、政府顾及不到的重要问题。位置超脱,是因为政协委员亦官亦民,不为个人利益、部门利益所限,敢于讲实话、讲真话,敢于指出各方面工作中存在的突出问题,善尽"诤友"之责。一些党政部门因受各种因素影响反映不上来的问题,政协委员可以开诚布公地提出来。正是因为由界别产生这一显著特征,才使政协具有联系广泛、智力密集、位置超脱这三大优势,这是其他组织无法比拟的。

（三）由界别组成使政协在构建社会主义和谐社会中具有独特的作用

随着改革开放进入深水区,社会的经济结构、利益关系、人们的思维观念发生了很大变化,在全体人民根本利益一致的基础上,各种利益群体及其愿望和诉求增多,界别在社会政治生活中的影响更加突出。发挥政协界别作用可以为各民主党派、工商联和各人民团体以组织名义发表主张提供场所,可以了解新时期各阶层、各利益群体的状况及呼声,可以吸纳各方面的智慧,促进决策的科学化、民主化,改进和完善党和政府的工作,还可以通过界别渠道宣传党的政策、增进共识,有效地协调关系、化解矛盾,做团结各界、凝聚人心的工作。

二、理顺各种关系,创造发挥界别作用的良好氛围

政协界别代表着各阶层、各群体、各族各界人士的利益,体现了人民政协在组织上最广泛的代表性和政治上最大限度的包容性。充分发挥界别作用,就必须有效地在理顺各种关系中促进整体优势的发挥。

（一）处理好界别与专门委员会之间的关系

专门委员会和界别是相辅相成、相互促进的。专门委员会要想发挥好整体作用,就必须兼顾各界别要求,统筹考虑界别的特殊功能,尽可能扩大界别和委员的参与面,把政协位置超脱、人才荟萃等优势转化为政协工作优势。界别要发挥好自身作用,也应在专委会的指导下开展活动,通过参加专委会组织的会议和活动,了解党委、政府以及政协的工作重点,做到知情明政。

（二）处理好界别与界别的关系

在决胜全面建成小康社会的过程中,要妥善处理好各种重大的关系,凭单一群体很难成功。尤其是开展针对某一课题的调研活动,更要注意搞好界别间的互补和联动,通过各界别相互邀请参加调研视察、共同组织活动等多种途径,优势互补、资源共享,形成整体合力,使界别作用发挥得更充分,履行职能更富有成效。

（三）处理好界别与委员的关系

委员来自各个不同的界别,但又分布在各个不同的单位。处理好界别与委员的关系,主要是要强化委员的界别意识,使委员认识到作为政协委员履行参政议政职责不是个人行为,而是代表着一个群体、一个界别,从而自觉地加强与所在界别群众之间的联

系,真正把发挥界别作用的群体功能同发挥委员个体作用相结合,积极反映所联系群众的意愿和要求,真正成为本界别名副其实的代表。

(四)处理好界别与委员所在单位的关系

政协委员既是"政协人",也是"单位人",委员参加界别活动,必然会挤用本单位的工作时间。因此,委员参与政协工作,发挥界别作用,就要与本单位做好沟通,主动争取本单位领导的理解和支持。委员所在单位也应积极支持委员参与政协界别活动,及时向委员通报情况,定期或不定期地征询委员意见,为政协委员发挥作用创造条件。

三、构建长效机制,推进界别工作的制度化、规范化和程序化建设

从目前情况看,存在着个别委员界别观念淡薄、界别工作不够活跃、界别机制不够健全、界别作用发挥不够明显等问题。因此,必须要采取有效措施,构建发挥界别作用的长效机制,规范界别工作的开展,保障界别作用的发挥。

(一)完善界别组成机制,为发挥界别作用提供坚实的组织基础

人民政协的界别是根据社会结构状况设置的。进入新时代,新的利益群体和社会阶层相继出现,他们的政治参与意识日趋增强,人民政协必须要适应这种新变化、新要求,及时对界别设置进行研究,适时调整委员结构,使委员结构更趋合理,做到因地制宜和因时制宜,以不断扩大团结面,增强包容性,最大限度地把新的社会阶层和各个方面的代表人士吸纳到政协组织中来,更好地发挥界别在履行职能中的作用。要发挥界别召集人的作用,由思想政治素质好、参政议政水平较高的委员主持本界别委员的工作,带领委员研究制订本界别的年度工作计划,整合本界别委员的智力资源,团结和组织本界别委员充分履行政协职能,体现界别的整体作用。明确界别召集人在界别中的领导地位,赋予界别召集人领导界别、督促界别委员履行政协章程的职能。界别召集人对该界别换届人选、在政协任期内表彰、在政协的职务任免等具有向中共政协党组推荐和建议的权利,并纳入政协相关工作程序。

(二)强化制约机制,为界别发挥作用提供有力的制度保障

加强制度建设,不仅是政协组织自身建设的重要任务,也是发挥界别作用的必然要求。开展界别工作应探索建立以下制度:一是制定界别活动通则或简则等,对界别工作的组织领导、活动内容、活动形式、活动督导、保障服务等方面进行严格规定,使各个界别开展活动有章可循、有据可依、有序运行;二是建立分工联系制度,通过政协主席、副主席联系处室、处室联系专委会、专委会联系界别等形式,指导和推动界别正常开展活动;三是建立总结交流制度,利用政协刊物、学习培训、专题交流会以及开展界别间联组活动等形式,总结交流各界别活动情况和工作经验,形成互相学习、互相促进、互相推动的履职氛围;四是建立界别与党政职能部门对口联系制度,与政协界别相对应的党政部门应采取向该界别委员通报情况、联合调研等方式,为界别开展活动创造条件,各界别应及时

向有关对口工作部门通报工作情况,相互支持配合开展工作;五是建立激励机制,对工作活跃、成绩显著的界别,对参与界别活动积极的政协委员,对优秀的界别提案等要给予表彰,以此调动委员开展和参与界别活动的积极性,促进界别作用的发挥,推动政协工作不断深入开展。

(三)强化服务保障机制,为发挥界别作用创造良好的环境

政协组织要强化服务保障机制,做好协调服务工作,可以为发挥界别作用创造良好的外部环境。一是密切与各界别委员的联系。通过各种联系制度,针对委员的界别特点,倾听委员的意见和建议;通过情况通报、座谈会等形式,让各界别委员充分了解社会经济发展形势和政协工作动态;通过登门走访、委员约谈等形式,及时了解并认真帮助各界别委员解决实际困难和问题,积极为委员履行职能争取更多的便利与支持。二是为界别委员活动提供服务。政协领导或专委会要积极参与各界别开展的学习、调研、视察、考察、座谈等活动,加强协调指导;政协机关要为各界别委员开展活动提供场地、车辆、联络及其他服务保障。三是加强对政协委员的培训,特别是要有针对性地加强界别意识方面的培训,充分发挥政协委员的自身优势,提高参政议政、服务大局的能力。四是探索建立服务界别的专门机构。应尽快建立为界别开展活动提供服务的专门机构。短期可由专门委员会承担界别活动的协调、联络、服务等工作。从长远来看,应该建立独立的界别工作服务机构,以联络界别召集人为基础,负责所有界别开展活动日常服务工作。

四、拓宽工作渠道,搭建发挥界别作用的有效平台

要充分运用人民政协作为统一战线、多党合作和政治协商的组织机构的功能,积极拓宽充分发挥界别优势的有效渠道,搭建形式多样、丰富多彩的界别活动平台。

(一)通过政协例会发挥界别作用

鼓励各界别围绕会议主题,充分发挥界别智力集中的优势,精心准备会议提案、发言材料。全委会期间要按界别划分讨论小组,使委员们能够就本界别共同关注的问题深入探讨、集思广益。可以适当安排一些跨界别的联组讨论,邀请有关党政领导参加,向委员通报工作情况及工作设想,与委员进行面对面的交流讨论。要定期组织界别专题听证会、议政会及政情交流会,根据会议内容和议题安排相关界别的委员参加党委、政府部门工作的研讨、协商,使委员们能够提出科学合理的意见和建议。

(二)通过提案和反映社情民意发挥界别作用

要大力提倡同一界别委员围绕有关专题撰写集体提案,就具体事项集中反映社情民意,通过界别把委员个人智慧升华为本界别的集体意志,从而使意见、建议更系统、更全面、更具有可操作性,同时还可以提高提案和社情民意的质量,避免提案和社情民意的重复现象。要充分发挥界别在提案办理中的作用,对一些重要提案的办理,可以邀请相关界别的委员参与协商、讨论和督办,保证提案的办理质量。要通过多种方式和渠道专题

收集社情民意,使群众中分散、个别的意见通过界别渠道得到系统和综合反映。

(三)在调研视察中发挥界别作用

要根据界别组成特点和人才智力优势,结合党委、政府的中心工作和群众反映突出的问题,合理安排以界别为主的调研、视察活动,有选择地开展一些有前瞻性、战略性的调查研究、研讨论证和咨询服务工作,进一步发挥委员的主体作用,增强界别的整体合力和凝聚力。

(四)通过设置界别活动小组发挥界别作用

将不同界别的委员,按照工作性质相似、专业相近的编组原则,编入同一界别小组,既体现了委员的界别性,又兼顾了委员的专业特长,为委员参政议政提供较好的交流环境。要根据界别特点,经常组织委员开展小组活动,充分调动委员的积极性,使不同界别的优势得以充分发挥。

突出主体　彰显特色

——在加强和改进界别工作中推动政协工作高质量发展

逄锦科

界别是政协之基，也是人民政协双向发力的"四梁八柱"。近年来，委员联络活动工作室在市政协党组正确领导下，坚持以习近平新时代中国特色社会主义思想和十九大精神为指导，紧紧围绕省委、市委决策部署和市政协工作要求，牢牢把握新时代人民政协的新方位新使命，着力发挥党的领导这个最大优势，突出委员主体，彰显界别特色，探索把握规律，推动界别工作在建言资政和凝聚共识上构建新格局、展现新作为，有力促进了政协工作高质量发展。

一、坚持党的领导，让界别的发力方向更加明晰起来

习近平总书记强调，党政军民学，东西南北中，党是领导一切的。近年来，在加强和改进界别工作中，我们始终坚持党建工作全覆盖，不断强化党的领导，有力保证了界别沿着坚定正确的政治方向发力。一是创新思路，以"三个转变"拓展深化界别党建工作。组织各界别政协委员深入学习习近平关于加强和改进人民政协工作的重要思想，突出党建引领作用，把党建工作贯穿政协工作各方面全过程，实现了政协党建工作由单一抓向全面抓的转变；着眼新形势新任务，及时出台加强党建工作意见，制定年度党建责任清单，建立定期汇报、述职、考核等制度，推动了政协党建工作由软任务向硬任务的转变；坚持将党建工作与政协委员队伍建设、各参加单位工作有机结合，落实党对政协工作的全面领导，及时把党中央和省、市委重大决策部署传达给委员，不断释放并扩大党建效应，实现了政协党建工作由内部运行向系统推动的转变。二是创新机制，以"直通车"落实党建工作责任强化政治领导力。发挥党组和党组成员的"头雁效应"，落实党建主体责任和第一责任，通过建立党组与各专委会党支部直通车机制，党组成员与各民主党派、政协各界别直通车机制，党组、机关党委、党支部与政协委员、党员、界别群众直通车机制，加强协同联动，进一步提升了党的组织对政协工作的领导能力。三是创新平台，以"智

慧网络"党建工作新模式引领智慧履职。着力构建立体化、全时空党建工作新平台，引领政协界别人士智慧履职。利用"智慧政协"网站、手机 APP、微信公众号，着力构建学习交流新平台，定期提供"学习菜单"，形成了政协系统对党的创新理论经常学、深入学的新局面。运用网络走群众路线，开发"微提案"系统，开设"政协微社区"等栏目，建立服务群众微信群，使界别委员全天候察民情听民意办实事解民忧。

二、强化组织引领，让界别的优势力量凝聚起来

政协工作政治性、政策性强，要实现界别工作优势最大化，必须强化组织体系建设，更有效地把委员组织起来、动员起来，使其优势力量真正凝聚起来。在实际工作中我们坚持做到：一是落实领导分工负责制。建立了市政协领导同志分工联系界别制度，明确了市政协领导负责联系的界别，要求每位分管主席每年至少参加一次所联系界别的活动。二是强化会议引导。将界别工作纳入政协党组、主席会议和秘书长办公会重要日程，坚持定期研究、协调和指导。党组和主席会议每半年听取一次界别工作情况汇报，秘书长会议定期研究界别工作，积极帮助解决界别活动中遇到的实际困难，协调界别与界别之间、界别与专委会之间的活动。三是充分发挥界别召集人小组的作用。狠抓《青岛市政协办公厅关于政协界别工作的考评办法》的落实，按照《青岛市政协委员履职工作规则》，督导召集人小组根据市政协工作安排和本界别特点，与相关专委会协调配合，制定本界别年度工作计划，组织界别委员开展学习、调研、视察、提案、反映社情民意信息等工作，组织年底界别委员述职评价活动。四是加强专委会对界别活动的指导协调。将全体委员按界别和地域划分为 33 个活动小组，加强专委会对界别活动的指导与协调，根据调研和协商议政工作需要组织相关界别委员开展专题调研。近年来，先后组织农业、经济、科学技术、工商企业等界别委员围绕助推新旧动能转换、实施乡村振兴战略、优化营商环境、建设现代化国际大都市、加快"健康青岛"建设、服务保障上合峰会等，开展调研视察议政活动 110 余次，形成了一批"准、专、实"的专题议政报告，为党政决策提供了重要参考。

三、突出特色专长，让界别的基础性作用发挥出来

界别是人民政协的组织基础和显著特色。政协开展的一切活动，只有体现出不同界别的优势和特长，才能最大限度地发挥其在政协工作中的基础性作用。实际工作中我们坚持做到：一是政协会议突出界别的声音。市政协全体会议、专题议政性常委会议、双月协商座谈会，鼓励委员代表界别发声，介绍本界别的实际情况，反映界别群众的意愿和诉求。二是高度重视界别集体提案。制定《政协青岛市委员会关于加强和改进界别提案工作的意见》，加大界别集体提案比重，开展重点提案督办，着力提高提案质量和提案办理质量。本届以来，各界别提案累计立案 66 件，通过各承办单位的认真办理，一批界别提案落实落地、"开花结果"，转变为决策参考和施政措施。三是调研视察突出界别特色。

深入贯彻落实习近平总书记"办好一次会,搞活一座城"的重要指示,按照省委"担当作为、狠抓落实"的各项要求,齐心协力、团结一致,深入推进"精兵强将攻山头,典型引路稳阵地"两线发展新举措,组织各界别聚焦、对接海洋攻势、"双招双引"攻势、交通基础设施建设攻势、军民融合发展攻势、乡村振兴攻势、突破平度莱西攻势、国际航运贸易金融创新中心建设攻势、"高端制造业 + 人工智能"攻势、推进国有企业改革攻势、壮大民营经济攻势、科技引领城建设攻势、城市品质改善提升攻势、国际时尚城建设攻势、高效青岛建设攻势、"平安青岛"建设攻势"十五个"攻势,发挥各界别的资源优势和委员的专业特长,有针对性地开展资政建言、重点视察调研和民主监督活动,在同向发力抓落实贡献了智慧和力量。2019 年上半年,按照市委部署安排,聚焦攻山头、稳阵地两条线,先后组织政协委员参与政务活动 180 余人次,为立体、综合、全方位地"搞活一座城"积极参政明政、建言献策,反响良好。

四、积极搭建平台,让界别的创新创造智慧释放出来

发挥委员主体作用的关键,是让委员参与活动有条件、施展才干有舞台。近年来,我们主要做了以下几个方面的工作:一是创新开展"双岗双责双作为"活动。组织各界别委员围绕建设开放、现代、活力、时尚现代化国际大都市战略目标,依托政协机关、专委会、界别"三个支撑"的综合服务体系,搭建支持委员干事创业和委员互助合作"两个平台",深入开展"双岗双责双作为"活动,引导委员立足新时代新发展新要求,心无旁骛干事业、求真务实建真言。活动开展以来,广大政协委员履职尽责的使命感进一步增强,议政建言的质量水平进一步提升。二是创新开展"五进五送"服务基层活动。深入践行"专注发展、专心为民、专力履职"工作理念,创新开展"五进五送"活动,即以委员界别活动组为单位,结合本界别特点、特色、特长,深入基层、深入一线、深入群众,进社区、进乡村、进企业、进学校、进军营,建立结对关系,倾听真实声音、反映切实诉求,并通过送科技、送文化、送健康、送爱心、送服务等方式,努力让人民群众感到政协离自己身边。本届政协以来,各界别结合自身特点,深入开展各类活动,累计服务基层单位 121 个、军民5000 余人次。三是创新开办"委员关注"议政建言论坛。以界别为主体,选择党政关心、委员关注、群众关切的热点难点问题,邀请专家学者和政府有关部门以论坛形式开展协商互动、专题资政。先后以"加快智慧城市建设""城市垃圾分类精细化管理""我市人才队伍现状及发展趋势""打造电影之都,青岛还要加把劲"等为主题,举办了 7 期"委员关注"论坛,提出一系列有分量的意见建议,有力助推了党委政府决策科学性、施政有效性。

(作者单位:青岛市政协)

狠抓关键环节　促进提案工作提质增效

市政协提案工作办公室

提案工作是人民政协履行职能的有效方式,是一项具有全局意义的重要工作。习近平总书记要求"提案不在多而在精",全国政协主席汪洋指出"政协工作的高质量发展从提案工作的高质量发展抓起",全国政协第七次提案工作座谈会也明确"提案工作要从数量型向质量型转变"。因此,提高提案工作质量是当前政协提案工作的第一要务。我们要从提升内涵、强化保障、丰富实践等方面综合施策,强化提高提案工作质量的责任担当,促进提案工作的提质增效。

一、辩证思考体悟提案工作质量的理论内涵

新时代政协提案工作质量,涉及提案质量、办理质量和服务质量,三者相互影响和联系,必须辩证思维,整体推进。

首先,要辩证理解"质"与"量"关系。提案质量是提案工作的生命,在提案的提出和审查立案中,辩证理解"质"与"量",处理好提案数量和提案质量的关系,是提高提案质量的一项重要工作。提案的数量和质量是相辅相成的矛盾统一体,根据"量变引起质变"的客观事物发展规律,没有一定的提案数量,提案的总体质量很难得到保证。提案数量的增加,必然会提升高水平提案产生数量;同理,进一步强调提案质量,提案的总体质量水平必然会得到更明显的提高。提案工作应该做到提案数量与质量的有机统一,但矛盾的主要方面仍然是质量,因而政协提案工作仍应以提高提案质量为总目标,在保证质量的前提下鼓励委员发挥主体作用,积极运用提案履职尽责。提案委员会按照审查标准严格把关,通过努力提高提案质量来相应推进和带动提案数量的同步提升。

其次,要辩证处理"统"与"分"关系。提案办理工作是发挥提案作用的关键环节,办理质量直接关系到提案工作的成效。提案办理涉及分办、交办、面复、督办、评估、评议等多个环节,每个环节工作程序相对独立,又相互影响,共同作用推动提案办理工作的发展。根据整体和局部的辩证关系,整体居于主导地位,统率局部、由局部组成,而同时整

体由局部组成、制约整体,关键局部的功能及其变化甚至对整体的功能起决定作用。因此我们应该辩证理解提案办理的"统分"关系,既要树立全局观念和系统思维,着眼于提案办理的整体工作,将协商纳入提案办理全过程,以增强办理实效为最优目标;又要重视局部,完善联合机制做好交办协商,实施"双互动工作法"等强化办理协商,积极开展多层协商、评估协商和网络协商,用办理环节的局部创新发展推动提案办理的整体发展。

再次,要辩证把握"内"与"外"关系。提案服务质量是做好提案工作的重要保障。提案工作涉及面广,需要市委、市政府、承办单位、政协委员和各级政协组织在各自职责范围内密切协作、通力配合。根据内外因的辩证关系原理,事物的发展是内外因共同起作用的结果,内因是事物发展的根据,它决定着事物发展的基本趋向,外因是事物发展的外部条件,它对事物的发展起着加速或延缓的作用,外因必须通过内因而起作用。因此,提高服务质量和水平关键需要打造内因,加强提案工作队伍建设,提高服务意识和业务能力,着力推进提案工作制度化、规范化、程序化和信息化,做到"打铁自身硬",同时加强同提案各方的协同配合,通过内因作用于外因,联系市委市政府加强对提案工作的重视和支持,帮助提案人拓宽视野扩大提案选题范围、增强履职水平,协调承办部门做好走访、调研、视察、座谈、面复、督办、评议等工作,努力构建党委重视、政府支持、各方参与、社会关注的工作格局。

二、完善机制强化提案工作制度保障

健全完善制度机制是提高提案工作科学化、规范化水平的内在要求和重要保障。加强制度建设,完善机制一直是我们提案工作的重点课题和努力方向。

(一)完善提案制度体系

充分发挥制度的基础性作用,以修订《提案工作条例》为契机,严格把关提案的提交、审查立案,完善了提案办理、重点提案督办程序,健全了多层次的提案办理协商机制,使新修订的条例能够与时俱进指导新时期的提案工作。同时制定了《政协青岛市委员会提案审查实施办法》《关于加强和改进界别提案工作的意见》《青岛市政协提案办理协商办法》等一系列文件,形成了以条例为主干,涉及审查立案、联合交办、提案办理与督办、优秀提案评选表彰等各个环节的规章制度体系,规范了程序和要求。

(二)完善提案征集机制

每年全体会议召开前两个月同提案人就提案调研和选题进行协商沟通,并通过网络开始接收提案,对选题雷同、内容空泛、建议不实的提案,缺乏科学可行解决方法的提案等,提前与提案人进行对接,提出修改意见,使提案进一步得到综合分析、深入调研和加工整理,深层次挖掘潜在价值和长远意义,深化和丰富提案内容。新征集方式实施以后,每年会前收到的提案近 300 件,有效提高了提案质量。

（三）完善提案审查机制

实施提案"两审"机制,在审查立案提案过程中进行初审和定审,既克服提案审查中的主观片面性和随意性,又能及时发现一些雷同和涉嫌抄袭的提案并进行妥善处理,保护委员提交提案的积极性。"两审"机制的实施,不但为提案质量的提高提供了持续保证,也为提高办理质量创造了条件。

（四）完善提案办理机制

为避免出现提案自提、自办、自己答复的"回娘家"现象,在提案提交环节设置了"建议承办单位"选项,由提案人先提出承办单位或部门的初步意向,最终形成市委办公厅、市政府办公厅和市政协提案办共同协商、联合交办的机制,增强了交办准确率;办理中实施"双互动工作法",倡导"三见面"办理模式,推行"三方面复",加强提案人、督办部门和承办部门的沟通协商,在互动中增进理解,达成共识,促进提案办理成果转化落实。

三、创新方式提升提案工作实践成效

提案工作的目的实际上就是推动提案落实、解决实际问题。只有强化办理实效,推进办理科学性,才能打通提案办理成果转化"最后一公里"。

一是创新技术方式,提案运转更加智慧。打造全天候在线、永不关门的提案工作网络体系。实现智能选材,以大数据为基础优化平台使用功能,通过"智慧政协"青岛政协APP、"掌上提案"、提案动态管理系统多方式多渠道向市民征集"微线索",为提案人提供选题参考、提案查询、群众关注热点等服务,增强提案撰写的针对性。完善智能核查,一些内容、格式不尽规范完善的提案通过智能核查可以得到补充修改,一些内容雷同和涉嫌抄袭的提案通过智能筛选能够及时被发现并进行妥善处理。打造智能评议,实现了"提""办"双方互评的常态化和网络化运行模式,委员通过系统浏览办理意见并评议办理质量,承办部门可以通过系统上传办理意见并评议提案质量。系统根据评议数据,实现全程监督和评估每件提案,自动测算每个承办单位的综合成绩,评议结果通报市委和市政府办公厅作为年终考评的参考依据。

二是创新评估方式,专家评审更加客观。改变承办部门自我检查和自我评价的传统办理模式,组成由专家学者组成的第三方评估组,每年挑选对我市社会发展长期存在的、委员历年反复提出的以及办理结果不满意的提案,由专家们站在客观立场,发挥专业特长,对提案所提问题的历史沿革、发展现状以及办理解决中遇到的问题,进行深入调查论证,提出较为稳妥的解决措施。每年参与评估的约20件提案,经过专家评估开展二次办理后,取得了实效。

三是创新督办方式,分层办理更显实效。根据提案反映问题的轻重缓急,把提案分为重要提案、重点提案和一般提案三个督办层次。重要提案摘报市委、市政府,领导批示后办理,重点提案市政协领导分工督办,一般提案按原定程序办理,并通过提案动态管理系统进行自动或手动督办。在政协领导督办之前,先期采用发督办函、上门调研、现场考察、座谈协商等方式了解情况,并将发现的问题和了解的情况及时向市政协对口督办领导汇报,使领导适时掌握自己所督办提案的办理进度,督办工作更加有的放矢。领导督办之后,继续跟踪问效,根据领导督办意见,逐条与承办单位列出落实时间表,促进提案进一步落实。

互联网时代,政协应在反映网络民意上发挥更大作用

张楠之

党的十八大以来,习近平总书记就加强和改进人民政协工作发表了一系列重要讲话,形成了新时代习近平总书记关于加强和改进人民政协工作的重要思想,为人民政协组织在新征程开创新局面,指明了方向、提供了遵循。习近平总书记指出,要"充分发挥社会主义协商民主重要渠道和专门协商机构作用"。互联网时代,在从网络大国向网络强国迈进的历史进程中,贯彻习近平总书记关于人民政协工作的重要思想,就是要扩大协商实践参与,运用现代信息技术,创新"互联网+参政议政"模式,将协商主体从精英阶层扩大到普通公众,让政协在反映网络民意上发挥更大的作用,实现更广泛、更充分、更健全的协商民主。

一、互联网发展现状与政协工作

(一)网络强国战略与政协工作

党的十八大以来,以习近平同志为核心的中共中央高度重视互联网、发展互联网、治理互联网,统筹协调涉及政治、经济、文化、社会、军事等领域信息化和网络安全重大问题,做出一系列重大决策,提出一系列重大举措,形成了网络强国战略思想,国家网信事业取得历史性成就,我国正从网络大国向网络强国大步迈进。政协工作是国家政治生活的一部分,政协委员履职过程中涉及政治、经济、文化、社会、军事等诸多领域,很多政协委员更是直接来自与信息化和互联网相关的领域,公众也在更多地通过互联网渠道表达意见、反映问题,所以,相应的,政协工作也必然要与互联网发生各种各样的联系,也必然要为促进我们从网络大国向网络强国迈进、推动社会主义强国建设发挥其独特的作用。

(二)互联网时代民意特点与政协工作

《中国互联网络发展状况统计报告》显示,截至2018年12月,我国网民规模已达8.29亿人,互联网普及率为59.6%。网络有便捷性、即时性和互动性强、传播速度快等特性,互联网时代,民意也更多、更早地在网络上得到反映。网络上的热点舆情事件层出不

穷，尤其是负面舆情事件，常常让地方政府措手不及，疲于应付，甚至演变到不可收拾的地步。即使是那些最终证明被误解或存在故意误导的事件，也会给地方政府部门的形象造成极大的负面影响。事后细究事件之缘起会发现，"爆款"舆情事件在被"引爆"之前，常常已经在网络上发酵多时，甚至有的当事人持续多年在网上发帖以期引起有关部门的关注。如果能够及早发现、及早关注、及早介入、及早解决，事情就有可能不会朝着不可收拾的地步发展。作为重要民意反映渠道的政协，如果能够准确把握互联网时代民意的特点，较早、较快地反映互联网民意，促进互联网民意反映的问题更快、更好地得到妥善解决，很多舆情事件就完全可以避免，其所给各方造的损失也就可以降至最低。

二、政协在互联网时代的新使命

《说文解字》对"政"的解释是，"政者，正也"，而"协"，则是"众之同和也"。正政以求众人之同与和，或者说，让政治之事行走在正确的轨道上，通过协商以谋求民主基础上社会共识与和谐，这正是政治协商的题中应有之义。孙中山先生亦说，"政就是众人之事，治就是管理，管理众人之事，便是政治"。而协商的意思，在现代语境中更是显而易见。政治协商，简而言之，便是协商政治，协商管理众人之事。国家由众人构成，所以，政治协商，即是协商管理国家之事。互联网时代，随着"众人"即公众表达意见、反映问题的主阵地转移到网络之上，政治协商也必然要因应这一变化，依凭互联网进行创新，推动政协工作在新时代实现新跨越、新发展。

（一）让政协工作与互联网实现更紧密的联系

互联网的发展与应用正在重塑我们的生活方式，也在重塑人与人交流沟通的方式，甚至也在改变人们参政议政的方式和渠道。互联网时代，民意的表达正越来越多地与互联网结合，呈现出网络化的趋势。同时，由于网络信息和反馈的即时性，公众对于网络民意得到反馈的及时性也提出了更高的要求。这既需要政协组织和政协委员在调研、收集社情民意时根据这种变化做出改变，也需要政协组织和政协委员在对民意做出反馈时体现出更强的及时性和即时性。

委员们分散在各行各业，分属不同界别，互联网时代，不可避免地要与互联网发生联系，从不同角度观察互联网，也与不同领域的网民发生着不同程度的联系，也正因如此，他们也成为互联网上多渠道听取民意、与多领域网民沟通互动的一员，同时也就有了多角度反映网络民意的可能。网络正在成为委员们"接地气"的重要渠道，而这里的"接地气"的关键不仅在于"地气"，更在于"接"，这里的"接"不是单向的，而是双向的，不仅是政协委员们对群众的"接"，更是群众对政协委员们的"接"。这样的"接"意味着政协工作应该也必须与互联网实现更加紧密的联系。

（二）早关注、早反映，促使有关部门早介入

正所谓"智者见于未萌，愚者暗于成事"。由于政协委员大都是各个领域的专家，在

把握事件规律、预测事件发展趋势上,具有先天的优势。换言之,于事件"未萌"之时即见其未来发展之趋势,正是政协委员们的优势之所在。作为思维较为活跃的群体,加之又在各自的领域拥有较强的专业知识,政协委员们一旦实现与互联网的紧密结合,相应的,在关注、预测和反映不同领域的网络民意并提出应对举措上,也就具有了较强的优势。"大块头"有大智慧,大智慧则必须有大担当,因此,互联网时代的政协组织和政协委员必须承担起自己的历史使命,以更大的责任担当,对互联网民意给予更大的关注,利用自己的专业优势和参政议政经验,对互联网民意,尤其是那些有可能形成舆情事件的民意,早关注、早反映,进而促使有关部门早介入,将矛盾消除于未萌状态。

三、当前政协反映互联网民意的不足之处

(一)与互联网民意的互动仍然是单方面的

近些年,各级各地政协为推动"互联网 + 政协"的发展做了大量工作,比如,2017年 6 月 19 日,湖南省政协常委会就首次通过红网、时刻新闻等 11 家网络平台同步进行了视频、图文直播,成为全国政协系统的一次重大创新。其目的就在于通过互联网实现一种"永不落幕"的议政形式。但是,无论是政协会议期间还是日常工作中,这样的互动有些还是单方面的,即使开通了民意反映渠道,但因为来自网民的意见具有分散性、琐碎性等特点,如果没有专业人士或具有参政议政经验的人士进行分析、总结、提炼,仍然很难形成有效的意见和建议,因此也就很难促进问题和矛盾的解决,更难对社会生活的普遍性改善产生推动作用。

(二)对互联网民意的反映仍然停留在形式上

民意并不具有天然的理性特征,分散的民意与建设性的提案之间仍然存在很大的差距。这是因为民意本身就有分散性的特点,而且其中相当大的一部分是理性表达与非理性表达相互掺杂的,即使是理性的部分,很多也可能只是对琐碎事物的描述,而非对普遍性、规律性问题的反映。必须抽丝剥茧,从中找出真正可用的理性的成分,将其提炼出来,由个别到一般,由特殊到普遍,找到核心问题之所在。而这些工作,就需要具有专门知识和参政议政经验的政协委员来完成。但是,当前政协工作与互联网的结合,政协委员与互联网民意之间的互动,大都仍是形式上的结合与互动,在实质上仍然未能实现更理性、更深度、更有效的互动,亟须通过创新予以加强。

(三)政协在与网民的互动方式上过于信赖直接互动

直接互动可以更快、更直接地听到网民的声音,表面上看,这比间接听取民意更高效、更便捷。但是,实际上,直接互动并不意味着效率的提高,甚至会导致效率的下降。因为,直接和间接,只是方式不同,而问题的核心不是方式,而是能否让民意得到更加顺畅的反映,能否让问题得到更加高效解决,能否让矛盾得到更加有效的化解。所以,最好的创新,不是在实现政协工作与网民之间的直接沟通上下功夫,而是在实现政协工作对

来自网民的意见的顺畅反映上下功夫。换言之,形式上的创新固然重要,但更重要的则是实质上的创新。目前来看,在政协工作与互联网的结合上,大多数地方政协组织都是在如何促进政协组织和政协委员与网民的直接互动上下功夫,表面上容易得到来自上级政协组织和社会公众的更多点赞,但是,这毕竟只是形式上的创新,而很多网民并不倾向于选择政协在线问政等渠道反映问题,所以,这样的创新和互动在反映民意、解决实际问题上作用往往不大。

四、加强政协工作与互联网相结合的对策与建议

(一)将更多的互联网领域从业者纳入各级政协组织

这里的互联网领域从业者,不仅包括专门从事互联网信息技术研究、开发等的从业者,也包括利用互联网技术、与互联网联系紧密的各领域的工作者。这些领域,大多数虽然并不直接与民意发生联系,但是基于对用户的大数据分析,却可以对民意做出直观的反映。而且,由于与互联网打交道已经成为互联网领域从业者的日常工作,他们在接触网络民意上更是有得天独厚的优势。如果能将他们中拥有参政议政热情的人士纳入各级政协组织,势必能够增强政协组织的力量,增强政协组织在反映网络民意中的作用。

(二)将更多善于发现、反映网络民意的有识之士纳入各级政协组织

很多来自民间、活跃于网络的人员,他们关心当地发展和建设,关注当地热点民生问题,有自己的独立见解,往往也很得网民信任。他们现实中的身份或者是各行各业的从业者,或者本身就是媒体评论文章的写作者,经常发展评论性言论,具有一定的影响力。他们具有发现网络民意的敏锐性,也有反映网络民意的热情,且善于提出建设性建议,如果能把更多的此类人员纳入各级政协组织,对于提高政协反映网络民意的能力将是极大的促进,同时,对于提升此类群体的社会责任感,尤其是在促使他们提出更多建设性而非仅仅停留在批评层面的意见方面,将发挥更加积极的作用。

(三)推动政协工作与互联网更密切地结合,鼓励政协委员更多地触网、用网、借网履职

参政议政所反映的民意的来源为民众,所以这里的"互联网＋参政议政"也就不仅是政协组织与政协委员之间更多地利用互联网实现参政议政的便利化,更是在政协组织与民众、政协委员与民众之间利用互联网实现民意反映、反馈的便利化。创新基于互联网的参政议政模式,推动"互联网＋参政议政"发展,鼓励政协委员更多地触网、用网、借网,增强政协委员使用互联网的能力,将有助于政协组织在互联网时代更有效地反映民意。

(四)让形式创新让位于实质创新

形式上的创新并不是不能有,也不是不重要,因为任何实质创新都会表现为形式上的创新,需要通过形式创新来实现。但是,相对于形式创新来说,实质创新才是在互联网

时代推动政协工作真正反映民意、反映真正民意的关键。因为,"互联网＋政协"既需要有政协会议或政协委员参政议政工作中的网络直播、在线互动等形式上的创新,更需要有畅通民意反映渠道、有效把握民意上的创新。比如,到网民反映意见最活跃的地方去,及时收集、提炼民意;利用大数据对热点舆情进行预测,以发现并反映热点民意;通过微信群、委员网络工作室等与网民定期沟通、收集民意等,不一而足。目的只有一个,就是让民意得到更顺畅的表达和反映,促进问题解决,推动政协工作,促进社会和谐。

（作者单位:九三学社青岛市委）

加强思想政治引领，广泛凝聚共识，切实担负起新时代赋予的新使命

韩红杰

加强思想政治引领、广泛凝聚共识，是党的十八大以来习近平总书记反复强调的。2018 年 12 月 29 日，习近平总书记在全国政协新年茶话会上的讲话中指出，人心是最大的政治，共识是奋进的动力。2019 年，人民政协 70 周年华诞，更要把加强思想政治引领、广泛凝聚共识作为履职工作的中心环节，加强各党派团体、各族各界人士大团结大联合，担负起把中共中央对人民政协工作的要求落实下去、把海内外中华儿女实现中华民族伟大复兴中国梦的智慧和力量凝聚起来的政治责任。

中国特色社会主义进入新时代，党和国家事业发展展现新格局，国内、国际形势发生新变化，这对人民政协工作提出了新的更高要求。人民政协处于凝心聚力第一线、决策咨询第一线、协商民主第一线、国家治理第一线，是党和国家一线工作的重要组成部分，是实现国家富强、民族振兴、人民幸福的重要力量。要紧紧围绕全市的中心工作和重点任务，充分发挥政协委员在政协工作中的主体作用、在本职工作中的带头作用、在界别群众中的代表作用，用自己的影响力和示范力，带动所联系的群众共同奋斗，担当起新时代政协委员的崇高使命。

一、加强思想政治引领，造就忠诚、干净、有担当的高素质队伍

习近平新时代中国特色社会主义思想，是对马克思列宁主义、毛泽东思想、邓小平理论、"三个代表"重要思想、科学发展观的继承和发展，是马克思主义中国化的最新成果，是党和人民实践经验和集体智慧的结晶，是中国特色社会主义理论体系的重要组成部分，是全党全国各族人民为实现中华民族伟大复兴而奋斗的行动指南，必须长期坚持并不断发展。广大政协委员和政协机关干部要加强习近平新时代中国特色社会主义思想理论学习，坚持做到入耳、入脑、入心，知行合一，树牢"四个意识"，坚定"四个自信"，做到"四个服从"，坚决做到"两个维护"，自觉同以习近平同志为核心的党中央保持高度

一致,确保把党中央大政方针和决策部署不折不扣地贯彻落实到政协全部工作中。要坚持落实制度、推动学习,以制度来保障学习的常态化和实效性,注重做好经常性的政治引领工作,将学习教育融入视察考察、专题调研、协商议政活动之中,使广大委员通过履职实践,感受新成就、领会新思想,在潜移默化中增进共识和认同。要结合政协工作特点和实际,切实加强队伍建设,造就忠诚、干净、有担当的高素质政协委员队伍和机关干部队伍。

二、加强思想政治引领,始终坚持中国共产党领导的初心和共识

习近平总书记指出,人民政协是政治组织,首要的是坚持中国共产党的领导。中国共产党的领导,是包括各民主党派、各团体、各民族、各阶层、各界人士在内的全体中国人民的共同选择,是中国特色社会主义最本质的特征,也是人民政协事业发展进步的根本保证。要以政治建设为统领,坚决把维护党中央权威和集中统一领导作为政治建设的首要任务、作为最根本的政治纪律和政治规矩。要坚定政治信仰,强化政治领导,提高政治能力,不断增强"四个意识",坚定"四个自信",做到坚决维护习近平总书记的核心地位,坚决维护党中央权威和集中统一领导,始终在政治立场、政治方向、政治原则、政治道路上同以习近平同志为核心的党中央保持高度一致。要把坚持党的领导作为根本要求,持续引领参加政协的各党派团体和各族各界人士,强化政治共同体意识,在旗帜、道路、理论、制度等重大问题上态度明确、立场坚定,紧密团结在中国共产党的周围,将党的主张转化为社会各界的统一意志、统一步调、统一行动。要把加强政协党的建设摆在首要位置,贯彻党的十九大关于新时代党的建设总要求,认真落实中共中央办公厅《关于加强新时代人民政协党的建设工作的若干意见》和全国、省、市政协系统党的建设工作座谈会精神,以有效发挥政协党组织和党员委员作用为重点,全面落实党的建设各项制度要求,着力强化政治保证和组织保证,做到党的组织对党员委员的全覆盖,党的工作对政协委员的全覆盖,以党的政治建设为统领,全面推进政协系统党的建设,切实落实党对人民政协的领导和对政协工作的要求。

三、如何发挥政协在协商民主中的重要渠道作用

习近平总书记指出,协商民主是我国社会主义民主政治的重要组成部分,是我国社会主义民主政治的特有形式和独特优势,人民群众是社会主义协商民主的重点,要按照协商于民、协商为民的要求,大力发展基层协商民主,重点在基层群众中开展协商。要牢牢把握推动人民政协制度更加成熟更加定型、发挥好专门协商机构作用这一新时代人民政协的新方位新使命,深刻认识这是完善和发展中国特色社会主义制度的重要内容,是人民政协鲜明特质的集中体现,是贯穿人民政协性质职能的核心要义。协商民主是以协商为特点、体现人民当家作主、具有广泛适用性的社会主义基本民主形式。人民政协是社会主义协商民主的重要渠道,推进社会主义协商民主制度建设也是政协事业发展的内

在要求，是政协工作者服务中心服务大局的新课题。人民政协的政治协商、民主监督、参政议政三项职能是体现协商民主最直接的途径和实际运作形式。发挥政协在协商民主中的重要渠道作用，关键应突出"三性"。政治协商突出"共识性"。随着形势的发展，人民政协政治协商的作用已由中华人民共和国成立初期的"共建性"转变为围绕中心服务大局的"共识性"。通过协商，听取各方意见，达到完善党委政府决策的目的；通过协商，平衡和容纳社会各方面的诉求，形成广泛的思想共识以得到各民主党派和人民群众的普遍理解和认可。民主监督突出"促进性"。努力围绕党委、政府的工作部署和法律法规的贯彻实施，开展民主监督。通过政协提案、调研视察、反映社情民意等工作，深入了解情况，提出意见建议，督促党政部门改进工作，促进经济社会发展、民生、稳定问题的解决，不断增强民主监督的实效。参政议政突出"建设性"。人民政协工作根据党委政府中心工作、群众关注的热点问题，突出抓好年度重点调研课题的组织实施，精心"选题"；组织专门力量，深入调研，摸清情况，扎实"做题"；积极发挥委员和专家的作用，充分研究讨论，形成一致意见，认真"商题"；及时向党委政府报送课题报告，转化调研成果，积极"用题"。只有把"选题""做题""商题""用题"工作做深、做细、做扎实，才能使政协的调研工作取得实实在在的效果。

四、加强思想政治引领，广泛凝聚共识，承担"双重任务"，做到"双向发力"

习近平总书记指出，人心是最大的政治，共识是奋进的动力，明确要求人民政协加强各党派团体、各族各界人士大团结大联合，广泛凝聚实现中华民族伟大复兴的正能量。人民政协作为中国共产党领导的统一战线组织，根本目的就是帮助党解决好人心向背和力量对比的问题，解决好汇聚天下智慧和力量共襄伟业的问题，使党和人民的事业建立在更加广泛、更加强大、更加牢固的社会基础之上。要把加强思想政治引领、广泛凝聚共识作为政协一切工作的中心环节，切实在建言资政和思想政治引领两方面双向发力。要把凝聚共识作为建言资政的方向和目的，通过政协制度的有效运行和民主程序，通过履行政治协商、民主监督、参政议政职能，通过开展各项工作和活动，促进社会各界的意见提出、诉求反映、观点表达，进而推动经济社会发展中困难的化解、问题的破解、矛盾的消解，在求同存异、求同化异中努力增进最大共识，形成最大向心力，画出最大同心圆。要以凝聚共识促进和推动更加有效地建言资政，在广泛增进共识的基础上，引导参加政协的各党派团体和各族各界人士，以高度的思想政治认同和行动自觉，聚焦党的十九大确定的目标任务，落实高质量发展要求，紧紧围绕统筹推进"五位一体"总体布局、协调推进"三个全面"战略布局等工作建言献策，积极做好释疑解惑、宣传政策和引导预期、提振信心等工作，把更多的智慧和力量凝聚到共同的目标、共同的事业、共同的梦想当中。

五、加强思想政治引领，广泛凝聚共识，营造风清气正的政治生态

汪洋主席指明了人民政协实现新时代新使命新任务的方向路径，深化了对人民政协性质职能的理解把握，提出了政协委员要作为新时代的奋斗者履职尽责、担当作为的明确要求，吹响了人民政协在新时代要有新作为、新成绩的"集结号"。深入学习领会习近平总书记近期关于人民政协工作的重要讲话精神，谋划好贯彻落实的举措，使政协工作更好体现时代性、把握规律性、富于创造性，切实解决"身体进入了新时代，思想还在过去时"的问题。当前，要深入开展"不忘初心、牢记使命"主题教育，切实将作风建设贯穿到政协工作的方方面面，真正做到理论学习有收获、思想政治受洗礼、干事创业敢担当、为民服务解难题、清正廉洁做表率。要严格落实中央八项规定及实施细则，以及省、市委有关规定，坚决防止和克服一切形式主义、官僚主义，持之以恒正风肃纪，坚决防止"四风"问题反弹，坚定不移推进党风廉政建设和反腐败斗争。各级政协党组要认真履行全面从严治党主体责任，严肃党内政治生活，引导广大政协委员和机关干部知敬畏、存戒惧、守底线，推动全面从严治党规范化、常态化、长效化。

新时代新方位新使命拓宽了政协事业发展的空间，政协工作任务更为艰巨，责任更为重大。要把学习贯彻习近平总书记重要讲话精神作为全市政协系统当前和今后一个时期的重大政治任务，深入理解、深刻把握、深化领会，进一步入脑入心、提升站位、履职尽责、推动工作。我们要坚决按照习近平总书记的重要讲话要求，牢牢把握加强思想政治引领、广泛凝聚共识这个中心环节，认真贯彻党的十九大和全国政协有关会议精神，锚定使命任务、锐意拼搏进取，在新的起点上不断将人民政协事业推向前进。

（作者单位：青岛市政协）

浅析新时代推动文史资料工作创新发展的路径

——以青岛市政协文史资料工作为例

姜群姿

文史工作是人民政协的一项重要工作,也是政协履行职能的一种重要形式,是人民政协的一项经常性、基础性工作。人民政协成立70多年来,文史资料工作历经风雨、硕果累累,充分发挥"存史、资政、团结、育人"的社会功能,在资政参考、扩大爱国统一战线的团结和联系、对广大人民群众开展爱国主义教育方面发挥了独特的作用。早在1959年,时任全国政协主席的周恩来就对政协文史工作有过远见卓识的倡议:"希望过了60岁的委员都能把自己的知识和经验留下来,作为对社会的贡献。"这得到全国各级政协组织和广大政协委员的热烈响应和支持。1959年7月全国政协成立文史资料研究委员会,文史资料工作在全国迅速开展起来。60多年来,人民政协的文史资料工作走过了从开创、初步繁荣、停顿、恢复到全面发展的风雨历程,为社会主义建设事业做出了贡献。广大文史资料工作者按照政协章程的有关规定,高举爱国主义和社会主义旗帜,遵循政治性和科学性相统一的要求,征集、整理、研究、编辑和出版了内容丰富的文史资料。在工作实践中,文史资料工作逐步形成了存真求实、突出统一战线特色、注重履行政协职能的优良传统。近十几年来,文史资料工作坚持与时俱进,出现了一个引人注目的变化,那就是借鉴口述史学的经验,充分利用录音、录像、电脑、网络等现代技术手段,创新工作思路,实现多种征集形式并举,完善和丰富文史资料的征集、存储、编辑和传播工作,实现了文史资料数字化、多媒体化、网络化,为后人保存更为鲜活、生动、直观、形象的史料,拓宽了文史资料工作的领域。

习近平总书记指出,当代中国是历史中国的延续和发展。新时代坚持和发展中国特色社会主义,更加需要系统研究中国历史和文化,更加需要深刻把握人类发展历史规律,在对历史的深入思考中汲取智慧、走向未来。当前,我们要认真学习习近平新时代中国特色社会主义思想,按照深入开展"不忘初心、牢记使命"主题教育的新任务、新要求,敢于斗争、善于斗争、勇于担当,在实践中不断探索推动政协文史资料工作创新发展的路径。

一、推动文史资料工作资源集聚创新

文史资料工作是个复杂的系统工程,仅靠一个人或几个人,甚至一个单位的力量远远不够。新时代做好政协文史资料工作,要树立"平台思维"和"开放思维",充分依托人民政协智力密集、联系广泛的特点,坚持"开门办文史",搭建广泛的合作交流平台,推动优质资源充分汇聚、整合和共享,实现优势互补协同发展。在横向上,注重加强与市直有关部门、民主党派、驻青高校的合作,争取各方的支持,与党史研究院、档案馆、报社、电视台等单位建立信息沟通、资料交换渠道,做到工作联动、优势互补、资源共享、合作共赢。如,青岛市政协与档案局联合征编《见证青岛解放》图说和展览,与青岛电影博物馆联合举办"青岛建筑风景摄影展"等,这些都是实现协同发展的经典案例;在纵向上,积极争取上级政协和本级政协领导支持,实现上下联动常态化。如近年来青岛市政协出版的"青岛改革开放亲历记""见证青岛解放"等丛书,都是市、区两级政协合作的成果。在内部,专委会委员和界别委员与文史工作联系紧密,要充分发挥委员的主体作用,调动积极性,同时和办公厅及各工作室等搞好协调联动;在外部,积极扩大"朋友圈",和协会、机构等搞好协作。如,近年来,市政协和青岛市妈祖文化联谊会联合成功举办了青岛市首届妈祖文化节,来自东南亚海上丝绸之路沿线国家和中国台湾地区的相关人士近千人与会,中央电视台、我国台湾地方新闻网、香港商报等几十家媒体进行了报道,得到省、市政协领导的肯定。和青岛市孔子文化交流协会联合举办"孔子与青岛"专题展览,孔子第 79 代嫡长孙、至圣孔子基金会会长、青岛市孔子文化交流协会首席名誉会长孔垂长出席开幕式并讲话,弘扬中华优秀传统文化,起到了非常好的社会效果和统战效果。

二、推动文史资料表达方式融合创新

实现文史资料的传承发展和创新发展,推动表达方式创新是必然之道。现代化表达方式使文史工作迎来新的发展春天,不断赋予文史资料新的内涵,使政协文史资料绽放出璀璨光彩。一是文史资料影视化。影视化是实现文史资料内容和形式创新发展的一条新路。影视的创意化表达,一方面对文史资料进行新的解读和诠释,同时也赋予躺在书本里的文史资料新的生机,让它重新走进受众。近年来,青岛市政协文史委与有关部门合作,先后拍摄了《开放的春天》《见证青岛解放》等电视文献片,实现了影像史料征集整理和利用的新突破。《见证青岛解放》电视片播出后点击量达 150 余万,创造了青岛蓝睛频道成立两年多来最高点击量。下一步,还将积极探索文史资料改编拍摄情景剧、电影、电视剧等,不断拓宽丰富实现途径。二是文史资料数字化。建立文献数据管理中心,实现文史资料数字化,充分体现人民政协工作广泛性开放性包容性,是盘活、永续利用文史资料资源,打造"互联网 + 文史"新模式的有效途径。数据库上线运行,通过向政协组织、政协各参加单位、广大政协委员和社会各界提供网上文史资料查询服务,改变了过去那种只管留存、不管传播,只管征集、不管利用的做法,是"互联网 + 文史资料"的呈现新形态,唤醒"故纸堆"中的重要文史资料,实现文史资料的信息化和智能化。青岛市政协正在加紧建设文献数据管理中心,尝试对文史资料进行数字化,建立多种检索渠道的数据库,使文史资料得以长久保存和永续利用。三是文史资料移动化。互联网时代的文史资料不仅要实现移动阅读,而且要适应互联网时代新的阅读习惯和阅读方式,学会"网络表达"。如,"见证青岛解放"丛书征编过程中,开设了"见证青岛解放"微信公众号,及时向社会发布征稿、征编进度等重要信息,同时把征编到的优秀稿件,结合"青岛解放70周年纪念日""七一党的生日""建军92周年"等重要时间节点,编辑推送文章,形成网上文史讨论热点。

三、推动文史资料征集模式多样创新

文史资料工作要适应新时代新形势,必须主动作为,务实创新。近年来,史料征集工作的重点、对象、范围等都发生了变化。史料征集对象,从"有阅历的老人"转移到有关单位和中青年作者,从政协委员转移到党内外社会各界的同志,征集对象数多面广;在征集的范围上,由原来的政治、历史、文化为主,普及对经济、教育、体育卫生、科学技术、民族、宗教、风尚习俗等各方面。这就对文史资料征集模式提出新的挑战和新的要求。一是改变以往"一书一征"的工作模式,建立面向社会、面向专家学者的常年征集机制,充实稿件库,为日后出版工作奠定基础。"青岛改革开放亲历记"(五卷本),从征集、审改到出版仅有短短一年的时间,完成这部跨越40年的宏大题材,大部分稿件来自以往十几年积累的优秀稿件。二是探索向社会购买服务。以往文史资料工作主要靠联系、团结热心于文史工作的各界朋友,实践证明,随着征集题材和征集数量的增多,文史工作形式的不断丰富拓展,这种靠感情和热情维系的文史队伍难以适应新形势下文史工作的新要求。通过向社会购买服务,依靠社会力量搞活文史,是文史资料征集模式新的实践。近年来,通过向社会公开招标,购买社会服务,青岛市政协完成了"见证青岛解放"丛书、"庆祝青岛解放70周年暨青岛政协成立70周年""孔子与青岛"专题展览等。

四、推动文史资料传播方式立体创新

在融媒体时代的大环境下,利用现代科技手段,借助网站及新媒体,实现文史资料与社会信息资源共享,使文史资料不受时间、空间、数量的局限,服务的对象、范围和领域得到发展,增强和扩展传统文史资料的功能,提高文史资料的社会地位和社会价值。青岛市政协积极探索建立全方位立体化文史资料传播体系,与传统主流媒体建立良好合作机制,与人民政协报、青岛日报、青岛晚报等建立合作,有的稿件被全国政协"大潮"丛书采用,有的在《人民政协报》整版发表;迎合受众移动阅读习惯,建立微信公证号"见证青岛解放",微信公众号的点击和转发量15万余次;和新媒体网站合作,与青岛新闻网联合推出"我与青岛共成长"特别报道,访问量近30万人次,政协文史的社会影响不断扩大;主动向热点APP推送文史资料成果,近年来文史资料成果全部可在青岛政协"智慧

政协"系统平台访问,《见证青岛解放》电视片在中宣部"学习强国"上发布,山东省委组织部要求把该片作为全省党员的学习资料。多次组织开展文史资料"五进五送"活动,向青岛大学、东台社区、江苏路社区等赠送文史资料5000余册。

(作者单位:青岛市政协)

新时代如何坚持和把握人民政协的性质定位

刘　玉

习近平总书记在党的十九大报告中强调,"人民政协是具有中国特色的制度安排,是社会主义协商民主的重要渠道和专门协商机构",进一步提出人民政协是国家治理体系的重要组成部分,是各党派团体和各族各界人士发扬民主、参与国是、团结合作的重要平台。习近平总书记一系列重要讲话、重要指示,特别是对发挥政协职能作用提出的新部署新要求,为人民政协事业发展提供了方向指南和行动纲领。因此,做好新时代政协工作,必须坚持以习近平新时代中国特色社会主义思想为指导,正确认识和科学把握政协"是什么、干什么、怎么干",严格依照宪法和政协章程履行职能,确保政协工作到位不越位、守规不逾矩,推动政协工作迈进新时代、展现新气象、实现新作为。

一、准确把握人民政协的性质定位是做好政协工作的关键所在

党的十八大后,习近平总书记对政协委员履职提出了一个新要求,即政协委员要"懂政协、会协商、善议政"。其中,"懂政协"是"会协商、善议政"的前提。而如何才能做到"懂政协"? 关键的一点就是要准确把握人民政协的性质定位。习近平总书记指出,做好人民政协工作,必须坚持人民政协的性质定位。这个性质定位就是:"人民政协是统一战线的组织,是多党合作和政治协商的机构,是人民民主的重要实现形式。"通俗一点理解,就是政协不是权力机关,也不是决策机构;政协不是靠"说了算",而是靠"说得对";政协是协商载体而不是协商主体,各方是在政协协商,而不是与政协协商,政协只是作为一个平台和桥梁在发挥着重要作用。习近平总书记还指出,做好人民政协工作,必须坚持大团结大联合,必须坚持发扬社会主义民主。从1949年人民政协成立至今,团结和民主一直是人民政协的任务和使命。政协章程明确规定团结和民主是政协的两大主题,进入新时代更需要政协把团结和民主两大主题贯穿于工作的各环节和全过程,正如习近平总书记指出的那样,"我们的目标越伟大,我们的愿景越光明,我们的使命越艰

巨,我们的责任越重大,就越需要汇聚起全民族智慧和力量,就越需要广泛凝聚共识、不断增进团结"。总之,我们要不断筑牢共同思想政治基础,巩固已有共识、推动形成新的共识,扎扎实实做好争取人心、汇聚力量的工作。这些工作不是"显绩",有时候还看不见摸不着,但人心是最大的政治。这种润物无声、潜移默化、不显山不露水的工作,也是政协工作意义所在。

二、坚持围绕中心服务大局是人民政协履行职能的基本遵循

围绕中心、服务大局是党的十八大以来党中央始终强调的人民政协履行职能必须遵循的重要原则。政协具有代表性强、联系面广、包容性大的优势,具有广泛的社会基础,联系社会的方方面面;政协委员多是各方专业人才,称得上综合性的人才库和智囊团;政协作为重要平台,能够广泛汇聚各家之言,为党和国家的大政方针建言献策,为改革发展凝聚各方力量。习近平总书记从紧扣改革发展、"四个全面"战略布局、"十三五"时期的发展以及全面建成小康社会,打赢防范化解重大风险、精准脱贫、污染防治三大攻坚战等方面进行点题,要求"大家要找准切入点、结合点、着力点,深入一线调查研究,积极开展批评监督,推动各项决策部署落地见效"。习近平总书记在党的十九大报告中特别提出,人民政协工作要聚焦党和国家中心任务进行协商民主。事实上,我们黄岛区政协就是按照总书记要求去做的,紧紧围绕工委管委重大决策部署进行协商,紧密结合与承接军民融合、新旧动能转换、乡村振兴等国家战略,聚焦新区经济社会发展的重大问题,组织政协委员开展深入调查研究,真诚协商、务实监督、深入议政,关注、促进社会全方位的发展,努力为解决好发展不平衡不充分问题出点子、想对策,在协商中达成共识、形成合力,促进决策顺乎民意、合乎实际,产生实效。

三、始终坚持以人民为中心是做好人民政协工作的本质要求

党的十八大以来,以习近平同志为核心的党中央提出以人民为中心的发展思想,彰显了人民至上的价值取向。作为党领导的政治组织——人民政协,必须贯彻落实习近平总书记这一治国理政新理念、新思想、新战略,真正把增进人民福祉、促进人的全面发展作为履职出发点和落脚点,真正把以人民为中心的发展思想落到实处,在服务人民中履行好人民政协的职能。习近平总书记明确指出:"全心全意为人民服务,始终代表最广大人民根本利益,是我们能够实行和发展协商民主的重要前提和基础。""民为邦本,本固邦宁",政协委员心中要有"人民"二字,这就要求我们的重大工作和重大决策必须识民情、接地气。要以人民群众利益为重、以人民群众期盼为念,真诚倾听群众呼声,真实反映群众愿望,真情关心群众疾苦。政协委员和政协工作人员要像习总书记要求的那样,"坚持工作重心下移,深入实际、深入基层、深入群众,做到知民情、解民忧、纾民怨、暖民心",广泛了解民情,多方反映民意,为保障和改善民生多建有用之言,多献务实之策,多

谋长远之道，切实推进社会关注和人民群众关心问题的解决，把为人民群众谋利益的好事办好，实事办实，让人民群众得到实实在在的好处。

（作者单位：青岛市黄岛区政协）

积极履职谋发展　风雨同舟铸辉煌

林夕宝

70年砥砺奋进，70年春华秋实。2019年是中华人民共和国成立70周年，也是人民政协成立70周年。70年来，人民政协在中国共产党的正确领导下，积极投身到新中国从站起来到富起来、强起来的伟大实践中。人民民主是党的光辉旗帜，人民政协是中国人民爱国统一战线的组织，是中国共产党领导的多党合作和政治协商的重要机构，是发展更加广泛、充分和真实的人民民主的重要形式。从政协第一届全体会议的召开到如今70年的波澜壮阔，政协始终围绕在中国共产党的周围，汇集国内一切拥护人民民主的进步力量，发挥着团结各民主党派、各人民团体、无党派民主人士、人民解放军、少数民族、国外华侨以及各地区和各界的代表的重要作用。从国家治理到社会建设、从巩固发展爱国统一战线到发展社会主义民主政治，人民政协无不发挥着重要作用，做出了突出的历史伟绩和卓越功勋。今天的中国，正处在发展振兴的关键阶段，处在"两个一百年"奋斗目标的历史交汇处，处在从"世界大国"向"世界强国"转变的时代关口，中国特色社会主义进入了新的历史方位，人民政协也必朝向更加成熟的方向发展。回首来路，昭昭伟业在眼前；展望前程，来路功勋由可期。

一、同命运，和衷共济

70年前，延安窑洞中的"窑洞对"犹然回响在耳畔。中国共产党力求跳出国家政权兴衰治乱、往复循环的历史周期律。为谋求一条国家长治久安的新道路，毛泽东主席与党外人士黄炎培推心置腹、促膝长谈，这条新路就是民主，"只有人人起来负责，才不会人亡政息"。此次民主道路的探索之论也成为政权建设的经典之谈。中华人民共和国成立前夕的重庆谈判开启了政治协商的新篇章，《双十协定》商谈决定召开全国政治协商会议，邀集各党派代表及社会贤达，共商国是。各民主党派、各人民团体及社会贤达，迅速召开政治协商会议，讨论并实现召集人民代表大会、成立民主联合政府。1949年，《中国人民政治协商会议共同纲领》成为新中国的成立宣言，"占人类总数四分之一的中国人从此站立起来了"。人民政协第一届全体会议完成了建立新中国的历史使命，开辟了中国历史的新纪元。

随着中国经济社会发展，人民政协协商民主已经广泛渗透到国家政治、经济、文化等社会生活中，并且在不断丰富和发展。人民政协与国家、与党、与人民同呼吸、共命运、和衷共济、风雨同舟。随着中国特色社会主义民主政治进程的不断推进、改革开放程度的不断加深，人民政协高举爱国主义、社会主义旗帜，坚定中国特色社会主义道路自信、理论自信、制度自信、文化自信，坚持大团结大联合，坚持一致性和多样性统一，在热爱中华人民共和国、拥护中国共产党的领导、拥护社会主义事业、共同致力于实现中华民族伟大复兴中国梦的政治基础上，进一步巩固和发展爱国统一战线，调动一切积极因素，团结一切可能团结的人，为实现"两个一百年"奋斗目标、实现中华民族伟大复兴的中国梦而奋斗。

二、勤学习，提升能力

每一次学习都会凝聚起新的奋进力量；每一次学习都会坚定民主的理想信念；每一次学习都会推动中华民族复兴事业大发展、大进步。政协委员要履好职，必须具有基本的理论素养、专业知识、政策水平、履职能力。人民政协始终围绕在中国共产党周围，积极学习研究中国特色社会主义理论体系，围绕着新中国的革命与发展、社会主义的建设、社会主义市场经济体制的建立、扩大对外开放等一系列国家发展重大问题进行理论学习与实践探索，不断提高自身能力，发挥自身作用。

新时期，人民政协整装待发，毅然踏上挑战未知的漫漫征途。深入学习贯彻习近平新时代中国特色社会主义思想，特别是习近平总书记关于加强和改进人民政协工作的重要思想，把准、把牢新时代人民政协新方位新使命，厚植政协情怀、热爱政协岗位、奉献政协事业，坚持"三个崇尚"，按照"学习新思想、携手新时代、聚焦高质量、服务高水平、画好同心圆"的总体思路，推进政协制度更加成熟和更加定型。

深入学习"不忘初心、牢记使命"主题教育思想，弘扬伟大的长征精神、发扬革命战争年代敢于斗争、不怕困难的奋斗精神，勇于战胜各种艰难险阻、风险挑战，奋力夺取新时代中国特色社会主义新胜利。"无论我们走得多远，都不能忘记来时的路"，习近平总书记语重心长、其言谆谆。人民政协必将继续在学习中、在不断地自我革命中擦拭初心、践行使命。

三、行视察，联系群众

习近平总书记指出，人民对美好生活的向往，就是我们的奋斗目标。检验我们一切工作的成效，最终都要看人民是否真正得到了实惠，人民生活是否真正得到了改善，人民权益是否真正得到了保障。这为人民政协指明了在新形势下践行群众路线、提升服务群众能力的本质要求。

政协委员是社会各界的代表人士，与广大群众有着广泛的联系，要想方设法了解基层群众在干什么、在想什么、希望做些什么，倾听他们的利益诉求，掌握第一手材料，力求听到实话、察到实情。70年来,人民政协始终坚持以人为本,凡事从人民群众利益出发谋思路、定措施、抓落实,认真倾听群众的呼声,充分尊重群众的意愿,把人民群众普遍关注的热点难点问题作为履行职能的切入点,深入调查研究,积极建言献策,助推社会事业进步,实现政协组织建言献策选题与群众利益诉求有效对接。政协充分发挥植根人民、来自群众的优势,通过履行好参政议政职能,进一步畅通政协与人民群众的联系渠道,建立与人民群众密切联系的载体和平台。

新世纪服务人民、委员联系群众成为人民政协的重要工作。不断创新载体,创新形式,认认真真地组织政协委员诉民意、解民忧、惠民生,扎扎实实地思为民之道,谋富民之策,办利民之事,才能在联系群众中服务群众,较好地发挥委员凝聚人心、凝聚智慧、凝聚力量的主体作用,让他们在联系群众中彰显风采;才能准确把握"我是谁,为了谁,依靠谁",正确理解"为谁履职,为谁尽责,为谁服务",自觉强化宗旨意识,努力践行群众路线。

四、集睿智,建言献策

政协委员通过为党和政府制定政策、完善决策提出意见建议发扬民主,为党和政府在协商中凝聚各方面共识发扬民主。人民政协坚持问题导向,善于提出问题,研究问题,解决问题,忙在点子上,谋在关键处。在建言献策过程中,坚持紧贴党委、政府中心工作选题,力求建言献策选题与党委政府工作合力、合拍,有效对接。

近年来,就"一带一路"战略、"两个一百年"目标实现、人类命运共同体构建、京津冀协同发展、长江经济带发展、粤港澳大湾区建设、"工匠精神"培养、高质量经济发展、城乡教育公平等议题建言献策,助推政府重点工作加快推进。聚焦中心任务,紧扣打好三大攻坚战和实现高质量发展协商议政。着眼精准扶贫、污染防治、金融风险防范体系,着眼推动高质量发展、深化供给侧结构性改革、发展实体经济、提高供给体系质量等热点问题,形成了实事求是、敢于直言,体谅包容、求同存异,商以求同、协以成事的民主氛围;营造了提倡热烈而不对立的讨论,开展真诚而不敷衍的交流,鼓励尖锐而不极端的批评的协商环境。

抬望眼,目标如同灯塔,指引着航船扬帆破浪的征程。面对过往的70年,人民政协能不能与党、与国家共命运,协商民主的大跨步发展已经证明;人民政协能不能集睿智,改革开放以来的成就已经证明;人民政协能不能勤学习、能不能行视察,一颗颗火热的初心、一项项为民的议题已经证明。面对下一个70年,摆在人民政协面前的任务更加艰巨、使命更加光荣,没有丝毫的自满、怀着无比的自信,人民政协必将与党、与国家、与人民同心同德同呼吸,践行使命、不忘初心,人民政协必将于历史的滚滚洪流中再接再厉再扬帆。

(作者单位:青岛求实职业技术学院)

新时代提案工作的理论与实践创新

王夕源

2019 年是新中国也是人民政协成立 70 周年。在纪念人民政协成立 65 周年的新年茶话会上，习近平总书记指出，我们要巩固和发展最广泛的爱国统一战线，坚持和完善中国共产党领导的多党合作和政治协商制度，寻求最大公约数，凝聚改革共识，汇聚改革正能量。参加人民政协的各党派团体和各族各界人士要引导所联系成员和群众理解改革、支持改革、参与改革。这段话再次为我们明确了政协服务于改革开放的任务和要求。

我出生在中华人民共和国成立后的三年自然灾害时期。在 1978 年的改革开放元年，国家恢复高考，我通过考试走进了大学校园。1982 年中共十二大提出了实现"四个现代化"的总任务，我大学毕业走上了科研岗位。1989 年我加入了民主党派。1993 年在邓小平同志观察南方发表重要讲话再推改革开放后，我被推选为青岛市政协委员，并改行调入党派机关成了一名"职业"委员。可以说，我人生成长的每一个重要节点，都与新中国的重大历史转折或改革开放后的政协事业发展相契合。

人民政协的产生与发展，既反映了统一战线创立的政治智慧与制胜法宝，也汇集了各界精英协商的发展智慧与议政法宝。人民政协成立 70 多年来，特别是中共十八大以来，人民政协的工作实践与理论研究都取得了丰富的创新成果。

一、改革开放开阔了委员思路，转变了议政观念

1994 年是青岛推进改革，实施东部开发的元年。那时，受传统观念和社会舆论的影响，一些委员对市委的决策难以理解。正是时任青岛市委书记俞正声在政协开幕式上解放思想、开放城市、引进外资、加快发展的脱稿讲话，开阔了委员思路和视野，转变了传统观念和认识，引领了议政建言服务于改革开放的正确方向。

也是 1994 年，全国政协在李瑞环主席的倡导下，创新性地将反映社情民意信息纳入政协的基础性工作，并作为参政议政的重要内容写进了政协章程，成为"人民政协的一项创举"。从此，政协委员议政建言的履职形式，就由定时、定点的"两会"提案，更多地

转向涉及领域宽、反映时效强、上报层次高、影响范围广的形式。

20世纪90年代初，第一次参加政协会议我竟一案未提，一言未发，扮演着灰溜溜的"学习"角色。会后，我自觉把提案当科研，凭借改革开放提供的开阔思路和视野，第二年就调研写出了多篇涉足广泛的改革建议。从1994年到1999年，我先后提交了"建立政府社会保障解决日益严重的养老问题""幼儿园不应实行寒暑假""国有集体企业领导离任应审计"和"公交车不该成为'公仆'的禁区"等十几件调研提案，没想到，这些如今都变成了现实。

我担任政协委员的提案经历和成果，就是我国各级政协服务于改革开放的一个缩影。显然，正是改革开放为我们搭建了履职为民的广阔舞台，提供了反映民意的畅通渠道，创造了畅所欲言的政治环境。在我分别担任省、市政协委员的25年间，共提交提案建议700多件。其中，调研报告60多篇，被全国政协、中央统战部《零讯》和省市政协采用的社情民意信息70多件。其中，报告或建议分获李克强、张高丽、汪洋等国家和省、部级领导，以及市委书记、市长等批示30余件；5次做省、市政协大会发言；省、市政协理论研究成果及获奖多项；连续十几年荣获全国和省、市参政议政和提案、信息工作先进个人，并荣立省政协提案与信息工作二等功；现已为全国十几个省市做提案信息经验汇报30多场，在政协履职平台上为改革开放献计出力。

二、改革开放提升了提案建议的能量和影响

改革开放不仅加快了社会经济发展，也改善了民主政治文明，实现了提案关注热点与重点的转化。我在20多年的委员履职经历中，亲身感受到了这些变化。例如，政协提案已从当初重"路灯不亮、开水不烫"等反映基本生活诉求为热点的建议数量，转到重"围绕中心、服务大局"等反映富裕生活需求为重点的建议质量，再到重"科学发展、改善民生"等反映美好生活追求为特点的建议能量，其社会协调力、政治影响力和经济推动力均在改革开放中得以提高。

政协提案究竟要数量还是质量，曾是一个长期纠结和争论的问题。在追求"参政参到点子上、议政议到关键处"的改革时代，作为"提案大户"，我也经常遭遇"要质量，不要数量"的非议。事实上，提案数量和质量绝非一对"此消彼长"的矛盾。提案数量反映了议政的责任与热情，提案质量体现了议政的效果与水平，没有提案数量少就一定质量高的逻辑关系。所以说，只要政协委员有思想、有水平、有责任，就能在履职中达到数量多、质量高的提案境界。

提案质量是提案发挥作用的前提，也是提案被重视采纳的基础。提案的质量应有两层含义：一是言之有理的建议质量；二是采纳落实的办理质量。近年来，改革开放加快了政府职能转变，强化了社会治理规范，提案承办单位对反映问题属实、办理条件成熟的建议，不再推诿扯皮。因此，提案的建议质量决定了提案的办理质量。

为保障选题准、观点新、建议实、效果好的提案质量，早在1993年青岛市政协就确立

了"不一般地提问题,不提一般的问题"的提案原则。通过创新实践和理论概括,我们还总结出一套形成优秀提案的"五要"法则:一要提高工作意识和认识;二要掌握有关法规和政策;三要重视正、反两个方面的调研;四要选好反映问题的角度和方法;五要多方征求意见,形成可行建议。同时,还概括出提高建议可行性的两条秘诀:一是对社会而言,只有政府能办的才是可行的;二是对政府而言,只有时间少、成本低才更可行。由此形成了不提"依靠全社会共同努力"的建议,不要"依赖全民素质普遍提高"的措施等提案工作的理论创新。

为了实现舆论与民主监督的良性互补,提高政协提案的社会影响和办理质量,青岛市政协还创办了《委员访谈》《提案追踪》和《委员论坛》等广播电视栏目,有意将涉及民生的委员建议,借媒体扩大影响,推进办理。近20年来,我以政协委员的名义,先后在《人民日报》《人民政协报》和《中国政协》等40多个报刊、网络媒体上发表调研、理论或评论文章500多篇次。许多建议经媒体报道或领导批示后,还促进了采纳与落实。

如今,各级政协已形成了提案和办理的可追溯制度,由政协网站公开接受社会或舆论监督,提升了政协提案的能量和影响。

三、改革开放凸显了不同意见的优势与价值

众所周知,民主的目的在于听取不同意见。在民主与科学决策中,民主只是决策手段,科学才是决策目的。以往许多重大决策经论证"一致通过"后,却每每带来惨痛的经济损失和经验教训。究其原因还是在决策论证时,总是习惯听赞同意见,听不得反对甚至不同意见。因此,为保障科学决策,协商民主就应在重大决策论证时,充分发挥政协各界专家的团队优势,保障"可行"与"不可行"的对称研究,用理论和制度创新来规避信息不对称导致决策失误。

政协委员多是来自社会各界的代表人士或精英,形成了知识密集、人才荟萃的专家组织优势。然而专家只能是专才,不会是全才。因此,政协委员在面对几十个党政部门或行业领域的议政建言时,很多情况下就变成了"外行"。"外行"怎么议政?面对这一课题,青岛市政协理论研究会进行了专题研讨,并形成了《"外行"议政也有优势》的理论研究成果。

首先,"外行"议政总是担心多、约束少,发现问题会毫无顾虑地提出质询或疑问;其次,"外行"议政可以不惧专家的权威而坚持朴素的科学发展观,尊重普遍的社会规律;第三,"外行"议政往往不懂潜规则,敢于提出专家及权威不便或不愿涉及的"老大难"问题;最后,"外行"议政还能开阔视野,转换思路,不会顾及"行内利益"或"行规框框",大胆提出不同意见。当然,"外行议政"也一定会提出更多的外行或无用意见,但这已无碍协商民主与科学论证的大局了。

显然,"外行"议政必然会提出更多的不同意见。不同意见越多,依此来决策的科学概率就越高。相对于党和政府具有决策"可行性研究"的团队优势,政协组织恰恰具备

了"不可行性研究"的团队优势。这就为政协服务于科学发展,找到了既有智慧优势、又有制度保障、更有不可替代作用的政治职能。由此,不仅解决了"外行"议政的现实尴尬,而且还形成了"外行"也能议政的优势理论。

政协提案建议的履职实践表明,参政议政的最大价值不在于对党和政府的决策论证能否举"双手赞成",而在于能否提出符合科学发展的"不同意见"。十多年来,我先后提出了"各级政府首长不宜兼任同级人大代表""高官不当院士,体现规则意识""倡导读书不能靠浮躁的评比活动""慈善捐助不应让受助学生曝光"和"创建'文明城市'要靠明法治理,不靠暗访评比"等几十件不同意见。这些"不同意见"多数已经或即将被证明,更加符合科学发展的社会规律,更能凸显依法治理的议政价值。

显然,人民政协的提案建议只有从推进改革开放的不同方面和角度,更多地提出符合科学发展观的不同意见或建议,才能充分体现多党合作与政治协商制度设计的特色优势与科学价值。

四、改革开放丰富了提案的理论研究与创新

宪法规定的人民政协与人大职能不同,其履职效果主要取决于议政建言的水平和党政领导的认可。因此,相比之下政协提案工作更具中国特色的实践创新性,更具科学发展的理论探索性。

中共十八大以来,习近平总书记关于加强和改进人民政协工作的重要思想和重要论述,进一步推动了人民政协服务于改革开放的实践探索与理论创新。青岛市政协也先后确立了"搭建团结与民主舞台,集聚建设与发展才智"的工作理念,提出了"使党委更有权威,政府更有作为,各界更加团结,民众更加舒心"的工作思路,强调了"建言献策求深,专题调研求真,反映民意求实,活动方式求新"的工作要求。

新时代,习近平总书记有关人民政协要"凝聚改革共识"和"重点监督党和国家重大方针政策和重要决策部署的贯彻落实"的指示精神,以及汪洋主席"求真务实,提高人民政协协商能力水平"的要求,为人民政协提出了"协商达共识、监督抓落实、议政求务实"的工作新任务与新目标。

在省、市政协25年的委员履职岗位上,我坚持把提案当科研,不仅在政协提案和议政建言方面取得了数量高产,而且在政协理论研究与提案观点方面实现了从建言到立论的质量飞跃,形成了部分提案理论与观点创新。例如,坚持依法治国和政治制度的中国化,而不是一律"西化",才是维护国际政治多元化;政协"知识密集,人才荟萃"的界别设置,不在于吸纳各界专家来体现最高的民主学术性,而在于团结各界人士来体现最大的政治包容性,由此来扩大社会有序参与的政治代表性和影响力;要增强政协民主监督的实效性,不能靠立法来赋予监督的权力,要依法选择监督的内容。这就像没有执法权的"协警"也可以依法监督"红灯停、绿灯行"一样。否则,若给"协警"执法权的话,那么"协警"就变交警了。

在经济发展与社会治理领域,通过提案思考也形成了许多创新理论与观点。主要有:自主创新应是企业市场生存的本能,不是政府管理强加的功能;房价不是地价决定的,相反地价却是房价决定的,因而土地"限价拍卖"荒谬绝伦;放开高价、保障低价,才是政府楼市调控的应有作为;看病难的原因不在看病贵而在缺良医,医疗改革的出路在于全民医保;人口多不是问题,农民多才是问题;"空心村"为减少农民、土地流转和种粮增收创造了条件;乡村振兴的核心标志不是产业兴旺的工业园,而是种粮致富的农庄园。

显然,政协提案服务于改革开放的理论研究与科学立论,对于增强中国特色的道路、理论、制度和文化自信更具议政价值,有利于实现人民政协最广泛凝聚共识、凝聚人心、凝聚智慧、凝聚力量的统一战线宏伟目标。

(作者单位:青岛市政协)

浅析社会主义参政党在民主监督中的作用

孙文彩

2018 年 3 月 4 日，习近平总书记在参加全国政协十三届一次会议联组会时指出，中国共产党领导的多党合作和政治协商制度作为我国一项基本政治制度，是中国共产党、中国人民和各民主党派、无党派人士的伟大政治创造，是从中国土壤中生长出来的新型政党制度。习近平总书记的这一重要讲话指明了中国共产党领导的多党合作和政治协商制度的制度属性、根本特点、形成原因和历史方位。新中国成立 70 年来，多党合作制度不断发展完善，实现了马克思主义政党理论同中国实际的有机结合，真实广泛持久地维护人民利益，有效避免了一党缺乏监督可能导致腐败和多党轮流坐庄、恶性竞争而导致的社会撕裂，推动中国特色社会主义民主政治和谐有序有效发展，对人类政治文明做出重大贡献。

我国社会主义参政党作为政治协商中的监督者，在民主监督中有着重要的地位并且发挥着重要作用。我国是人民民主专政的社会主义国家，其本质是人民当家作主，参政党代表着广泛的社会阶层，因此决定了其民主监督作用也充分贯穿在政党协商进程中，具体作用体现为促进中国共产党的党风建设，提高参政党的自身建设以及保障党和政府工作的有序运行。

一、促进中国共产党党风及廉政建设

毛泽东在《关于正确处理人民内部矛盾的问题》中具体阐述了参政党的民主监督作用，即"为什么要让民主党派监督共产党呢？这是因为一个党同一个人一样，耳边很需要听到不同的声音。大家知道，主要监督共产党的是劳动人民和党员群众。但是有了民主党派，对我们更为有益"。在庆祝中国共产党成立周年大会上，江泽民提出："党的作风，关系党的形象，关系人心向背，关系党的生命。"胡锦涛强调："我们要从党和人民事业兴衰成败的高度，从全面建设小康社会、构建社会主义和谐社会的全局出发，充分认识加强领导干部作风建设的极端重要性和紧迫性。"习近平在党的十九大报告中强调，要"继续整治'四风'问题,坚决反对特权思想和特权现象"。70多年的实践证明,只有认识党风建设的重要意义,才能永葆党的先进性和纯洁性。现阶段,我国党内不良作风主要表现在形式主义、奢靡之风、享乐主义和官僚主义这"四风"上。我国参政党作为共产党的挚友、诤友,在政党协商中对共产党进行严格监督,有利于其作用的发挥。

（一）有利于消除"四风"的不利影响

参政党的有力监督,可督促党员同志提高学习的自觉性,真正深入基层调查,扎实做好群众工作,践行全心全意为人民服务的宗旨,有利于消除形式主义现象。奢靡之风实质上是理想信念的丢失,是精神的自我麻醉。奢靡之风之所以产生,主要原因在于党员同志的荣辱观念不够浓、忧患意识不够强以及缺少艰苦奋斗的精神等。为了阻止奢靡之风对共产党队伍的腐蚀,监督是有效预防腐败、奢靡的途径之一。但是仅仅依靠党内监督是不行的,还需要党外人士的监督。强化我国参政党的监督权和话语权,让干部的行为亮在人民的监督之下,形成"骄奢淫逸人人喊打"的局面,有利于消除奢靡之风现象。享乐主义是一种把享乐作为人生目的,主张人生的唯一目的就在于满足感官的需求与快乐的思想。《中共中央加强和改进党的作风建设的决定》中曾指出"以权谋私、贪图享乐现象蔓延"是党的作风方面亟须解决的问题之一。我国参政党如果对党员同志尤其是一些党员领导干部进行有效的监督,督促其艰苦奋斗,有利于保持共产党员的先进性,有利于消除享乐主义现象。官僚主义完全违背了中国共产党的性质和宗旨。官僚主义与人民群众背道而驰,从而导致党的执政基础受到了侵害,党的执政地位受到威胁。官僚主义与腐败现象同根同源,官僚主义滋生和繁衍腐败现象严重损害社会公平,影响社会效率。如果缺少了强大的监督力的约束,必将导致权力泛滥,人民、社会和国家将会遭受不可估量的损失。为此,我国参政党对执政党的有效监督是不可或缺的。参政党的监督可推进党和政府的领导体制逐步走向完善,有利于消除官僚主义现象。

（二）有利于加强中国共产党廉政建设

廉政建设是中国共产党长期进行的课题之一。随着经济社会的不断发展进步,各种外部诱惑以更加丰富的形式出现,若是没有足够坚定的党性,面对各种外部诱惑,就容易迷失自我。一些不良现象不仅会破坏廉洁从政的良好氛围,造成社会财富浪费,加剧贫富两极分化,还会引发民众心理失衡,进而影响社会力量的凝聚,严重阻碍党的事业健康发展。所以,社会主义参政党加强对领导干部队伍的监督,有利于廉政工作的推进,真正打造一支清正廉洁的为民服务的执政党队伍。

二、提高社会主义参政党的自身建设

随着经济社会的发展,中国共产党的执政能力越来越高,广大人民群众对时事政治的关心程度越来越深,加上民主参与意识的不断提高,客观上对我国参政党民主监督水平提出了更高的要求。参政党要想提出具有针对性、建设性和实效性的意见或建议,就必须进一步加强对监督质量的把控,就必须提升理论学习,通过自我不断调整和完善加强自身建设。

（一）提高自身理论水平和责任意识

参政党具有民主监督的职能,然而,长期以来,部分参政党干部的观念里缺乏民主监督的意识,监督的自觉性和主动性程度不高,尽管也会通过多种渠道表达意见,但是所提的问题和建议缺少深度,不实际,只停留在理论层面,所以很难得到社会各界尤其是普通老百姓的认可和拥护。在政党协商中,我国参政党要充分发挥民主监督作用,就要具备雄才胆略,要敢于讲真话实话,不讲空话套话,协助共产党提高执政能力水平,使民主监督具有实效性,符合人民群众的利益。我们都知道,参政党需在本身拥有一定的理论高度和社会责任感的前提下,为共产党谏言献策,这样才能凸显参政党的民主监督作用,因此,参政党要更加认真地研究马克思主义中国化的相关理论,拓展自己的文化视野,形成高度的责任意识。

（二）加强自身队伍建设

参政党的民主监督目标是建立起一种科学民主的决策机制,从而为增强共产党的执政能力提供制度上的保障,因此,吸收和培养高素质人才显得尤为重要。我国参政党的民主监督要保证效果,需要有得力的领导队伍、完整的体系、党派成员的热情参与来做支撑,这就从客观上鞭策参政党要健全从中央到地方的组织机构。就目前形势来看,我国参政党对领导班子建设逐渐重视,遴选出了一批高素质的人来担任领导职务,并不断进行自我完善与提高,促进自身素质的提升。与此同时,我国参政党正试图创造一种民主和谐的参政氛围来吸纳一批有知识、有能力和对新事物有一定敏感度的新青年,培养他们善于发现问题的意识,让这部分人在工作上能更贴近生活、贴近实际,能更好地表达一部分群众的愿望诉求,进而慢慢壮大参政党队。

（三）促进参政党之间的团结合作

我国参政党的民主监督有利于党派之间的团结合作。我国素来就有团结协作的优良传统。在民主革命时期,各民主党派就视国家大事为第一位,致力于争取民族独立和人民解放;在社会主义现代化建设时期,我国参政党在党的领导下,积极投身到中国特色社会主义伟大事业中,其民主监督体现了参政党权利与义务相统一、行使职能与达成目标相一致的原则。为了能够达成共识,有效地发挥民主监督作用,参政党之间必须团结一致,形成一股巨大的凝聚力,客观上可以促进参政党之间的团结合作。参政党与共产党同舟共济、荣辱与共,为中国革命、建设、改革事业做出了不可磨灭的重要贡献。新世纪新阶段,参政党所面临的共同历史使命是实现中华民族伟大复兴。在这一任务的感召下,参政党之间更要加强合作与交流,不断增进内在凝聚力。实际上,加强党派间有效的政治沟通,有助于参政党之间增进相互了解,消除彼此间的分歧,从而为实现党派的内部团结增添合力、巩固基础。

三、保障党和政府工作的有序运行

中国共产党执政是历史发展的必然趋势，是人民群众的选择结果。我国参政党的监督是巩固党的领导地位和执政权力的重要保障，为党和政府在制定政策、执行政策、总结反馈等阶段扫清思想上的阻碍。

（一）有利于共产党制定正确的决策

制定政策是公共活动顺利开展的重要保证。政策的制定是一个动态的行为过程，有规范的程序，一般包括政策问题界定、政策目标确立、政策择优、政策合法化等程序，而每个程序又有不同的具体环节。正确政策的制定不仅需要依靠共产党自身的才智，也需要参政党的批评建议。在制定政策之前，由于参政党成员大多是由各行各业的高级知识分子组成的，他们拥有相对较多的政治阅历和活动经验，特别是通过调查研究，能够很直接地了解他们各自所联系的那部分群体的利益需求，从而对共产党的重大方针政策能够提出有针对性的意见和对策，他们能够对共产党的权力进行有效监督。我国参政党可以在充分了解情况的基础上，提出许多真知灼见，进而使中国共产党能够做出正确决策。我国参政党通过有效行使监督权，竭尽所能地帮助中国共产党推进决策科学化。

（二）有利于共产党贯彻执行正确的决策

政策制定好以后，接下来就是要对政策进行贯彻落实。在中国这样一个庞大的国家中，机构多种多样，人员素质参差不齐。因而，一个强有力的监督系统是保证各项政策贯彻实施的关键。要从根本上防治政策执行阻滞，还必须进一步从制度上强化对政策执行活动的监督。我国参政党成员通过调查研究，整理所搜集的资料，结合自己本身所具备的专业技能，根据已有的社会实践经验，综合分析政策实施后的效果，对执政党的具体执行过程进行监督，从中发现一些执政党所发现不了的问题，并对出现的问题或者错误进行纠正。举个例子来说，中国共产党可以通过任命政治素质好、业务能力精的参政党成员到政府行政部门、立法机构、司法机关等担任某种职务来参与监督，这样做一方面能够有效防止个别自制力不强的工作人员利用职权破坏政策的贯彻执行行为，另一方面能够提高共产党治理国家的能力和水平。

（三）有利于共产党总结政策执行后的经验和教训

我国现处于并将长期处于社会主义初级阶段，现实情况复杂，这决定了政策的贯彻执行过程不会是一帆风顺的，有时候甚至可能导致政策的实施结果与预期效果存在一定的偏差。这就需要我国参政党发挥民主监督作用，帮助执政党总结经验和教训。虽然民主监督没有法律上的效力，没有强制性的特征，但是在经过调查研究、实地考察、掌握资料的情况下进行的监督，通常是有一定的说服力的。这些监督意见通过政党协商方式反复商量讨论，在执政党和参政党之间达成共鸣之后，再由被监督对象以执行的方式反馈出来，这样的民主监督才是有效监督。我国参政党可以利用其与群众联系广泛的优势，深入调查，征求广大人民群众的意见，上报给党政领导机构和部门，充分发挥其民主监督作用。

我国参政党对党和政府决策前、实施中和决策后这一过程的监督，有助于共产党制定正确、科学的决策，并确保在实际工作中得到贯彻落实。综上所述，我国参政党在政党协商中的民主监督作用主要可以归纳为以下几点："一是政党协商中的民主监督是一种政党间的异体监督。它既不同于共产党自身的党内监督，又与共产党的党内监督相辅相成，不仅有利于发挥民主监督作用，而且有利于坚持共产党领导和监督执政权力的统一。二是政党协商中的民主监督是一种政党间的政治监督。从性质上看，参政党的政治监督是一种非权力性监督；从功能方式上看，参政党的政治监督不是一种专属监督，也不是作为某一种政治活动的必经法律程序；从目的上看，各政党在不妨碍其他政党在组织上的独立性基础上，共同追求国家政治的优良性、社会生活的公平性、政府治理的有效性以及国家共同体的和谐性。三是政党协商中的民主监督具有很强的包容性和针对性。这是由于参政党具有人才荟萃、联系广泛的特点，所处的位置也比较超脱，具有自身独特的视域，能够对中国共产党提供一种单靠党内党员不容易提供的监督。"

四、结　语

中国共产党领导的多党合作和政治协商制度是我国的一项基本政治制度，是新型政党制度。作为社会主义参政党的各民主党派，在民主监督中发挥着愈加重要的作用，不仅对于促进共产党执政水平提高、正确决策有积极的推动作用，在监督中也能够不断加强自身建设，以更加积极的姿态参政议政。社会主义参政党在民主监督中发挥的重要作用，有助于共产党和各民主党派共同为实现"两个一百年"伟大奋斗目标、实现中华民族伟大复兴的中国梦不懈奋进。

（作者单位：青岛科技大学）

新时代中国共产党赢得党外知识分子政治认同问题研究

潘娜娜

党的十九大报告指出,要加强党外知识分子工作,做好新的社会阶层人士工作,发挥他们在中国特色社会主义事业中的重要作用。这既为新时代做好知识分子工作指明了方向,又提出了很高的要求。知识分子既是先进生产力的开拓者,又是社会舆论的重要引导者和传播者,在改革开放和社会主义现代化建设中有着特殊重要的作用。

中国特色社会主义进入新时代,历史方位、执政方式、发展理念和发展要求都出现了新变化。面对中国特色社会主义进入新时代的新要求、新任务,如何更好地赢得知识分子特别是党外知识分子的政治认同,增强党的政治优势和自身的执政合法性,从而巩固发展我国的统一战线工作,就成为一个事关党和人民事业兴衰成败、党的执政地位稳固与否的重大问题。

一、中国共产党赢得党外知识分子政治认同的重要意义

党外知识分子有广义和狭义之分,本文探讨的党外知识分子指的是广义上的党外知识分子,即没有加入中国共产党的知识分子。党外知识分子的政治认同指的是党外知识分子对中国共产党的政治领导权以及中国政治制度、政治道路的认同,并形成与中国共产党相同的道路自信、理论自信、制度自信和文化自信。党外知识分子的政治认同既是认同主体的一种政治态度,更是一种现实的政治被认同的行为结果。

(一)有助于充分挖掘和整合人才资源,凝聚起实现伟大梦想的巨大力量

中国特色社会主义进入新时代,在新的历史起点上中国共产党肩负着实现伟大梦想的历史使命,要完成这一历史使命需要充分挖掘和整合人才资源,"择天下英才而用之",凝聚起实现伟大梦想的巨大力量。党的十九大报告指出,人才是实现民族振兴、赢得国际竞争主动的战略资源。包括各民主党派和无党派知识分子在内的党外知识分子文化程度较高、专业知识丰富,是我国人才队伍的重要组成部分。截至 2016 年,山东各类人

才总量已达 1477 万人,其中党外知识分子 1033 万人,约占全省人才总量的 70%。党外知识分子是时代的先觉者、先行者、先倡者,赢得他们的政治认同有助于有效地凝聚这批力量,为实现中华民族的伟大复兴贡献自己的智慧。

（二）有助于推动社会改革发展,汇聚起推进伟大事业的创新力量

中国特色社会主义进入新时代,意味着伟大事业的继续推进。要推进伟大事业,就需要发挥广大党外知识分子的创新精神,而作为生产力中最活跃的因素,知识分子本身就是与创新紧密相连的。党外知识分子作为知识分子的重要组成部分,亦与创新相连,是建设创新型国家的重要力量。全面深化改革是推进伟大事业的重要战略举措。党外知识分子认识并阐释全面深化改革的重要性,积极支持并投身改革对于全面深化改革有着尤为重要的意义。

（三）有助于增进其他群体的政治认同,发挥其在伟大斗争中的独特作用

随着公众政治参与意愿的加强以及思想活动多元性和差异性的明显增强,社会进入矛盾多发期,稳定问题进一步凸显。在这种情况下,增强不同群体的政治认同感就显得更为重要。知识分子作为先进思想的传播者和先进文化的创造者,对于凝聚社会共识、增进其他群体的政治认同有着重要的示范带头作用。中国特色社会主义进入新时代,要进行具有许多新的历史特点的伟大斗争,更需要党外知识分子发挥位置超脱、联系面广、影响力强的优势,协助党和政府理顺社会情绪,引导群众增进对党的政治认同。

二、新时代中国共产党赢得党外知识分子政治认同面临的挑战

（一）认同主体变化带来的挑战

1. 党外知识分子在不同行业领域发展不平衡带来的挑战

党外知识分子分布在高校、科研院所、各级国家机关、国有大型企业和新媒体领域,高学历、高职称使得他们对自身的发展有着更高期望值,但是发展不平衡不充分的问题客观存在,一方面,不同行业领域的不同利益主体占有的社会资源、获得的正常收入和发展的前景空间差距较大,另一方面,不同利益主体的主观期望与客观现实之间的差距较大,这种双重差距加剧了党外知识分子的社会挫折感和心理不平衡感,在给政治认同带来离散力挑战的同时,也对认同效果提出了更高更全面的要求,更要求实现"攻城"与"攻心"相统一,表面认同与内在认同相统一。如何运用统一战线来扩大执政基础,吸纳更多的党外知识分子,使党成为党外知识分子可以依赖的利益代言人已经成为当下中国共产党必须面对的严峻挑战。

2. 党外知识分子在体制外机构工作和兼职增多带来的挑战

中国特色社会主义进入新时代,随着不同城市和单位对人才的争夺愈来愈激烈,党外知识分子的流动进一步加快,"从一而终"的观念进一步受到冲击。就高校的党外知识分子代表人士而言,从中小城市向大城市流动,从省属院校向综合性"双一流"院校流

动,从内地向沿海地区流动成为普遍趋势。而且,随着人力资源社会保障部《关于支持和鼓励事业单位专业技术人员创新创业的指导意见》的出台,在体制外工作和兼职的越来越多。一方面,党外知识分子特别是年轻人生活工作压力较大,对工资福利待遇和生活品质有着较高的要求,另一方面,互联网时代的到来也为他们兼职提供了便利。据统计,目前在全国3800万专业知识分子中,约有1/4的党外知识分子在非机关事业和国有企业单位工作。党外知识分子兼职增多使得他们很少有时间进行专门的政治理论或者方针政策的学习,不能与时俱进,难以深刻理解把握党的理论。

(二)认同内容变化带来的挑战

1.理论认同和利益认同面临新的挑战

党外知识分子高学历、高职称的特点决定了他们对理论认同有着更高要求,对于他们来说,不仅要在理论上把中国特色社会主义的逻辑结构讲清楚,而且要把它打造成一个具有内在学理性的、经过逻辑论证的严谨的理念,才可能帮助他们释疑解惑,更好地把他们的思想和行动统一到党的十九大以来党的路线方针政策上来。此外,一些党外知识分子尤其是部分归国留学生在工作中缺乏以习近平新时代中国特色社会主义思想为指导的意识,这些都对理论认同提出了新的挑战。

利益认同是实现政治认同的现实前提,包括人的物质和精神利益需求的满足及相统一。利益需求是行为主体做出行为选择的内在动力,如果不能满足党外知识分子正当的利益需求,其对中国共产党的认同度必然大打折扣。中国特色社会主义进入新时代,人们对美好生活的期望对利益认同提出了更高的要求,但是现实中党外知识分子利益的实现程度和水平还不平衡,利益满足还不充分。从利益满足来说,党外知识分子的诉求中可能既有合理之处也有不合理之处,合理诉求不能得到及时的满足,合法权益不能及时得到妥善的保障,在很大程度上影响了他们的政治认同。从自我实现层面来说,党外知识分子普遍自我价值实现的意识较强,这种意识与现实中自我价值的实现程度不相匹配,也在一定程度上影响了他们的政治认同。

2.制度认同面临新的挑战

开启了中国特色社会主义后半程的新时代面临着使中国特色社会主义制度更加成熟定型、国家治理更加现代化的任务,制度的广泛认同是制度更加成熟定型的前提。这就对制度认同提出了更高的要求。制度认同指社会公众对现行制度持有一种认可、赞同并伴有一系列相应的角色观念和行为倾向的看法和态度,包括认可、赞同、支持、拥护和捍卫。制度不认同包括服从、顺从、屈从、反对和反叛五个环节。从调研情况来看,党外知识分子认可中国特色社会主义的根本制度和基本制度。

3.价值认同面临新的挑战

坚持社会主义核心价值体系是习近平新时代中国特色社会主义思想的十四条治国方略之一。党的十九大报告指出,要坚持社会主义核心价值体系,更好地构筑中国精神、中国价值、中国力量，为人民提供精神指引。这对新时代民众的价值认同提出了更高的要求。

（三）认同环境和方式方法变化带来的挑战

互联网技术的突飞猛进和传播的大众化使得认同的环境和方式方法都发生了新的变化。认同环境优化不够和方式方法上重灌输轻引导、重管理轻服务的现象仍然普遍存在。一是大部分党外知识分子表达诉求的空间和渠道有限，可能导致突发性社会矛盾和对抗性利益诉求增多；二是对党外知识分子的思维习惯、行为方式和生活习惯等方面不够了解，不善于以党外知识分子喜闻乐见的方式赢得他们的认同；三是党外知识分子的政治认同呈现出动态化、多元化和利益化等特征，使得认同面临的挑战越来越大。

三、新时代中国共产党赢得党外知识分子政治认同的应对之策

改革开放以来党外知识分子政治认同的重获与增进，既是党外知识分子主动选择的结果，也与中国共产党采用的方式和政策有关。一方面，政治认同是动态变化的，社会经济发展、利益格局的调整、各种政策制定与实践都可能影响并制约党外知识分子的政治认同感，另一方面，党外知识分子文化层次高，具有较强的主观能动性，往往根据社会发展状况和国家发展前景进行理论分析，进而做出自己的选择。

新时代中国共产党赢得党外知识分子政治认同的总体构想是：立足党外知识分子群体特点和根本需求，结合中国特色社会主义进入新时代的历史方位，从主导向度、主体向度、介体向度和环体向度入手，以赢得党外知识分子的政治认同。

（一）加强对党外知识分子的政治引导

加强对党外知识分子的政治引导，首先要明确加强党外知识分子政治引导的重要意义，引导党外知识分子树立正确的政治方向，必须以习近平新时代中国特色社会主义思想为指导，使政治引导与贯彻落实习近平新时代中国特色社会主义思想在工作部署上相呼应。其次要引导党外知识分子正确认识自己在新时代承担的历史使命，增强"四个意识"，坚定"四个自信"，把个人奋斗的个人梦融入实现伟大梦想的中国梦，把个人事业融入中国特色社会主义事业的伟大事业中。第三，引导党外知识分子认真学习党的基本理论，树立参政为民、人民利益高于一切和对人民负责的思想，纠正党外知识分子学不学理论都无关紧要的错误认识。依托党委统战部、政府主管部门和社团等政治引导主体，通过学习培训、专家论坛和青年座谈会等形式，对党外知识分子有针对性地进行引导。

（二）注重提升党外知识分子的理论素养和综合能力

1. 整合教育资源，提升党外知识分子的理论素养

要通过高校、党校和社会主义学院的中长期培训班加强党外知识分子对马克思主义理论和党的大政方针政策的学习。只有通过这种马克思主义教育的系统工程，才能够使党外知识分子在其知识结构和思想意识中具备马克思主义的观点、立场和方法，才能

够帮他们释疑解惑,加深对习近平新时代中国特色社会主义思想和马克思主义理论的理解,才可能改变他们重业务、轻政治的学习惯性。同时,在有条件的地方建立党外知识分子代表人物定期走访宣讲制,让他们在学习和实践中提高理论宣讲水平,进而提升政治认同水平。

2. 加强多岗锻炼,提升党外知识分子的综合能力

按照"单独培养、多岗锻炼"的培养模式,以世界眼光来审视党外知识分子的发展,提升党外知识分子的综合能力。各级政府有必要制定切实可行的党外知识分子发展战略规划,各级党委统战部、人事部和组织部要加强联系和合作,推进党外知识分子信息共享查询机制建设,重视党外知识分子的培养工作。特别是对于需要重点培养的党外知识分子代表人士,要根据其具体情况和条件,按照缺什么补什么的原则,制定中长期的培养规划,明确培养目标、培养方式和培养内容等,以提高他们的综合能力。

(三)健全并发挥相关体制机制和新兴媒体的作用

1. 建立健全党委统一领导、统战部牵头协调、各方积极参与的机制

立足党外知识分子的个性特点,建立健全党委统一领导、统战部牵头协调、各方积极参与的机制,鼓励社会各界积极参与党外知识分子工作,建立并完善了相关的利益激励机制、政治吸纳机制、政治参与机制、党外知识分子对党认同的互动机制等激励、沟通和保障机制,逐渐把一些单向的、封闭的、召集人式制度转变为多向的、开放的、引导参与式制度,最大限度地调动社会各方面力量的积极性。

政府政策执行过程公平与否、民意表达渠道畅通与否对于党外知识分子的政治认同有着深刻的影响,公平的政策执行和畅通的民意表达渠道能增强党外知识分子的政治认同,反之,各种不公平和不畅现象可能消解他们的政治认同。创新政治沟通机制包括建立健全结对联系制度、定期走访制度、民意畅通机制、决策调研制度和政策反馈制度、热点问题跟踪反馈机制等,各级党委通过确立具体的联系对象,定期与所联系的知识分子走访谈心,对党外知识分子提出的问题要及时记录、分类梳理、定期反馈,既能集中知识分子的智慧,有效地激发知识分子的工作热情,又能反映知识分子的意见和诉求,更好地团结党外知识分子。

2. 完善党外知识分子的分类管理服务网络

习近平在《中央统战工作会议上的讲话》中指出,现在,党外知识分子队伍构成更加多样,需要针对不同特点分类施策。这就对新时代做好党外知识分子工作提出了明确要求。要针对不同特点分类施策,首先要进行顶层设计,加强对党外知识分子的调研,真正树立分类施策的理念,通过对全国党外知识分子的研究专长、政治表现、性格特点、家庭情况及社会交往等方面进行全面、系统的摸底与调研,建立党外知识分子信息库,为完善党外知识分子的分类管理服务网络积累资料。其次,要整合相关领域的专家学者资源,开展党外知识分子相关专题研究,推动党外知识分子研究向纵深发展,为构建党外知识

分子的分类管理服务网络提供根本遵循。第三,通过高等教育培养专门人才,力争拥有一支想做、会做、能做党外知识分子工作的高素质的人才队伍。第四,建立稳定的党外知识分子的分类管理服务网络投入机制,使其能长期有效地对党外知识分子实行科学、动态管理和服务。

3. 适应时代要求,善于运用新兴媒体

新媒体是一把"双刃剑",既是机遇又是挑战。要进一步赢得党外知识分子的政治认同,就必须适应新时代社会信息传播方式的深刻变化,在丰富文化传播载体渠道的同时,及时抢占网络思想舆论高地,掌握网络舆论的话语权。例如,可以采取微视频、短录音、微信群、QQ群等形式以知识分子喜闻乐见的方式传播习近平新时代中国特色社会主义思想和马克思主义理论。针对党外知识分子的专业水平、消费层次以及兴趣爱好等,融思想性、知识性、趣味性、娱乐性、参与性为一体,打造有内涵、有品位、有特色的微信公众号或网站,掌握网络舆论的主导权。

(四)激发党外知识分子的爱国情怀

中国特色社会主义进入新时代,意识形态领域的斗争更加尖锐复杂。一些西方国家借助互联网,打着"学术国际化"的旗号向我国渗透西方的意识形态,再加上历史虚无主义、生态主义和消费主义等社会思潮的涌入,使得一些党外知识分子特别是青年人出现了思想上的迷茫和政治上的动摇。面对这种新形势,必须认真研究西化的新特征,及时回应各种热点敏感问题。同时,激发党外知识分子的爱国情怀,引导他们把爱国情感转化为实现中华民族伟大复兴的中国梦的强大力量,开发和积聚他们追求真善美的美好潜能,使他们成为自觉维护社会主义核心价值观的中坚力量,自觉和中国共产党保持高度一致,承担应担负的社会责任。

(作者单位:中国石油大学(华东))

浅谈人民政协的统战功能与"双向发力"机制

王廷先

习近平总书记指出,人民政协是具有中国特色的制度安排,是社会主义协商民主的重要渠道和专门协商机构。这一重要思想进一步明确了人民政协作为专门协商机构的功能定位,这种定位将人民政协在协商民主中的重要地位和重要作用进一步凸显出来。在新时代的背景下,深入学习贯彻这一重要思想,对于以后更好地推进社会主义协商民主建设、开创新时代形势下人民政协工作的新局面具有重要意义。

在当前的新形势下,人民政协已经被定位为专门的协商机构,根据人民政协在协商民主中的重要地位,充分发挥人民政协作为专门协商机构的统战功能,必须准确地把握人民政协在协商民主中的独特优势和作用,进而以此为依托,全面提高人民政协的履职能力,整体提升人民政协民主协商的专门化水平,推进和完善人民政协建言资政和凝聚共识的"双向发力"机制。

一、发挥人民政协作为专门协商机构的统战功能

人民政协是最广泛的爱国统一战线组织,是中国共产党领导的多党合作与政治协商制度的重要载体。习近平总书记也多次强调,人民政协是人民民主的重要实现形式,不属于权力机关。基于此性质定位,人民政协应当充分发挥好其作为专门协商机构的团结统战功能。

首先,要在政协组织建设上体现统战工作的性质,坚持团结与民主。团结与民主是人民政协的两大主题,而人民政协作为大团结大联合的组织和人民民主的重要形式,其主要工作就是民主协商和团结联谊。加之,人民政协委员来自不同阶层、不同党派、不同群体,是统战工作中的关键群体,同时也是重要的统战工作对象。因此,要充分发挥政协委员的带头作用,不断加强政协委员的自身建设,以便更好地体现大团结、大联合的本质要求。另一方面,还要始终坚持求同存异的方针与政策,正确处理好一致性与多样性的关系,要坚持在一致性中尊重多样性,在包容多样性中寻求一致性的原则。当意见出现分歧时,就要在基本原则上保持共识;当在思想观念上出现分歧时,就要在价值规范上保

持共识;当在具体政策执行上出现分歧时,就要通过政协委员的协商,采取正确意见与建议,群策群力,增进共识。总之,发挥人民政协作为专门协商机构的团结统战功能,就要不断巩固已有共识,牢筑共同的政治思想基础,高举中国共产党的政治旗帜,不断推动形成新共识。

其次,要在政协履职方式上彰显出统战工作的特色,坚持民主协商。统一战线是党领导的政治联盟,统战工作的本质要求又是大团结大联合,因此,要做好统战工作就必须讲究用科学的方法来进行。这就要求政协组织在履职方式上牢牢把握住团结与民主这两大主题,坚持以民主的作风团结统一各界的政协委员,以协商的理念引领人民政协各民主党派、无党派人士以及社会各界人士,着力搭建民主协商的工作平台,高度重视各界人士的意见,定期组织政协委员开展调研协商活动;着力完善民主协商、合作共事的良性机制,推动人民政协与各界委员在工作上的紧密合作;着力营造民主协商、合作共事的良好氛围,鼓励支持各政协委员积极参与政协工作、在政治协商这个平台上畅所欲言,建言献策,营造良好的政协工作环境与氛围。

再次,要在政协能力上适应统战工作的要求,要求政协委员勇于担当。习近平总书记曾经指出,要做好新形势下的统战工作,必须善于联谊交友。这一论述就要求人民政协委员把提升自身的履职能力作为入手点,不断推进和创新人民政协委员履职能力的现代化建设。鼓励支持吸引德才兼备的优秀人士加入政协委员队伍,提升政协委员的团队形象与素质,积极组织开展政协委员的调研协商活动,善于团结一切可以团结的人,调动一切可以调动的力量,在增进团结中维护和谐,在维护和谐中促进团结,始终展现出政协组织的良好形象。

最后,要在政协工作职责上积极发挥统战工作的功能,不断凝聚各方力量。统一战线作为党的总路线、总政策、总任务的重要组成部分,始终是党凝聚人心、汇聚力量的政治优势和战略方针。而人民政协作为统一战线的组织、多党合作和政治协商的机构、人民民主的重要形式,集协商、监督、参与、合作于一体,是各民主党派、无党派团体以及社会各界人士发扬民主、参与国是、团结合作的重要平台。为立足这一平台,在当前新形势下,要始终把坚持和发展中国特色社会主义作为巩固共同思想政治基础的主线,坚持中国共产党的领导、人民当家作主、依法治国有机统一,积极引导和推动参加政协的各党派、各团体、各民族、各阶层、各界人士进一步增进政治共识,始终坚定不移地走中国特色社会主义政治发展道路。同时,还要充分发挥人民政协作为协商民主重要渠道和专门协商机构的作用,紧抓改革发展中的重大问题和群众最为关切的实际问题,并围绕这些问题积极组织开展调查研究,积极开展民主协商,不断汇聚社会各界人士的智慧与力量,进一步增进共识,凝聚合力,做到切实为新时代的改革发展建言献策,助力社会共同发展。

着眼于新时期统一战线工作的新形势,推动人民政协工作创新发展、实现协商民主广泛多层制度化发展的新任务,需要我们政协组织牢牢把握政协自身的性质定位,始终坚持大团结大联合,努力在推进协商民主发展的具体实践中,做好统战工作,深入群众,更好地争取人心、凝聚力量。

二、准确把握人民政协在协商民主中的独特优势和作用

正如习近平总书记所讲:"人民政协以宪法、政协章程和相关政策为依据,以中国共产党领导的多党合作和政治协商制度为保障,集协商、监督、参与、合作于一体,是社会主义协商民主的重要渠道。"这一论述进一步明确了人民政协的性质,而人民政协之所以能够成为社会主义协商民主的重要渠道则又取决于人民政协所独有的优势。

一是化解矛盾,凝聚人心。人民政协作为党和政府联系群众的桥梁,可以充分发挥其包容性大、联系面广的优势,正确引导人民群众积极参与社会发展,解决社会矛盾,为社会发展凝聚智力,增添助力,进而推动各项政策的落实。

二是集思广益,科学决策。人民政协的参与主体来自各党派、各团体、各阶层以及社会各界人士,正所谓人才荟萃。因此应积极创造有利条件让社会各界、各阶层的利益诉求在人民政协得到充分表达与发挥,集思广益,最终实现科学决策,发挥政协的独特作用。

三是答疑解惑,形成共识。人民政协的地位相对于其他机构而言是比较超脱的,这一地位不仅能够更好地了解各方面的问题,而且还能汇聚社会各界人士的正确意见与建议,进而达成共识,有效帮助人民群众解决疑难问题,竭力打造服务性平台,切实为人民群众服务。

人民政协的独有优势以及性质地位,决定了人民政协在民主协商中的独特作用。现阶段,在新时代的任务要求下,为进一步推动创新人民政协的建设发展,就要充分发挥人民政协的这一系列独特作用。

首先是发挥人民政协的干部带头作用。党的人民政协政策是通过政协干部直接体现的,因此政协干部需要加强理论学习,主动与政协委员交流,反映他们的意见,让政协委员有话说、愿意说,在人民政协这个平台上畅所欲言。

其次是发挥人民政协的协商平台作用。人民政协委员来自各民主党派、无党派以及社会各界、各阶层,因此应发挥人民政协的政治协商平台作用,为来自社会各界的政协委员搭建协商平台,让其更好地参与到人民政协协商中来,提高其社会参与度。

最后要发挥人民政协的沟通纽带作用。人民政协在民主协商中的基础性地位决定了人民政协的沟通纽带作用,因此要积极拓宽协商渠道与知情渠道,扩大政协委员的知情权,为政协委员民主协商创造条件。

新时代新要求,为充分发挥人民政协作为专门协商机构的团结统战功能,必须准确地把握人民政协在民主协商中的优势和作用。

三、全面提高人民政协的履职能力

当前,我国进入改革发展新时代,对政协履职能力也提出了新的更高要求。为符合新时代的发展要求,适应新阶段的发展任务,习近平总书记强调指出,人民政协要主动适

应新形势新任务，全面增强履职本领，着力提高政治把握能力、调查研究能力、联系群众能力、合作共事能力，为新时代提高人民政协的履职能力指明了发展方向。

提高政治把握能力，加强思想理论建设。中国共产党的领导是人民政协事业发展的根本保证，要始终坚持中国共产党的领导不动摇，坚持围绕中国共产党的路线、方针及政策开展各项建设发展工作，坚决维护习近平总书记的领导核心地位以及党中央的绝对权威。严守政治底线，加强政治学习和宣传，正确引领政协委员的思想认识与思想动态，全面提高人民政协委员的履职能力和政治把握力。

提高调查研究能力，求真务实，立足实践。要始终坚信"实践是检验真理的唯一标准"，坚持"绝知此事要躬行"的实践理论，只有深入实践，求真务实，才会有针对性地解决问题，避免泛泛而谈。为此，在实践选题上要抓关键、挑重点，切实解决人民群众的实际问题；在调研的具体执行上要坚决杜绝形式主义，切实执行实地调研，加大资金力度，成立由群众代表监督的调研组，并为其配置可追踪调查定位的车辆，确保实地调研的真实性、调研结果的可应用性。

提高联系群众的能力，坚持群众路线。人民政协由中国共产党和各民主党派、无党派民主人士、各人民团体以及社会各界爱国人士共同组成，其组成成员的广泛性要求人民政协必须坚持走群众路线，最大限度地集合社会各界人士的意见与诉求，拓宽建言渠道，最大程度地发挥好人民政协的沟通纽带作用。同时还要求政协委员要时刻与所代表的群众保持联系，积极主动地融入群众中去，真心实意地为他们着想，替他们反映问题、解决问题；另一方面，还要更多地选用年轻干部委员深入基层群众，坚持全心全意为人民服务。

提高合作共事能力，凝聚合力。人民政协要始终坚持团结与民主这两大主题，坚持民主协商、平等议事的原则，始终坚持一致性与多样性相统一，既要尊重包容社会各界人士的不同心声，又要团结社会各界的力量，加强与各民主党派和无党派人士的交流与沟通，认真听取他们的意见与建议，充分发挥与各民主党派和无党派人士的联系作用，提供更多建言渠道，促进社会各界人士大团结，形成最大凝聚力。

四、整体提升人民政协民主协商的专门化水平

人民政协作为专门的政治协商机构，整体提升人民政协民主协商的专门化水平需尽快提上日程。

首先，提升人民政协民主协商的专门化水平，要健全完善协商机制。严格遵循社会主义协商民主制度化要求，结合实际情况，积极拓展协商形式，丰富协商内容，认真总结探索中的好经验、好做法，进一步建立健全机制和制度，确保各项工作有章可依、有规可循，切实发挥人民政协作为专门协商机构的独特作用，整体提升人民政协民主协商的专门化水平。

其次，提升人民政协民主协商的专门化水平，各级政协组织要以协商工作为中心。

人民政协作为既专门又专业的协商机构,是为了协商而产生、存在和发展的,因此,人民政协要把协商工作贯穿于政协履职的全过程,急天下之急,关心天下之大事,随时随地以协商为主业,切实为协商而服务。

五、创新模式,健全和推进人民建言资政和凝聚共识的"双向发力"机制

在建言资政和凝聚共识上"双向发力",是人民政协制度设计的初衷,是人民政协发挥专门协商机构独特作用、彰显统一战线组织政治功能的关键。实现"双向发力",就要依托人民政协的特点和优势,既要建言资政,又要凝聚共识。

首先,要拓宽建言渠道,提高资政质量。针对目前多方协商与多方组织的工作常态,建议人民政协在履职载体上搭建委员与群众联系的经常性机制,多多组织政协委员开展体验式调研与观察,深入基层前线,体验真情实景,扩大各界群众有序的政治参与渠道,提升建言资政的质量。同时,还要坚持问题导向,强化社情民意与民意表达功能,进一步发挥民主协商的作用,为政协委员提供知情明政的平台,注重建言的时效性与可操作性,确保事事有根据、句句有实例,进而打造精确的调研成果。

其次,要凝聚多方共识,形成合力,用理论指导实践。人民政协要始终坚持中国共产党的领导,把坚持和发展中国特色社会主义作为巩固共同政治思想基础的出发点与落脚点,深入学习贯彻人民政协的相关理论和团结统战思想,在不断的理论学习与具体的实践摸索中提高修养,扩大知识层面。另一方面,要正确处理好多样性和一致性的关系,坚持在一致性中尊重多样性,在多样性中寻求一致性的原则。同时,还要运用好各类学习载体,比如,组织在爱国主义教育基地开展现场教学活动。同时,还要整合互联网大数据时代的信息资源,构建互联网思维,建立建言数据库;充分运用当前使用的微信、公众号以及各类 APP、小程序等,通过各种形式吸引社会各界的参与与关注,打造分享平台、宣传阵地等,使得线上线下互动有序,最大限度地凝聚力量,相互影响,相互作用。

回首走过的 70 多年光辉路程,人民政协始终坚持在中国共产党的领导下,积极探索,不断创新,坚定不移地走中国特色社会主义政治发展道路,并见证了一路上的辉煌成就。如今,人民政协踏新征程,将不忘初心,继往开来,继续助力中国特色社会主义发展!

(作者单位:九三学社青岛市黄岛区委)

以政协为舞台,履行参政党地方组织职能

刘志勇

民主党派是人民政协的重要组成部分,发挥民主党派在人民政协中的重要作用是社会主义民主政治建设的必然要求。人民政协是中国共产党领导的多党合作和政治协商的重要机构,是各民主党派发挥参政议政、民主协商作用的平台。民主党派通过这个重要平台充分履行参政党职能,发挥自身优势,实现自身价值,更好地履行参政党的职能和使命。

民进青岛市委会成立以来,历届市委会重视以政协为平台积极做好参政议政工作,并且重视搞好调查研究,根据每年参政议政工作的重点,调查研究涉及的领域逐步拓宽,从早期的以教育文化出版领域课题为主逐步扩展到以中共青岛市委、市政府的中心工作为主,调查研究的力度加大。

一、民进会员政协委员是参政议政的骨干

青岛民进会员在各级政协中担任了领导职务或常委、委员等,是通过政协平台履行参政党职能的骨干。

第七届市委会主委栾新担任中国人民政治协商会议第十三届全国委员会委员。青岛民进会员分别担任山东省第六届政协(2人)、第七届政协(3人)、第八届政协(5人)、第九届政协(4人)、第十届政协(7人)、第十一届政协(7人)和第十二届政协(3人)常委或委员。第一届市委会主委张晦庵担任政协青岛市第七届委员会副主席,副主委戚偶发担任政协副秘书长,另有11名会员担任常委或委员。第二届市委会主委陈宗淇担任政协第八届青岛市委员会副主席,副主委戚偶发担任政协副秘书长,另有16名会员担任常委或委员。第三届市委会主委马论业担任政协第九届委员会副主席,副主委李鸿业担任第九届青岛市政协副秘书长,另有17名会员担任常委或委员,第三届市委会期间有45名会员担任区市政协常委或委员。第四届市委会副主委亓发成担任政协第十届青岛市委员会副秘书长,另有17名会员担任常委或委员,第四届市委会期间有45名会员担任

区市政协常委或委员。第五届市委会主委方漪担任政协第十一届青岛市委员会副主席（2011年2月起担任），另有13名会员担任市政协常委或委员，第五届市委会期间有46名会员担任区市政协常委或委员。第六届市委会主委方漪等14名会员担任政协第十二届青岛市委员会常委或委员，第六届市委会期间有56名会员担任区市政协常委或委员。第七届市委会副主委黄勇等23名会员担任政协第十三届青岛市委员会常委或委员，第七届市委会期间有60名会员担任区市政协常委会或委员。5名民进会员分别担任即墨市政协（即墨区政协，2人次）、市北区政协（2人次）、崂山区政协（1人次）的副主席职务。

担任各级政协委员的各位民进会员积极参加政协的各项活动，在参政议政方面做了大量工作，取得了显著成绩。例如，七届市委会常委、市政协委员林夕宝自担任城阳区政协委员起，每年都向城阳区政协和市政协大会提交八九个提案，涉及教育、经济、金融等多个领域，被媒体称为"提案达人"。第七届市委会会员徐海滨是市北区政协委员，认真履行政协委员职责，深入社区基层调查研究，广泛听取各方意见建议，形成了一大批优秀的政协提案和社情民意，每年都是市北区政协递交提案数量最多的委员，被委员们称为"提案大王"。其中，2012年递交提案31件，2013年递交20件，2014年递交15件，2015年递交15件，连续8年都有提案被评为优秀政协提案，多次被评为区优秀政协委员。

在青岛政协第十三届三次会议上，会员林夕宝和路彤向大会提交的"发挥海洋优势 争创全球海洋中心城市""借力上合峰会东风 塑造新时代文化名城"提案入选大会发言材料汇编。

二、发挥党派集体优势做好政协提案工作

通过会员个人参与政协提案工作只是民主党派通过政协平台进行参政议政工作的一个方面，发挥党派集体优势参与政协提案工作是另一个重要方面。

1990年以前，青岛民进向市政协提交的提案以个人提案为主，自1985年民进中央青岛直属支部成立至1990年，青岛民进向市政协只提交了组织提案3份。1989年中共中央发布的《中共中央关于坚持和完善中国共产党领导的多党合作和政治协商制度的意见》对于青岛民进的发展起到了重大的推动作用。青岛民进以贯彻《意见》为主线，围绕参政议政和自身建设的双重任务做了大量工作，发挥了参政党的积极作用，取得了显著成绩。1990年12月召开的民进青岛市第一次会员代表大会提出，我们要增强群体的参政议政意识，充分发挥会员的集体智慧和力量，搞好参政议政工作。市委会要密切与会员中各级人大代表和政协委员的联系，有重点、有计划地对我市政治、经济、教育、文化建设和社会生活中的重大问题进行专题调查研究，写出有情况、有分析、有方案的报告，提出切实可行的建议和措施。从此青岛民进参政议政工作进入了新的发展阶段。一是建立了参政议政及调研机制，通过调研工作提出了一批高质量的政协提案。自第二届市委会起建立了双月议政日活动制度，专门成立了议政工作委员会，每年于市人大、市政协大会召开前，召开民进中的市人大代表、政协委员、参政议政骨干专门座谈会，通报情

况,要求会员积极参加"两会"的各项活动。第七届市委会制定了《民进市委关于进一步加强课题调研工作的意见》,形成了主要领导抓总、班子成员领衔、常委和委员参与、参政议政骨干和机关人员承担的参政议政工作机制,每年第一季度制订调研计划,成立专题课题组进行调研,形成了一批调研报告并转化成政协提案。二是提案的领域逐步拓宽、数量大幅增加、质量大幅提高。民进作为以文化、教育、出版为主要界别特色的民主党派,初期在政协中的提案多以教育为主,主要是就增加教育经费、改善教师待遇等问题向有关部门提出建议。例如,在市政协八届一次全会上以党派名义提出了"教育经费短缺情况亟待解决""建立中小学教师资格制,促进骨干教师相对稳定"等。随着会员结构的多元化发展和调研工作的深入开展,参政议政的领域越来越广泛,所提出的政协提案涉及青岛经济社会发展的方方面面。第三届市委会提出了"坚持老阵地,开辟新领域"的参政议政工作思路,除了继续关注教育领域的改革发展外,参政议政领域向经济、工业、老年事业、社会管理等多个领域拓展。例如,2005 年市委会的组织提案"关于加快我市软件产业发展培育知识经济品牌"被评为山东省民主党派优秀提案,民进市南总支的"加强警民联防打防结合预防为主创建平安市南"的提案别评为市南区政协优秀提案,提案"优化我市法治环境构建和谐社会的几点建议"在青岛市政协大会上发言。一批提案得到了市政协领导的高度重视和市政协的表彰。例如,民进组织提案"关于大力推进青岛市循环经济发展案"、委员提案"关于制定青岛市人才战略案"等被评为 2004 年至 2005 年度青岛市政协优秀提案。2013 年,民进组织提案"关于创新养老体系建设的建议案"列入市政协主席重点督办提案。2016 年,民进组织提案《青岛市蓝色粮仓发展现状问题及对策建议》被列为市政协主席督办案 1 号案。市委会每年向市政协大会提交 3 份以上组织提案,组织提案数量和会员个人提案数量都在当年政协大会提案中占有较高比例。仅以市政协十届会议期间为例,青岛民进提交组织提案 5 件,占政协全部组织提案 45 件的 11.1%,民进的 16 名政协委员共提交个人提案 94 件,占市政协委员个人提案 753 件的 12.5%。三是形成了市委会、政协委员与基层组织、会员的参政议政联动机制,市委会和政协委员及时地把基层组织、会员提供的社情民意信息转化成政协提案。例如,市政协十一届一次会议上, 13 名青岛民进会员政协委员提交了 80 件提案,其中 33 件转达基层会员反映的社情民意,占提案总数的 35%。

三、加强对民进会员政协委员的管理

民进青岛市委会历来重视会员中的政协委员队伍的建设和管理,把政协委员作为参政议政的重要依靠力量。为此第三届市委会制定了"政协委员、人大代表议政述职汇报"制度,并出台《人大代表、政协委员议政述职汇报办法》,每年定期举行两次民进会员"人大代表、政协委员议政汇报会",对促进人大代表、政协委员履职尽责、提高参政议政能力起到了积极推动作用,经过实践的不断完善,这一制度已经成为青岛民进的特色品牌。时任中共青岛市委副书记陈喜庆亲自撰文在《中国统一战线》上宣传推广,并在青

岛市民主党派、工商联领导干部进修班闭幕式讲话中要求"推广青岛市民进组织成员中政协委员、人大代表议政述职的做法，推动更多的政协委员、人大代表发挥好参政议政的作用"。

第七届市委会于 2018 年制定了《关于我会人大代表、政协委员参政议政工作管理办法》，肯定了担任我市各级人大代表、政协委员的民进会员是青岛民进履职的重要力量。市委会要求各级政协组织中的民进会员切实增强委员履行职责的使命感和责任感，争当履职的先进和表率，提高青岛民进参政议政能力和水平。该办法对政协中的民进会员在撰写社情民意稿件、承担课题任务、参与调研活动等方面提出了明确的要求，并规定每年度末，民进政协委员应向市委会书面报送本人履职情况。市委会每年至少举行一次委员集体述职、汇报活动，对每位委员参政议政工作进行综合评价。委员综合评价结果作为向各级政协推荐先进和下届留任建议人选的重要依据。

（作者单位：民进青岛市委）

新时代人民政协协商民主视角下"一带一路"倡议实施研究

阮红伟　李荣贵　王志超

党的十八大以来,我们党提出了协商民主建设必须坚持的基本原则、主要渠道和基本步骤程序,确定了社会主义协商民主"广泛多层制度化发展"的方向。2014年,习近平总书记在纪念人民政协成立65周年大会上指出:"坚持发挥人民政协在发展协商民主中的重要作用。人民政协以宪法、政协章程和相关政策为保障,集协商、监督、参与、合作于一体,是社会主义协商民主的重要渠道。"党的十九大将推进"一带一路"倡议内容写入党章,把"一带一路"建设和实施共建"一带一路"倡议作为经济建设和全方位外交布局的重要组成部分。人民政协协商民主和"一带一路"倡议在构成基础、目标取向、思想理念和工作机制上都具有很高的契合性。从人民政协协商民主视角,识别和减少中国与"一带一路"国家的合作障碍,探索"一带一路"倡议的实施路径,对真正构建起"利益共同体"和"命运共同体",实现中华民族伟大复兴具有重要现实意义。

一、人民政协协商民主内涵及与"一带一路"倡议的契合关系

(一)人民政协协商民主内涵

1. 人民政协是多党合作和政治协商的实体机构,是一个各党派、团体、阶层协商合作的平台和场所

在庆祝中国人民政治协商会议成立65周年大会上,习近平总书记做出了人民政协是协商民主"专门协商机构"的重要论断,进一步强调了人民政协是社会主义协商民主的重要渠道。习近平总书记要求增强人民政协界别的代表性,加强委员队伍建设,并提出要把协商民主贯穿(人民政协)履行职能全过程。党的十八大以来,政协委员的构成已经发生了重大变化,政协委员的主体广泛多样,他们已不仅是党派名义的委员而是来自各界别的代表。在人民政协协商民主实施过程中,既有作为执政党的中国共产党,也有作为参政党的各民主党派,同时也不乏无党派民主人士、人民团体、少数民族人士和工商

界人士等。与其他形式的协商民主相比,人民政协协商民主多元主体参与、多元主体共治的特征比较明显。

2. 人民政协是我国统一战线的组织

人民政协的源头和根基就是统一战线,这是人民政协的基本性质,也是人民政协最早的性质定位。习近平总书记指出,统战工作的本质要求是大团结大联合,解决的就是人心和力量问题;做好新形势下统战工作,必须善于联谊交友,统一战线是做人的工作,搞统一战线是为了壮大共同奋斗的力量。凝聚共识、凝聚人心、凝聚智慧、凝聚力量是统一战线优势作用的集中体现,大团结大联合是统一战线的永恒主题。习近平总书记强调:"做好新形势下统战工作,必须正确处理一致性和多样性关系。"要紧紧把握住一致性的圆心,最大可能地延展多样性的半径,努力绘制出统战最大同心圆。人民政协是社会各阶层、各民族的大团结大联合,是具有最大包容性的最广泛的人民的合作。人民政协协商民主将团结和谐作为重要原则,以实现人民利益最大化为价值取向,倡导多元利益主体和谐共存的价值理念,这是对统一战线理论的创新发展。

3. 人民政协是国家治理体系的重要组成部分

习近平总书记在庆祝人民政协成立 65 周年大会上的讲话中指出:"人民政协是国家治理体系的重要组成部分,要适应全面深化改革的要求,以改革思维、创新理念、务实举措大力推进履职能力建设,努力在推进国家治理体系和治理能力现代化中发挥更大作用。"人民政协政治协商、民主监督、参政议政的三大职能,为社会主要利益群体提供了理性表达诉求的制度渠道,体现了国家治理中利益表达和整合的理念。现代国家治理体系的本质特征就是民主,人民政协通过不同界别的政协委员广泛联系群众,充分掌握社情民意,广泛反映人民意愿和诉求,提升工作效能和履职水平,通过联系各方面的专家学者、发挥各方面新型智库的作用,提高各种协商活动的科学性和实效性。人民政协协商民主就是统一思想、凝聚共识的过程,就是科学决策、民主决策的过程,就是实现人民当家作主的过程,实际上就是一种国家治理行为。

4. 人民政协是具有中国特色的制度安排

人民政协汲取西方优秀文化和制度成果展示了人民民主制度的开放性进程,在公共外交方面,人民政协往往对口接待外国的上议院,外出访问也由到访国上议院接待或直接访问他国上议院。这表明了其与世界民主政治制度的某种沟通与对接。人民政协坚持中国特色的"两会制",不走权力机关的道路,不向两院制发展。人民政协成立 70 年来,其作为协商民主重要渠道和专门协商机构,为构建程序合理、环节完整的协商民主体系,推进协商民主广泛多层制度化发展注入了创新的活力,为世界其他国家所学习和借鉴,是中国特色社会主义制度自信的重要体现。

(二)人民政协协商民主与"一带一路"倡议的契合关系

人民政协协商民主在"一带一路"倡议实施过程中具有天然的优势,两者有着极为相近的精神内核。

1. 构成基础——"广泛多样"

人民政协协商民主以多元参与为主体,在人民政协协商民主实施过程中,既有作为执政党的中国共产党,也有作为参政党的各民主党派,同时也不乏无党派民主人士、工商界人士等。同时,人民政协作为统一战线的组织,是"包括全体社会主义劳动者、社会主义事业建设者、拥护社会主义爱国者、拥护祖国统一和致力于中华民族伟大复兴爱国者的联盟"。从广义上说,统一战线系统已经遍布到全世界各个国家和地区以及这些社会的各个阶层和群体,是全覆盖性的。

"一带一路"是沿线各国为促进共同发展、实现共同繁荣目标,在合作共赢基础之上的多种力量的结合。涉及沿线各国各种阶层、各种力量,包括了最大范围的多方面群体。"一带一路"倡议需要中国和"一带一路"沿线各国全社会各群体各阶层协同谋划、合力推进、共同努力,其涉及的地区、领域、群里和范围都是前所未有的广泛、多样。

2. 目标取向——"同心共赢"

习近平总书记指出,"有事好商量,众人的事情由众人商量,找到全社会意愿和要求的最大公约数,是人民民主的真谛"。人民政协协商民主以实现不同行业、不同领域的利益为内在动因,倡导多元利益主体和谐共存的价值理念,目的是实现人民利益最大化。也只有这样,来自不同领域的政协委员,作为本领域本行业的代言人,才能赢得自己所代表和联系的社会群体的认同和信任,形成协商民主和多元利益表达的良性互动局面。

"一带一路"秉承共商、共享、共建原则,倡导"互利共赢"。人民政协协商民主与"一带一路"共赢的对象有所不同,但在目标取向上同样具有内在一致性,都兼顾各方利益,最终使个体利益与共同利益都得到保证和维护。

3. 思想理念——"多元包容"

人民政协是我国爱国统一战线组织,在特定的时代条件下,统一战线被视为人民政协的根本性特征,是最广泛的人民的合作,体现出最大的包容性。人民政协协商民主倡导的多元利益主体和谐共存的价值理念与"求同存异""兼容并蓄""和而不同"及"贵和尚中"等思想内涵高度契合。

"一带一路"是一条涵盖世界 63% 人口、跨越 65 个国家的经济之路,必然在政治、经济、文化、科技等方面存在巨大差异,"一带一路"倡议内在一致的目标取向,要求要承认多样化、求同存异,秉持"和而不同、兼容并蓄"思想,倡导"多元包容"的理念。

4. 工作机制——"沟通协调"

"一带一路"倡议致力于沿线各国加强政策沟通、设施联通、贸易畅通、资金融通、民心相通,构建全方位、多层次、复合型的互联互通网络,深度的沟通交流和广泛的协调与动员的工作方式至关重要;人民政协协商民主经历了 70 年的摸索与实践,能在非常广阔的国际范围和非常深入的社会层面上协调各种事务、传递各种信息,传承着协商合作、和衷共济、求同存异的优良中华文化传统,两者在工作机制上具有高度契合性。

二、"一带一路"倡议实施面临的挑战

"一带一路"倡议顺应合作共赢的时代潮流,提出近 6 周年,全球已有 152 个国家和国际组织同中国签署合作文件(数据截至 2019 年 3 月 3 日),各方在互联互通的相关领域进行了密切合作,取得了积极的成果。但同时"一带一路"沿线国家众多,在政治、经济、文化等各方面均存在着显著不同,这为"一带一路"倡议的实施带来了许多的挑战。

在政治方面,地缘政治敏感复杂。"一带一路"涵盖了中东、东亚和东欧三大地缘敏感地区,包含中蒙俄、新亚欧大陆桥、中国—中亚—西亚、中国—中南半岛、中巴、孟中印缅六大经济走廊。沿线许多国家和地区族群构成复杂、社会动荡、犯罪率较高,且沿线国家之间充满疑虑,缺乏政治互信和战略互信,对合作存在抵触,存在政治、经济、文化、宗教等难以调和的矛盾。同时,沿线国家和地区又是全球大国的利益集聚地,充斥着大国的暗中掣肘和博弈,未来较长时期,沿线各国的战略态度难免会影响我国主导的"一带一路"多边合作机制建设。

在经济方面,经济发展差异巨大。"一带一路"沿线国家既有中东欧发达经济体、西亚、北非高收入国家,也有经济水平都相对落后,处于中低收入或低收入行列的南亚国家。沿线国家资源禀赋和制度特征不同,经济发展模式和经济结构存在显著的差异,在一些国际事务以及经济问题的讨论中,经常出现利益分化、诉求多样的问题,加大了我国与沿线国家构建包容性、普适性合作机制的复杂性和难度。

在文化方面,东西方文明不同,跨文化冲突显著。"一带一路"沿线国家横跨亚欧板块,多种文明、上百种语言并存,风俗习惯、价值观念及宗教信仰多样,巨大差异容易给沟通交流、管理协调带来误解和摩擦,同时,从我们自身内部看,尽管"一带一路"倡议已在国内引发巨大反响,但仍存在指导思想不明确、合作机制理解不透彻等问题,导致对外叙述不清晰、表述不坚定,对推进"一带一路"国际合作机制建设带来挑战。

三、人民政协协商民主视角下"一带一路"倡议实施建议

(一)总体思路

"一带一路"倡议的实施,应秉承"和平合作、开放包容、互学互鉴、互利共赢"的"丝路"精神,坚持以"和平共处""共建共享""包容互鉴"为核心原则,多维度构建全方位合作机制。在合作对象上,优先与沿线传统关系友好、合作潜力大的国家构建双边合作机制,逐步扩大至沿线其他国家建设多边合作机制;合作目标上,兼顾沿线国家利益与共同利益,互利共赢,最终构建人类命运共同体;合作内容上,以经济为核心,促进政治、安全、文化的全面并进;合作模式上,循序渐进,推动现有的自由贸易区整合,建立高标准的自由贸易区网络,丰富其他合作形式展开多层面的合作。

（二）具体建议

1. 建立实体机构促进高效协调管理

人民政协是多党合作和政治协商的实体机构，为社会各阶层、各党派、各团体进行政治协商、民主监督和参政议政提供了重要平台。发挥好人民政协的协商平台作用，可以营造良好的民主协商、平等议事的氛围，使参与协商各方意见在平台上能够得到理性而有序的表达；有助于健全协商制度、完善协商机制、增加协商密度、提高协商成效。

"一带一路"倡议实施以来，尽管参与国众多，但沿线国家都是从自己国家的发展战略和规划的角度考虑问题。有些国家经济水平低，希望中国对他们投资帮扶，积极响应倡议；有些国家对从"一带一路"倡议中的实际获利预期较低，仅仅参与而不主动作为；还有少数国家视"一带一路"倡议为大国政治谋划和博弈，谨慎入伙甚至坐视观望。建立"一带一路"常态化实体组织机构，有利于加强对"一带一路"沿线国家动态的、真实的、有针对性的研究，本着"多元开放"和"互惠共赢"原则，寻求利益契合点和合作最大公约数，凝聚共识，进行深层次沟通协调，求同存异、兼容并蓄，化解不同贸易规则的胶着局面，促进沿线国家经济社会发展，打造具有全球意义的经济合作大平台。

2. 凝聚智慧参与全球治理

人民政协是国家治理体系的重要组成部分，国家治理要依靠多元方法和手段的协同使用，而按照协商民主制度化的要求，在政治、经济、社会、文化、生态等领域，建立健全协商机制，疏通利益表达渠道，扩大公民有序政治参与，促进社会公平正义恰好是人民政协的独特优势。

一是充分发挥政协的智力优势，参与"一带一路"沿线国家高端智库合作。人民政协由各界代表人物所组成，精英荟萃，有明显的人才优势。在"一带一路"倡议实施中，对一些与人民大众生活、生产密切相关的重大项目，应主动参与，精细调研，严密论证，为其正确决策提出意见和建议。

二是利用协商民主渠道提升国家治理能力。各民主党派、各团体、各阶层、各方面人士在"一带一路"倡议实施中，平等协商，有助于实现各类资源的有效整合、各方力量的互动配合、各种优势的有机结合，提升"一带一路"实施的质量和水平。

"一带一路"是中国参与全球治理的一次新实践，就目前而言，"一带一路"的实施主要侧重经济领域的交流，对其他领域涉及较少或至多为综合性规定，缺乏明确的具体安排。而"一带一路"倡议肩负着"探寻经济增长之道""实现全球化再平衡"及"开创地区新型合作"三大使命，历史上的丝绸之路主要是商品互通有无，今天"一带一路"交流合作范畴要大得多。因此，"一带一路"倡议的实施，在经济层面上立足于推动经济全球化，在政治层面上立足于增进彼此互信，在文化层面上立足于尊重文化多样性。秉承"同心共赢"目的和"多元包容"理念，寻找各方利益的共同点，凝聚人心，加强政治对话和文化交流，构建包括政治协商机制、安全保障机制和人文交流机制的协同合作机制。

3.凝聚力量加强多元主体互动

人民政协在开展协商民主的过程中,来自不同领域的参与主体彼此平等、多元一体、协同参与,同传统社会的统治、管控、管理自上而下的强制性相比,能够充分发挥不同社会主体的聪明才智,具有独特优势和独到功能。

"一带一路"倡议实施中,政府、企业、非政府组织都是参与者,政府同时是引导者,应把"一带一路"倡议实施过程中遇到的问题和困难尽情地倾诉出来,从而形成社会各界关注的热点、难点、痛点问题,找到大家意愿和要求的"最大公约数"。要充分发挥各类主体的作用,根据"广泛性多样性"特点,坚持"沟通协调"原则,凝聚各方力量,除了加强和拓展现有的各国政府间的条约机制、协商机制及地方政府合作机制外,构建由各企业、行业协会、商会等参与的类同"跨国经济联络委员会"等机制,签订企业、社会组织、公民等以民间合作形式达成的协议,如合作倡议、计划等,形成政府、企业、民间组织和社会团体等不同层面多元参与的合作机制,优势互补、协同并进,形成纵横协调、自愿开放、互利共赢的立体格局。

四、结　语

近年来,随着"一带一路"这一重大倡议从理念转化为行动、从愿景转变为现实,进一步推进"一带一路"倡议的深入实施就显得尤为迫切。人民政协协商民主与"一带一路"倡议具有高度契合性,在总体思路上引领"一带一路"倡议的实施,在合作目标上,凝聚共识,建立"一带一路"常态化实体组织机构,完善高效协调管理机制;在合作内容上,凝聚智慧,促进政治、安全、文化的全面并进,参与全球治理;在合作主体上,凝聚力量,政府引导、企业参与、非政府组织协助,构建多元主体互动的合作机制。

(作者单位:青岛大学;青岛市莱西市政协)

青岛"上合组织"经贸合作示范区
国际法律保障问题研究

孙法柏

2019 年 7 月 24 日中央深改委刚刚审议通过的《中国—上海合作组织地方经贸合作示范区建设总体方案》,指出示范区的建设旨在打造"一带一路"国际合作新平台,拓展国际物流、现代贸易、双向投资合作等领域合作,加强我国同上海合作组织国家的互联互通,着力推动东西双向互济、陆海内外联动的开放格局。该方案从总体上确定了青岛在上合组织经贸合作示范区的地位和任务,作为经贸国际合作的平台,青岛应结合自身区域优势,发挥好国际贸易与投资的示范作用,在贸易与投资国际合作方面打造出适合上合组织的运行模式和制度体系,为上合组织地方经贸示范区提供国际法律保障。

一、示范区功能地位与所需的法律保障

中国—上海合作组织地方经贸合作示范区的建设,为推动我省形成全面开放新格局增添了新平台,为促进经济高质量发展注入了新动力。目前,示范区正按照《中国—上合组织地方经贸合作示范区发展规划》(简称《发展规划》),依托青岛口岸多式联运功能优势,以"跨境发展、物流先导、双园互动、贸易引领、产能合作"为运作模式,努力构建"西联中亚欧洲、东接日韩亚太、南通东盟南亚、北达蒙俄大陆"的国际多式联运贸易大通道,打造上合组织内陆国家面向亚太市场的"出海口",进一步拓展提升青岛与上合组织国家地方经贸合作。在新的示范区模式下,政策效应叠加,优势资源互补,国际产能合作,物流、人流、资金流、信息流更加畅通,丰富了"一带一路"内涵,为欧亚双向投资贸易合作注入了新动能。根据《发展规划》,示范区虽选址于青岛胶州,却发挥着联通欧亚,促进投资贸易全面发展的作用。通过对示范区政策的不断完善,我国境内投资者、贸易商均可利用该平台,与上合组织 7 个伙伴建立更便利、畅通的投资贸易路径。因此,示范区不应仅仅被视为一个地理概念,而更应当视为一种经济概念或一种政策理念的示范,通过设立示范区,有效促进我国与上合 7 个伙伴的贸易沟通与法律融通。这一点也是示

范区与我国设立的上海、天津等 11 个自由贸易区的不同之处。

示范区的设立,为"一带一路"倡议提供了一次重要的创新机遇与平台,是 2015 年《推动共建丝绸之路经济带和 21 世纪海上丝绸之路的愿景与行动》的深入贯彻与实施,同时也是中国高举支持贸易、投资自由化和便利化的大旗,倡导全球经济治理中国方案的集中体现。

近年来,我国境内设立了多处境外经贸合作产业园、跨境经贸产业园等中外合作园区。从管理方法上,我国逐步从单纯注重引进外资的传统模式转移到了中外合作发展的新模式。鉴于目前我国的自贸区经验尚未成熟推广,外国投资法等部门法仍未出台,全球与区域贸易治理体系碎片化与不平衡现象愈加突显,在这一过程中,我们要加强示范区法规制定与升级,为示范区的功能发挥提供强大的法律保障。下面仅从国际投资法和国际贸易法两个角度来解读示范区的法律保障问题,从国际经济法公法的角度来讨论目前的条约环境对示范区的影响以及如何创新多边规则,从而更有效促进示范区的功能发挥。

二、示范区国际投资法律保障

从功能定位来看,示范区旨在为企业"走进来、走出去"提供便利、规范化的法治环境。作为双向投资大国,近年来我国企业对"一带一路"沿线国家的投资迅速增加。上合组织的另外 7 个成员国均为"一带一路"沿线国家,这些国家均为发展中国家,地缘政治关系复杂、法律政策稳定性差,投资环境欠佳,我国投资者面临更多复杂的非市场风险和利益冲突,政府层面也面临各种挑战和压力。

上合组织成员国的法律制度存在局限性,引进外资立法变动频繁,投资壁垒问题突出,法律实施环境不佳。例如,俄罗斯及中亚四国虽然有较健全的投资、税收等法律,但在解决具体问题上,常以总统令、内阁文件等法规来调节外商和外国投资在其国内的活动;塔吉克斯坦《外国劳动移民实施办法》规定,雇主要雇佣外国劳动力必须从塔劳动部获得配额和许可证。这些限制性规定给我国投资者留下了巨大的法律风险隐患和投资壁垒。而我国与上合 7 国的 BIT(双边投资条约)大多签于 20 世纪 90 年代,对于投资者实体权利以及投资保护的重要实体条款的设置不清晰,内容仍停留在保护外资层面,一是保护程度不高,二是未涉及投资自由化和投资便利化的内容,尚无协定才用准入前国民待遇加负面清单的管理模式。随着示范区功能的逐渐发挥,我国与上合组织 7 成员的双向投资不断提高,从国际投资法角度,我国更需要在 BIT 中提高对投资者的保护,增强我国海外投资者对其投资所享受的权利和义务的确定性及可预见性。

为使示范区发挥其带动双向投资平台的功能,在我国全面升级 BIT 的大背景下,学界与实务界应关注如何以《中国—上合组织地方经贸合作示范区发展规划》的实施为路径,结合我国在升级 BIT 中有关重要问题的立场演进,探讨我国在国际投资规则中可能发挥的引领作用,在上合组织内部尝试投资规则的创新。另外,亚投行、丝路基金、中国欧亚投资基金等先后建立,将为双向投资提供更大的便利,如何从条约层面规范投资者或政府对基金的利用,亦是 BIT 升级中需要考虑的重要问题。

三、示范区国际贸易法律保障

自 2015 年《"一带一路"愿景与行动》起,中国就高举支持贸易自由化和便利化的大旗,倡导全球贸易治理的中国方案。在示范区规划的制定与实施过程中,贸易自由化和便利化既是一个非常重要的目标,更是一个不可或缺的助推器。目前,全球贸易治理体系碎片化问题、全球与区域贸易治理不平衡问题、自由贸易区网络构建及其与多边贸易体制的关系问题、跨境电子商务的促进与规制问题、技术标准国际互认与贸易程序简化问题、贸易自由与环境保护等公共政策目标的协调问题、国际商事法律协调与统一问题等,既是长期困扰全球贸易治理体系的难题,也是与"一带一路"贸易畅通目标密切相关的重要课题。随着与上合组织成员经贸合作规模与合作领域的不断扩大,贸易自由化与便利化的进程将加速推进。在充分研究中国与上合组织成员国之间建立的双边、区域及多边贸易合作机制的现状的基础上,结合国际贸易法理论和实践发展的最新成果,提出完善和创新贸易自由化和便利化法律制度的政策建议,显得格外迫切。

目前中国已签订或正在谈判的自由贸易协议中,涉及上合组织国家的只有《中国—巴基斯坦自由贸易协定》,另外,乌兹别克斯坦并非 WTO 成员,中国与上合组织成员可依靠的贸易框架并不统一。考虑到示范区的功能优势,即"跨境发展、物流先导、双园互动、贸易引领、产能合作"的运作模式,示范区可以突出电子商务、标准联通和贸易程序简化、国际商事法律协调、贸易与环境等贸易议题及领域单独设计制度和规则。

首先,随着互联网信息技术和物流产业的迅猛发展,电子商务在全球贸易中日趋重要。尽管在 WTO 层面尚未形成专门的电子商务多边规则,但在若干 FTA 协定中已对跨境电子商务做出规定和限制。我国在跨境电子商务领域具有比较优势,已有或正在制定的国内立法(《电子商务法》草案等)与其他国家国内立法相比也具有鲜明的特色和可借鉴推广的意义,但截至目前,除中韩 FTA、中澳 FTA 中的电子商务章节外,中国在多边和区域层面还未明确提出跨境电子商务促进与规制的方案和具体设计。在示范区签订及实施相关的谅解协议或暂行规则,将为我国跨境电子商务规则的推广奠定基础。

其次,贸易便利化旨在简化和协调贸易程序,加速商务和服务跨境流通;标准联通、认证认可是国际通行的质量管理手段和贸易便利化工具,是各国建立互信关系、促进贸易往来的重要举措。目前,在多边贸易体制中,已有晚近达成的《贸易便利化协定》,但只有部分"一带一路"沿线国家和地区是该协定缔约方,贸易便利化多边规则适用范围和贸易促进效果有待提升。现有的多边和区域规则多侧重于防止标准构成贸易壁垒的"事后规制",而缺乏促进标准的国际互认制度的"事前规制"。我们可以探讨标准联通与推动贸易便利化的互动关系和制度连接,借鉴 WTO《贸易便利化协定》,促进海关体系、技术标准等方面的多方认可程度,为产能合作、基础设施互联互通提供可行性,争取实现"一个标准、一张证书、区域通行"的目标。

再次,示范区的法律保障体系还应关注上合组织成员国对重要的国际商事公约和示范法的接受和采用情况,对成员国的合同法、担保法、电子商务法、海商法等重要领域国内立法进行比较研究,从而为上合国家在上述领域实现"法律融通"提供可行路径。建立经贸合作示范区的法律保障研究的体制机制,就上合国家的法律冲突做好冲突规范的研究,提出法律适用的制度规范,解决因法律冲突导致的经贸纠纷,保障贸易与投资的畅通。

从国际法角度来解读示范区的法律保障,不仅涉及国际投资、国际贸易等法律问题,国际私法规则、争端解决制度等问题亦是保障体系中的重要议题。目前,中美贸易战使 WTO 多边规则饱受诟病,国际经贸规则正在经历一场变革与重构。利用示范区这一平台,突破目前的制度掣肘,创新多边与区域经贸规则,从而实现"一带一路"倡议下上合组织国家的深入融合,并与多边贸易体制兼容并蓄、相互支持,为解决全球贸易治理体系碎片化、贸易与发展议程停滞不前等全球治理困局提供中国方案。

（作者单位:山东科技大学）

加快新旧动能转换，推动青岛经济转型升级对策研究

王尤起

为贯彻落实党的十九大精神，助推在供给侧结构性改革背景下加快新旧动能转换，推动经济发展质量变革、效率变革、动力变革，培育建设实体经济、科技创新、现代金融、人力资源协同发展的产业体系，青岛市政协经济办开展了《加快新旧动能转换推动青岛经济转型升级对策研究》，跟进了解掌握国家、省和先进城市的新政策、新情况、新举措，深入摸清和研究市情，提出有针对性、操作性的对策建议。

总的认为，青岛作为山东新旧动能转换试验区"三核引领"的一极，要肩负起打造新旧动能转换主引擎的历史责任。对标先进城市在传统产业基础、高技术产业和新经济业态发展、科技创新、人才支撑等方面的差距，要牢牢抓住"新旧动能转换是支撑增长的核心要素的转换替代"这一本质要求，超前谋划加快新旧动能转换的发展路径和举措。坚持增量崛起与存量变革并举，构建以"四新""四化"为引领的现代产业体系的"四梁八柱"，即三大类12个产业的转向方向，并重点从提升创新发展能级、激发动能转换"源动力"、强化顶层设计的统筹规划和系统推进效能三个方面推进实施重大项目推进工程、实施产业链精准招商工程等"十大工程"。

一、新旧动能转换的优势

青岛在"增量崛起"与"存量变革"的创新动力、载体支撑、人才建设、开放空间、基础保障、发展环境等方面，具备率先走在前列的基础条件和先发优势。2018年青岛市经济总量达1.25万亿元，以服务经济为主导、制造业为支撑、蓝色高端新兴为特色的现代产业体系初步形成；海洋国家实验室、轨道国家创新中心、高等院校等一大批重大创新平台和人才，发挥出创新平台和智力支持功能。青岛西海岸新区、青岛蓝色核心区、青岛高新区、胶东临空经济示范区等，承载国家战略的重大平台迅速崛起；作为国家"一带一路"新亚欧大陆桥经济走廊主要节点、海上合作战略支点城市，拥有世界第八大港口城市和我国第三大外贸口岸；国际化海陆空综合交通枢纽功能提升，胶东国际机场、国际邮

轮母港、青荣城际铁路、济青高铁、青连铁路、青平城际铁路，以及城内轨道交通建设等优势条件和载体，为我市高起点推进新旧动能转换奠定了坚实基础。

二、新旧动能转换的"短板"

若对标"走在前列"的目标定位，我市与先进城市的差距和不足仍较突出。

一是以工业为主的传统产业内生动力不足。工业稳增长的基础不牢固、发展质量和效益还不够高；传统增长动力在持续减弱，增量项目偏少，新投产企业对工业产值增长的贡献率下降；旅游产业的区域性中心城市地位未充分显现。

二是以"四新"为引领的新动能尚未形成有力支撑。高技术产业发展相对滞后，产业结构不合理，低端供给过剩，高端供给不足，关键配套缺失，成为制约我市先进制造业发展的最大"短板"；新经济业态发展引领不足，"互联网＋"战略起步较晚，新经济业态发展相对滞后，产业规模不大、市场竞争力不强，缺乏具有全国影响力的网络平台；空间布局有待优化，产业布局存在一定程度的分散状态，有的园区企业入驻门类杂乱，产业"聚而不集""集而不强"问题突出，符合新经济和新兴产业发展特点和要求的载体建设不足，与国内先进城市相比，青岛既缺乏自由贸易试验区等先行先试空间载体，也未享受启运港退税等国际航运中心政策试点，在区域协同一体化发展方面，引领辐射功能明显不足。

三是科技创新和成果转化的支撑引领作用不强。企业创新主体地位不够突出，与深圳"4 个 90%"相比仍有不小差距；创新投入不平衡，开展研发活动的企业只占 20% 左右，且大多半研发经费来源于家电、轨道交通装备等少数行业的龙头企业；科技成果转化生态体系不健全，许多高校院所科技成果大多停留在实验室阶段，缺少技术集成和中试熟化，转化的基础不牢；中小企业创新意识不够，科技投入不大，技术创新能力较为薄弱，难以吸纳和承接高校院所成果转化，在一定程度上导致了部分成果外地转化；科技服务体系不健全，中介服务机构小、散、弱，源于高校院所"有根"的创业孵化和技术转移机构匮乏，从业人员业务素质参差不齐。

四是人才智力资源仍然缺乏。总量相对不足，尽管我市人才总量位列省内第一，但与同期全国部分副省级城市相比，在人才资源绝对量上，处于中等规模偏下水平，低于广州、深圳、南京、武汉、杭州等城市；"高精尖缺"人才较少。能够引领产业发展的高层次人才特别是一流科学家、科技领军人才匮乏，能跻身国际前沿、参与国际竞争的世界级大师更是"稀有"；人才与产业发展的匹配度有待提高，从新旧动能转换的人才需求来看，除海洋领域外，其他领域人才聚集程度相对较低，特别是重点发展的先进制造业、现代服务业和新材料、新信息、新能源等战略性新兴产业都缺少高层次、高技能人才支撑。

三、新旧动能转换的产业选择

从青岛新旧动能转换的现有基础看，按照规模效益度、产业关联度、技术进步程度、市场空间程度"四个维度"进行产业发展方向分析，需要构建以"四新""四化"为引领的现代产业体系的"四梁八柱"。具体分为12个产业。

（一）提升四大传统产业集地

1. 航运物流产业

主要是提升港口、机场、铁路、公路的有机衔接，深化现代物流创新发展城市试点，发展第三方物流、冷链物流、电商物流等新业态，建设国际物流集散分拨中心、资金结算中心、总部集聚中心，集聚全球高端航运资源，建设跨境物流体系，构建双向开放的海陆空物流战略通道，提升国际航运中心和区域性航空枢纽功能，打造东北亚国际物流中心。

2. 海洋科教与信息服务业

依托全国约2/3的海洋科技人才汇集青岛的优势，加快建设青岛海洋科学与技术国家实验室、大洋钻探船、海上综合试验场、载人深潜器等国家大型科技集群，突破海底立体探测、深潜、深海作业、深海矿产开发技术，提升深海活动技术支撑能力，打造国家大型深海装备应用共享平台。着重发展应用技术创新平台与海洋科技成果孵化与企业培育平台，重点建设国家海洋应用信息服务中心，围绕海洋渔业、海工装备、海洋监测、海洋工程等产业发展，推进互联网、大数据等信息技术向海洋产业广泛渗透，建设"数据海洋"信息服务平台，形成具有国际影响力海洋科技成果转化基地和国家海洋科技研究中心，为我市的海洋产业提供人才培养、数据共享等服务。

3. 智能家电产业

依托黄岛家电电子产业集聚区、平度海信家电产业园，发挥海尔、海信、澳柯玛等龙头企业优势和全球家电业智能制造创新联盟作用，推进数字化家电和数字多媒体国家重点实验室、海尔国际信息谷、海信高速激光器芯片等重点项目建设，突破家电产品泛在感知、机器学习、专家系统、新型视觉和语音交互等关键技术，引领传统家电向智能家电、智能生态跨越式创新，打造全球高端智能家电研发制造基地和国家数字家庭应用示范产业基地。

4. 时尚消费和高端商务服务业

顺应消费升级新趋势，加快传统商贸业向时尚化、个性化、多元化、体验化消费业态转型，培育高端服务，探索时尚消费和高端商务新业态新模式，创建新兴国际时尚之都和国际消费中心城市。同时，加快引进跨国公司地区总部、功能性总部、国内外商（协）会和高端商务机构，推进展、会、节、事一体化发展，建设东北亚商务会展名城。

（二）壮大五大新兴产业集群

1. 海洋新兴产业

依托青岛雄厚的海洋科研优势，重点突破海工装备及高技术船舶、海洋生物、海洋新能源、海水资源综合利用等领域，用足用好国家船舶海工装备产业示范基地、国家深海基地等平台，积极参与"智慧海洋"工程，争创海洋国家科学中心，建设国家海洋新材料产业化示范基地、国家海洋生物技术产业基地，打造全球领先的海洋新兴产业基地。

2. 生物医药产业

依托青岛西海岸新区国家海洋基因库、崂山海洋生物产业园、青岛高新区蓝色生物医药产业园等载体，重点引进高端生物医用材料、蛋白类新药、基因工程药、高性能医学影像设备、远程诊疗系统等研发生产项目，在生物医药、化学创新药、现代中药、高端医疗器械实现新突破，建设新药研制基础支撑平台和共性技术平台，打造国家新兴生物医药产业基地。

3. 新能源汽车产业

瞄准轻量化、电动化、网联化、智能化方向，依托龙泉汽车产业基地、姜山新能源汽车基地、黄岛汽车及零部件产业集聚区等，加快发展新能源乘用车，超前布局智能网联汽车，推进整车及关键零部件、动力电池及充电设施、智能网联技术的研发，打造国家重要的新能源乘用车产业基地。

4. 轨道交道装备产业

依托国家高速列车技术创新中心和中车四方股份、中车四方有限、中车四方所等龙头企业，在整车制造、关键配套、系统集成服务等领域，突破绿色智能关键核心技术，研发谱系化产品和系统解决方案，打造全球轨道交通装备研发制造和集成服务基地。

5. 新一代信息技术产业

依托"东园西谷北城"（崂山国际创新园、西海岸光谷国际海洋信息港和高新区软件科技城）和海尔、海信、歌尔科技等龙头企业，定向引进集成电路设计、制造、封装项目，加快布局虚拟现实、增强现实、人工智能等新兴产业，促进大数据资源整合、开放共享与应用示范，打造中国"虚拟现实之都"，争创"中国软件名城"和国家大数据综合试验区，打造面向国际的新一代信息技术产业基地。

（三）形成三大新兴潜力产业集聚

1. 智能制造装备产业

坚持数字化、网络化、智能化方向，依托青岛国际机器人产业基地和青岛智能产业技术研究院等重点园区和创新平台，加快推动机械装备产品由低档向高档、由数字化向智能化、由单机向制造单元和成套设备转变，重点在高端数控机床与基础制造装备、智能仪器与检验检测设备、智能机械与成套设备、机器人与增材制造等领域实现新突破，创建国家智能制造示范区和国家智能装备产业基地。

2. 航空航天产业

以航空工业、航天科技和航空运输为核心，航空运营与保障为支撑，依托胶东临空经济示范区发展临空指向型产业，推进空客 H135 型直升机、中科院轻型发动机、太古飞机维修制造等项目，突破引进新的飞机制造项目，在航空制造与零部件、航天科技与卫星应用、航空维修保障、通航运营与服务、航空关联产业等方面确立先发优势，建设国家通用航空产业综合示范区,打造国家新兴航空航天产业基地。

3. 大健康产业

重点建设青岛国际医疗中心、崂山湾国际生态健康城、鳌山湾生态健康城等项目,实施"互联网+"健康医疗行动,创建国家健康产业先行先试区和国家健康医疗大数据中心,深化国家级医养结合试点,建设国家中医药综合改革试验区,打造国家大健康产业中心。形成以大健康理念发展健康产业、优化健康服务、完善健康保障,推动健康、医疗、养老、旅游、体育等产业融合发展,构建全产业链、全生命周期的大健康服务体系。

四、加快新旧动能转换的对策建议

当前新旧动能转换的着力点建议落在以下五个方面,即,以前沿创新的新动能替代技术模仿的旧动能;以人力资本的新动能替代人口红利的旧动能;以市场引领投资的新动能替代政府主导投资的旧动能;以提质增效的新动能替代规模扩张的旧动能;以结构性改革的新动能替代体制转轨改革的旧动能。应围绕构建"四梁八柱"现代产业体系,重点从三个方面推进"十大工程"。

(一)提升创新发展能级

1. 实施重大项目推进工程

聚焦产业未来方向和产业链、价值链高端,坚持以规划引导项目、以项目落实规划,以政策纵线、区划横线,分类推进项目实施,赋予各类项目最大力度产业和区域政策支持。

2. 实施产业链精准招商工程

坚持规模、质量、效益、后劲"四位一体"原则,建立链条完整、时序清晰、对象明确的招商引资项目库,着眼于补齐产业链条、补强产业短板、补好产业空白,面向行业龙头、产业高端、企业总部、科研机构和创新人才,实施产业链招商。

3. 实施创新载体平台建设工程

按照"大园区承载大产业,小园区发展特色产业"的发展思路,规划建设支撑"大创造""大智造"的创新平台和产业基地,加快建设具有世界领先水平的科技创新平台。

4. 实施人才支撑产业发展工程

聚焦"高精尖缺"导向,推进百万人才集聚行动和高层次人才团队引进计划。实施科技研发和产业化平台制度创新和机制创新。

5. 实施领军企业培育工程

以大企业为依托,培育具有国际先进水平的创新型领军企业,带动重点企业进入全球创新前列。实施科技型企业培育"百千万"工程,打造百家成长性高的瞪羚企业、千家创新性强的千帆企业、万家创新活力足的科技型中小企业。完善技术创新市场导向机制,在产业链、资金链、技术链、政策链上形成集成集优效应。

（二）激发动能转换"源动力"

1. 实施改革驱动系统工程

采取综合性、系统性、持续性的改革措施，推进国有企业混合所有制改革试点。加快"个转企、企升规、规改股、股上市"步伐。争取开展土地利用综合改革、农村土地征收、集体经营性建设用地入市等试点，支持工业园区进行工业地产试点。

2. 实施开放合作促进工程

创新"一带一路"双向开放合作机制，拓展青岛境外工商中心全球布局，推进"一带一路"沿线产能合作，加快建设境内外青岛欧亚经贸合作产业园区。复制推广上海等自贸试验区经验，培育参与国际合作竞争新优势。争取国家赋予服务业改革开放试点政策。

3. 实施制度环境优化工程

实施减行政权力事项、减投资审批事项、减收费项目、减证明材料和降准入门槛"四减一降"，制定投资项目管理负面清单，推进"一照多址""一址多照"住所登记改革。对标世界银行营商环境评价体系开展各类开发区营商环境第三方评估。

（三）强化顶层设计的统筹规划和系统推进效能

1. 实施高层决策推进工程

充分依靠市新旧动能转换重大工程战略规划工作领导小组高层推进机制，在加快新旧动能转换工作中的主导作用，积极顺应全球新一轮科技革命和产业变革方向，结合我市产业基础实际加强顶层设计，在产业布局、产业方向、空间布局、创新引领、政策保障等方面，坚持高点站位、统筹规划，扬长避短，形成"一体化发展、差异化发展"的完整产业体系，推动申创国家新旧动能转换综合试验区建设。

2. 实施发展新动能支撑要素综合配套工程

统筹协调推进发展新动能各项支撑要素综合配套工作，及时制定和完善人才培育引进、产业规划、土地利用、科技创新、重大基础设施建设、构建多元投融资体系、优化财税扶持、专项资金支持安排等方面的政策和措施，对加快新旧动能转换实施重点支持。

（作者单位：青岛市政协）